面向成本的产品设计：降本设计之道

钟 元 编著

机械工业出版社

降本设计是近年来各企业内部呼声最高的口号，企业深知产品成本关系着企业的盈利和存亡。但是，当真正准备把降本设计付诸实际行动时，却不知如何下手，因为无先例可循，也无任何书籍和资料可查询。

面向成本的产品设计（DFC）正是企业所急需的降本设计之道。本书详细介绍了面向成本的产品设计，包括产品成本认知、DFC 流程、材料选择、制造及装配工艺选择、装配件成本计算及降低装配件成本的设计、塑胶件成本计算及降低塑胶件成本的设计、冲压件成本计算及降低冲压件成本的设计和 DFC 成本计算软件等，可以指导企业和工程师一步一步、脚踏实地把降本设计从口号变为具体行动。

本书适合从事产品开发的工程师及企业管理人员阅读，也可供高等院校机械类专业师生学习参考。

图书在版编目（CIP）数据

面向成本的产品设计：降本设计之道/钟元编著. —北京：机械工业出版社，2019.11（2022.1 重印）
ISBN 978-7-111-64220-6

Ⅰ.①面… Ⅱ.①钟… Ⅲ.①产品设计 – 成本管理 – 研究
Ⅳ.①F273.2

中国版本图书馆 CIP 数据核字（2019）第 268605 号

机械工业出版社（北京市百万庄大街 22 号　邮政编码 100037）
策划编辑：雷云辉　责任编辑：雷云辉
责任校对：陈　越　封面设计：张　静
责任印制：郜　敏
北京中兴印刷有限公司印刷
2022 年 1 月第 1 版第 5 次印刷
169mm×239mm・25 印张・513 千字
标准书号：ISBN 978-7-111-64220-6
定价：79.00 元

电话服务　　　　　　　网络服务
客服电话：010-88361066　机 工 官 网：www.cmpbook.com
　　　　　010-88379833　机 工 官 博：weibo.com/cmp1952
　　　　　010-68326294　金 书 网：www.golden-book.com
封底无防伪标均为盗版　机工教育服务网：www.cmpedu.com

前　　言

在过去，依靠人口红利和廉价的劳动力成本优势，中国制造征服了全世界。而如今，人口红利逐渐消失，劳动力进入紧缺时代，劳动力成本逐年上升，随之而来的是产品成本越来越高，以往价格优势不复存在，中国制造正面临着前所未有的挑战。在这样的背景下，如何降低产品成本从而使得企业盈利是摆在所有企业面前急需解决的一大难题。

面向成本的产品设计（Design for Cost）正是这一难题的解决方案。面向成本的产品设计是指在产品设计阶段，通过准确定义产品规格，从产品成本的角度，选择最优的产品内部结构、零部件材料及其制造和装配工艺，设计产品满足产品功能、外观、可靠性、可制造性和可装配性等要求，并在整个产品开发阶段进行目标成本管理，包括设定目标成本和成本计算与核算等，从而达到降低产品成本的目的，保障企业能够获得足够的利润和投资回报。

与传统的降低产品成本方案集中于产品制造阶段不同，面向成本的产品设计把降低产品成本的方案向前推进到产品设计阶段，这是基于一个众所周知的事实：约85%的产品成本决定于产品设计阶段。

本书包括四部分内容：

第一部分内容是产品成本概述和面向成本的产品设计流程。第1章介绍产品成本的基本概念、对产品成本的态度和认知。第2章介绍面向成本的产品设计流程，从流程的角度阐释降低产品成本的每一个关键步骤。

第二部分是材料、制造和装配工艺选择。选择合适的材料、制造和装配工艺可大幅降低产品成本。第3~5章分别介绍常规的材料、制造和装配工艺，及其相应的选择策略和方法。第6章介绍一些非常规的制造和装配工艺，灵活地选用不常用的工艺可创新性地解决传统工艺所带来的产品成本瓶颈问题。

第三部分是产品成本计算。在产品设计阶段进行准确的产品成本计算一直是企业和工程师所渴求的。因为准确的产品成本计算是做出设计决策（如材料选择、制造和装配工艺选择及设计方案选择等）和项目阶段性投资决策（前进、取消或重新定向）的关键依据。第7章介绍人工小时费率和机器小时费率的计算方法；第8~10章的前半部分分别介绍装配件成本、塑胶件成本和冲压件成本的计算方法；第11章介绍DFC成本计算软件，工程师利用该软件在产品设计阶段输入相关参数即可快速、准确计算出产品成本。

第四部分是降低产品成本的设计。在第8~10章后半部分分别介绍如何从产品设计角度入手系统化地降低装配件成本、塑胶件成本和冲压件成本，在产品成本实际发生之前就对产品成本进行管控。

　　本书是作者二十余年的实际产品设计、培训和咨询的经验总结，并结合了国内外先进的产品开发理念，但产品设计是一项极其复杂和极具挑战的工作，书中错误在所难免，欢迎读者指正和交流。

钟　元

目　　录

前　言
第1章　产品成本 ··· 1
　1.1　成本的概念和分类 ·· 1
　　1.1.1　成本的概念 ··· 1
　　1.1.2　成本的分类 ··· 1
　1.2　产品成本概述 ·· 5
　　1.2.1　产品成本的概念 ··· 5
　　1.2.2　对待产品成本的三个态度 ··· 6
　　1.2.3　降低产品成本是企业提高利润的最好方法 ································· 8
　　1.2.4　产品成本领先战略 ·· 10
　1.3　产品成本的构成 ··· 11
　　1.3.1　iPhone 成本的构成 ··· 11
　　1.3.2　产品成本的分类 ·· 12
　　1.3.3　产品成本与产品产量的关系 ··· 14
　　1.3.4　21 个降低产品成本的方法 ·· 16
　1.4　产品成本决定性认知的四个阶段 ·· 20
　　1.4.1　产品成本是由产品制造决定的 ··· 20
　　1.4.2　产品成本是由产品设计决定的 ··· 23
　　1.4.3　产品成本是由产品概念设计决定的 ······································ 23
　　1.4.4　产品成本是由产品规格决定的 ··· 25
　　1.4.5　工程师的困境 ·· 26
第2章　面向成本的产品设计流程 ··· 28
　2.1　面向成本的产品设计八大原则 ·· 28
　2.2　面向成本的产品设计流程 ·· 33
　2.3　产品需求文档 ·· 33
　2.4　目标成本管理 ·· 36
　　2.4.1　目标成本概述 ·· 36
　　2.4.2　设定目标成本的流程 ··· 38
　2.5　投资回报计算 ·· 39
　　2.5.1　净现值法 ·· 39
　　2.5.2　回收期法 ·· 42

2.5.3　内部收益率法 ……………………………………… 44

2.5.4　盈利指数法 ………………………………………… 45

2.6　概念设计 ……………………………………………… 46

2.6.1　概念设计概述 ……………………………………… 46

2.6.2　问题分解 …………………………………………… 48

2.6.3　信息收集 …………………………………………… 49

2.6.4　产生新的方案 ……………………………………… 50

2.6.5　方案评估 …………………………………………… 55

2.7　CAE 分析 ……………………………………………… 56

2.8　原型制作和验证 ……………………………………… 58

2.8.1　原型制作的概念与作用 …………………………… 58

2.8.2　原型制作的方法 …………………………………… 59

2.9　自制和外购 …………………………………………… 64

2.9.1　自制和外购决策的决定因素 ……………………… 64

2.9.2　自制和外购决策的成本分析 ……………………… 66

2.10　与供应商协作降低成本 ……………………………… 68

2.10.1　向供应商要成本的三大原则 …………………… 68

2.10.2　四级供应商与企业的关系 ……………………… 73

2.11　生产线设计 …………………………………………… 74

2.12　产品成本数据库 ……………………………………… 76

2.12.1　产品成本数据库的概念 ………………………… 76

2.12.2　产品成本数据库的价值 ………………………… 76

2.12.3　如何建立产品成本数据库 ……………………… 77

2.12.4　产品成本数据库的加速器：信息化工具 ……… 79

2.13　从制造端降低产品成本 ……………………………… 79

2.13.1　丰田生产模式 …………………………………… 79

2.13.2　丰田生产方式对产品设计的启示 ……………… 80

2.14　产品成本经验总结 …………………………………… 80

第3章　材料选择 ……………………………………………… 82

3.1　术语 …………………………………………………… 82

3.2　工程材料分类 ………………………………………… 84

3.3　材料的性能 …………………………………………… 87

3.3.1　材料的使用性能 …………………………………… 87

3.3.2　材料的工艺性能 …………………………………… 91

3.3.3　材料的价格 ………………………………………… 92

3.4　零件使用材料的进化 ………………………………… 94

　　3.4.1 水壶使用材料的进化 ················· 94
　　3.4.2 飞机使用材料的进化 ················· 94
　3.5 材料选择概述 ······················· 96
　　3.5.1 为什么会选择新的材料 ··············· 96
　　3.5.2 材料选择不仅仅依靠经验 ············· 97
　　3.5.3 错误的材料选择代价高昂 ············· 97
　　3.5.4 材料、功能、形状及制造和装配工艺的相互关系 ··· 98
　　3.5.5 材料与产品成本 ··················· 98
　3.6 材料选择流程 ······················· 99
　　3.6.1 定义部件设计要求 ················· 99
　　3.6.2 定义零件设计要求 ················· 100
　　3.6.3 定义候选材料 ··················· 105
　　3.6.4 候选材料评估 ··················· 106
　　3.6.5 选择最优材料 ··················· 108
第4章 常规制造工艺选择 ······················· 109
　4.1 制造工艺选择概述 ····················· 109
　　4.1.1 制造工艺与成本 ················· 109
　　4.1.2 制造工艺的选择方法 ··············· 110
　4.2 常规制造工艺介绍 ····················· 113
　　4.2.1 制造工艺总览 ··················· 113
　　4.2.2 注射成型 ····················· 114
　　4.2.3 热压成型 ····················· 117
　　4.2.4 旋转成型 ····················· 120
　　4.2.5 吹塑成型 ····················· 123
　　4.2.6 发泡成型 ····················· 126
　　4.2.7 塑料挤出成型 ··················· 128
　　4.2.8 模压成型 ····················· 130
　　4.2.9 压力铸造 ····················· 132
　　4.2.10 砂型铸造 ····················· 133
　　4.2.11 熔模铸造 ····················· 135
　　4.2.12 锻造 ······················· 137
　　4.2.13 冲压 ······················· 139
　　4.2.14 手糊成型 ····················· 140
　　4.2.15 树脂传递模塑成型 ················· 142
　　4.2.16 粉末成形 ····················· 144
第5章 常规装配工艺选择 ······················· 148

5.1 装配生产线 ……………………………………………………………… 148
　5.1.1 装配生产线选择策略 ………………………………………………… 148
　5.1.2 案例：医疗单向阀的装配 …………………………………………… 152
5.2 紧固工艺 …………………………………………………………………… 153
　5.2.1 紧固工艺与成本 ……………………………………………………… 153
　5.2.2 紧固工艺选择策略 …………………………………………………… 154
　5.2.3 常规紧固工艺 ………………………………………………………… 157

第6章　非常规制造和装配工艺 ……………………………………………… 184
6.1 制造和装配工艺的融合 …………………………………………………… 184
　6.1.1 注射成型和装配的制造单元生产 …………………………………… 184
　6.1.2 密封工艺的进化 ……………………………………………………… 185
6.2 金属与塑料的结合工艺 …………………………………………………… 187
　6.2.1 激光直接成型技术 …………………………………………………… 187
　6.2.2 纳米注射技术 ………………………………………………………… 189
6.3 金属注射成型 ……………………………………………………………… 192
　6.3.1 MIM 的概念 …………………………………………………………… 192
　6.3.2 MIM 的工艺过程 ……………………………………………………… 193
　6.3.3 适用于 MIM 的材料 …………………………………………………… 194
　6.3.4 MIM 的基本属性 ……………………………………………………… 195
　6.3.5 MIM 的技术优势与限制 ……………………………………………… 195
　6.3.6 MIM 的应用领域 ……………………………………………………… 197
6.4 结构胶粘 …………………………………………………………………… 198
　6.4.1 结构胶粘剂的概念 …………………………………………………… 198
　6.4.2 结构胶粘剂的分类 …………………………………………………… 200
　6.4.3 结构胶粘的优缺点 …………………………………………………… 200
　6.4.4 结构胶粘的应用 ……………………………………………………… 202
6.5 微发泡注射成型 …………………………………………………………… 202
　6.5.1 微发泡注射成型的概念 ……………………………………………… 202
　6.5.2 微发泡注射成型的工艺过程 ………………………………………… 203
　6.5.3 微发泡注射成型的优点 ……………………………………………… 204
　6.5.4 微发泡注射成型的应用 ……………………………………………… 209
6.6 多组分注射成型 …………………………………………………………… 210
6.7 低压注射成型 ……………………………………………………………… 212

第7章　小时费率 ……………………………………………………………… 216
7.1 直接人工小时费率 ………………………………………………………… 216
　7.1.1 直接人工成本的构成 ………………………………………………… 216

7.1.2　直接人工小时费率的计算 ································ 217

7.1.3　直接人工小时费率的增长趋势 ······················· 219

7.2　机器小时费率 ·· 220

7.2.1　机器小时费率的概念 ································· 220

7.2.2　名词定义 ··· 221

7.2.3　固定成本 ··· 221

7.2.4　可变成本 ··· 224

7.2.5　机器小时费率的计算 ································· 225

第8章　面向成本的装配件设计 ······························· 227

8.1　装配介绍 ·· 227

8.1.1　装配的概念 ··· 227

8.1.2　装配工艺过程的设计 ································· 227

8.1.3　生产线的结构 ··· 229

8.2　生产节拍与标准工时 ··· 232

8.2.1　生产节拍 ··· 232

8.2.2　标准工时 ··· 234

8.2.3　标准工时、瓶颈工时与生产节拍 ··················· 238

8.3　装配成本计算 ·· 238

8.3.1　装配成本的计算公式 ································· 238

8.3.2　装配成本的计算步骤 ································· 239

8.4　降低产品装配成本 ·· 240

8.4.1　去除紧固工艺 ··· 241

8.4.2　选择合适的紧固工艺 ································· 241

8.4.3　面向装配的设计 ······································· 244

8.4.4　从产品设计阶段改善生产线平衡 ··················· 246

第9章　面向成本的塑胶件设计 ······························· 253

9.1　注射成型工艺 ·· 253

9.1.1　注射成型工艺简介 ····································· 253

9.1.2　注射成型机 ··· 253

9.1.3　注射模具 ··· 253

9.2　注射成型周期 ·· 259

9.2.1　注射成型工艺过程 ····································· 259

9.2.2　充填时间 ··· 262

9.2.3　冷却时间 ··· 263

9.2.4　开合模时间 ··· 267

9.2.5　注射成型周期计算 ····································· 269

9.3　塑胶件成本计算 ································· 270
　9.3.1　塑胶件成本构成 ························· 270
　9.3.2　材料成本 ······························· 270
　9.3.3　注射加工成本 ························· 273
　9.3.4　塑胶件成本 ··························· 273
9.4　降低塑胶件成本 ··························· 273
　9.4.1　选择合适的紧固工艺 ············· 274
　9.4.2　降低原材料成本 ····················· 287
　9.4.3　降低加工成本 ······················· 293
　9.4.4　面向成本的塑胶件开发流程 ··· 323

第10章　面向成本的冲压件设计 ··········· 326
10.1　冲压工艺 ································· 326
　10.1.1　冲压概述 ··························· 326
　10.1.2　冲压模具 ··························· 329
　10.1.3　压力机 ····························· 331
　10.1.4　冲压生产线 ······················· 332
10.2　冲压件成本计算 ····················· 335
　10.2.1　冲压件成本构成 ················· 335
　10.2.2　材料成本 ························· 336
　10.2.3　冲压加工成本 ··················· 338
　10.2.4　冲压件成本 ····················· 340
10.3　降低冲压件成本 ····················· 340
　10.3.1　从DFA角度降低成本 ········· 340
　10.3.2　降低材料成本 ··················· 348
　10.3.3　降低冲压模具成本 ············· 358
　10.3.4　利用连续模料带辅助后续装配工序 ··· 360
　10.3.5　选择合适的压力机 ············· 363
　10.3.6　选择合适的生产方式 ········· 364
　10.3.7　冲压件公差 ····················· 364
　10.3.8　面向成本的冲压件开发流程 ··· 368

第11章　DFC成本计算软件 ··············· 371
11.1　产品成本计算 ······················· 371
　11.1.1　产品成本计算的必要性 ······· 371
　11.1.2　产品成本计算的关键 ········· 374
　11.1.3　产品成本计算的挑战 ········· 374
　11.1.4　成本计算不建议使用Excel表格 ··· 375

11.2　DFC 成本计算软件介绍 ·· 376

11.3　DFC 成本计算软件应用案例 ·· 380

　　11.3.1　注射成本的计算过程 ·· 380

　　11.3.2　设计方案决策 ·· 381

　　11.3.3　降低塑胶件成本 ··· 382

参考文献 ··· 387

第1章　产品成本

1.1　成本的概念和分类

1.1.1　成本的概念

成本（cost）是指经济活动中为实现一定的目标或进行某种活动所投入或耗费的所有资源的货币表现。成本不仅仅包括直接通过货币表现的外购材料、零部件和生产设备等费用，还包括从事相关活动的直接人员工资和管理人员工资、办公室或厂房建造或租赁费用、资金利息、营销费用、维修维护费用，以及可能的产品召回费用或赔偿等。

1.1.2　成本的分类

对成本进行分类的意义在于能更好地理解成本的本质意义，有助于从不同角度进行成本管理和进行经营决策，从而帮助企业降低成本。

1. 按对成本对象的可追溯性分类

成本按其成本对象的可追溯性，可分为直接成本和间接成本。

直接成本是可以容易、方便地直接追溯到某个产品或其他成本对象上的成本，例如制造成本中的直接材料成本和直接人工成本。

间接成本是不能直接追溯到某个产品或其他成本对象上的成本，是多个产品或成本对象的共同成本，例如在生产线上的员工招聘、管理和培训等成本。

2. 按成本性态分类

成本性态，也称成本习性，是指成本与产品产量之间的依存关系。按成本性态分类，成本可分为固定成本和变动成本。

固定成本是指其总额在一定期间和一定产量范围内，不受产量变动的影响而保持固定不变的成本，例如行政管理人员的工资、办公费、财产保险费、固定资产折旧费和职工教育培训费等。固定成本的固定性受相关范围（期间范围和产量范围）的限定。原有相关范围打破后，会出现新的相关范围。

固定成本总额不受产量变动的影响，但单位产品所分摊的固定成本与产量成反比。也就是说，产量越多，单位产品所分摊的固定成本就越低。

固定成本总额和单位产品分摊的固定成本与产品产量的关系如图 1-1 所示。

对于企业来说，固定成本总额越高，意味着企业的投资越大，企业所承担的风险也越大。但从另外一个方面来看，固定成本总额越高，往往意味着企业投入到精

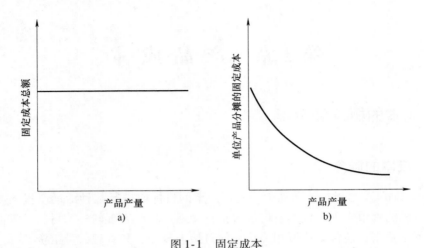

图 1-1   固定成本

a）固定成本总额与产品产量的关系   b）单位产品分摊的固定成本与产品产量的关系

密和高效的生产设备中的资金越多，单位时间内的产量越高，单位产品分摊的固定成本越低，企业也因此可能获得更多的利润和销售更多的产品，获得更多的收益。在进行经营决策时，企业需要通过团队合作，收集足够多的信息，进行收益与风险的分析和判断，做出固定成本投资的最优决策。

变动成本是指在一定期间和一定产量范围内其总额随着产量的变动而成正比例变动的成本，例如直接材料费、产品包装费、按时或按件计酬的工人工资和推销佣金等。变动成本的变动性受相关范围（期间范围和产量范围）的限定。原有相关范围打破后，会出现新的相关范围。

变动成本总额随产量变动而成正比例变动，但单位产品负担的变动成本固定不变。

变动成本总额和单位产品分摊的变动成本与产品产量的关系如图 1-2 所示。

对企业来说，降低成本最直接有效的方法是降低变动成本，例如降低产品所使用的直接材料和加工过程中的工人数量等。但是，在有些时候变动成本与固定成本是存在负相关关系的，变动成本降低会造成固定成本增加，变动成本增加会造成固定成本降低。例如，企业在生产线投资时，如果使用自动化方案降低工人数量，会使得变动成本降低，但同时自动化方案本身所带来的固定成本比人工方案会增加。

对于单位产品来说，其成本为单位产品固定成本分摊与单位变动成本之和，如图 1-3 所示。可以看出，产品产量越大，单位产品固定成本分摊越小，单位产品成本也越小。这就是为何当今制造业出现精细化和集中化的原因，因为只有当一个产品的批量足够大时才能使其产品成本做到最低，在市场竞争中才具有竞争优势。

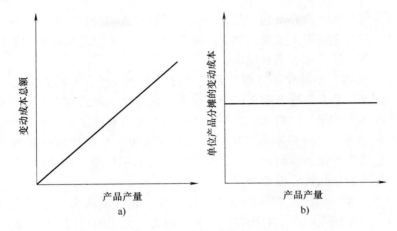

图 1-2　变动成本

a）变动成本总额与产品产量的关系　b）单位产品分摊的变动成本与产品产量的关系

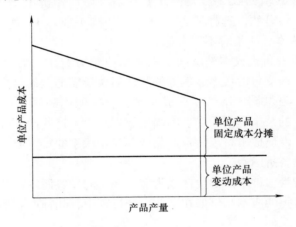

图 1-3　单位产品成本

3. 按管理需要确定成本类型

（1）机会成本　企业在进行经营决策时，必须从多个备选方案中选择一个最优方案，而放弃另外的方案。此时，被放弃的次优方案所可能获得的潜在利益就称为已选中最优方案的机会成本。

例如，某企业经过一定工序加工后的半成品可立即出售，也可以继续加工后再出售。立即出售，可获利 5 千元；继续加工后再出售，可获利 7 千元。如若选择立即出售，其机会成本是 7 千元；如若选择继续加工，其机会成本是 5 千元。

机会成本同时也是一种选择或决策的代价，因为企业的资源永远是有限的，将资源用于某种用途时必须要放弃其他用途的价值。例如，企业在产品开发之初进行立项时，可能存在多个产品开发机会，对应不同的目标用户群；由于企业的投资总额和人力资源的限制，企业不可能对所有产品开发机会进行立项，只能选择一个或多个进行，这就意味着放弃其他产品开发机会可能带来的收益。因此，一旦产品开发立项，其成功对企业至关重要；如果产品开发失败，不但意味着资本投资和人力资源投资的损失，还意味着机会成本的丧失。

（2）差量成本　差量成本是指企业在进行经营决策时，不同方案之间预计的成本差异。例如，某企业准备购买一台新设备，自动化设备的成本为1万元，半自动化设备的成本为6千元；那么，这两个方案的差量成本就是4千元。

（3）边际成本　边际成本就是产量每增加或减少1个单位所引起的成本变动数额。当企业的生产能力有剩余时，只要增加产量的销售单价高于单位边际成本，就会使得企业利润增加或亏损减少。

（4）沉没成本　沉没成本是指过去已经发生、现在或将来的任何决策都不能改变的成本。由于沉没成本是对现在或将来任何决策都无影响的成本，因此决策时不予考虑。例如，某企业购买的机器设备花了10万元，有两个方案进行处理：方案A是按现在报废残值回收2万元；方案B是维修后作价出卖，维修费1万元，可回收2.5万元。很显然，选择哪种方案与当初购买成本10万元没有任何关系，10万元即是沉没成本，决策时不用考虑。

（5）付现成本　付现成本是所确定的某项决策方案中，需要以现金、有价证券和存货等流动资产支付的成本，例如购买注射机所需的全额付款。

（6）专属成本和共同成本　专属成本是指可以明确归属于企业生产的某种产品，或为企业设置的某个部门而发生的固定成本。没有这些产品或部门，就不会发生这些成本，所以专属成本是与特定产品或部门相联系的特定成本。例如专门生产某种产品的专用设备折旧费。

共同成本是指为多种产品的生产或为多个部门的设置而发生的，应由这些产品或这些部门共同负担的成本。例如在企业生产过程中，几种产品共同的设备折旧费等，都是共同成本。

在进行方案选择时，专属成本是与决策有关的成本，必须予以考虑；而共同成本则是与决策无关的成本，可以不予考虑。

（7）可选择成本和约束性成本　固定成本按照是否能够随管理者的行动改变而改变，可划分为可选择成本和约束性成本两部分。

由企业管理者的决策来决定其是否发生的固定成本，称为可选择成本，如广告费、培训费、职工培训费、管理人员奖金和研究开发费等。

那些为进行企业经营而必须负担的，不能改变的最低限度的固定成本，如厂房、设备等固定资产所提的折旧，不动产的税金、保险费，以及管理人员薪金等，称为约束性成本。

有些固定成本，是依决策者的主观判断将其划分为可选择成本或约束性成本的。一般来说，可选择成本是相关成本，约束性成本是无关成本。

（8）相关成本和无关成本　相关成本是对决策有影响的各种形式的未来成本，

如差量成本、机会成本、边际成本、付现成本、专属成本和可选择成本等。

那些对决策没有影响的成本，称为无关成本。这类成本过去已经发生，对未来决策没有影响，因而在决策时不予考虑，如沉没成本、联合成本和约束性成本等。

相关成本与无关成本的区分并不是绝对的。有些成本在某一决策方案中是相关成本，而在另一决策方案中却可能是无关成本。

1.2 产品成本概述

1.2.1 产品成本的概念

产品成本是指产品在开发、制造、销售、运行与维护、回收与报废等过程中产生的各种成本。产品成本具有广义和狭义之分。狭义的产品成本是企业在开发和制造过程中产生的各种成本，主要有设计成本、固定资产投资成本、直接材料成本、直接劳动力成本和其他制造费用等。广义的产品成本还包括产品的销售、运行与维护、回收与报废等成本，也称为产品生命周期成本。本书中的产品成本是指狭义的产品成本。

在产品成本中，有一个重要的组成部分是制造成本。制造成本是指产品制造过程中所产生的成本，包括直接材料成本、直接人工成本、固定资产折旧和生产管理成本等。

产品制造成本、产品成本和产品生命周期成本的从属关系如图1-4所示。

产品成本是企业在产品开发过程中具有极高地位的战略性指标之一，是企业生产和经营的基石，直接关系到企业的盈利状态和经济效益，低的产品成本帮助企业盈利，过高的产品成本使得企业无法盈利甚至亏损，最终决定了企业的生存和发展。因此，必须在整个产品开发阶段对产品成本进行管理，努力降低产品成本。产品成本在产品开发过程中具有以下几个方面的意义：

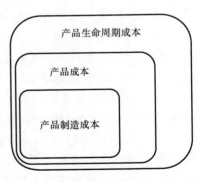

图1-4 产品制造成本、产品成本和产品生命周期成本的从属关系

1）产品成本是综合反映产品开发质量的重要指标。企业在产品开发过程中各方面的工作业绩，都可以直接或间接地在产品成本上反映出来，包括产品设计的好坏、制造和装配工艺的合理程度、固定资产利用率、原材料的节约与浪费、生产效率的高低、产品质量的好坏，以及产品开发各成员之间的团队合作是否衔接和协调等。

2）产品成本是企业在产品开发过程中进行投资决策和设计决策的重要依据。

投资决策和设计决策关系到企业的存亡，为了生存，企业必须做出正确的决策，而正确决策的必要条件是对产品成本进行计算、分析和对比。没有产品成本计算、分析和对比，企业很容易做出错误决策，这会产生非常严重的后果，例如开发注定不会盈利的产品，不但使得企业不盈利甚至亏损，而且也失去了开发其他盈利产品的机会；或者企业在产品开发初期对产品成本不重视，仅仅是通过经验和历史数据进行简单评估，结果评估过低，在产品市场销售前景一片看好的情况下企业做出加大固定资产投资以扩大产能的投资决策，但量产后发现产品真实成本过高，于是企业陷入两难境地：继续生产，但无法给企业带来盈利；停止生产，但当初的庞大固定资产投资就无法收回。

3）产品成本是企业制定产品售价的一项重要参考因素。尽管在当前市场竞争中，产品售价主要是由市场供求关系、市场竞争态势关系和产品比价等因素决定，而不是由产品成本决定的。但是，产品成本依然是制定产品售价的一项重要参考因素，产品售价是产品价值的货币表现（大体上是符合的），制定产品售价要遵循价值规律的基本要求。

1.2.2 对待产品成本的三个态度

$$售价 = 成本 + 利润 \tag{1-1}$$
$$利润 = 售价 - 成本 \tag{1-2}$$
$$成本 = 售价 - 利润 \tag{1-3}$$

上述三个公式（公式中的售价、成本和利润均指单位产品的售价、成本和利润）从数学意义上来说是完全相同的，但是，从企业经营思想和理念上来说，却完全不相同。三个公式体现了企业对产品成本的认知和对待产品成本的态度。

1. 第一种态度：成本主义

公式（1-1）的含义是：某产品的成本是 100 元，利润定为 20 元，则售价定为120 元。如产品成本为 150 元，利润保持为 20 元，则售价定为 170 元，这种思想称为"成本主义"，如图 1-5 所示。这种产品大都属于独占性的商品，或者产品具有突破性的创新，在市场上没有其他类似产品，也就是所谓的卖方市场；另外在竞争不充分的市场中，也有可能出现这种情况。

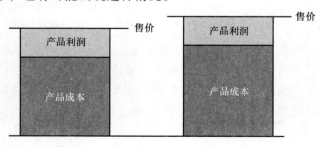

图 1-5 成本主义

成本主义反映的经营模式是产品的售价和利润以产品成本为依据，这种理念完全是根据产品成本来确定产品销售价格，只有在垄断企业和计划经济的状况下，方能生存。

在市场竞争日益激烈的今天，如果企业不具备开发突破性创新产品的能力，依然具有"成本主义"的思想，这样的企业必将走向灭亡。

2. 第二种态度：售价主义

公式（1-2）的含义是：某产品的原售价100元，产品成本为90元，则利润为10元。当市场竞争激烈，导致售价下降至95元时，产品成本仍是90元，则其利润降低为5元。如果售价继续下降至90元，企业则不能获得利润。利润取决于市场售价的高低，这种思想称为"售价主义"，如图1-6所示。

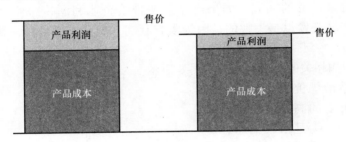

图1-6　售价主义

售价主义的经营思想是：产品利润完全取决于市场售价的高低。这种理念是产品成本相对不变，因此市场竞争的结果必定是任人宰割，最终被淘汰出局。

3. 第三种态度：利润主义

公式（1-3）的含义是：公司的目标利润是20元，产品市场销售价格是100元，那么目标产品成本则设定为80元。如果产品售价降至90元，但目标利润仍是20元，因此必须加倍努力将目标产品成本降到70元。无论市场如何变化，企业依然可以获得相同的利润，这样的企业在市场竞争中必定会立于不败之地，这种以盈利为目标来设定目标产品成本的思想方式，就称为"利润主义"，如图1-7所示。

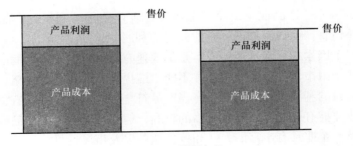

图1-7　利润主义

利润主义反映的经营模式是以目标产品利润来设定目标成本。在市场竞争日益激烈的今天，产品售价受到市场供需影响，所以售价高低不是企业自己能决定的，而是由市场决定的，这就是买方市场。因此，要达到目标利润就必须努力达到目标成本。要确保利润（生存），必须设法控制成本，降低成本。

在售价由市场决定的情况下，企业要获取利润就要学会降低产品成本。

1.2.3 降低产品成本是企业提高利润的最好方法

1. 与利润相关的三大要素

产品开发是一项复杂、非常具有挑战性的工程，衡量产品开发成功与否的因素很多。但对于大多数企业来说，衡量产品开发成功与否的唯一判断依据是产品能否给企业带来足够的利润。如果产品无法带给企业利润，即使产品的质量再高，这样的产品开发也是失败的，因为没有利润，企业无法盈利，就不能在市场上生存。

与企业利润相关的三大要素如图 1-8 所示。

（1）产品销售价格 产品销售价格需要尽可能的高，这要求产品必须贴近市场，满足市场需求，产品质量高，更为重要的是产品必须具有一定的创新性和高附加值。否则，单纯提高产品销售价格，会失去部分消费者，产品销量降低，企业总体盈利反而会降低。

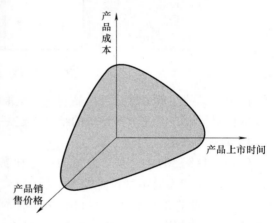

图 1-8 与企业利润相关的三大要素

（2）产品上市时间 产品上市时间需要越快越好，领先竞争对手进入市场，获得更高的市场占有率，同时这一时期市场没有充分的竞争，产品销售价格会比较高，企业于是可以获得较大的利润。

（3）产品成本 产品成本需要越低越好，企业获得的利润是产品销售价格与产品成本的差值，产品成本越低，企业获得的利润就越高。

在以上三个因素中，降低产品成本是最快速有效地提高企业利润的方法。产品销售价格往往是由市场决定的，企业并不能单纯提高产品的销售价格，否则销售量降低，企业获得的利润反而降低。只有当产品符合市场需要，并具有创新性和高附加值时，企业才拥有提高产品销售价格的权利，但是开发这样的产品不是一件容易的事情，这需要企业具有丰富的人才和技术储备以及市场远见。另外，缩短产品上市时间往往意味着对整个产品开发过程的重新优化，要求整个公司相关人员的参与；同时带来的收益也不是立竿见影，需要几个月甚至一年以上的时间才能显现出来。降低产品成本可应用于新产品开发，也可应用于现有产品，能够以最小的投入给企业带来立竿见影的利润变化。

2. 降低产品成本和提高销售数量对总体利润影响的对比

产品在其生命周期内，为企业赚取的总体利润由公式（1-4）表示。

$$产品总体利润 = 单位产品利润 \times 销售数量$$
$$= （产品售价 - 产品成本） \times 销售数量 \qquad (1-4)$$

从公式（1-4）可以看出，企业想要提高产品总体利润额，有三个办法：一是提高售价；二是降低产品成本；三是提高销售数量。在产品售价由市场决定的今天，单纯地提高售价显然不现实。

降低产品成本和提高销售数量对提高产品总体利润，哪一种更有效率呢？某产品售价为 120 元，产品成本为 100 元，利润则为 20 元，现有销售数量为 1 百万台，则产品现有总体利润为（120 - 100）× 1000000 = 20000000 元。企业现在需要将总体利润提高到 40000000 元，有两种方案，如图 1-9 所示，方案一是将产品成本降低 20% 至 80 元，方案二是将销售数量增加 100% 至两百万台。销售数量增加一倍意味着生产投资和规模增加一倍，高投资带来高风险。显然，降低产品成本的方法更有效率。

	原基准	总体利润增加一倍的方法	
总体利润	20000000元	40000000元	
		方案一：降低产品成本	*方案二：增加销售数量*
产品售价	120元	120元	120元
产品成本	100元	80元	100元
利润	20元	40元	20元
销售数量	1000000台	1000000台	2000000台
结论		产品成本降低20%，企业总体利润增加一倍	销售数量增加100%，企业总体利润增加一倍

产品成本降低20%　　　　　　　　产品销售数量增加100%

图 1-9　提高产品总体利润的方法

现在的市场竞争越来越激烈，企业所能够获得的单位产品利润越来越低，即企业进入微利时代。在上面的例子中，如果由于产品竞争激烈造成产品售价由 120 元降低为 110 元，企业的单位产品利润则由 20 元降低为 10 元，企业如果要将利润提高到 40000000 元，如图 1-10 所示，则需要将产品成本降低 10%，或将销售数量增加 100%。

在微利时代，降低产品成本的方法对提高产品总体利润更为有效。

	原基准	总体利润增加一倍的方法	
总体利润	2000000元	4000000元	
		方案一：降低产品成本	方案二：增加销售数量
产品售价	110元	110元	110元
产品成本	100元	90元	100元
利润	10元	20元	10元
销售数量	2000000台	2000000台	4000000台
结论		产品成本降低10%，企业总体利润增加一倍	销售数量增加100%，企业总体利润增加一倍

图 1-10　微利时代，降低产品成本对提高产品总体利润更为有效

1.2.4　产品成本领先战略

正因为产品成本关系到企业利润，与企业的生存息息相关，因此很多企业或研究机构把产品成本上升到战略高度，其中最著名的就是迈克尔·波特的"产品成本领先战略"。

美国哈佛大学教授迈克尔·波特被誉为"竞争战略之父"，他把产品成本领先战略作为企业持久发展的三大战略之一。产品成本领先战略是指一个企业通过采取一系列措施使总成本达到行业最低水平。通过降低产品成本，在保证产品质量和服务的前提下，使自己的产品价格低于竞争对手，以争取最大的市场份额的竞争战略。

产品成本领先战略要求企业坚决地建立起高效规模的生产设施，在经验的基础上全力以赴降低产品成本，以及最大限度地减少销售、广告和服务等各方面的成本。

为了达到这些目标，就要在管理方面对成本给予高度的重视。尽管质量、服务以及其他方面也不容忽视，但贯穿于整个战略之中的是使成本低于竞争对手。如果产品成本较低，意味着竞争对手在市场竞争过程中已经失去利润时，企业依然可以获得利润。

赢得产品成本最低的有利地位通常要求具备较高的相对市场份额或其他优势，诸如与原材料供应方面的良好联系等，或许也可能要求产品设计要易于制造，易于保持一个较宽的相关产品线以分散固定成本，以及为建立起批量而对所有主要客户群进行服务。

产品成本领先地位非常吸引人。一旦公司赢得了这样的地位，所获得的较高的边际利润又可以重新对新设备、现代化设施进行投资以维护成本上的领先地位，而这种再投资往往是保持低成本状态的先决条件。

从波特的成本领先战略可以看出，对一个企业来说，产品成本至关重要。在市场竞争日益激烈的今天，越来越多的企业把产品成本作为衡量产品开发成功与否的一个标志。在满足产品功能、外观和可靠性等前提下，必须尽可能地降低产品成本，从而可以帮助企业提高市场竞争力，提高利润率，获得产品成本领先地位。

1.3 产品成本的构成

在上一节中谈到，产品成本在企业中具有非常高的战略地位。那么，首先必须了解产品成本的构成。

1.3.1 iPhone 成本的构成

2014 年，苹果公司推出了新一代的手机产品 iPhone 6 和 iPhone 6 Plus，其 16G 的销售价格分别为 649 美元和 749 美元。科技网站 teardown. com 对 iPhone 的生产成本做了一次全面的分析，如图 1-11 所示。结果显示，iPhone 6 和 iPhone 6 Plus 的成本分别只有 227 美元和 242.5 美元。

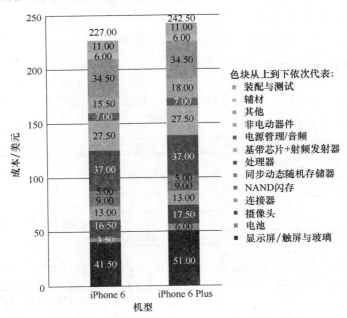

图 1-11　iPhone 6 和 iPhone 6 Plus 的生产成本

于是有人说，苹果公司每售出一部 iPhone 6 和 iPhone 6 Plus，将分别获得 422 美元和 506.5 美元的利润，大约 65% 的售价转换为利润，苹果获得了暴利。

事实真的如此吗？一个企业在产品上获得的利润等于产品的销售价格与产品的制造成本之差吗？

完全不是！

1）苹果公司在开发 iPhone 时，大量的工程师投入时间和人力进行研发、试制、测试、试产和认证等，这一部分的费用（产品开发成本）需要分摊到产品成本中。作为一个创新的产品，iPhone 采用了大量尖端前沿的技术，这一部分的费用相当高。

2）生产 iPhone 时，需要开发和投入大量的模具、工装夹具、设备和生产线等，这一部分费用（固定资产投资成本）也需要分摊到产品成本中。

3）iPhone 在正常生产时，模具、工装夹具、设备和生产线等维护费用，生产时所必需的一些耗材如水、电和气等费用，以及厂房建设费用或租金费用、厂房管理费用和工人管理费用等，这一部分费用（生产管理成本）都需要分摊到产品成本中。

4）另外，iPhone 的营销费用及维修和回收等费用，也需要分摊到产品之中。

图 1-11 中仅列出了 iPhone 的原材料费用和装配费用，这远远不是手机的产品成本。

如果一个企业把产品成本简单地认为是制造成本，这将对企业是致命的。试想，在上面的案例中，不是苹果公司的 iPhone，而是一家高度竞争行业中的普通企业的产品，企业在制定售价时会结合市场行情和产品成本，如果企业把产品成本等同于制造成本，那么企业制定的售价有可能会过低。企业本以为可以获得可观的利润，而实际是亏损的，销售的产品越多，亏损越多。

1.3.2 产品成本的分类

产品从最初的概念阶段，经过计划阶段、开发阶段、验证阶段、发布阶段，需要发生各种成本。各阶段发生的各种成本如图 1-12 所示。

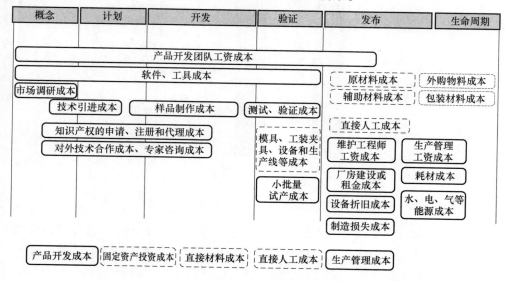

图 1-12 产品开发过程中的各种成本

把产品阶段发生的各种成本进行分类，一般可分为五大类：

1）产品开发成本。产品开发成本是指企业在产品开发过程中产生的成本，主要包括参与产品开发团队的工资成本、专利成本、样品制作成本、样品调试、样品测试和验证成本，以及用于设计所需的设备折旧和软件等成本。

2）固定资产投资成本。固定资产投资成本是指产品大批量生产时所必须投入的模具、工装夹具、设备和生产线等固定资产成本，例如注射模具成本、生产线成本和超声波焊接设备等成本。

3）直接材料成本。直接材料是指加工后直接构成产品实体或产品主要部分的原料、主要材料与外购半成品，以及有助于产品形成的辅助材料等，可以方便地直接追溯至每一个产品。

4）直接人工成本。直接人工成本是指在生产中对材料进行直接加工制成产品所耗用的人工的工资、奖金和各种津贴，以及按规定比例提取的福利费，可以方便地直接追溯至每一个产品。

5）生产管理成本。生产管理成本是指产品制造过程中发生的、除直接材料和直接人工以外的所有制造成本。具体指企业各个生产单位（分厂、车间）为组织和管理生产所发生的费用，包括维护工程师的工资成本、生产管理人员的工资成本、厂房建设或租金成本、机器设备等折旧成本、制造损失成本、耗材成本、水电气等能源成本，以及其他修理费、劳动保护费、季节性和修理期间的停工损失等成本。

单位产品成本的计算见公式（1-5）。

$$单位产品成本 = \frac{产品开发成本 + 固定资产投资成本}{产量} + 直接材料成本 +$$

$$直接人工成本 + 生产管理成本 \qquad (1\text{-}5)$$

图 1-13 以某企业销售的某产品为例说明了产品成本的构成。假设产品的最终产量为 10000 个，其产品成本为 157 元，包括：

1）产品工程师耗费 500h 开发该产品，加上样品制作等费用，产品开发成本总共为 250000 元；生产 10000 个产品，分摊到每个产品上的设计成本为 25 元。

2）生产该产品的模具、工装夹具、设备和生产线等的固定资产投资成本为 1000000 元；生产 10000 个产品，分摊到每个产品上的固定资产投资成本为 100 元。

3）直接材料成本为 8 元。

4）直接人工成本为 10 元。

5）生产管理成本以材料成本的 50% 与人工成本的 100% 之和简化计算，为 14 元。

如果企业以 200 元的价格进行销售，那么单个产品企业能够获得 43 元的毛利（不包括销售等其他成本）。

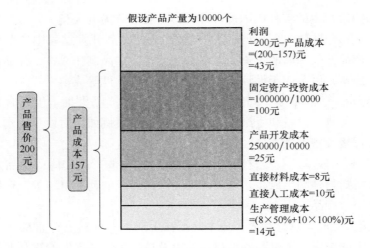

图 1-13 某产品的单位产品成本构成

1.3.3 产品成本与产品产量的关系

五大类产品成本与产品产量的关系如图 1-14 所示。

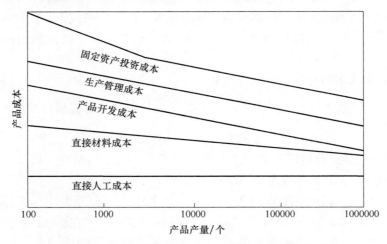

图 1-14 五大类产品成本与产品产量的关系

1）产品开发成本是分摊到每一个产品成本上的。很明显，产品产量增加，分摊到每一个产品上的产品开发成本就降低。在上面的案例中，产量增加到 100000 个，分摊到每一个产品上的开发成本就变成了 2.5 元，与之前的 25 元相比大幅降低。

2）同产品开发成本一样，固定资产投资成本也是分摊到每一个产品成本上的。产品产量增加，分摊到每一个产品上的固定资产投资成本就降低。在上面的案例中，产量增加到 100000 个，分摊到每一个产品上的固定资产投资成本就变成了 10 元，与之前的 100 元相比大幅降低。

3）产品产量增加，材料使用量增加，企业在购买材料时可以获得一定的优惠。现在多数的原材料企业的材料价格均与用量相关。例如，表1-1为某塑胶原料企业对某款塑胶原料的报价，年用量越多，则价格越低。这也是企业为何要求在同一种产品，甚至不同产品之间的零部件尽量使用相同的材料或者尽量减少材料种类的原因之一。

表1-1 某塑胶原料的报价

年用量/t	每公斤价格/元
1～50	30
50～100	28
100～200	25

4）从表面上看，产品产量与直接人工成本没有关系。其实，产品产量增加，也有可能降低直接人工成本。因为随着产品产量的增加，操作工人的生产效率逐步提高，生产单个产品所花费的时间变短，直接人工成本自然降低。生产第10000个产品所花费的时间应低于生产第1个产品所花费的时间。当然，当产量增加到一定程度后，生产效率趋于稳定，产量对劳动力成本的降低就可以忽略。

5）产品产量增加对生产管理成本的降低也会有一定的帮助。生产管理成本中的一些成本，例如厂房租金等是固定成本，产品产量增加，分摊到每一个产品上的这类费用就降低。另外，生产管理成本中的一些成本，例如库存成本是可变成本，随着规模效应也会降低。

上述案例中的产品产量为10000个，如果产品产量增加到100000个呢？产品的成本则为43元，如图1-15所示。企业如果依然以200元的售价销售产品，企业则可获得157元的毛利。

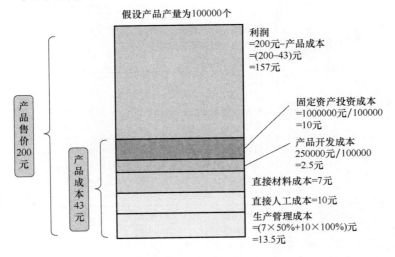

图1-15 产量增加、产品成本降低

通过对比可以看出，产品产量是一个非常关键的参数。产品产量增加，产品成本降低；产品产量减少，产品成本增加。这也是为何当今的制造企业向寡头方向发展、向规模化方向发展的根本原因之一。在市场竞争日益严酷的今天，新产品的研发费用和固定资产投资费用越来越庞大，只有产量增加，企业才有可能从庞大的投资中获得利润。

从另外一个角度来看，产品产量必须在产品开发之初得到准确的预估。如果产品产量预估过大，而后来的市场发展不如预期，则企业很有可能无法获得预估的利润，甚至无法收回研发费用和固定资产投资费用。而如果产品产量预估过小，在进行投资回报计算时，发现企业无法盈利，则可能终止该产品的开发，错失机会。在对产品未来不太确定的情况下，可采用保守的方法，即减小产品产量预估，毕竟错失机会比亏本好。

1.3.4　21 个降低产品成本的方法

在上一节中，我们知道产品成本由五大部分组成：产品开发成本、固定资产投资成本、直接材料成本、直接人工成本和生产管理成本。从组成产品成本的每一个因素着手，企业常用的 21 个降低产品成本的方法见表 1-2。

表 1-2　降低产品成本的方法

五大成本组成	降低产品成本的方法
产品开发成本	1）现有设计重用 2）避免不必要的复杂 3）避免过于稳健的设计 4）自制和外购 5）使用 CAE 仿真技术
固定资产投资成本	1）使用工厂现有设备 2）外包固定资产投资较大的工艺 3）优化固定资产投资成本 4）避免使用专属设备
直接材料成本	1）减少报废 2）减少零件数量 3）使用便宜的原材料或零件 4）通用化和标准化
直接人工成本	1）简化装配工艺 2）减少工人技能水平要求 3）使用自动化制造和装配工艺 4）减少测试、检测要求
生产管理成本	1）避免现有生产线的大幅改动 2）减少库存 3）减少材料和零部件的搬运要求 4）减少耗材的使用

1. 减少产品开发成本

（1）现有设计重用　现有设计重用可节省大量的产品开发成本，同时缩短产品上市时间。很多公司把现有设计重用当成产品开发的一项重要基本制度，鼓励工程师重用现有的设计。当然，有些时候现有设计并不适合应用在新产品中，如果强行重用现有的设计反而会造成浪费、增加产品成本，这是需要避免的。

（2）避免不必要的复杂　产品设计得越简单越好，在满足产品功能、质量、外观和可靠性等前提下，产品设计越简单，产品成本越低。这要求工程师熟悉产品，熟练掌握各种制造和装配工艺，要求工程师具有很好的创新能力，简单设计不是一件简单的事情。

（3）避免过于稳健的设计　产品设计过于稳健，采用过大的安全系数，零部件的重量、体积就会过大；或者是使用了高性能的材料和外购件从而增加了材料成本。产品过于稳健，但客户并不会为此多付一分钱。

（4）自制和外购　企业经常会面对这样的抉择：自己设计制造零件或者从供应商处购买。从供应商处购买零件有很多好处，他们可能更为专业，而且有可能已经有了类似的产品，根本不需要花额外的时间去设计和验证，产品开发成本为零。企业应当制造属于企业专长的零件，而向供应商购买不属于企业专长的零件。例如，一家企业的专长是塑胶件注射，那么当产品中包含压铸件时，企业应当考虑向供应商购买压铸件，而不是去投资压铸设备和招聘相关人员，自己制造压铸件。

（5）使用 CAE 仿真技术　计算机辅助工程技术（Computer Aided Engineering，CAE）是在设计工程师完成产品的三维几何模型后，通过 CAE 分析软件如 ANSYS 对三维模型进行仿真分析，这些分析包括结构分析、散热分析、电磁分析、接触分析、模态分析、优化分析、拓扑优化、疲劳分析等（见表 1-3），及早发现设计缺陷，改进和优化设计，验证产品的功能、性能和可靠性等。利用 CAE 技术，可减少或避免样品制造、测试和验证等产品开发成本，同时缩短产品开发时间。

表 1-3　常见 CAE 分析技术

CAE 分析技术	应用方向	部分应用举例
结构分析	1）结构强度分析 2）产品的疲劳寿命分析 3）产品的包装优化和跌落分析 4）多体动力学分析	1）汽车轮毂的结构强度分析 2）空调钣金件的结构强度分析 3）轴承、风机叶片等运动部件的疲劳寿命计算 4）手机等消费类电子产品的跌落测试分析 5）挖掘机等多体运动机构的受力分析和运动控制计算等
散热分析	1）电子散热分析 2）房间散热和系统散热分析	1）台式计算机和笔记本电脑的散热分析 2）灯具的散热分析 3）手机、平板电脑等电子产品的散热分析 4）空调房间、变压器系统的散热分析等

（续）

CAE 分析技术	应用方向	部分应用举例
电磁分析	电动机的电场和磁场分析	1) 电动机内部的电磁场计算 2) 电磁炉和微波炉的电磁场计算等
流场分析	1) 气相流场分析 2) 液相流场分析 3) 噪声分析	1) 风扇的流场、空调室的气流分布、风冷冰箱的风道设计等 2) 水泵、豆浆机等叶轮机械的水流流场分析 3) 风扇、空调等设备的气动噪声和振动噪声分析等

2. 减少固定资产投资成本

（1）使用工厂现有设备　选择工厂现有成熟的制造和装配工艺，充分利用工厂现有设备，可大幅减少固定资产投资成本。当然，使用现有制造和装配工艺意味着放弃其他工艺，意味着放弃其他降低产品制造成本的机会，这需要在二者之间取得平衡。另外，开发平台化的产品，而不仅仅是单一的产品，也可分摊固定资产投资成本。

（2）外包固定资产投资较大的工艺　购买设备、投资固定资产意味着以后一直使用它，这会限制未来的设计决策；需要维护成本；需要培训工人使用它。如果能够把某些固定资产投资较大的工艺外包，何乐而不为呢？

（3）优化固定资产投资成本　丰田的生产流程准备（Production Process Preparation，3P）的一个核心是"七种可选制造和装配工艺"，指在产品设计之初，针对产品有七种可选的制造和装配工艺，并列出不同工艺的优点和缺点，根据产品产量选择出固定资产投资较少的一种制造和装配工艺。这可避免有些工程师总是使用同一种昂贵的工艺。在面向成本的产品设计中，根据产品的功能、质量、外观和可靠性等规格要求，会有多种概念设计，不同的概念设计对应不同的产品结构、不同的产品制造和装配工艺，工程师会对不同的概念设计进行成本计算，在不增加产品成本的情况下选择固定投资较少的概念设计。

（4）避免使用专属设备　如果产品制造和装配需要专属的设备，该设备只用来生产这个产品，将来也不会用于其他产品，那么对项目来说风险非常大。万一该设备的使用和维护成本超过预期，或者该产品的销售不如预期，在做决定之前，千万不要相信这种设备以后会有很多产品使用。固定资产应该投资在企业的核心制造和装配工艺设备上，对于专属设备，外包即可。

3. 减少直接材料成本

（1）减少报废　材料和零部件的报废也是材料成本的一部分。一般来说，报废率取决于两个方面：其一是制造和装配工艺的制程能力，即制造和装配零部件所能达到的精度要求；其二是产品设计所要求达到的精度要求。

产品设计工程师应当优化产品设计，在满足产品功能、外观、可靠性等前提下，允许零部件宽松的公差要求，从而减少零部件报废率，降低材料成本。具体的方法可参考本书作者的另一本由机械工业出版社出版的著作《面向制造和装配的产品设计指南》（第2版）第7章公差分析的内容。

（2）减少零件数量　零件数量少，零件所使用的材料成本自然就低。通过将零件去除、与相邻零件合并或者将不同类型但相似的零件合并等方法，可以减少零件数量。在《面向制造和装配的产品设计指南》（第2版）第2章面向装配的设计指南中有详细的讲述。

（3）使用便宜的原材料或零件　产品中经常会存在一些零部件使用了较贵的原材料，但根据产品使用环境，根本不必使用如此昂贵的原材料。例如，使用镀锌钢板就能满足实际应用要求，却使用了不锈钢。当然，绝不能仅仅因为价格便宜，未经验证就直接使用便宜的原材料或零件。只有当其经过一系列的验证和测试，证明其符合应用要求后才能使用。

（4）通用化和标准化　把一系列规格不同的零件合并成一种零件能够从两个方面节省成本。其一是减少零件的购买、运输和库存等成本；其二是如果一种零件的采购量较大，可以向供应商要求较低的报价。某家电企业通过将空调、洗衣机、电视等产品所用到的电缆进行通用化和标准化，将原来的几百种电缆减少为几十种，帮助企业在电缆的采购上节省了20%的成本。

4. 减少直接人工成本

（1）简化装配工艺　通过减少零件数量、简化产品装配关系、去除紧固件、装配方向从上至下、使用导向定位特征、避免零件反复的对齐与调整等方法，使得产品的装配变得简单、效率高。在《面向制造和装配的产品设计指南》（第2版）一书第2章面向装配的设计指南中有详细的讲述。

（2）减少工人技能水平要求　有些制造和装配工艺要求操作人员必须具有一定的技能水平，他们每小时的工资水平自然也高于普通的操作人员。通过优化产品设计，简化产品的制造、装配和测试，避免对操作人员提出较高的技能水平要求，可显著降低操作人员每小时的人工成本。

（3）使用自动化制造和装配工艺　自动化效率高，可大幅节省人力成本，但初期投资比较大。在决定使用自动化设备之前，需要针对初期投资和产品产量进行一个精确的计算。如果一个产品产量足够大，使用自动化节省的人力成本小于初期投资，可采用自动化。

（4）减少测试、检测要求　从某种角度来说，测试和检测对产品来说并不会产生价值，反而会增加人力成本。在可以确保产品质量的情况下，如果设计的产品能够很容易被测试或检测，甚至不用测试或检测，那么这将会节省大量的成本。

5. 减少生产管理成本

（1）避免现有生产线的大幅改动　如果现有的流水线、各种工装夹具、各种装配设备、存储空间和物料管理能够适用于新的产品，那么这将会节省大量的成本。

（2）减少库存　生产管理成本的很大一部分是材料和零部件库存。使用准时制生产方式（Just In Time，JIT），库存管理是一个关键，这往往是由工厂管理人员来主导的；但产品设计工程师在产品开发时也应当考虑 JIT。供应商是否频繁小批量地提供原材料？为了避免较大的安全库存，可以不用那些较长交货周期的零件吗？为了减少半成品库存，可以使用按单订制吗？

（3）减少材料和零部件的搬运要求　材料和零部件在工厂内的搬运需要耗费人力、需要占用空间，有时甚至需要昂贵的设备。在产品开发时，需要考虑新产品的材料和零部件在生产时是如何搬运的。较重零部件可以通过设计使得它能轻松地被搬运吗？为了减少搬运时间，零部件设计了起重机吊钩、把手或者类似特征吗？大而笨重的零部件是否设计成模块化？零部件的设计是否能够避免零部件在搬运设备中被卡住或者互相卡住？

（4）减少耗材的使用　耗材是指产品制造和装配时所必须消耗的辅助材料，例如润滑油、胶水、砂纸和胶带等，也包括模具冲头或电阻焊焊头因为磨损而导致的替换等，有些耗材可能会比较昂贵，特别是企业不曾使用过的特殊耗材。精益生产需要避免独特性，如果在新产品的生产中需要使用新的耗材，这又将会带来额外的管理成本。

1.4　产品成本决定性认知的四个阶段

1.4.1　产品成本是由产品制造决定的

1. 产品成本是制造出来的

一个产品的大致生产加工情景是这样：在生产工厂，企业采购零部件的原材料，通过某些制造工艺例如注射或冲压等制造出零部件，然后在生产线上由工人或机器把这些零部件和采购的其他零部件装配在一起，经过测试和包装等，形成最终的产品。

产品的生产过程就是产品各种成本的产生过程。所见即所得，很容易得出这样的结论："产品成本是制造出来的，产品成本是由制造决定的"。这是对产品成本决定性认知的初级阶段。

这样的认识似乎得到了很多事实的验证，特别是当全球制造业从劳动力成本高昂的发达国家转移到劳动力成本较低的中国沿海城市，再从中国沿海城市转移到劳动力成本更低的中国内地城市和东南亚城市时，往往都使得产品成本降低，帮助企业获得竞争性的优势，很多中国企业享受其中的红利并发展壮大。但是，如果仅仅因此而认为"产品成本是由产品制造决定的"，从而把企业的经营策略和重心聚焦在产品制造上、轻视产品设计，这将会带来灾难性的后果。从产品制造端可以帮助降低产品成本，但这不是唯一的解决方法，也不是根本性的解决方法，更不是一劳永逸的解决方法，这在中国低廉劳动力红利逐渐消失的当下显得格外正确。

2. 产品制造仅决定了小部分的产品成本

产品成本是由产品制造决定的，这是一种非常错误的认知。如果把产品开发过程分为两大阶段，分别是产品设计和产品制造，我们会发现，产品设计决定了大部分的产品成本，而产品制造仅决定了小部分的产品成本，如图 1-16 所示。

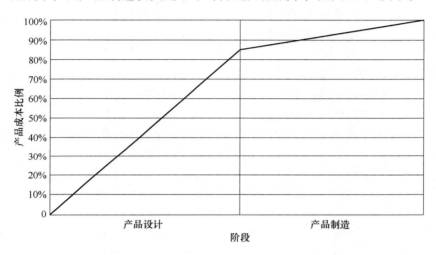

图 1-16　产品制造仅决定了小部分的产品成本

产品制造仅决定了小部分的产品成本，这是因为：

1）零件材料是由产品制造决定的吗？在现代化的产品开发体系中，零件材料是由产品设计决定的，产品制造无法决定零件材料，无法自行采购价格便宜的零件材料，除非该零件材料经过产品设计工程师参与完成了相关的功能验证。

2）零件的制造工艺是由产品制造决定的吗？各种制造工艺不同，其制造成本也不同。产品制造同样没有权利决定零件是通过何种制造工艺进行制造。零件制造工艺是由产品设计决定的，当制造工艺确定后，产品制造所能做的是选择制造机器的类型以及开发相关的模具和工装夹具，这一部分对产品成本的影响相对较小。

3）零部件的装配工艺是由产品制造决定的吗？装配工艺包括螺钉紧固、卡扣紧固、胶粘紧固和焊接紧固等。显然，这些都不是由产品制造决定的。

4）人工成本是由产品制造决定的吗？产品制造可以选择使用人工或自动化，也可以选择在劳动力成本不同的区域进行生产，但这并不能从根本上决定产品所花费人工成本。这是因为产品生产时使用人工数量的多少以及一个产品花费多少人工时间主要是由产品的零部件内部结构及其简单与复杂程度来决定的，产品制造仅仅起着优化的作用。同时，单纯使用自动化代替人工来降低人工成本，而不考虑自动化所带来的固定投资成本的增加，反而有可能使得产品总体成本增加。另外，把生产转移到劳动力成本低的区域进行不是一件容易的事情，涉及产业配套、工程师和技术人员贮备及相关法律法规等。

5）产品不良率是由产品制造决定的吗？诚然，产品制造的不正确会造成产品不良率升高，但是产品发生不良的根本原因80%来自于产品设计。

一旦产品设计已经完成，进入产品制造阶段，再想降低产品成本就变得非常困难。Mercer咨询公司研究了800多家企业，其中120家企业经常投入大量人力、物力针对现有量产产品进行成本降低，但发现68%的企业在过去五年中均处境艰难、未有盈利。

在产品制造阶段，降低产品成本变更的不仅仅是三维设计模型，很有可能带来更多的变更，包括零部件模具、工装夹具和生产线等的变更。由此带来额外的成本，很有可能反而会增加产品成本。

为了避免上述设备的变更，产品制造阶段的变更往往局限在使用廉价的材料、选用廉价的零部件、压低供应商零部件价格和降低工人工资等方法。但这些变更也会耗费大量成本和时间，因为变更导致需要对产品进行重新验证，验证其是否满足产品的功能、质量、外观和可靠性等，这有可能会推迟产品的上市日期。

另外，产品制造阶段降低成本的变更可能会牺牲产品的功能、质量、外观和可靠性等。日本的丰田公司认为：产品制造阶段的变更是非常昂贵的，是不得已的选择，总是会以牺牲产品制造的性能和产品质量为代价。

3. 产品制造依然是降低产品成本的一个手段

"产品成本是由产品制造决定的"这种认识具有一定的局限性，但不可否认的是产品制造依然对产品成本存在一定的影响，从制造端降低产品成本依然是降低产品成本的一种有效方法和手段。因此，对于企业来说，在进行产品开发时，需要从产品制造端着手把产品成本降到最低，相关的手段和方法包括：

1）产品制造端的相关人员，包括制造工程师、装配工程师和质量工程师等，要尽早加入产品开发团队中，介入产品设计，利用自身的经验和专业性，从产品制造的角度向产品设计工程师提供设计建议，确保产品设计具有很好的可制造性和可装配性。

2）实施并行工程。产品制造端的相关工作包括模具、工装夹具和生产线等的设计与制造，这些需要与产品设计工作并行进行，而不是按照先后顺序进行。一旦发现设计与制造的模具、工装夹具和生产线等的生产效率低，使得产品成本增加时，可以及时与产品设计工程师进行合作，寻找优化设计的方法来避免问题的发生；或者产品制造端在进行相关工作时，一旦发现有好的想法可以使得产品成本降低，也可及时与产品设计工程师进行合作，尽早导入设计优化。

3）通过精益生产的相关理念和方法来降低产品成本，包括零库存和自动化等。

1.4.2　产品成本是由产品设计决定的

如前文所述，产品设计决定了大部分的产品成本，而产品制造仅决定小部分的产品成本。也就是说，一旦产品设计完毕，产品成本也就大致确定。"产品成本是由产品设计决定的"，这是对于产品成本决定性认知的第二阶段。

产品设计决定了大部分的产品成本，这是因为：

1）产品设计决定了零件的材料。材料成本是产品成本的重要组成部分，在满足产品功能、外观和可靠性等前提下，零件存在着多种材料选择，而有的材料价格昂贵，有的材料价格便宜，零件材料选择决定于产品设计阶段。

2）产品设计决定了制造工艺。在产品设计阶段，产品设计工程师会根据设计要求，针对零部件选择合适的制造工艺。

3）产品设计决定了装配工艺。在产品设计阶段，产品设计工程师会根据设计要求，针对零部件选择合适的紧固工艺。

4）产品设计决定了产品结构的简单与复杂程度。产品的结构越简单，可装配性就越高，装配效率就越高，装配成本也就越低；相应的，产品结构越复杂，可装配性就越差，装配效率就越低，装配成本也就越高。在劳动力成本越来越高的今天，产品的可装配性对产品装配成本的影响也更加明显。

5）产品设计决定了零件的简单与复杂程度。零件越简单，可制造性就越高，制造效率就越高，制造成本就越低；相应的，零件越复杂，可制造性就越低。对于精密度越高的仪器和设备，要求的加工时间越长，零件的制造效率就越低，零件的制造成本也就越高。

6）产品设计决定了产品的修改次数。当制造出的产品不符合产品的功能、外观和可靠性等要求时，必须进行设计修改，这意味着相应的零件模具、治具、工装夹具和生产线等的修改，这会增加产品成本。产品修改次数越多，产品成本增加越多。产品修改次数取决于产品设计。

7）产品设计决定了产品的不良率。产品的不良率越高，产品的成本就越高。产品的不良率主要是由产品设计决定的。

既然产品设计决定了大部分的产品成本，那么显然产品设计对于企业具有战略性的作用，企业应当投入更多的资源到产品设计中去，这包括引入最新的产品开发流程、购买产品设计相关软件（包括 CAD、CAE 和成本计算软件等）、购买 3D 打印设备和测试设备，以及对产品设计工程师进行相关培训等。

1.4.3　产品成本是由产品概念设计决定的

继续把产品设计阶段展开为概念设计阶段和详细设计阶段，产品的概念设计决定了大部分的产品成本，而详细设计仅决定了相对较小部分的产品成本，如图 1-17 所示。"产品概念设计决定了产品成本"，这是对产品成本决定性认知的第三阶段。

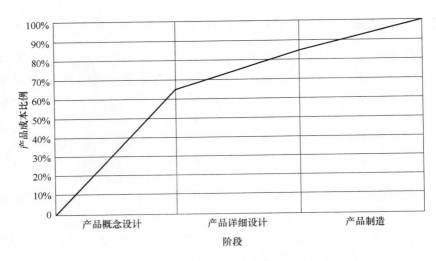

图 1-17　产品概念设计对产品成本的影响

为什么产品概念设计决定了产品成本？这是因为：

1）是在产品概念设计阶段，而不是产品详细设计阶段，决定了产品的内部结构。

2）是在产品概念设计阶段，而不是产品详细设计阶段，决定了零部件所使用的材料。

3）是在产品概念设计阶段，而不是产品详细设计阶段，决定了零部件的制造工艺。

4）是在产品概念设计阶段，而不是产品详细设计阶段，决定了零部件的装配工艺。

当选定好产品进行开发后，产品的功能、外观、质量、测试和可靠性等产品的具体要求已经确定，产品设计工程师针对这些要求存在着多种概念设计，包括：

1）产品内部结构的选择。是选择模块化的设计还是选择非模块化的设计？是选择零件数量多的设计还是零件数量少的设计？

2）零件材料的选择。是选择塑料还是金属？同样是塑料，是选择 PC（聚碳酸酯），还是 ABS（丙烯腈-丁二烯-苯乙烯），或者 PPO（聚苯醚）？

3）零件制造工艺的选择。是选择注射工艺、冲压工艺、机械加工工艺，还是压铸工艺等？

4）零部件装配工艺的选择。是选择卡扣紧固，还是选择螺纹紧固，或者焊接？

一旦企业选定了什么产品进行开发，即产品定义完成，产品概念设计将决定大部分的产品成本。

"产品成本是由产品概念设计决定的"，这一认知对企业和产品设计工程师的启示是：产品设计阶段很重要，但其中产品的概念设计阶段更重要。遗憾的是，这恰恰是很多企业在进行产品开发时所忽略的，很多企业认识到产品设计对产品成本的决定性，但把重心放在了详细设计阶段。相对于概念设计，详细设计仅仅是概念设计的细化，把更多精力放在详细设计阶段并不能从根本上优化产品成本。因此，对企业来说，在进行面向成本的产品设计时，不但要对产品设计进行重视，更要对其中的概念设计阶段重视，在产品概念设计时，根据产品的功能、外观和可靠性等要求，选择最合适的零件材料、最合适的制造工艺和装配工艺，是降低产品成本的一个最好的方法。

1.4.4　产品成本是由产品规格决定的

产品定义阶段的主要工作是理解客户需求（Voice of Customer）、定义产品规格，在考虑产品成本的决定性时，如果继续向前推进到产品定义阶段，相对于其他阶段，我们发现产品定义阶段对产品成本具有更大的决定作用。

产品定义阶段、产品概念设计阶段、产品详细设计阶段和产品制造阶段四个阶段对产品成本的权重占比分别为 35%、30%、20% 和 15%，如图 1-18 所示。产品定义阶段对产品成本的决定性影响最大，产品成本是由产品规格决定的，这是对产品成本决定性认知的终极阶段。当然，这些数字不是一个非常准确的数据，仅用于说明各阶段对产品成本的重要性；权重比例占比较小的阶段对于产品成本的决定性也非常重要。面向成本的产品设计需要四个阶段整个产品开发团队的紧密合作，每一阶段均有降低产品成本的不同重点和手段。

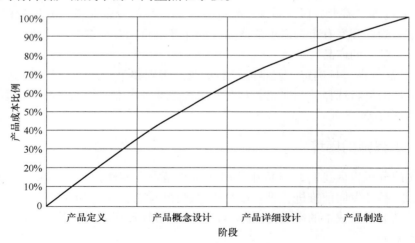

图 1-18　产品定义对产品成本的影响

产品定义阶段对产品成本的决定性影响最大，这是因为：

零部件的材料、零部件的制造工艺和装配工艺及零部件的内部结构等所有的一切皆是基于产品规格的，基于产品的功能、外观和可靠性等要求。产品的规格不同，零部件的材料选择、制造工艺和装配工艺选择及内部结构等则不同，因此造成产品的成本也不同。很显然，相对于产品开发的其他阶段，产品定义阶段对产品成本的影响最大。

在产品定义阶段，企业将在众多的产品开发机会中选取合适的产品进行开发，这些选择包括：

1）是开发面向高端客户的高端产品还是开发面向大众客户的低端产品？

2）是开发创新突破的产品还是开发跟随市场主流、创新性小的产品？

3）是开发全新的产品还是仅仅开发现有产品的品质升级版或低成本版？

4）是基于平台开发产品还是开发非平台的产品？

5）是开发面向国内客户的产品还是面向国际客户的产品？

这些不同的产品开发机会具有不同的产品成本，从根本上影响和决定了最终的产品成本。一个典型的错误案例是，潜在目标客户群的需求是中低档产品，但产品规格定义时却忽略了客户需求，定义为高档产品，这会造成最后的产品成本过高，客户无法承担这样的价格，造成产品开发失败。

客户需求也是集成产品开发（Integrated Product Development，IPD）的核心之一，IPD 要求产品开发各个阶段的工作都以客户为中心，围绕着客户需求展开，脱离了客户需求，所有的开发工作都毫无意义。

产品成本是由产品规格决定的，这一认识要求企业在进行产品开发时：

1）进行充分的市场调研，准确地获取客户的需求，使用 IPD 开发流程中的市场管理流程对客户需求进行管理。

2）通过客户需求分析，明确产品竞争因素，并结合企业产品开发战略，制定产品规格，确保开发有市场需求的产品，确保开发目标客户有能力购买的产品，确保开发能够盈利的产品。

3）产品规格一旦确定，就不能轻易更改，否则整个产品设计都需要更改，这包括零部件的材料选择、制造工艺和装配工艺选择及内部结构的更改，这会造成产品成本的不可控。

1.4.5 工程师的困境

前文的分析告诉我们，产品开发初期即产品定义阶段对产品成本的影响非常大，随着产品开发向前推进，进入产品概念设计阶段、产品详细设计阶段和产品制造阶段，其对产品成本的影响逐渐减小，一直到最终量产阶段，其对产品成本基本没有任何影响。

但是，在传统产品开发中，工程师对产品成本的掌握程度在产品定义阶段是最小的，然后随着产品开发向前推进而逐渐增加，直到产品制造阶段才完全掌握产品成本。这是因为在产品开发初期，产品没有详细几何模型甚至没有几何模型，工程师很难清楚地知道产品成本如何；随着时间推移，逐渐有了产品详细几何模型，产品模具、工装夹具、生产线等也准备完结，工程师逐渐掌握产品成本，知道决定产品成本的因素是哪些，有哪些设计方法可以降低产品成本。

这就造成了工程师和企业的困境，如图 1-19 所示。在最应该掌握产品成本的产品开发初期对产品成本一无所知，因为该阶段的投资决策和设计决策对产品成本的决定性最大；而在产品开发后期当工程师掌握产品成本之后，清晰地知道哪些决策可以帮助降低成本时却发现一无用处，因为该阶段的设计修改已很难实施，会涉及模具、工装夹具、生产线等的修改，不但耗时耗力，而且修改费用高。

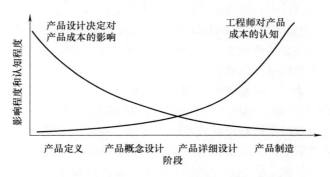

图 1-19　传统产品开发过程中工程师的困境

面向成本的产品设计可以解决工程师和企业的困境。在面向成本的产品设计中，在产品开发初期，工程师对产品成本的认知并不是一无所知的，通过与制造工程师、装配工程师等其他部门的团队合作，进行虚拟制造、虚拟装配及产品成本的计算与分析等，工程师可以对产品有非常清晰的认知，可以清楚地知道所开发的产品未来制造时的成本是多少，从而做出对产品成本最优的决策，如图 1-20 所示。

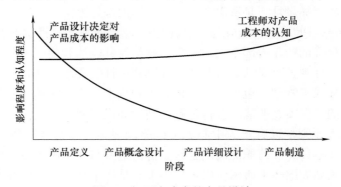

图 1-20　面向成本的产品设计

第2章　面向成本的产品设计流程

2.1　面向成本的产品设计八大原则

在传统的产品设计中，经常出现的三种情形是：

1）企业和工程师首要关注的是满足客户需求和产品质量等，而产品成本不是首要关注点，这就很容易造成在有些时候为了满足客户需求和产品质量而片面地牺牲产品成本，导致的后果是尽管产品质量好、客户很满意、市场需求很旺盛，但产品成本过高，企业无法获得足够的利润甚至亏损。

2）企业和工程师把产品成本与客户需求和产品质量放在同等重要的位置，但是往往缺乏行之有效的手段对产品成本进行管理，或者由于错误的产品成本观念和认知而采用了无效的手段，例如认为产品成本是由产品制造决定的、在产品设计完成后才开始进行产品成本管理，导致的后果同样是产品成本过高，企业无法盈利甚至亏损。

3）企业和工程师认识到产品成本的重要性，但苦于缺少在产品设计过程中准确计算产品成本的工具，以致无法做出正确的设计决策（例如选择合适的零部件材料、合适的制造工艺和装配工艺等），多数时候是依靠个人或团队的经验做出主观判断，这往往会导致错误的设计决策，采用成本过高的设计方案，企业依然无法盈利甚至亏损。

面向成本的产品设计正是解决企业上述问题的最佳方法。面向成本的产品设计（Design For Cost，DFC）是指在产品设计阶段，通过准确定义产品规格，从产品成本的角度选择最优的产品内部结构、零部件材料及其制造和装配工艺，使产品设计满足产品功能、外观、可靠性、可制造性和可装配性等要求，并在整个产品开发阶段进行产品目标成本管理，包括设定目标成本和成本计算与核算等，从而达到降低产品成本的目的，保障企业能够获得足够的利润和投资回报。

DFC 的八大原则是以客户为中心、价格驱动成本、目标成本管理、产品设计是关键、产品成本计算、跨职能团队合作、价值链参与和考虑生命周期成本等，八大原则的逻辑关系如图 2-1 所示。以客户为中心是设定目标，确保开发出客户愿意购买的产品；产品成本以价格为驱动也是设定目标，包括三个方面的目标，其一是确保客户对开发的产品具有购买力，其二是设定产品的目标成本，其三是确保企业能够盈利。其余六大原则是手段，通过六大手段实现四大目标。

1. 原则一：以客户为中心

以客户为中心就是以客户的需求为中心，其目的是从客户满足之中获取利润，

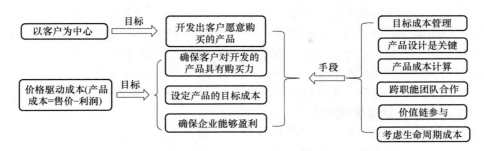

图 2-1　DFC 八大原则的逻辑关系

这可以认为是一种"以消费者（客户）为导向"或者"市场导向"的经营观念和产品开发观念。以客户为中心的核心观点是：只有当某项产品的特性或功能满足了消费者预期，客户愿意为其支付相应的价格，并且能够带来销售额以及市场份额的提高时，这项产品的特性或功能才有意义。

DFC 要求在产品开发初期通过与市场部门的团队合作，充分理解客户需求，准确定义产品需求文档；并在产品开发的后续阶段，继续追踪客户需求，例如邀请客户参与设计讨论等，从而确保产品符合客户需求。

与以客户为中心相对应的是以产品为中心。以产品为中心是指在生产时代，社会生产力较低，物质尚不充裕和丰富，企业面对的是一个需求巨大而供给不足的卖方市场，消费者基本没有选择的余地，处于被动消费阶段，所以这个阶段的产品开发是以产品为主，重心并不在客户上。

在市场竞争非常激烈的今天，如果企业依然以产品为中心，不以客户的价值为重，错误理解和定义客户需求，企业固然可以开发出质量好、可靠性高的产品，但这可能不是客户迫切需要的产品，或者是超过客户购买能力的产品，产品"叫好不叫座"，无法带来销售额的提升，这是 DFC 需要完全避免发生的。

2. 原则二：价格驱动成本

价格驱动成本是指产品成本是由市场售价驱动，并结合企业合理利润而确定的。

价格驱动成本具有三层含义，如图 2-2 所示。

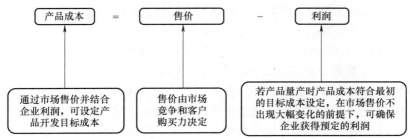

图 2-2　价格驱动成本

价格驱动成本的原则告诉我们，产品开发目标成本的设定并不受产品的内在结构、产品所选择的零部件材料及制造与装配工艺、手工生产还是自动化生产等影响，完全由市场驱动。不能因为产品本身的结构复杂、零部件多、使用的材料昂贵、制造和装配的效率低等原因，而把产品开发目标成本设定得过高。开发目标成本设定在先，产品结构、零部件材料及制造与装配工艺选择等在后。.

3. 原则三：目标成本管理

目标成本管理是指企业以市场售价和客户为导向的一种有助于同时达到高品质、多功能和低成本的成本管理方法，从新产品的基本构想立案至生产开始阶段，设定符合客户需求的品质、价格和交货期等目标，并透过产品开发的整个过程，试图同时达到为降低产品成本及确保企业利润的目标而实现的各种管理活动。

目标成本管理与传统的成本加成法的区别见表 2-1。

表 2-1　目标成本管理与传统的成本加成法的区别

项　目	目标成本管理	成本加成法
产品成本规划	市场竞争情况驱动产品成本规划	产品成本规划时不考虑市场状况
产品成本认知	售价决定产品成本	产品成本决定售价
降低产品成本的重点	产品与流程设计是降低产品成本的关键	浪费与低效是降低成本的关注重点
	客户需求引导成本降低	成本降低不是由客户驱动
责任人	跨职能团队对产品成本负责	企业会计人员对产品成本负责
供应商	供应商参与产品设计	供应商不参与产品设计
	最小化产品的生命周期成本	最小化顾客的购买价格
价值链	价值链成员参与成本管理	价值链成员极少或不参与成本管理

4. 原则四：产品设计是关键

如 1.4.3 节所述，产品设计阶段的产品概念设计和产品详细设计对产品成本具有很大的决定性作用，这一阶段的任何零部件设计行为，大到零部件内部结构框架，小到一个零件的卡扣细节设计，均会对产品量产时的产品成本产生影响。在 DFC 中，产品设计是关键：

1）DFC 要求在产品成本发生前而不是成本发生后进行控制，即在产品制造前的产品设计阶段进行控制；因为一旦产品制造已经完成，再进行设计变更来降低产品成本就会变得非常困难。

2）产品设计工程师是产品设计的主要负责人，但是 DFC 要求整个产品开发团队，包括 CAE 工程师、制造工程师、装配工程师、质量工程师、采购工程师、测试工程师和市场与销售人员等需尽早介入产品设计，从各自的专业角度提供产品设计建议，以保证产品设计在产品制造前满足客户需求、满足产品的可制造性和可装配性需求，以及满足产品的目标成本要求等，第一次就把事情做对。

3）DFC 要求产品设计与制程设计并行进行，而非先后进行，当制程设计发现存在问题或者存在成本、质量上的改进空间时，就可以马上要求产品设计进行相应的修改。

5. 原则五：产品成本计算

在传统的产品开发中，产品成本的准确计算是一个非常大的难题和挑战，越是产品开发早期，成本信息的相关数据越少，进行成本计算越困难。于是很多企业在产品开发过程中对产品成本计算采取回避的态度，常常只有等到产品实际大规模量产后，才获得准确的产品成本数据。很显然，此时才获得成本数据毫无意义，因为木已成舟，已经无法采取有效措施来降低产品成本。

在 DFC 中，产品成本计算具有很重要的地位，因为在面临很多设计决策时必须依靠真实的数据基础，而不是似是而非的经验判断。这些决策包括选择零部件的原材料、选择零部件的制造工艺和装配工艺，以及选择满足产品规格的设计方案等。如果没有成本计算提供不同方案之间的成本差异，就无法做出有利于降低产品成本的正确决策。

本书将在第 8 章～第 10 章介绍装配件、塑胶件和冲压件的成本计算方法，在第 11 章将会介绍 DFC 成本计算软件。

6. 原则六：跨职能团队合作

产品目标成本的实现不是靠某个人或者某个职能部门单枪匹马就能做到的，设计部门无法做到，制造部门无法做到，采购部门也无法做到。目标成本的实现必须在团队合作下进行，DFC 要求进行跨职能的团队合作。

1）跨职能的团队涉及产品开发团队内部各职能部门的成员，包括设计与制造部门、生产部门、市场销售部门、原材料采购部门、成本会计部门，以及客户服务与支持部门等。

2）跨职能的团队合作能够帮助尽早发现问题并解决问题，第一次就把事情做对，减少产品设计变更，降低产品成本。

① 市场与销售部门应尽早介入产品设计中，提供准确的客户需求和销售数据预测。正如 1.4.4 节所述，客户需求对产品成本的影响最大；而销售预测数据则影响产品设计中的方案选择、零部件材料选择及制造与装配工艺选择等设计决策。

② 制造团队尽早介入产品设计中，从制造端提供建议，避免选择生产效率低的制造和装配工艺、避免产品设计后的变更。

③ 采购团队尽早介入产品设计中，尽早与供应商取得联系，以获得供应商的专业建议。

7. 原则七：价值链参与

DFC 不仅要求企业内部的跨职能团队合作，还要求产品开发价值链上的全部人员参与。

1）价值链上的全部成员包括供应商、分销商、顾客、回收商以及服务与支持提供商等公司外部参与者，如图 2-3 所示。

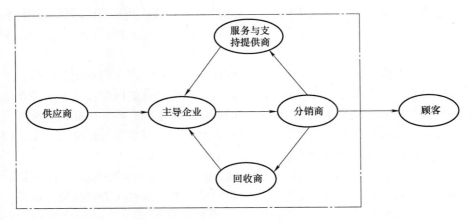

图 2-3　价值链成员的组成

2）所有成员之间建立合作伙伴关系，构成"扩展企业"，共同为降低产品成本出谋划策。图 2-4 显示了供应商/扩展企业在产品开发各个阶段所能提供的建议范畴。

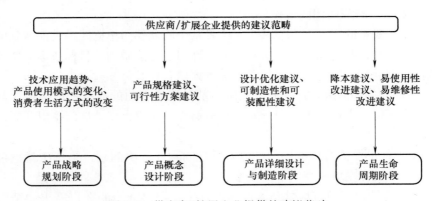

图 2-4　供应商/扩展企业提供的建议范畴

3）价值链各成员参与建立在长期的互惠关系基础之上。

8. 原则八：考虑生命周期成本

产品生命周期成本（Life Cycle Cost，LCC）理论起源于美国国防部对军用物资成本控制的研究。早在 20 世纪 60 年代初期，美国国防部就开始关注军用物资的研究，要求物资供应商按国防部特定的规格和标准对提供的物资进行设计、开发，同时又要求设计和开发产品的产品生命周期成本总和最低，寻求以最低的成本取得国防所需的军用物资，从而控制国防经费的开支。产品生命周期成本的研究使美国国防部有效地控制了军用开支，随后对产品生命周期成本的研究也逐渐由军用转为民用。

从消费者（或客户）角度，产品生命周期是指产品被用户购入后经过使用磨损直至报废的过程。作为产品的购买者，消费者要为产品生产以及销售过程中所耗费的各种资源和开销买单；作为产品的拥有者，消费者要为产品的使用、运行、维护以及报废过程所需要的资源和花费买单。所以，产品生命周期成本将消费者购入产品后发生的售后使用成本包括在内。具体而言，从用户角度，产品生命周期成本包括初始的购买资金成本、运行和维护成本及处置成本等。例如，一台冰箱的产品生命周期成本包括购买费用、支付的电费（使用成本）、修理费用和电冰箱使用寿命结束后的处置费用等。

DFC 要求在产品设计时站在消费者的角度，考虑产品生命周期成本，因为消费者在购买产品时，不仅只考虑购买价格，还会考虑产品使用和回收过程中所付出的各种成本。

2.2　面向成本的产品设计流程

面向成本的产品设计流程（以下简称 DFC 流程）是 IPD 流程中的一部分，DFC 流程重点关注产品成本。DFC 流程专注于在满足产品功能、外观和可靠性等前提下，通过优化设计，降低产品成本，从而使得企业能够获得利润和足够的投资回报。

DFC 流程总览如图 2-5 所示。本章的后续章节将分别介绍 DFC 流程中的产品需求文档、目标成本管理、概念设计、CAE 分析、原型制作和验证等。DFX、公差分析请参考本书作者的另一本著作《面向制造和装配的产品设计指南》（第 2 版）。产品成本计算包括装配成本计算、注射成本计算和冲压成本计算等，分别将在本书的第 8 章、第 9 章和第 10 章介绍。生产线平衡详见第 8 章。

2.3　产品需求文档

产品需求文档（Product Requirements Document，PRD）是包含产品所有设计需求的一种文档，通过 PRD，整个产品开发团队各成员能够清楚地理解开发的是什么样的产品。PRD 中的设计需求通常来自于客户的声音（Voice of Customer），以及研发人员基于工程背景对客户声音的理解等。PRD 对于整个产品开发过程起着纲领性文件的作用，产品开发过程中的所有动作和行为都是围绕着 PRD 中的各项需求展开的，并以满足这些需求为首要目的。因此，在产品开发初期，尽早清晰地定义 PRD 中的各项需求至关重要。一旦定义清楚，就不能轻易更改，否则会造成较大的设计变更，对产品开发周期、产品成本和产品质量等会带来较大影响。在DFC 流程中，PRD 的定义主要是在概念阶段和计划阶段完成，在概念阶段完成初步的 PRD 定义，在计划阶段完成 PRD 的最终定义，计划阶段以后 PRD 一般不再轻易更改。

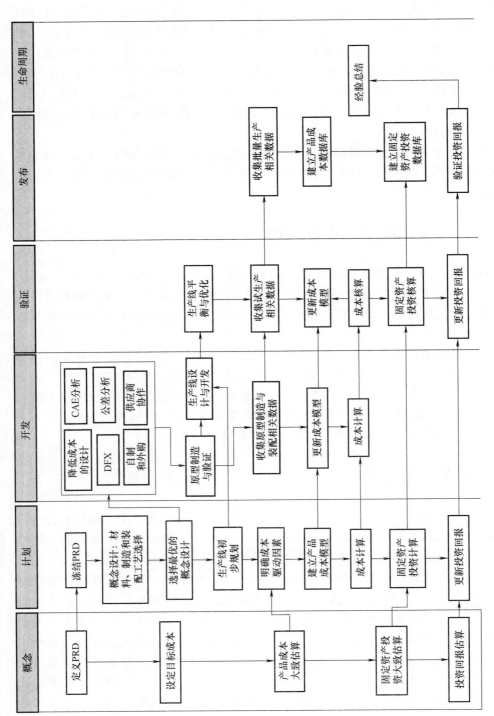

图 2-5 DFC 流程总览

PRD 中的每一项需求都是虚拟的产品的一个组成部分，通过后续产品开发，形成最终的真实产品。透过 PRD，可以看出企业为客户或消费者开发了何种产品。这个产品是客户真正需要的吗？是否充分包含了客户的需求？如果 PRD 中的有些需求不是客户需要的，或者曲解了客户的声音，那么客户最终将不会购买该产品。因此，PRD 中的每一项需求必须充分反映客户的声音，只有当某项产品需求真实反映了客户的声音，客户愿意为其支付合理的价格，并且能够带来销售额以及提高市场份额，这项产品需求才有意义。

从产品成本的角度来说，PRD 的每一项设计需求都意味着产品成本。例如，如果 PRD 定义产品使用寿命为 10 年，那么相对于使用寿命为 5 年的产品，则需要采用性能更好的材料和更为健壮的设计，零部件的成本自然增加。相对于产品开发后续阶段的设计和制造等，产品开发早期的 PRD 中的需求定义才真正地决定了产品成本。如果在 PRD 中定义了不符合客户或消费者，或者多余的需求，从而在根本上造成产品成本升高，那么即使后期设计优化到极致、使用了最廉价的材料和制造工艺等，有可能也无法降低产品成本。

在 IPD 流程中，PRD 的输入可以是市场需求管理的输出，由市场管理相关人员负责。不过，产品研发人员也应当介入其中，只有这样才能充分认识客户的声音，并理解隐藏在客户声音背后的真实需求。需要注意的是，PRD 中的每一项需求并不是客户声音和客户需求的简单描述，需要通过质量功能展开（Quality Function Deployment，QFD）等相关工具转化为清晰的、可量化的产品设计需求，见表 2-2。

表 2-2　PRD 中的需求

类　　型	描　　述	举　　例
客户的声音	客户语言或间接的引用	现在我们产品的主要失效方式是由于日光照射老化而失效，希望产品在室外也能长期使用而不失效
客户的需求	从客户的角度描述需要满足的需求，以产品的期望特征进行定义	零部件能满足长期室外使用要求
PRD 中的需求	量化的设计需求以满足客户的需求	使用环境：室外；材料满足 UL fl 要求

产品类型不同，PRD 中的需求类型也不同，表 2-3 显示了某汽车配件的 PRD 模板。

表 2-3　汽车配件的 PRD 模板

种　　类	需　　求
性能	1）功能要求 2）机械要求 3）电性能要求 4）软件要求 5）设计限制

（续）

种　类	需　求
特征	1）结构 2）尺寸
可靠性	1）应用范围 2）使用寿命 3）使用环境
一致性	1）工业标准 2）客户测试标准 3）环境要求
外观	外观
人机工程	人机工程
目标成本	目标成本
可服务性	1）安装和拆卸 2）应用要求 3）运输 4）存储 5）包装 6）回收 7）备件
其他	1）知识产权 2）使用国家

2.4　目标成本管理

2.4.1　目标成本概述

目标成本是指在新产品开发过程中，为实现目标利润必须达成的产品成本目标值。在产品开发之初设定客户所能接受的合理售价范围，并且通过各种方法不断地优化产品设计，最终使得产品成本小于或等于其目标成本。这一工作需要由包括市场、开发、采购、制造、财务与会计、甚至供应商与客户在内的设计小组或工作团队来进行。

目标成本关注的是整个产品生命周期的成本，包括研发成本、材料成本、制造成本、销售成本、物流成本、使用成本和维修维护成本等。

设定目标成本的好处包括：

1）确保企业开发盈利的产品，阻止企业开发亏损的产品。由于使用了目标成本的概念，是先制定出客户可接受的售价，再通过产品设计等手段控制产品成本，只要产品能够按照预期销售足够的量，必定能保证企业获得合理的利润。如果在后续的产品开发过程中，发现产品成本与目标成本存在差距，并且通过各种手段无法弥补差距时，企业就应当放弃该产品的开发，从而避免开发和生产不具有利润的产品。

2）把企业的主要挑战从市场向前推进至产品开发。为产品开发的整个过程树立一个成本的目标值，把满足该目标成本作为判断产品开发成功与否的一个关键标准之一；在产品开发的每一个阶段，通过各种面向成本的产品设计手段和方法来满足该目标值，并通过成本计算来分析判断是否满足，如果不满足则需要重新优化设计，于是产品开发团队不得不在产品开发过程中千方百计地降低产品成本（当然，在产品开发阶段降低产品成本也是最合理的，因为大多数的产品成本是在产品设计阶段决定的）。如果在产品开发中没有一个目标成本值，这会使得产品开发团队没有成本意识，在产品开发时出于保守的考虑可能选择价格昂贵的材料、过剩的设计，以及具有复杂工序的制造和装配工艺等，当产品大批量生产时才意识到产品成本过高，这会给市场带来难以克服的挑战，进入一个两难的困境；如果提高产品售价，则客户难以接受，产品销售额会降低；如果保持原有产品售价，则企业获得的利润降低，甚至难以获得利润。

关于目标成本，有几点需要注意：

1）目标成本一旦设定，就成为衡量产品成本的硬性指标，不能轻易更改，万不得已更改时则必须经过相关流程并获得集成产品管理团队（Integrated Portfolio Management Team，IPMT）的批准。

2）目标成本不能设定过低。如果设定过低，产品开发无法满足，企业因此而取消该产品的开发，从而使得企业错失一些市场机会。目标成本的设定一方面必须依据客户的购买能力，另一方面必须基于对产品成本的准确预估。

3）不能为了达到目标成本而降低甚至删除客户需求。目标成本是以客户为中心，依据客户需求来制定。单纯为了满足目标成本而降低客户的需求，这会使得产品上市后，尽管购买价格在预期的范围内，但客户依然会拒绝购买该产品，因为这不是客户需求的产品。这也是为什么在 DFC 流程中，一旦产品需求文档确定下来，就不能轻易更改的原因之一。

4）在目标成本达成的问题上，没有任何协商的可能。没有达到目标成本的产品是不会也不应该被投入生产的。目标成本最终反映了客户需求，以及资金供给者对投资合理收益的期望。因此，客观上存在的设计开发压力，迫使设计开发人员必须去寻求和使用有助于他们达到目标成本的各种方法。

5）目标成本的流程必须透明化。整体流程的透明化是有助于各方面的，工程师可以清楚地知道计划以及所要达到的要求，而其他部门的人也会因而遵循此原则，企业更因此可以增加竞争力。

2.4.2   设定目标成本的流程

设定目标成本的流程如图 2-6 所示。其中关键的三步分别为设定目标售价、设定目标利润和设定目标成本。

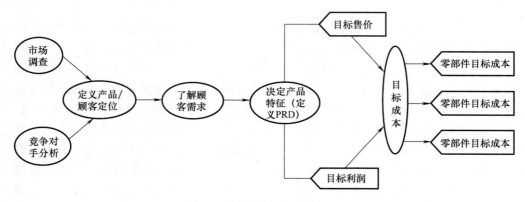

图 2-6   设定目标成本的流程

1. 第一步：设定目标售价

在确定目标售价之前，企业应当完成以下三项工作：

1）市场和客户需求研究。通过市场研究，倾听客户的声音，从而制定出客户需求的产品规格及愿意为之支付的价格。

2）竞争对手分析。收集市场上竞争对手及其相关产品信息，并分析和对比产品具有的功能及价格水平。进行竞争对手分析时，常用的方法是拆解重装方法。拆解重装方法是指将竞争对手的产品进行拆解，分解为一个一个的零部件，再重新装回。通过拆解重装，可研究竞争产品的具体功能及其特性；并可分析竞争产品使用的材料及制造和装配工艺，从而可计算出竞争产品的产品成本。

3）在企业进行市场和客户需求研究、竞争对手分析后，可采用下列方法之一设定具有市场竞争力的目标售价：

➢ 第一种方法为目前市场售价加上新增加产品功能或特性的市场价值。

➢ 第二种方法为预测公司预期市场占有率目标下的市场售价。

2. 第二步：设定目标利润

目标利润是企业未来一段时间内，在现有的经营条件下应该达到的最优目标战略。企业可以选择合理的利润率作为预测目标利润的依据。目标利润是从基于销售回报率的长期利润分析中得出的。由于销售回报率与每个产品的利润率紧密相连，因此它是广泛使用的指标。

在确定目标利润时，需要考虑：

1）产品售价是不断变化的，应同时考虑竞争对手的价格、市场份额目标和顾客能接受的价格。

2）由于售价和产品成本是变化的，因此需要在整个产品生命周期内计算目标利润。很多企业以年为单位，在整个产品生命周期内计算目标利润。

3. 第三步：设定目标成本

通过用目标售价减去目标利润即可获得目标成本，见公式（2-1）。

$$C_t = S_t - \pi \qquad (2-1)$$

式中，C_t 为目标成本；S_t 为目标售价；π 为目标利润。

2.5　投资回报计算

IPD 的一个关键思想是把产品开发当成一项投资行为，产品投资回报计算是这一思想的具体执行。在进行投资决策前，通过产品投资回报计算，从经济的角度判断投资是否值得进行，如果值得进行，则项目向前推进；如果不值得进行，则投资取消，项目需要重新调整方向或取消。

投资回报计算的第二个作用是从多个产品设计方案中选择对企业投资回报最有利的一个方案。

投资回报计算的第三个作用是当发现现有产品设计方案使得企业无法获得合理的投资回报时，及时提醒产品开发团队优化设计方案。

投资回报的准确计算依赖于以下三方面的团队合作：

1）市场部门对产品的未来市场状况做出准确预测，准确预测产品在生命经济周期内以什么样的价格可以获得什么样的销售数量，据此计算出产品的销售收入。

2）产品开发团队对产品成本进行准确的计算，获得未来产品制造时的准确成本数据，据此计算出产品的支出。

3）财务团队提供产品制造时的相关管理和营销费用等。

投资回报主要通过四种财务方法计算考虑，分别是净现值法、回收期法、内部收益率法和盈利指数法。

2.5.1　净现值法

1. 净现值的概念和计算方法

净现值（Net Present Value，NPV）是指把项目整个经济寿命周期内各年的净现金流量，按照资本成本或企业要求达到的收益率折算到项目建设初期（第一年年初）的现值之和，减去初期投资总额的差值。净现值法是企业投资决策中最基本、最常用的一种方法。

净现值的计算见公式（2-2）。

$$NPV = \sum_{t=1}^{n} \frac{NCF_t}{(1 + DRR)^t} - C_0 \qquad (2-2)$$

式中，NPV 为项目净现值；n 为项目经济寿命周期，主要从以下三个方面的因素考虑：①项目使用的主要设备的平均物理寿命，②项目产品的市场寿命（项目经济寿命），③现金流量预测期限；NCF_t 为第 t 年的净现金流量（$t = 1$，2，3，…）；DRR 为折现率，一般根据以下几种方法确定项目折现率：①以项目资本成本作为项目折现率；②以投资的机会成本作为项目折现率；③以行业平均资金预期收益率作为项目折现率，预期收益率会因公司的不同而不同，但接受的最低收益率对所有公司都是一样的；C_0 为初始投资总额。

【例 2.1】 某企业在开发一个新产品时需投资 1000 万元，产品经济寿命周期为 4 年，每年的收入为 5000 万元，其中变动成本 2500 万元，固定成本 2000 万元，折旧成本 200 万元，所得税税率为 25%，可计算出每年的现金流为 425 万元，见表 2-4，企业要求的收益率为 10%。计算该产品的净现值。

表 2-4 净现金流量   （单位：万元）

	第 0 年	第 1 ~ 4 年
投资	1000	
每年销售收入		5000
变动成本		(2500)
固定成本		(2000)
折旧		(200)
税前利润		300
所得税		(75)
净利润		225
净现金流量	−1000	425

企业 1 ~ 4 年的净现金流量如图 2-7 所示。

图 2-7 净现金流量图

按照公式（2-2）可计算出该产品的净现值为 347.19 万元。

$$NPV = \sum_{t=1}^{4} \frac{425}{(1 + 0.1)^t} - 1000 = \frac{425}{1.1} + \frac{425}{1.1^2} + \frac{425}{1.1^3} + \frac{425}{1.1^4} - 1000 = 347.19$$

2. 净现值法的经济含义

净现值法的经济含义可以从两方面来理解。

1）从投资收益率的角度看，净现值法首先确定了一个预期收益率作为项目的最低期望收益率，以该收益率作为折现率对项目的预期现金流量折现。折现率在数值上相当于项目的融资成本或金融市场中相同风险等级金融资产的收益率。

当 NPV > 0 时，说明项目的投资收益率大于资本成本，高于对相同风险等级金融资产的投资收益，因而接受该投资项目。

2）从收益和成本角度来看，只有总收入大于总支出的项目，才有投资价值。由于资金具有时间价值，项目经济寿命期内不同时点上的收入和支付的资金价值不同，无法进行比较，因而，投资决策分析首先要将项目在不同时点上收付的资金统一折算到同一个时点。为了计算方便，以项目期初作为参考时点，资金在期初的价值称为现值。

当 NPV > 0，说明项目带来的现金流入总量（总收入）在弥补全部投资成本后还有一定的剩余，有利于改善公司财务状况。NPV 越大，股东财富增加越多。

3. 利用净现值法进行投资决策的原则

利用净现值法进行投资决策的基本原则是：

（1）对于独立项目　如果 NPV > 0，说明项目的实际收益率高于所要求的收益率，项目可行；如果 NPV < 0，说明项目的实际收益率低于所要求的收益率，项目不可行。

（2）对于互斥项目或者一个项目的多个方案进行评估时　如果 NPV 均大于 0，那么净现值指数 NPVI（净现值与初始投资之比）较大的项目或方案为最优。净现值指数是一种动态投资收益指标，用于衡量不同投资方案的盈利能力大小，说明某项目单位投资现值所能实现的净现值大小。净现值指数小，单位投资的收益就低，净现值指数大，单位投资的收益就高。

4. 净现值法的特点及优缺点

净现值法的三个特点：

1）净现值法使用了现金流量而非利润。

2）净现值法包含了项目的全部现金流量。

3）净现值对现金流量进行了合理的折现。

净现值法的优点：考虑了整个项目计算期的全部现金净流量及货币时间价值的影响，反映了投资项目的可获收益。

净现值法的缺点：

1）现金流量的预测较为困难，这要求市场部门能够给对产品的未来市场状况做出准确的预测。

2）净现值法的假设前提不完全符合实际。净现值法的一个假设前提是投资者要求的收益率等于投资方案各年净现金流量的再投资收益率。但由于各个再投资项目的性质不同，各自的再投资收益率也不相同，假定一个统一的再投资收益率不符合实际情况。一般来讲，投资者在投资分析时对项目所要求的收益率，与项目建成后各年实际净现金净流量的再投资收益率并不完全相同。

3）净现值法不能揭示项目本身可能达到的实际投资收益率。项目净现值 NPV 与预期收益率密切相关，随着折现率的增加而降低。净现值法只能将实际的投资收益率与事先设定的预期收益率作比较，得出实际投资收益率是大于、小于还是等于预先设定收益率的结论。如果投资分析时所选择的预期收益率不符合实际，过高或过低都会影响投资决策。

2.5.2 回收期法

1. 静态回收期法

静态回收期（简称回收期），是指投资项目收回原始总投资所需要的时间，即以投资项目经营净现金流量抵偿原始总投资所需要的全部时间。

回收期的计算见公式（2-3）。

$$\sum_{t=1}^{P_t} \text{NCF}_t - C_0 = 0 \tag{2-3}$$

式中，P_t 为回收期；NCF_t 为第 t 年的净现金流量（$t = 1, 2, 3, \cdots$）；C_0 为初始投资总额。

【例 2.2】 计算【例 2.1】产品的回收期。

解：该产品每年的净现金流量为 425 万元，不到 3 年即可收回全部 1000 万元投资，精确值是 $2 + \dfrac{1000 - (425 + 425)}{425}$，即 2.35 年。

静态投资回收期的优点是能够直观地反映原始总投资的返本期限，便于理解，计算简单，适合对大量小型项目的决策；可以直接利用回收期之前的净现金流量信息。缺点是没有考虑资金时间价值和回收期满后发生的现金流量，也没有考虑货币的时间价值；不能正确反映投资方式不同对项目的影响。只有静态投资回收期指标小于或等于基准投资回收期的投资项目才具有财务可行性。

2. 折现回收期法的概念和计算方法

折现回收期也被称为动态回收期，是指一个项目所产生的累计折现现金流量足以抵消初始投资额所需要的时间。投资回收期是对一个投资项目回收其全部投资所需时间的粗略估算，是反映项目投资回收能力的重要指标。由于企业的资金是有限的，充分利用现有的资金，加速资金周转，是企业盈利和增长的重要途径，因此，投资回收期越短越好。

折现回收期的计算见公式（2-4）。

$$\sum_{t=1}^{P_t'} \frac{\text{NCF}_t}{(1 + \text{DRR})^t} - C_0 = 0 \tag{2-4}$$

式中，P_t' 为折现回收期；NCF_t 为第 t 年的净现金流量（$t=1$，2，3，…）；DRR 为折现率；C_0 为初始投资总额。

【例 2.3】 折现率为 10%，计算【例 2.1】的折现回收期。

解： 在经济寿命周期内 1～4 年净现金流量的折现分别为 $\dfrac{425}{1.1}$、$\dfrac{425}{1.1^2}$、$\dfrac{425}{1.1^3}$、$\dfrac{425}{1.1^4}$，即 386、351、319、290，如图 2-8 所示。前 3 年的净现金流量之和为 1056 万元，即不到 3 年可回收 1000 万元投资，精确值为 $2+\dfrac{1000-(386+351)}{319}$，即 2.82 年。

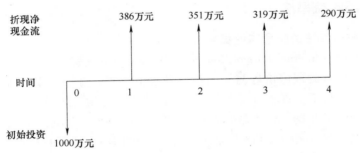

图 2-8　折现净现金流量图

3. 利用折现回收期法进行投资决策的原则

利用折现回收期法进行投资决策的基本原则是：在只有一个项目可供选择时，该项目的投资回收期要小于决策者规定的最高标准；如果有多个项目可供选择时，在项目的投资回收期小于决策者要求的最高标准的前提下，还要从中选择回收期最短的项目。

4. 折现回收期法的优缺点

折现回收期法的优点：

1）计算简便，容易为决策人所正确理解。

2）易于应用且考虑了资金时间价值。

3）具有一定的评价收益和风险的能力；在某种程度上有效地反映了投资项目或方案的盈利能力、清偿能力、风险情况及经济效益。

4）强调现金流，适用于现金流高度不确定、抗风险能力弱的企业。

折现回收期法的缺点：

1）未考虑项目有效期内全部现金流量，即只考虑了回收期内的现金流量，忽略了回收期后的现金流量，没有考虑项目在整个经济寿命周期内总的收益和盈利水平，具有片面性。

2）促使公司接受短期项目，放弃有战略意义的长期项目。这类长期项目常常前期净现金流量比较小，致使回收期较长；但后期现金流量大，足以使净现值大于0，那么这类长期项目能为公司增加财富，但按照折现回收期法，该项目有可能被放弃。

那些有丰富市场经验的大公司在处理规模相对较小的投资决策时，通常使用静态回收期法（或折现回收期法），便于管理控制和业绩考核。现金缺乏的公司，如果有很好的投资机会，利用静态回收期法（或折现回收期法）还是比较合适的。对那些具有良好发展前景却难以进入资本市场的私人小企业，可以采用静态回收期法（或折现回收期法）。一旦决策的重要性增强，例如说公司遇到大型项目，净现值法就会成为首选的资本预算方法。

2.5.3　内部收益率法

1. 内部收益率法的概念和计算方法

内部收益率（Internal Rate of Return，IRR）是指对投资方案的每年现金净流量进行折现，使所得的现值恰好与原始投资额现值相等，即净现值（NPV）等于零时的折现率。本身不受资本市场利息率的影响，完全取决于项目的现金流量，是每个项目的完全内生变量，这也就是其称为"内部收益率"的原因所在，它实际上反映了一个项目的真实报酬和实际收益率水平，也即一个项目的真实内在价值，目前越来越多的企业使用该项指标对投资项目进行评价。

内部收益率的计算见公式（2-5）。

$$\sum_{t=1}^{n} \frac{\mathrm{NCF}_t}{(1 + \mathrm{IRR})^t} - C_0 = \mathrm{NPV} = 0 \qquad (2\text{-}5)$$

式中，n 为项目经济寿命周期；NCF_t 为第 t 年的净现金流量（$t = 1$，2，3，…）；IRR 为内部收益率；C_0 为初始投资总额。

【例 2.4】　计算【例 2.1】的内部收益率。

解：按照公式（2-5）

$$\frac{425}{1 + \mathrm{IRR}} + \frac{425}{(1 + \mathrm{IRR})^2} + \frac{425}{(1 + \mathrm{IRR})^3} + \frac{425}{(1 + \mathrm{IRR})^4} - 1000 = 0$$

$$\mathrm{IRR} = 25.26\%$$

2. 内部收益率的经济含义

内部收益率的经济含义可以直观地解释为，在保证投资项目不发生亏损的条件下，投资者能够承担的最高利率或资本成本。即如果用于项目投资的资金全部为借入资金，以内部收益率作为利率计息，则项目投资所得的净收益刚好全部用于偿还借款的本金和利息。

内部收益率越高，说明你投入的成本相对较少，但获得的收益却相对较多。例如 A、B 两项投资，成本都是 10 万元，经营期都是 5 年，A 项投资每年可获净现金流量 3 万元，B 项投资可获 4 万元，通过计算，可以得出 A 项投资的内部收益率约为 15%，B 项投资约为 28%。

3. 利用内部收益率法进行投资决策的原则

利用内部收益率法进行投资决策的基本原则是：

1）对于单项投资决策：

若 IRR > 公司所要求的最低投资收益率或资本成本，接受项目。

若 IRR < 公司所要求的最低投资收益率或资本成本，放弃项目。

2）对于多个互斥决策：IRR 最大者最优。

4. 内部收益率法的优缺点

内部收益率法的优点：

1）能够把项目经济寿命期内的收益与其投资总额联系起来，指出这个项目的收益率，便于将它与行业基准投资收益率进行对比，确定这个项目是否值得投资。

2）考虑了资本的时间价值，反映了投资项目的实际收益水平，并且易于理解。

内部收益率法的缺点：

1）内部收益率表现的是比率，不是绝对值，一个内部收益率较低的方案，可能由于其规模较大而有较大的净现值，因而更值得投资。

2）计算过程较为复杂，特别是对于每年净现金流量不相等的项目，一般需要经过多次测算才能算出来。

3）经营期大量追加投资时，可能导致多个 IRR 出现，缺乏实际意义。

2.5.4　盈利指数法

1. 盈利指数法的概念和计算方法

盈利指数是指一项投资项目实施后净现金流量总现值与初始投资额总现值之比，表示每一元投资额未来可得到净现金流的现值是多少。与净现值正好相反，盈利指数是一个相对指标，反映了单位投资的盈利能力，从而使不同投资规模的项目有了一个可比基础。盈利指数与净现值密切相关。

盈利指数的计算见公式（2-6）。

$$PI = \frac{\sum\limits_{t=1}^{n} \dfrac{NCF_t}{(1 + DRR)^t}}{C_0} \tag{2-6}$$

式中，PI 为盈利指数；n 为项目经济寿命周期，主要从以下三个方面的因素考虑：①项目使用的主要设备的平均物理寿命，②项目产品的市场寿命（项目经济寿命），③现金流量预测期限；NCF_t 为第 t 年的净现金流量（$t = 1$，2，3，…）；DRR 为折现率；C_0 为初始投资总额。

【例 2.5】　计算【例 2.1】的盈利指数。

解：按照公式（2-6）可计算出该产品的盈利指数为 1.347。

$$PI = \frac{\sum_{t=1}^{4} \frac{425}{(1+0.1)^t}}{1000} = \frac{\frac{425}{1.1} + \frac{425}{1.1^2} + \frac{425}{1.1^3} + \frac{425}{1.1^4}}{1000} = 1.347$$

2. 利用盈利指数法进行投资决策的原则

利用盈利指数法进行投资决策的基本准则是：

1）在没有资本限额约束的条件下：

对于独立项目，若 PI > 1，则接受项目；若 PI < 1，则拒绝项目。

对于互斥项目，如果初始投资规模相同，选择 PI 较大的项目；如果初始投资规模不同，不能按照 PI 的大小进行决策，选择净现值最大的项目。

2）如果初始投资金额有限制：

对于互斥项目，选择投资金额允许范围内净现值最大的项目。

对多个独立项目或独立互斥混合项目，参考 PI 的大小顺序，选择投资金额允许且净现值总和最大的项目组合。

3. 盈利指数法的优缺点

盈利指数法的优点：

1）考虑了资金的时间价值，能够真实地反映投资项目的盈利能力。由于盈利指数是用相对数表示的，因此有利于在初始投资额不同的投资方案之间进行对比。

2）本质上与净现值法基本相同，区别是：盈利指数是一个相对数，因此比净现值更能反映资金的使用效率，可以从动态的角度反映项目投资的资金投入与产出的关系，可以弥补净现值在投资额不同方案之间不能比较的缺陷。

盈利指数法的缺点：只代表获得收益的能力而不代表实际可能获得的财富，忽略了互斥项目之间投资规模上的差异，在多个互斥项目的选择中，可能会得到错误的答案，所以不适用互斥项目的对比和排序。

2.6 概念设计

2.6.1 概念设计概述

1. 概念设计的介绍

概念设计是针对产品需求文档中产品的功能、外观和可靠性等各种需求，进行概念性的、概要性的、框架性的设计，是对产品的技术、工作原理和形式的简洁描述。概念设计与 DFC 流程中的详细设计相对应。

概念设计通常表达为一个粗略的三维模型并伴有文字描述，它不具备详细的零件特征，例如脱模斜度、圆角和加强筋等，但是具有产品结构的大致框架，包括零件所使用的材料，零件的长度、宽度和厚度，零件的制造工艺，以及零件与零件之间的装配工艺等。通过概念设计的三维模型，可大致明确产品通过何种原理、结构或方法来满足产品的各种需求，同时也可知悉产品的制造和装配工艺。

概念设计非常关键：

1）概念设计时，产品开发如同一张白纸，产品设计工程师具有最大的设计自由度，最容易产生创新。

2）产品开发中的关键决定常常来自于概念设计，这些决定对产品能否满足客户需求、能否满足质量的要求，以及能否满足可靠性的要求等具有决定性的影响。

3）概念设计对产品成本具有非常大的决定作用，大于产品详细设计，远大于产品制造。为了降低产品成本，应该投入更多的时间和精力在概念设计中，选择最合理最简洁的产品结构，选择最适用的零件材料，选择加工成本最低的制造和装配工艺，这是降低产品成本的最优途径。但可惜的是，很多企业苦于在概念设计阶段没有正确计算产品成本的工具，继而无法做出最正确的设计决策。

2. 创新思维

创新思维对概念设计非常重要。概念设计是产品设计从结构凌乱、无条理、含蓄到结构良好、有条理、清楚明确的过程，好的概念设计离不开创新思维，以下几点有助于在产生新的概念时运用创新思维。

（1）创新的态度　工程师应当充满信心，任何问题都可以通过创新的方式解决。

（2）释放想象力　工程师应当释放想象力，讨论并论证所有的可行性，不能因为自己没有这方面的知识储备或者没有这方面的经验而拒绝新颖的想法。

（3）执着　很多问题并不会在第一次甚至最初几次尝试时就获得最好的解决方案。工程师应当执着，相信总会找到最优方案和最优设计。

（4）具有开放的心态　对于新的想法和概念，工程师应当具有开放的心态，尝试去接受，尽管这些想法和概念在初步看来是天方夜谭。

（5）停止判断和评价　在新的概念产生时，应当停止判断和评价。最优方案常常是最不能够轻易获得的，同时面临着诸多障碍，需要时间来消化和进化，如果在最优方案产生之初就进行判断和评价，那么最优方案就有可能被扼杀在摇篮之中。

3. 概念设计的步骤

概念设计主要包括四个步骤，分别是明确问题、信息收集、产生新方案和方案评估，如图 2-9 所示，其中明确问题中的问题定义已经在产品需求文档中完成，下面章节将详细介绍其他各个步骤。

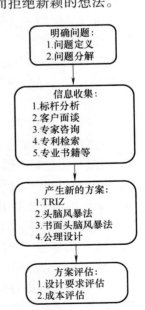

图 2-9　概念设计的四个步骤

2.6.2 问题分解

解决复杂问题的最有效的方法是把复杂问题分解为多个容易解决或管理的小问题，当找到各个小问题的解决方案后再合并为复杂问题的最终解决方案。问题分解的方法包括两种，一种是物理分解，另一种是功能分解。

1. 物理分解

物理分解是把产品分解为一系列的子组件和零件，子组件继续向下分解直到一个一个的零件为止。在同一层的子组件和零件中，它们具有不同的功能、并相互配合以完成上一层子组件（或产品）的功能。图2-10显示了一辆自行车的部分物理分解。

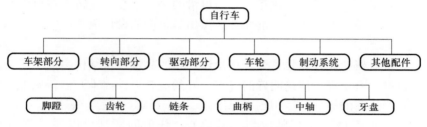

图 2-10 自行车的部分物理分解

使用物理分解的一个缺点是不利于产生创新方案。例如自行车的链条起着传动作用，但是传动的方法还有很多，包括带传动和轴传动等，直接把自行车的传动方式设定为链传动限制了其他可能的更优选择。

2. 功能分解

通过产品功能分解来获得产品设计方案的方法来源于德国的设计学校。在进行产品功能分解时，产品功能被描述为从一个初始状态到目标最终状态的转变。

功能分解的目的包括：

1）以能量流、材料流和信息流的方式来分解产品。

2）通过功能分解能够更加详细地理解产品运行的方式。

3）为新概念的产生提供更多的思路。

功能部件的输入和输出通常以能量流、材料流或信息流的方式进行表达。与能量流相关的功能按照能量流的类型以及对系统的动作进行分类。能量流的类型包括机械能、化学能、电能、流体能和热能等；对系统的动作包括改变、恢复原样、扩大或放大、减少和变更方向等。材料流可以分为几种，包括材料的位置和形状发生改变，材料被分成两个或多个零件，多个材料被紧固和装配在一起。信息流基本是指机械或电信号及软件指令等。三种常见设备的主要能量流功能分解见表2-5。

表 2-5　三种常见设备的主要能量流功能分解

设　备	输　　入	功　　能	其　他	输　　出
齿　轮	旋转机械能	改变旋转的速度	改变旋转的方向	旋转机械能
铆钉枪	压力能	把空气的压力能转化为机械能		机械能
电动机	电能	把电能转化成机械能	产生热能	旋转机械能

图 2-11 显示了一个电动螺丝刀及其功能分解。

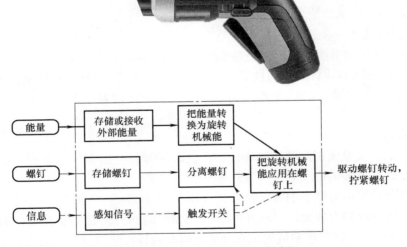

图 2-11　电动螺丝刀及其功能分解

2.6.3　信息收集

信息收集的目的是为当前问题寻找已经存在的档案。根据 TRIZ 的相关原理，只要不是非常突破的创新，绝大多数问题的解决方案已经存在，这些解决方案可能是在本行业、也可能是在其他行业已经在成熟地应用。信息收集对提供新的方案开拓了一个新的思路。

信息收集的五个方法包括：

1）标杆分析。通过与市场上类似产品的对比，标杆分析可以获取市场上某些特定问题的最新解决方案，分析这些解决方案，进一步优化，并进行专利回避，可以使其成为自身的解决方案。

2）客户面谈。与已经使用不同产品的客户进行交谈，获取相关信息。

3)专家咨询。在某些专业问题上向专家咨询,包括专业技术员、供应商和大学教授等,同时也包括企业内部的相关专家或者经验丰富的技术人员。

4)专利搜索。寻找相关问题的现有解决方案,可以通过专利网站检索。

5)通过专业书籍与杂志、网站、论坛和展会,可以获取相关行业的最新技术信息和解决方案。

2.6.4 产生新的方案

在信息收集的基础上,结合产生新方案的方法,就可以针对每一个问题产生一个或多个新的设计方案。

常见的产生新方案的方法包括:

1)TRIZ

2)头脑风暴法

3)书面头脑风暴法

4)公理设计

头脑风暴法和书面头脑风暴法是非逻辑性的方法,依靠个人或团队的经验与知识,而TRIZ和公理设计是逻辑性的方法,依靠理论和严谨的科学推理,并不依赖于个人或团队的经验。TRIZ是产生新方案的一个非常有效的工具,本节将重点介绍TRIZ。

1. TRIZ

TRIZ的含义是发明问题的解决理论,是基于知识、面向设计者创新问题的系统化方法学。TRIZ的中文名是萃智。

TRIZ理论是由苏联发明家阿奇舒勒(G. S. Altshuller)1946年创立的。20世纪40年代,阿奇舒勒带领他的团队开始了一项伟大的研究,希望能找到发明创造的方法。在研究了不同工程领域的250万个发明专利后,他得出一个惊人的结论:人们解决技术问题的方法很多是重复的。阿奇舒勒一共总结出40种最常用的方法,并命名为40个创新(发明)原理,这是TRIZ的起源。在这之后的数十年,阿奇舒勒和其他发明家一起继续TRIZ理论的研究和完善,总结出了各种技术发展进化遵循的规律模式,并综合多学科领域的原理和法则,建立起了TRIZ理论体系。

TRIZ理论体系主要包括以下几个方面的内容:

1)技术矛盾解决原理。不同的发明创造往往遵循共同的规律。TRIZ理论将这些共同的规律归纳成40个创新原理,针对具体的技术矛盾,可以基于这些创新原理,结合工程实际寻求具体的解决方案。

2)创新思维方法与问题分析方法。TRIZ理论提供了如何系统分析问题的科学方法,如多屏幕法等;而对于复杂问题的分析,则包含了科学的问题分析建模方法,即物场分析法,它可以帮助快速确认核心问题,发现根本矛盾所在。

3)技术系统进化法则。针对技术系统进化演变规律,在大量专利分析的基础上，TRIZ 理论总结提炼出八个基本进化法则。利用这些进化法则，可以分析确认当前产品的技术状态，并预测未来的发展趋势，开发富有竞争力的新产品。

4）创新问题标准解法。针对具体问题的物场模型的不同特征，分别对应有标准的模型处理方法，包括模型的修整、转换、物质与场的添加等。

5）发明问题解决算法 ARIZ。主要针对问题情境复杂、矛盾及其相关部件不明确的技术系统。它是一个对初始问题进行一系列变形及再定义等的非计算性的逻辑过程，可实现对问题的逐步深入分析、问题转化，直至问题的解决。

6）基于物理、化学、几何学等工程学原理而构建的知识库。基于物理、化学、几何学等领域的数百万项发明专利的分析结果而构建的知识库可以为技术创新提供丰富的方案来源。

TRIZ 理论的三个重要原理是：

1）不同领域的发明和创新中所用到的原理方法并不多，人们解决技术问题的方法很多是重复的。不同时代的发明、不同领域的发明（解决方法），相同的发明原理（解决方法）被反复利用。

2）技术系统进化的规律在不同的工程领域及不同的科学领域反复出现。

3）大多数的创新是应用了行业以外的科学成果而得到的。

以上原理表明：大多数创新或发明不是全新的，而是一些已有原理或结构在本领域，或在另一领域的新应用。TRIZ 是以分析大量专利为基础所总结出的概念、原理与方法，这些原理与方法的应用解决了很多产品与过程创新中的难题，对创新设计具有指导意义。人们只要遵循着产品及其技术发展的客观规律，就可以能动地进行产品设计并预测产品的未来发展趋势。

相对于传统的创新方法，比如试错法、头脑风暴法等，TRIZ 理论具有鲜明的特点和优势。它成功地揭示了创造发明的内在规律和原理，着力于澄清和强调系统中存在的矛盾，而不是逃避矛盾，其目标是完全解决矛盾，获得最终的理想解，而不是采取折中或者妥协的做法，而且它是基于技术的发展演化规律研究整个设计与开发过程，而不再是随机的行为。实践证明，运用 TRIZ 理论，可大大加快人们创造发明的进程而且能得到高质量的创新产品。它能够帮助我们系统地分析问题情境，快速发现问题本质或者矛盾，它能够准确确定问题探索方向，突破思维障碍，打破思维定式，以新的视角分析问题，进行系统思维，能根据技术进化规律预测未来发展趋势，帮助我们开发富有竞争力的新产品。

TRIZ 应用案例 1：TRIZ 解决问题的思路。

利用 TRIZ 在解决问题或者提出产品概念设计方案时，并不是直接从问题得到答案，因为这种方式仅仅依靠个人或团队的经验和知识，当问题复杂时，就很难获得答案。TRIZ 解决问题的思路分为三步，如图 2-12 所示。

首先，将问题抽象为通用的问题（泛化很关键，扩大解空间）。

然后，利用发明原理等知识和法则来解决通用的问题。

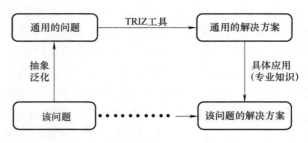

图 2-12　TRIZ 解决问题的思路

最后，根据通用问题的解决方案得到该问题的解决方案。

TRIZ 把特定的问题抽象为通用问题进行求解是基于世界上绝大多数的问题都已经存在答案和解决办法，只不过在特定的领域里、在某些工程师的经验和认知里，还不知道这些答案和解决办法，所以必须把特定问题向上抽象和拓展，借助TRIZ 理论找到在其他领域其他工程师团队已经发现的答案和解决方法。这类似于数学方程式求解，如图 2-13 所示，不是通过试错法直接去寻找答案，而是转化为一般方程式求解，即可获得答案。

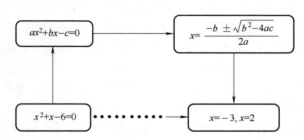

图2-13　TRIZ 解决问题的思路类似于数学方程式求解

例如，为解决电动汽车电池组的散热问题，不应仅局限于在电动汽车领域针对动力电池组去寻找散热解决方案，而是应当把问题上升和抽象到任意产品、任意领域的散热问题，包括工业领域的散热问题（如注射模具的散热或冷却问题）、交通领域的散热问题（如汽车发动机的散热问题）、灯具领域的散热问题（如 LED 灯具的散热问题）、消费类电子领域的散热问题（如台式计算机机箱、笔记本电脑和手机的散热问题）、数据中心的散热问题等，再把上述领域的解决方案应用到电动汽车电池组的散热问题，从而选择出合适的解决方案，如图 2-14 所示。

在任意领域去寻找解决答案，寻找过程可利用 TRIZ 工具和 TRIZ 知识库，得到任意产品、任意领域的散热问题解决方案：

1）风冷。以空气为散热介质，通过散热风扇等方式将热量带走。

2）液体冷却。通过水或其他液体将热量带走，它的散热介质是水一类的液体，其效率比风冷高。

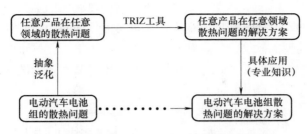

图 2-14 电动汽车电池组的散热问题解决思路

3）使用导热界面材料，主要用于填补两种材料接合或接触时产生的微空隙及表面凹凸不平的孔洞，减少传热接触热阻，提高器件散热性能。这些材料包括导热硅胶、导热衬垫、导热硅脂、导热相变材料、导热石墨片和导热胶带等。

4）使用导热金属散热，例如金属外壳、热管、散热器、金属电路板（如铝基板和陶瓷共银基板）等。

5）使用具有辐射特性的热导体，例如 PCB 表面涂绿油、塑料外壳表面喷漆等。

6）半导体制冷。利用一种特制的半导体制冷片在通电时产生温差来制冷，它的制冷温度低，冷面温度可以达到 −10℃ 以下。

7）物化方法制冷。其原理是使用一些超低温化学物质，利用它们在融化或相变时吸收大量的热量来降低温度，例如干冰、液氮和液态金属等。

8）蒸发制冷，利用水分蒸发相变时吸热的特性达到制冷效果。

再把上述解决方案与电动汽车电池组的散热问题相结合，那些合适的解决方案或者多个解决方案的组合就是新的概念设计。

TRIZ 应用案例 2：韩国节水型卫浴系统。

以下是韩国某公司与韩国某大学共同研究取得的成果。现在的抽水马桶需要使用 13L 以上的水才可以完全洗净，因此节水性是提高抽水马桶商品价值的所在。为了防止恶臭而设计的 S 形回水弯管道是需要大量冲水的原因之一。为了防臭，S 形回水弯必须存在，但是，S 形回水弯的存在造成了水的浪费。这就产生了矛盾。研发人员把这个矛盾做了以下表述：

"冲水时可以不要 S 形回水弯，但是为了防臭必须要 S 形回水弯。"

问题的关键点在于"必须有，又不能有的是 S 形回水弯"，使用 TRIZ 的"分离原则"，"分离原则"包括：

1）空间分离。

2）时间分离。

3）系统和构成要素之间的分离。

4）转移到超系统。

　　在这个问题上，时间分离法带来了解决问题的灵感。即平时使用大的 S 形回水弯防止恶臭，在冲水时使 S 形回水弯产生一些变化，如图 2-15 所示。具体做法就是设计构造了可动型的软管。通常状态下软管被置于上方，排水时，软管下降、被置于下方，避免冲水浪费。通过此方法，平时需要 13L 水才能洗净的马桶现在只需要 3L 水，节约了 77% 的用水量。

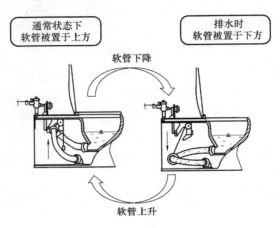

图 2-15　超级节水型抽水马桶

2. 头脑风暴法

　　头脑风暴法（Brainstorming）又被称为脑力激荡法、智力激励法、BS 法、自由思考法，是由美国创造学家 A. F. 奥斯本于 1939 年首次提出、1953 年正式发表的一种激发性思维的方法，头脑风暴法是一群人围绕着一个特定的主题（或问题）领域相互补充、相互激发从而快速大量寻求解决问题构想的集体思考方法，目的是通过找到新的和异想天开的方法来解决问题。头脑风暴是一种开发团队智慧和经验的技术，是一种所有团队成员初始想法都能被重视的技术。短时间内集中团队的智慧和经验，依靠团队而不是个人的力量来解决问题，因为团队解决问题的能力比个人作用强大得多。

　　一次成功的头脑风暴除了程序上的要求之外，更为关键的是探讨方式和心态上的转变，即充分、非评价性的、无偏见的交流，具体而言，可归纳为以下几点：

　　1）自由畅谈。参加者不应该受任何条条框框的限制，应该放松思想，让思维自由驰骋。从不同角度、不同层次、不同方位大胆地展开想象，尽可能地标新立异，与众不同，提出独创性的想法。

　　2）延迟评判。必须坚持当场不对任何设想进行评价的原则。既不肯定某个设想，又不否定某个设想，也不对某个设想发表评论性的意见。一切评价和判断都要延迟到会议结束以后才能进行。

3）追求数量。鼓励与会者尽可能多地提出设想，以大量的设想来保证质量较高设想的存在，设想多多益善，不必顾虑构思内容的好坏。

4）鼓励"搭便车"。鼓励借用别人的构思，根据别人的构思联想另一个构思，即利用一个灵感引发另外一个灵感，或者对别人的构思加以修改。

3. 书面头脑风暴法

头脑风暴通常是构思的首选方法，但是它有很多问题，例如参与者对评估的畏怯、一次只有一个想法等。书面头脑风暴法（Brainwriting）是一种非语言形式的头脑风暴，是对面对面头脑风暴法的一种简单替代或补充，它往往会在更短的时间内产生比传统的头脑风暴法更多的想法。

书面头脑风暴法很简单，参与者并不是按照一个有序的过程说出想法，而是花几分钟的时间在纸上写出关于某个特定问题的方案；然后，让每一个参与者把他们的想法传给其他人，使其阅读并增加新的想法。几分钟后，继续要求参与者把他们的纸张传给别人，并重复该过程。经过 10 ~ 15min，就可以收集这些纸张并张贴出来直接讨论。

书面头脑风暴法有互动式书面头脑风暴法、6-3-5 法、灵感卡片法以及远程电子表格法等几种方法。

4. 公理设计

公理设计（Axiomatic Design）是指存在着能够指导设计过程的基本公理，以及由公理指导的设计方法。公理设计方法是美国麻省理工学院 N. P. Suh 教授于 20 世纪 70 年代中期提出来的一种设计决策方法，如果与设计方法学中的"功能分析法"相结合，可以有效地提高设计效率，有助于找到最佳设计方案。

公理化设计理论是设计领域内的科学准则，通过指导设计者在设计过程中做出正确的决策，可为创新设计或改善已有设计提供良好的思维方法。自从公理设计提出以来，受到人们的普遍重视，它被用在新产品开发、制造过程设计和软件系统研发等许多方面。

2. 6. 5　方案评估

当众多的方案产生后，最重要的一步是根据产品设计需求，选择出最符合产品设计要求、同时产品成本最低的一个方案。

首先是根据产品设计要求选取一个或多个方案。很显然，产生的这些方案采用了不同的原理、具有不同的优缺点、适用于不同的应用场合，针对产品的设计需求，对这些方案进行评估和判断，从中可以选取出一个或多个方案。例如，自行车的传动功能要求把踏板产生的旋转机械能传动到后轮，通过信息收集和分析等可以发现，实现该功能要求的常见方案包括链传动、带传动和轴传动。表 2-6 显示了自行车三种传动方式的优缺点，它们适用于不同的应用场合。

表 2-6　自行车三种传动方式的优缺点

传动方式	优　点	缺　点
链传动 a)	传动比精确，传动效率较高，制造价格低廉，维修成本低，维修难度小，链条标准化	骑行时会产生附加动载荷，传动平稳性差，会伴随产生振动冲击等现象；能承受的转矩较小，易磨损，易变形，直观体现到使用上就是链条脱落、断裂和产生噪声等缺陷，需要经常维护
带传动 b)	力传递是弹性的，噪声为三类传动方式中最小的一种，对于缓解设备运行中冲击和振动所造成的影响效果最佳，安装简单，不需要润滑，维护需求较少	如果是扁平带传动，会存在打滑现象；而风扇带或者 V 型带的传动比不恒定，轴载荷较大；设备空间占比要比其他两种传动方式更大；对温度变化敏感，抗环境因素弱；扬尘、油污、湿度都会对带传动摩擦因数和工作效率产生不良影响
轴传动 c)	轴传动组的结构要相对简单紧凑，同时由于齿轮组和传动轴本身的特点，传动效率更高，相比链传动更加耐用，基本上免维护。轴传动也不存在多边形效应，所以骑行的时候更安静，噪声比较小	重量大，骑行较费力；由于是集成一体的设计，相比链传动拆卸不方便

当根据产品设计要求，筛选出一个或多个方案后，需要再进一步从中选取出产品成本最低的方案。根据这些方案使用的材料、制造和装配工艺，通过后续章节的零件和装配件成本计算公式，则可计算出各自的产品成本。在很多情况下，即使同一种方案，其零部件材料选择、制造和装配工艺也会存在多种选择，这时需用选择最经济适用的材料、制造和装配工艺，这将在本书第 3~6 章中介绍。

2.7　CAE 分析

CAE（Computer Aided Engineering，CAE）是指用计算机对产品的功能、性能及可靠性等进行计算、优化，对未来的工作状态和运行行为进行模拟仿真，及早发现设计缺陷，改进和优化设计方案，验证产品的可用性和可靠性。

CAE 的核心思想是结构的离散化，即将实际结构离散为有限数目的规则单元组合体，实际结构的物理性能可以通过对离散体进行分析，得出满足工程精度的近似结果来替代对实际结构的分析，其基本过程是将一个形状复杂的连续体的求解区域分解为有限的形状简单的子区域，通过将连续体离散化，把求解连续体的场变量（应力、位移、压力和温度等）问题简化为求解有限的单元节点上的场变量值。

近三十年来，随着计算机计算能力的飞速提高和数值计算技术的长足进步，商业化的 CAE 软件诞生。这些商业化的 CAE 软件具有越来越人性化的操作界面和易用性，使得这一工具的使用者由学校或研究所的专业人员逐步扩展到企业的产品设计人员或分析人员，CAE 在各个工业领域的应用也得到不断普及并逐步向纵深发展，CAE 工程仿真在产品开发中的作用变得日益重要。一般是在产品设计工程师完成产品的三维几何模型后，在计算机内对三维模型进行仿真分析，这样可以预知产品的性能和设计缺陷，例如可以预测产品的强度、产品的寿命、系统的噪声、系统的散热性能和流动特性等。目前很多企业已经把 CAE 作为产品开发流程中不可缺少的环节，同时 CAE 也是 DFC 流程中必不可少的环节。CAE 对于产品开发具有以下作用：

1）辅助产品设计。借助计算机分析计算，可确保产品设计的合理性，减少产品研发成本。

2）CAE 分析起到的"虚拟样机"作用在很大程度上替代了传统设计中资源消耗极大的"物理样机验证设计"过程，虚拟样机能预测产品在整个生命周期内的可靠性。

3）可有效缩短新产品的开发周期。

4）采用优化设计，找出产品设计最佳方案，降低材料的消耗或成本。

5）在精确的分析结果指导下制造出高质量的产品。

6）在产品制造或工程施工前预先发现潜在的问题。

7）模拟各种试验方案，减少试验时间和经费。

8）在产品制造或产品使用前预先发现潜在的问题。

9）进行机械事故分析，查找事故原因。

CAE 软件可分为两大类，包括通用类软件和专用类软件。

通用类软件可对多种类型的工程和产品的物理力学性能进行分析、模拟、预测、评价和优化，以实现产品技术创新，这类软件以覆盖的应用范围广而著称，例如 Abaqus、Ansys、I-deas、LS-dyna 和 Nastran 等。

专用类软件是针对特定类型的工程或者产品所开发的用于产品性能分析、预测和优化的软件，以在某个领域的应用而见长。专用类软件包括流体类、建筑结构类、钢结构类、多体动力学类、结构优化类、转子动力学类、声场类、电磁场类、铸造类和前后处理类，例如 Moldflow（模流分析）、AutoForm（钣金冲压）、Pro-CAST（铸造模拟）、Hypermesh（划分网格）、HyperView（后处理）等。

2.8　原型制作和验证

2.8.1　原型制作的概念与作用

原型（prototype）通常是产品开发中第一个能全面反映产品结构、外观和功能等的物体，原型又称为样机。有时原型就是最终产品，但在大多数情况下原型是通过 3D 打印、快速模具或数控加工等方法加工而得到的，于是可以在极短的时间内将三维 CAD 文件实物化。

不同于三维 CAD 文件，原型可视、可触、可控制，可以形象地表达所设计产品的比例、尺度、色彩、材质以及内部结构。它是一种实体语言，为产品设计的表达和交流提供了一条有效途径，使得产品开发团队的成员之间、与客户之间，以及与供应商之间的交流更加直观和顺畅，从而可以更全面地认识设计方案，大大提高产品设计和决策的可靠性。

从产品开发的最初阶段开始，整个产品开发团队的成员甚至包括供应商和客户，能在第一时间拿到实实在在的样品甚至小批量生产的产品，因而可以针对产品的各种设计要求尽早地、充分地进行评价，验证以及进行相应的设计修改，并且对制造和装配的详细过程进行校核，因此可以大大减少设计失误和不必要的返工，避免直接进行大批量生产的投资风险，从而能以最快的速度、最低的成本、最好的品质和最低的风险投入市场。

针对原型的验证包括验证产品需求文档中的各种设计要求，验证产品的可装配性，成本数据统计和验证，以及客户端的验证。

1. 验证产品需求文档中的各种设计要求

通过原型，可以验证产品需求文档中的各种设计要求，包括功能、外观、可靠性和易使用性等。针对原型逐一验证产品的所有设计要求，可以有效避免产品大批量生产后出现的各种问题。

戴森公司为了验证吹风机的功能和其他设计要求，曾经制作了六百多个原型，部分原型如图 2-16 所示，对每一个原型进行不断的优化和改进，最终形成了一款革命性的产品。

图 2-16　戴森吹风机的部分原型

2. 验证产品的可装配性

在使用三维软件进行产品设计时，零件与零件之间的配合是静态的，尽管现在有些三维软件能够三维动态模拟零件的装配过程，但是这种模拟与产品大批量生产时的装配过程还是存在一定差距，一些产品的可装配性问题依然很难发现，利用原型零件的装配过程验证可解决这个难题。在把原型零件一步步装配成原型产品的过程中，即可进行产品的可装配性验证，由于原型零件的装配是实物的装配，于是能够发现大多数的装配问题，从而做出相应的设计变更、提高产品的可装配性。当然，如果原型零件的装配过程与大批量生产过程越吻合（例如使用相同的设备、技术、操作人员及装配程序等），那么就越容易发现装配问题，越能提高产品的可装配性。

3. 成本数据统计和验证

统计原型制造和装配过程中的相关过程数据，为计算产品成本提供真实的数据，继而可以与前面开发阶段的成本数据进行对比和评估。在前期的成本评估中，依据的主要是理论推算或以往产品的经验。在原型产品的制造和装配过程中，可以统计相关过程中与成本相关的所有数据，包括材料用量、每一个制造和装配工序所耗费的时间以及发生的不良率等。当然，原型产品的制造和装配过程与大批量生产越吻合，成本数据越真实。

4. 客户端的验证

为客户提供实实在在的原型产品，客户于是可以及早地使用和测试产品，从而针对产品的功能、外观、可靠性和易使用性等提出意见和建议，进而确保开发出客户真正需要的产品。

当然，需要注意的是，原型产品与大批量的产品可能在精度上、外观上、力学性能、化学性能和电性能等方面存在不同，当在验证过程中出现问题时，需要分析到底是因为产品本身设计的原因还是原型产品本身制造的原因。

2.8.2　原型制作的方法

原型的制作主要包括 3D 打印、快速模具制造和 CNC 加工等。

1. 3D 打印

3D 打印是快速成型技术的一种，它是一种以 3D CAD 模型文件为基础，运用粉末状金属或塑料等可粘合材料，通过逐层打印的方式来构造物体的技术，国外称为增材制造（Additive Manufacturing），其基本原理是离散-堆积原理，如图 2-17 所示。

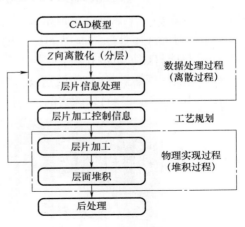

图 2-17　3D 打印的离散-堆积原理

3D打印的优点主要包括：

1）生产周期短，这是3D打印的最大优点。3D打印能在数小时内成型，它让设计人员和开发人员实现了从3D模型到实物的飞跃。

2）零件制造不需要特殊的技能。传统工匠需要当几年学徒才能掌握所需要的技能。批量生产和计算机控制的制造机器降低了对技能的要求，然而传统的制造机器仍然需要熟练的专业人员进行机器调整和校准。3D打印机从设计文件里获得各种指示，做同样复杂的物品，3D打印机所需的操作技能比传统机器要少。

3）可制造形状复杂的产品。3D打印技术可以制造传统方法难以制造的零件。过去传统的制造方法就是加工一个毛坯，把不需要的地方切除掉，是多维加工的，或者采用模具，把金属和塑料融化灌进去得到所需的零件，这样对复杂的零部件来说加工起来非常困难。3D打印技术对于复杂零部件而言具有极大的优势，3D打印技术可以打印非常复杂的产品。

4）相对于传统加工方式，3D打印是增材制造方法，不会产生废料，从而节省材料。

5）3D打印过程是高度自动化、长时间连续进行的，操作简单，可以做到昼夜无人看管，一次开机，可自动完成整个工件的加工。

6）3D打印的制造过程不需要工装模具的投入，其成本只与成型机的运行费、材料费及操作者工资有关，与产品的批量无关，很适合单件、小批量及特殊、新试制品的制造。

3D打印的缺点主要包括：

1）强度问题。大多数3D打印方法打印的产品强度通常较低、脆性大、弹性低，通常不适用于进行强度相关的验证。

2）精度问题。由于分层制造存在"台阶效应"，每个层次虽然很薄，但在一定微观尺度下，仍会形成具有一定厚度的一级级"台阶效应"，如果需要制造的对象表面是圆弧形，那么就会造成精度上的偏差。

3）材料的局限性。目前供3D打印机使用的材料非常有限，同时，同一类型的打印机只能打印特定的材料。

4）耐热性问题。3D打印的塑胶材料的耐热性一般较低。

图2-18显示了3D打印的实例，包括手枪外壳、轴承、鼠标外壳和车轮悬架等。

图2-18　3D打印实例

2. 快速模具制造

快速模具制造（Rapid Tooling，RT）就是以 3D 打印技术制造的快速原形零件为母模，采用直接或间接的方法，实现硅胶模、金属模和陶瓷模等模具的快速制造，从而形成新产品的小批量制造。

快速模具制造的显著特点是加工周期短，工艺简单，易于推广，制造成本低，精度和寿命都能满足特定的功能需要，综合经济效益良好，特别适用于新产品开发试制、工艺验证和功能验证及多品种小批量生产。目前，快速模具制造已被广泛应用于汽车制造、航空航天、军工、电子、医学和家电等领域。

快速模具制造与传统模具制造的区别如下：

1）传统的模具制造方法很多，如数控铣削加工、成形磨削、电火花成形加工、电火花线切割加工、电解加工、电铸加工、压力加工、铸造和照相腐蚀等。由于这些方法相对而言工艺复杂、加工周期长、费用高，故会影响新产品对市场的响应速度。

2）应用 3D 打印技术制造快速模具，在最终生产模具之前进行新产品试制或小批量生产，可大大提高产品开发的一次成功率，有效缩短开发时间和节约开发费用。

3）快速模具的加工周期仅为传统模具制造方法的 $1/10 \sim 1/3$，生产成本仅为 $1/5 \sim 1/3$。

基于 3D 打印技术的快速模具制造方法一般分为直接法和间接法两大类。如图 2-19 所示。

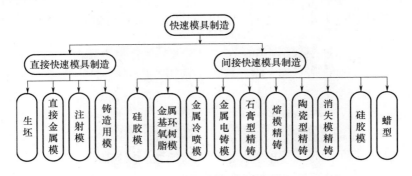

图 2-19 快速模具制造方法

直接快速模具制造是采用立体光刻（Stereolithography，SLA）、选择性激光烧结（Selective Lasers Sintering，SLS）、熔融沉积成型（Fused Deposition Modeling，FDM）和分层实体制造（Laminated Object Manufacturing，LOM）等技术直接制作模具。模具零部件由 3D 打印设备直接制造成型，即在 3D 打印设备上直接制造出模具零部件，不依赖传统模具制造工艺，加工周期短，开发前景好。3D 打印的模具零部件具有一定的耐高温性能和较高的强度，经表面处理后可直接用于生产。

图 2-20 显示了通过 SLA 直接制作注射模型芯和型腔的镶块，不需要过渡模。

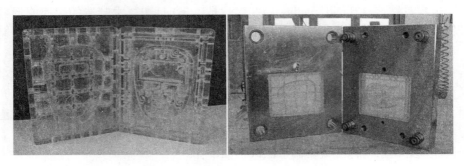

图 2-20　SLA 直接制作模具

间接快速模具制造是以 3D 打印原型作样件间接制造模具的方法。3D 打印技术克服了传统样件（模样）制作的缺点，能够更快、更好、更方便地设计并制造出各种复杂的原型。一般可使模具制造周期和制造成本降低 1/2，可大大提高生产效率和产品质量。

间接快速模具制造生产出来的模具一般分为软质模具（Soft Tooling）和硬质模具（Hard Tooling）两大类。软质模具因其所使用的软质材料（如硅橡胶、环氧树脂等）有别于传统的钢质材料而得名，目前提出的软质模具制造方法主要有硅橡胶浇注法、金属喷涂法、树脂浇注法等。软质模具生产制品的数量一般为 50 ~ 5000 件，对于上万件乃至几十万件的产品，仍然需要传统的钢质模具，硬质模具指的就是钢质模具。利用 3D 打印原型制作钢质模具的主要方法有熔模铸造法、陶瓷型精密铸造法、电火花加工法等。图 2-21 显示了硅橡胶模及其产品。

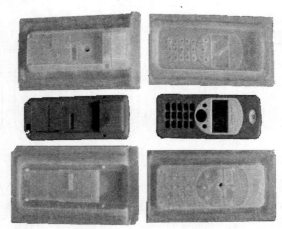

图 2-21　硅橡胶模及其产品

3. CNC 加工

CNC 加工是制造原型的一种常用方法，如图 2-22 所示。CNC 是计算机数字控制（Computer Numerical Control）的简称，是一种装有程序控制系统的自动化机床，该控制系统能够逻辑地处理具有控制编码或其他符号指令规定的程序，并将其译码，从而使机床动作并加工零件。

图 2-22　CNC 制作原型

利用 CNC 加工制造原型的特点包括：

1）加工精度高，具有稳定的加工质量。

2）可加工的材料较多，可以用 CNC 加工的塑料材料包括：ABS、亚克力、PP、PC、POM、PA、尼龙、电木和环氧树脂等，并可针对不同的应用类型选择合适的塑料，见表 2-7。可以用于 CNC 折弯的金属材料包括铝、铝镁合金、铝锌合金、铜、钢等。

表 2-7　CNC 可加工的塑料类型

应用类型	材料选择
常规原型	ABS
耐高温产品原型	环氧树脂、电木、黑色 PC、PA
耐磨性产品原型	POM、PA
高韧性产品原型	PA、PP
透明产品原型	PMMA、透明 ABS、透明 PC

3）由于 CNC 加工的可选择材料多，于是原型的材料与最终产品的材料可以接近或一致，从而可避免因二者差异而造成的验证失败。

4）CNC 加工属于减材加工，材料利用率不高，材料浪费严重。

5）相对于 3D 打印，CNC 加工无法加工复杂形状，复杂零件需多次成型，且需拆分编程，工作量大。

6）需要专用夹具。

7）需专业编程人员和专业操作人员。

8）只能一次性加工一个零件，从设计到制造需要至少三人以上投入，人工成本高。

9）加工完成需专人打扫机床、清理废料等，且时间较长，增加人工成本。

2.9　自制和外购

2.9.1　自制和外购决策的决定因素

组成产品的原材料和零部件是自制还是外购，这是每一个企业在产品开发过程中都必须做的抉择。正确的决策是许多企业长期成功运营的关键。这些决策不仅影响工艺过程的选择、生产制造系统和管理系统的设计，而且关系到企业生产的经济效益。在做出自制和外购决策时，需要重点考虑的因素包括成本、质量、可靠性、专利、技能与材料、灵活性、生产的专业化程度和其他因素等。

1. 成本

在自制与外购决策时，首先考虑的主要标准是成本。如果一个部件外购比自制更便宜，就可以考虑采取外购政策。此时进行成本分析，依据的是增量成本（边际成本）分析原则，即只考虑那些随自制和外购决策而变动的成本。例如，对于有自制生产能力的企业，自制某零部件的增量成本只包括劳动力、材料等直接成本，及动力、燃料等净增成本，其他不因决策而发生变动的成本，在进行费用比较时不用考虑。对于无自制生产能力，或需要增加部分生产能力的企业，其增量成本还应包括为增加生产能力所支付的成本。

2. 质量

零部件自制有利于保证最终产品的质量。外购时，对零部件的质量控制可能会有一定困难。若关系到最终产品的质量，则宁可放弃其经济利益。

3. 可靠性

外购来源若不可靠，则应采取自制政策。若供应有可靠的保障，采取外购政策是十分有利的。需要注意的是，要制定适当的采购政策，精选卖主，使企业处于主动地位。

4. 专利

由于专利原因，法律可能限制某些企业从事某些零件的生产。对此，要么采取外购政策，要么在进行技术经济分析的基础上考虑购买专利。

5. 技能与材料

某些零件的制造技能可能非常专门化，或者所需材料非常稀缺，或者出于环境保护及政府政策的限制，致使某些零部件不易在本企业自制或某道工序不易在本企业加工，这样就只能采取外购。

6. 灵活性

自制零部件往往会限制产品设计的灵活性和降低生产系统的适应能力。如果一家企业在自制零部件上进行了很大的设备投资，就会限制企业在完全不同的新产品方面的灵活转移。而外购件、外协件较多的企业则不用担心投资过时的问题。环境变化往往会对企业生产系统的适应性提出更高的要求。当需求增加时，就会产生增加生产能力的要求；当产品品种组合发生重要变化时，就需要调整生产过程；当供应来源发生重大变化时，生产部门也要做出调整。因此，外购件或外协件较多的企业在生产系统的适应性方面也处于有利的地位。

7. 生产的专业化程度

对于加工装配类的企业，生产的专业化程度越高，外购或外协零部件的数量就越多。例如，波音公司生产所用的零部件中有 70% 是外购的。一些大企业不愿把零部件扩散给小企业去生产，主要是担心质量、成本、期限达不到要求。事实上，如果大企业与小企业搞好协作，可以节省设备投资和利用小企业的低工资、低成本等优势，对大企业也是有利的。

8. 其他因素

其他诸如营业秘密的控制、供需双方互惠和友谊关系的保持，以及政府的某些规定等，在一定程度上也会影响企业的自制与外购决策。企业在生产缓慢发展时期，为了利用闲置设备，自制可能更有利，然而会造成同供应商关系的紧张或中断。所以，为了保持与重要供应商的良好关系或互惠关系，往往放弃自制的打算。对于一些掌握特殊技术诀窍、工艺配方等的企业，出于保密考虑，也通常采用自制政策或部分自制政策。例如，某些电子行业的企业，对于使用其产品关键技术、工艺生产的原材料和元器件等，均采用自制政策，其他均可采用外购、外加工和外装配等外购政策。

以上八个影响因素可以分为两大类：一类是经济利益因素，这是自制与外购领域中决策的主要影响因素；另一类是非经济的和难以确定的因素，这些因素也是不可忽视的重要因素。这些因素对自制和外购决策的影响见表 2-8。

表 2-8　影响自制和外购决策的因素

决策因素	自　　制	外　　购
成本	1）自制增量成本低于外购成本 2）利用闲置设备	外购成本低于自制成本
质量	有保证	有一定风险
可靠性	可靠	制定相应采购政策以及详细的采购计划，以提高可靠性
专利	1）法律限制生产专利产品 2）购买专利要进行技术经济分析	无专利限制
技能与材料	—	需要专门技能、稀缺材料
灵活性	限制产品设计的灵活性和生产系统的灵活性	无限制
生产的专业化程度	低	高
其他	保密	互惠、政府规定

2.9.2　自制和外购决策的成本分析

当上述其他所有因素都不是关注点时，决定自制或外购的最终因素是成本。在计算零部件自制成本时，需要考虑三种情况，包括零部件自制不需要增加固定成本且自制能力无法转移、零部件自制不需要增加固定成本且自制能力可以转移和零部件自制需要增加固定成本。

1. 零部件自制不需要增加固定成本且自制能力无法转移

在企业已经具备自制能力且自制能力无法转移的情况下，原有的固定成本属于沉没成本，不会因零部件的自制或外购而发生变动。因此，在这项决策分析中，只需将自制方案的变动成本与外购成本进行比较。如果自制变动成本高于外购成本，应外购；如果自制变动成本低于外购成本，应自制。

【例 2.6】 某企业每年需用 A 零件 10 万件，该零件既可以自制，也可以外购。若外购每件单价为 30 元；若自制，企业拥有多余的生产能力且无法转移，其单位成本为：

➢ 直接材料成本 20 元
➢ 直接人工成本 5 元
➢ 变动制造成本 4 元
➢ 固定制造成本 3 元

自制时单位成本合计 32 元，A 零件是自制还是外购？

解： 在这种情况下，应采用相关成本分析法。由于企业拥有多余的生产能力，固定制造成本属于无关成本，不需考虑，自制单位变动成本为 29 元（直接材料成本 20 元、直接人工成本 5 元、变动制造成本 4 元），外购单价为 30 元。企业每年自制和外购的总成本为：

➢ 自制总成本：10 万 × 29 元 = 290 万元
➢ 外购总成本：10 万 × 30 元 = 300 万元

企业应选择自制方案，可节约成本 10 万元。

2. 零部件自制不需要增加固定成本且自制能力可以转移

在自制能力可以转移的情况下，自制方案的相关成本除了包括按零部件全年需用量计算的变动制造成本外，还包括与自制能力转移有关的机会成本，无法通过直接比较单位变动制造成本与外购单价做出决策，必须采用相关成本分析法。

【例 2.7】 资料同上。假定自制 A 零件的生产能力可以转移，每年预计可以获得贡献收益 50 万元。A 零件是自制还是外购？

解： 采用相关成本分析法。由于企业拥有多余的生产能力，固定成本属于无关成本，不需考虑，自制单位变动成本为 29 元（直接材料成本 20 元、直接人工成本 5 元、变动制造成本 4 元），外购单价为 30 元。自制和外购的相关成本合计见表 2-9。

表 2-9 自制和外购相关成本合计

	自 制	外 购
变动成本	10 万件 × 29 元/件 = 290 万元	10 万件 × 30 元/件 = 300 万元
机会成本	50 万元	
相关成本合计	290 万元 + 50 万元 = 340 万元	

企业应选择外购方案，可节约成本 40 万元。

3. 零部件自制需要增加固定成本

当自制零部件时，如果企业没有多余的生产能力或多余生产能力不足，就需要增加固定成本以购置必要的机器设备。在这种情况下，自制零部件的成本不仅包括变动成本，而且还包括增加的固定成本。由于单位固定成本是随产量成反比例变动的，因此对于不同的需求量，决策分析的结论就可能不同。这类问题的决策分析，根据零部件的需求量是否确定，可以分别采用相关成本分析法和成本平衡点分析法来进行分析。若零部件的需求量确定，可以采用相关成本分析法，若零部件的需求量不确定则采用成本平衡点分析法。因零部件的需要量确定情况下的零部件自制与否的决策与前例相似，这里仅就零部件需要量不确定情况下的自制与否的决策进行举例。

【例 2.8】 企业需要的 B 零件可以外购，单价为 40 元；若自制单位变动成本为 30 元，每年还需增加固定成本 50 万元。分析 B 零件是自制还是外购？

解： 由于本例零部件的需求量不确定，因此需采用成本平衡点分析法进行分析。

设： x_0 为成本平衡点业务量，自制方案的总成本为 y_1，固定成本为 a_1，单位变动成本为 b_1；外购方案的总成本为 y_2，固定成本为 0，单位变动成本为 b_2。自制外购平衡点图形如图 2-23 所示。

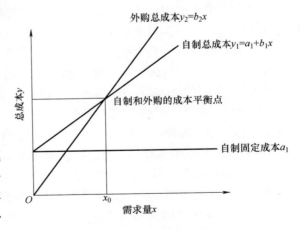

图 2-23 自制外购平衡点

自制外购成本平衡点 x_0 的计算见公式（2-7）。

$$x_0 = \frac{a_1}{b_2 - b_1} \tag{2-7}$$

式中，$a_1 = 50$ 万元；$b_1 = 30$ 元；$b_2 = 40$ 元。

则 $x_0 = 5$ 万件。

这说明，当零部件需求量在 5 万件时，外购总成本与自制总成本相等；当零部件的需求量在 5 万件以内时，外购总成本低于自制总成本，应选择外购方案；当零部件需求量超过 5 万件时，自制总成本低于外购总成本，应选择自制方案。

2.10　与供应商协作降低成本

2.10.1　向供应商要成本的三大原则

在市场分工日益精细的今天，产品制造如果没有供应商的参与是一件不可能的事情，供应商在产品成本中扮演着重要的角色。降低成本不仅仅是企业产品开发内部的事情，而且还涉及供应商管理和协作等问题，单纯依靠企业内部的努力，很难把产品成本做到最低。在进行供应商管理和协作时，有以下三大原则。

1. 清楚零部件的"应该成本"，避免供应商获取超额利润

目前大多数企业的采购策略是在企业供应商目录中寻找 2 ~ 5 家供应商进行报价，在其他条件相同的情况下，选择报价最低的供应商进行采购。这样的策略从表面上看具有一定的合理性。但是，这样的策略对产品成本的降低是最优的吗？答案是一定不是最优的。因为在这种方式下，不清楚零部件的"应该成本"，即使报价最低的供应商也有可能获得了超额利润，这就增加了产品成本，牺牲了企业的利润。同时，不清楚"应该成本"时，即使知道报价最低的供应商获得了超额利润，但没有实质性的证据和理论依据，采购工程师在这种情况下只能依靠采购谈判技巧，与供应商协商降低采购报价，这很难让供应商妥协。因此，在向供应商报价前，清楚零部件的"应该成本"至关重要，在给供应商预留合理利润空间的情况下，就可以有理有据地与供应商协商把零部件采购成本降到最低。

可以看出，如果不清楚零部件的"应该成本"，就很难获得最低的零部件采购成本。而不清楚零部件的"应该成本"，主要是由以下原因引起的：

1）由于产品成本涉及很多方面，包括原材料、设计、制造和装配、包装、物流、采购、库存和管理等，每一方面的成本计算都需要专用知识，单纯依靠产品设计工程师、制造工程师、装配工程师或采购工程师，很难把产品成本计算清楚。

2）企业采购行为主要是由采购工程师负责，而采购工程师对产品设计不熟悉，或者对零部件的相关制造、装配工艺不熟悉，因此让采购工程师去掌握零部件的"应该成本"是强人所难，此时他们只能在以往经验的基础上，依靠采购谈判技巧与供应商协商。

最合理的做法是在向供应商报价之前，产品设计工程师同制造工程师、装配工程师和采购工程师等相关人员进行团队合作，以产品设计工程师为主，按照本书后续章节的方法计算好零部件的"应该成本"，或者使用本书第 11 章的 DFC 成本计算软件计算成本。在询价时，要求供应商提供报价的详细细节，包括材料用量、不良率和加工工时等，甚至可以提供标准格式的报价模板让供应商填写。当供应商提供报价后，将模板中的细节与之前企业内部计算的实际成本细节一一对比，发现其中的不合理项，这样就可以与供应商进行有事实根据的协商，进而把采购价格降到合理。

2. 把供应商当作产品开发团队的重要一员

由于市场分工的精细化，供应商或多或少在某些领域具有企业所不具备的专业知识。充分利用供应商的专业知识并为企业所用，把供应商当成产品开发团队的重要一员，让供应商尽早参与产品开发，针对材料选择和零件的可制造性和可装配性等提供设计建议，可最大限度地提高产品质量和降低产品成本。表 2-10 显示了与供应商相关的几种降低采购成本的方式，其中供应商早期参与产品开发对降低成本的帮助最大。

表 2-10　降低采购成本的方式对比

降低采购成本的方式	成本可降低的比例
改进采购过程及价格谈判	11%
供应商改进质量	14%
利用供应商开展精益生产	20%
利用供应商的技术与工艺	40%
供应商早期参与产品开发	42%

供应商早期参与产品开发对产品成本的降低最大，这是因为产品开发初期，采购的自由度最大，零部件规格调整的自由度也最大，调整的成本最低，如图 2-24 所示。如果供应商能够越早参与设计，就越有可能从其专业的角度向企业提供建议，在保证产品功能、质量和可靠性等前提下，设计成本最低的零部件。

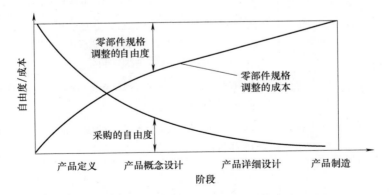

图 2-24　产品开发周期中产品规格调整的自由度与成本

供应商早期参与的条件见表 2-11。

表 2-11 供应商早期参与的条件

面临激烈的竞争	如汽车、消费电子、商务电子、办公设备等领域
技术进步的加速	产品开发周期日益缩短，要满足顾客的需求、占领一定的市场份额，没有供应商早期参与几乎是不可能的
价格的敏感性	没有供应商的贡献与参与，要想在一定的成本下达到有合理利润的价格很不容易，而利用供应商的专业技术，这一问题往往迎刃而解
技术复杂度的增加	由于技术进步，新产品运用多种工艺技术与复杂技术、组合技术的程度日益强化，使得产品开发对专业供应商的依赖性加强
产品的扩散	随着经济的全球化发展，市场对产品的系列、品种要求愈来愈多，使得产品的扩散力度加强，相应地提高了对产品性能、规格的要求，从而提供了供应商早期参与的机会
内部产能的限制	许多企业由于内部产能所限，需要供应商的协作配合，或者甚至需要供应商参与设计
致力于核心业务	当企业需要集中主要的人力、物力和财力在核心业务上时，其他的业务则需要外界包括供应商的协作配合。这类企业往往仅专注于关键零部件的设计、制造和装配
优秀可靠的供应商	开发能力强、顾客导向好、诚信可靠的供应商会在客观上创造自己参与产品开发的机会

根据供应商参与程度和深度的不同，可以将供应商早期参与分为 5 个层次，见表 2-12。

表 2-12 供应商早期参与的层次

层次	内 容	内容详述
第 1 层	提供信息	这是供应商早期参与顾客产品开发的最低层次。通常只是根据企业的要求提供共享所必需的信息资料，如设备产能等信息供企业参考
第 2 层	设计反馈	针对企业的产品设计和开发情况，供应商会提出有关成本、质量、规格或生产工艺方面的改进意见和建议
第 3 层	零部件开发	供应商根据企业提出来的零部件要求，深入参与或独自承担相关零部件的设计和开发工作
第 4 层	部件或组件整体开发	在这一层次，供应商承担企业产品中较重要的部件或组件设计和开发的全部工作
第 5 层	系统开发	这是供应商早期参与产品开发的最高层次。供应商必须根据企业产品的整体要求，完全承担整个系统的开发工作。供应商早期必须拥有产品开发的专业技巧或技能，允许企业独家享有该产品技术的使用权，并对顾客产品设计和开发过程中所涉及的问题承担责任

　　下面以第 2 层次的供应商参与为实例来说明供应商早期参与。

　　如果企业的塑胶件的模具加工和注射加工需要由外部来完成，那么一个塑胶件的产品开发团队包括产品设计工程师、注射模具工程师、采购工程师、塑胶原材料供应商、模具供应商和注射加工供应商等，如图 2-25 所示。产品设计工程师和注射模具工程师和采购工程师是核心团队，产品设计工程师是团队负责人，塑胶原材料供应商、模具供应商和注射加工供应商是外围团队，各成员的专业和职责见表 2-13。

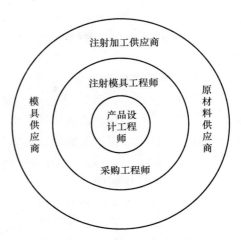

图 2-25　塑胶件的产品开发团队结构

表 2-13　塑胶件的产品开发团队成员的专业和职责

团队成员	专　　业	职　　责
产品设计工程师（企业内部）	理解产品设计要求，精通产品设计	团队负责人，基于产品设计要求，充分考虑团队各成员的建议，设计出质量最好、成本最低的零件
注射模具工程师（企业内部）	精通零部件的注射模具设计，精通注射加工过程	对内：提供零件的可制造性建议及降低成本的建议 对外：评估零件的注射模具设计，以及注射加工过程的参数是否合理等
采购工程师（企业内部）	精通供应商管理	与供应商交流与沟通，提供报价以及开拓新的供应商等
塑胶原材料供应商	精通原材料的性能、应用和加工	根据产品使用要求，推荐原材料的选择，并从成本的角度提供零件的设计和加工建议
模具供应商	精通零部件注射模具的设计和加工	提供零件的可制造性建议及降低成本的建议，包括模具的穴数、是否使用热流道模具等
注射加工供应商	精通零部件的注射加工过程	提供零件的加工建议，包括机台的选择、相关加工参数的设定等

　　需要注意的是，上述塑胶原材料供应商、模具供应商、注射加工供应商并不限定是一家，在产品开发时间允许的情况下越多越好。

　　另外，大家可能会有疑问，企业内部的注射模具工程师与模具供应商及注射加工供应商的专业和职责基本上重合或一致，那么是否并不需要企业内部的注射模具工程师呢？显然不行。因为二者的立场和利益不同。模具供应商和注射加工供应商从他们自身利益出发，希望获得更多的利润，他们的观点和建议是为他们本身服务，在这种时候就需要企业内部的注射模具工程师从企业的立场出发，对他们的观点和建议进行评论和审核。

当然，在与供应商进行合作时，需要签订相关的保密协议，以确保企业的机密不外露。

3. 不是压榨供应商利润，而是协助降低成本

企业与供应商的关系应当是一个双赢的关系，为了降低产品成本，不能片面要求供应商降低价格。在当前供求关系中，企业一般都是处于强势地位，在向供应商报价时，企业往往根据产品的目标成本分解而对零件设定一个目标价格，而不考虑零件应该花费的实际成本，不给供应商预留利润空间；有的企业甚至对每年的采购价格设置一定的降价幅度（如10%），威胁供应商如果达不到目标就会换其他供应商，这种采购方式称为压榨型采购。

采购强调压价、杀价，强调谈判技巧的应用，并且以价格为导向选择供应商，这种做法目前能给企业带来的效益已经是越来越小。企业需要的是低成本，供应商期望的是合理的收益，如果企业盲目杀价，将供应商的合理利润空间也砍掉了，这样的供应业务又能持续多久？这种压榨的方法往往意味着双输，因为过分压榨存在着很大的质量风险。降低成本是供应商管理的一大任务，但关键是要适可而止。企业对小供应商压价，往往就像挤海绵里的水，要挤大部分时候都能再挤出来，但是挤到极点，其他问题就会出现。当供应商发现无利可图时，往往会使用廉价的材料、以次充好、省去某些加工工序和降低产品质量等手段来降低零件制造成本，这会带来零部件的质量问题。如果这些零部件的质量问题造成企业产品的返工、维修、召回和赔偿等，那么付出的代价将远远大于采购成本的节省。

正确的做法是进行充分的合作，通过对供应商进行培训，以及让供应商早期参与产品开发等手段共同合作把产品成本降低，供应商可以获得合理的利润，同时企业也降低了零部件采购成本，实现双赢，这被称为协作型采购。

压榨型采购与协作型采购如图2-26所示。

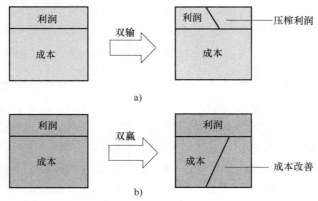

图2-26 压榨型采购和协作型采购
a）压榨型采购 b）协作型采购

2.10.2　四级供应商与企业的关系

根据合作的紧密程度,企业与供应商的关系可分为四个级别:

1. 第一级:战斗型关系

这是最常见和最传统的企业与供应商的关系,企业采购使用斗争的谈判策略,威胁供应商的唯一选择是把价格降低到目标价格,否则就会失去订单。这种方式是短期内降低采购成本的一个解决方法,把后果留给供应商去承受。但是,这种好斗的策略使得供应商没有任何动机和意愿去增加零部件的价值,不会提供关于零部件的优化建议或者创新的想法,因为企业唯一的关注点是价格。即使供应商已经有了降低成本的好想法,也会把想法保留,用在下一次企业要求降低成本时。总体来说,斗争的谈判策略能帮助企业获得竞争性的成本,但很难获得竞争性优势。

但是,这里并不是说要放弃斗争的谈判策略。事实上,很多通用的零部件都可以使用该策略去采购,因为这些通用的零部件对企业不是很关键,同时市场已经很成熟,有多个供应商可以选择。如果可以通过斗争的谈判策略获得最低的价格,何乐而不为呢?

当然,如果对于所有的外购件,针对所有的供应商均使用斗争的谈判策略,这恐怕不是一个很好的选择。

2. 第二级:稳定型关系

很多企业与供应商的关系是稳定型的关系,双方的关系不是一般的买卖关系,而是长期的稳定关系。企业会和供应商一起合作降低产品成本、管理库存和管控产品质量等。双方会共享一些信息,例如销售信息、市场反馈和交易数据,这也使得每一方都能够更有效率地工作。

3. 第三级:伙伴型关系

企业与供应商的伙伴型关系较少见。在伙伴型关系下,双方互利互赢,企业不再是单纯地想控制供应商或者是聚焦于降低零部件采购价格。除了单纯的采购行为,双方还在其他方面进行一定程度的合作,如技术、培训和联合库存等,同时共同参与产品开发,以求将双方的关系价值最大化。伙伴型关系的建立需要一定的时间,双方必须相互信任、坦诚交流,每一方都追求长期的目标而不是短期的得失。伙伴型关系下很少有关于采购价格的谈判,更多的关注是通过双方在新的技术、想法和能力等方面的联合,加强双方关系,增加企业产品的竞争力。

4. 第四级:战略联盟型关系

战略联盟型关系常常又被称为"超级合作型",在这种关系下企业与供应商是真正地合作,实现双赢。有的企业投资到工程团队和采购团队以获得产品成本的计算模型,据此获得产品的"应该成本"。通过"应该成本",企业可以同供应商争取获得较低的采购价格,但是这种方法在斗争的关系中很难实现。相反,"应该成本"在战略联盟型关系中可以更容易帮助企业获得最理性的采购价格,因为战略联盟关系基于双方信息透明、互惠互利。

在战略联盟型关系下，企业包括其下的整个功能部门都会为供应商的竞争性优势而努力，而作为交换的是供应商也会为企业的竞争性优势而努力。只有少数的企业与供应商达成战略联盟关系。

图 2-27 显示了四级供应商与企业关系的特点以及对企业可持续性的产品成本和竞争优势的影响。

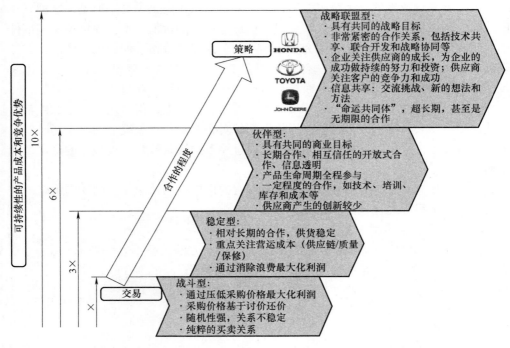

图 2-27　四级供应商与企业关系

2.11　生产线设计

生产线就是产品生产流程中各活动，即从原料入场、加工、转运，到装配和检验等所构成的路线。生产线是按对象原则组织起来，按照工艺流程，配备生产某种产品（零件和部件）所需要的各种设备和各工种的工人，协同完成产品的全部装配过程（可能会包含少量的制造过程），满足使用功能的组织形式。

生产线设计主要是由装配工程师负责，生产线设计中的几个关键参数对产品成本具有重要作用：

1）生产节拍。

2）生产线的工人数量。

3）设备的投资额。

从表面看，似乎生产线的设计和制造等完全是产品制造端的事情，与产品设计无关、与产品设计工程师无关。

这是传统的观念，也是完全错误的观念。在这种观念下，当产品设计完成后，再由装配工程师开始进行生产线的设计和制造。但是，从产品成本角度来说，此时再进行生产线设计已经较晚了。一旦产品设计定型，则零部件的紧固工艺和组装结构及顺序定型，生产线的大致结构就已经定型，与成本相关的参数包括生产节拍、生产线的工人数量和设备的投资等也相应定型；当然，通过生产线设计的优化，可以把上述参数优化，使得产品装配成本相应地降低，但是，这时的优化也仅仅是局部的改善，并不能从全局上和根本上去优化，无法把产品装配成本做到最低。

因此，生产线设计应当尽早进行，在产品概念设计阶段就应当介入。进行初步的生产线设计，主要有两个目的：

1）为产品成本的计算提供所需的参数，包括生产节拍、生产线工人数量和设备的投资额等。

2）一旦发现产品设计不利于生产线平衡、不利于降低产品成本和提高产品质量时，装配工程师就应当指出，并提供改善的建议。

而对于产品设计工程师来说，在设计产品的内部结构、选择零部件的紧固工艺时，就应当考虑生产线的规划与设计，就应当去思考产品装配时所能达到的生产节拍和生产线平衡、所使用的生产线工人数量，以及所需的设备投资等；而不是在设计时，完全不考虑这些因素，认为这是产品制造端的事情。因为与成本相关的这几个关键因素均是由产品设计决定，而不是在产品装配时决定的。

例如，在产品设计时，按照以下的组装方式进行设计：

➢ 工序 1，把 A 零件通过卡扣的方式组装到 B 零件上，标准工时为 5s，工人数量为 1 人。

➢ 工序 2，把 C 零件组装到 B 零件上，通过超声波焊接的方式，使用 1 台超声波焊接设备，标准工时为 10s，工人数量为 1 人。

➢ 工序 3，把 D 零件通过卡扣的方式组装到 B 零件上，标准工时为 5s，工人数量为 1 人。

很显然，如果按照这样的产品设计，装配工程师在进行生产线设计时，会在工序 2 上增加一个工站，从而保证生产线平衡，使得生产线的节拍为 5s。这样的后果是，需要增加一台超声波焊接设备，同时工人数量由 3 人增加为 4 人。

相反，如果在产品设计时就考虑生产线设计和生产线平衡问题，发现工序 2 的标准工时过长，于是将超声波焊接方式改为卡扣或其他标准工时较短的紧固工艺，生产节拍可以由 10s 降低为 5s，同时还节省了两台超声波焊接设备的投资。

2.12　产品成本数据库

2.12.1　产品成本数据库的概念

产品成本数据库就是企业通过搜集和积累产品开发生命周期的成本数据，经过处理后，总结形成各类成本指标库，并利用这些信息为企业运营决策及新产品的开发提供指导和参考，以达到产品成本最低的目的。

成本估算、成本计算、成本核算和产品成本数据库四者之间相互影响、相互制约，如图 2-28 所示。产品成本数据库为下一个产品开发的成本估算和成本计算提供经验和关键参考，而下一个产品的最终成本核算又为成本数据库充实新的实践数据，并可用于更新成本估算和成本计算时的计算模型。

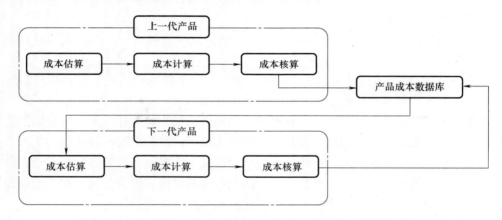

图 2-28　成本估算、成本计算、成本核算和产品成本数据库的关系

2.12.2　产品成本数据库的价值

产品成本数据库的价值体现在新产品的立项阶段和产品开发阶段。

1. 新产品的立项阶段

当企业在对新产品进行立项或者从多个新产品中选择一个最优的产品进行立项时，可充分参考历史产品成本数据库中的过往产品成本结构、固定资产投资额和投资回报等数据进行新产品成本计算和投资回报计算，从而做出在财务角度对企业最有利的决策，避免开发不盈利和投资回报低的产品。而由于企业开发的产品往往是同一类型的产品，这样的历史成本数据就显得非常有参考意义和价值了。

2. 产品开发阶段

在产品开发的某几个关键节点需要通过计算产品成本来计算投资回报，从而做出产品开发是否向前推进、取消或调整方向的决策。计算产品成本可以通过成本模型进行，但是使用成本模型的最大难点或者成本计算最不确定的是某些关键参数的数值设定，例如塑胶件注射成型时的成型周期，尽管可以通过理论公式进行计算，然而与实际情况总是存在一些差异，这时如果在历史产品成本数据库中可以找到尺寸接近、使用相同材料和相同模穴数的零件，则可获得相对准确的数据，从而计算出与真实接近的注射成本。另外一个典型的例子是零部件装配时某些装配工序的装配时间，如拧紧一颗螺钉的装配工序，通过历史产品成本数据库则可轻松获得装配时间，否则只能靠经验进行猜测或者通过耗费时间和精力进行试验而获取。

　　成本数据库在产品开发中的另一个重要价值是作为标杆产品成本，与正在开发的产品成本进行对比，发现现有产品开发中出现的成本差距和问题，通过分析找出差异的根本原因，并采取相应的手段来降低产品成本。在进行对比时，需要具体针对产品成本中的每一个细项进行对比，一旦发现差异较大便要高度重视。例如，在进行对比时，发现与标杆产品成本的装配成本差异较大，仔细研究装配工序发现，在某两个零件的紧固装配工序上，新产品采用了装配工时较长的螺钉紧固，而不是标杆产品所使用的卡扣紧固，使得整个产品生产线的节拍增加，装配成本增加。在考虑产品的功能和可靠性等前提下，发现完全可以继续使用卡扣紧固，于是做出设计修改，从而降低了产品成本。

2.12.3　如何建立产品成本数据库

　　企业如何用最少的时间和成本建立产品成本数据库？具体而言，企业建立产品成本数据库需要经过建立企业产品成本数据库体系、沉淀数据、合理应用和对比分析四个环节。

1. 建立企业产品成本数据库体系

　　建立企业产品成本数据库体系包括建立成本数据库框架和成本模型两大部分。

　　建立成本数据库框架是指根据企业产品的零部件类型及其使用的制造和装配工艺，建立大致的成本数据库框架，可以包括材料成本数据库、五金件成本数据库、工时成本数据库、装配成本数据库、注射加工成本数据库、冲压加工成本数据库、机械加工成本数据库和压铸加工成本数据库等。

　　建立成本模型是在指标成本数据库框架下，针对某些成本数据库，建立相应的成本模型。成本模型是成本数据库中的基础计算公式，用于计算该项所花费的成本。例如，本书在第 8 ~ 10 章将分别介绍装配成本模型、注射成本模型和冲压成本模型。

2. 沉淀数据

　　产品成本数据是数据库最原始、最真实、最有价值的素材源泉。数据库沉淀的工作主要细分为三类：

1）建立历史项目/产品的成本数据库。这是最基本也是最有本企业特色的数据，对未来产品具有非常重要的参考价值。在 DFC 流程中，并不是产品开始大批量生产后就放弃对产品成本的追踪，而是要求在每一个产品开始大批量生产后，根据成本数据库框架和成本模型，针对产品成本的每一个细节进行统计。这一方面是为了衡量成本模型的正确性，如果发现问题，可及时更正成本模型；另一方面是为了成本数据库沉淀数据。例如，针对装配成本，需要统计每一个装配工序所消耗的工时、使用的工人数和不良率等，这些细节组成了成本数据库的原始数据，可为下一次的产品成本计算提供重要的参考。在沉淀成本数据库时，需要注意的是，进入成本数据库中的数据均应当是经过产品设计优化和工艺优化后的数据，否则会失去参考意义。

2）关于同行业其他企业的产品成本数据库。这个数据获取有些难度，但它是站在全行业高度和视野下检视自己企业成本管控指标的水平，在很大程度上将改良和优化企业自身的一些成本瓶颈。

3）基于以上企业历史项目或产品的成本数据库和同行业其他企业的产品成本数据库两者的积累和总结，建立企业级的标准成本库，最终形成项目和产品两个维度的标准、系统的成本指标库。

3. 合理应用

一般来说，产品成本数据库主要是应用于新产品立项之初，用于辅助决策以及在产品开发时为成本计算提供参考数据。在新产品成本估算时，快速从"企业标准成本数据库"查询成本数据，根据新产品的实际情况进行相应的替换与调整，快速并有效计算出新产品成本。

而在产品开发过程中，成本数据库的快速查询和有效参考将为产品成本的计算提供重要参考和比较价值。有了系统的成本数据库，针对成本计算的某些关键参数，企业就可以进行快速查询。常见的查找模式包括：

1）按产品类型查找。

2）按零部件的尺寸和重量进行查找。

3）按零部件的制造和装配工艺进行查找。

4. 对比分析

有对比才有新发现，通过新产品成本数据与历史成本数据的横向、纵向对比往往能更丰富、更真实地了解新产品的成本优势和劣势。例如在产品成本对比中，对比新老产品的材料成本、制造成本和装配成本等，就可以判断出新产品的成本优势或劣势，从而对产品的技术经济问题做到心中有数。

而对于产品成本数据库自身而言，一旦企业项目和产品达到一定规模和数量后，同类指标不断积累，企业可以完全对同类指标进行基于统计学原理的指标波动的分布总结。例如基于指标波动的上限、下限分析，对指标波动的平均值等进行统计数据价值分析……，这些将对指标数据库自身指标单元的真实性、全面性形成更科学的指导意义。

2.12.4　产品成本数据库的加速器：信息化工具

随着企业的发展和扩张，以及精益设计理念的内在要求，建立标准的产品成本数据库是当务之急。但是，很多企业还在使用传统的 Excel 等工具来记录和处理错综复杂的成本数据，相较标杆企业相对成熟的信息化管理工具而言，传统的 Excel 处理模式存在诸多弊端，难以胜任当前的管理要求。这些弊端包括集成性差、数据处理分析缓慢，以及 Excel 表格可随意修改带来的原始数据真实性的质疑和担忧等。

在本书的第 11 章中，将会介绍 DFC 成本软件，其中就包括了产品成本数据库。

2.13　从制造端降低产品成本

2.13.1　丰田生产模式

如 1.4.4 节所述，产品设计决定了 85% 的产品成本，产品制造决定了 15% 的产品成本。尽管从量上来说相对于产品设计，产品制造对产品成本的影响相对较小，但是依然在产品成本中扮演着非常重要的作用。

从制造端降低产品成本的主要负责人应当是制造端的工程师，包括制造工程师和装配工程师，产品设计工程师进行辅助。产品设计工程师应当了解如何从制造端降低产品成本，在必要的情况下配合制造工程师和装配工程师进行设计优化，从而辅助从制造端降低成本。而在当前多数的产品开发中，产品设计工程师认为产品制造是制造部门的事情，与产品设计无关，拒绝进行设计优化，这显然是一种非常错误的认识。

从制造端降低产品成本，最成功的案例是丰田生产方式（Toyota Production System，TPS）。丰田生产方式，也被称为精益生产（Lean Production），概括地说是为了实现企业对员工、社会和产品负责的目的，以彻底消除浪费为目标，在连续改善的基础上，采用准时化和自动化的方式和方法，从而低成本、高效率、高质量地进行生产，最大限度地使顾客满意。作为一种与生产经营相关的独特理念和体系，如图 2-29 所示，TPS 是经过长期的积累和完善而逐步形成的，包括准时化（JIT）、自动化（Jidoka）和改善（Kaizen）等在内的各种技术和思想也都是随着时代的发展、技术的进步而逐渐发展和完善起来的。

图 2-29　丰田精益屋

2.13.2　丰田生产方式对产品设计的启示

丰田生产方式的成功实施离不开产品设计，这要求产品设计工程师进行面向制造和装配的产品设计，设计产品使得其具有很好的可制造性和可装配性，使得产品容易进行制造和装配，从而辅助消除生产线上的浪费，包括：

1）简化产品设计、减少零件数量，这有助于减少生产线上的工站数和工人数量，同时有助于减少库存的浪费。

2）使用标准化的零件，这有助于减少零件的种类，从而减少库存的浪费和物流输送的浪费。

3）设计导向机构、先定位后固定，这有助于减少组装过程中的调整，避免多余动作造成的浪费。

4）第一选择是从产品设计端进行防错，而不是额外制造防错工装，这有助于减少工装夹具的浪费。

5）通过公差分析，避免对零部件要求严格的公差，这有助于减少过于精密加工而产生的浪费。

更多面向制造和装配的产品设计方面的知识，请参考由本书作者编著、机械工业出版社出版的《面向制造和装配的产品设计指南》（第 2 版）一书。

2.14　产品成本经验总结

当产品开发完成后，开发团队中的每一个职能部门，包括市场、设计、制造、采购、质量和销售等都需要针对产品开发中出现的问题进行经验总结，总结其中的得失，并应用于下一次的产品开发。经验总结对工程师的成长、对企业产品开发能力的提高至关重要，否则过去的错误会重复发生、过去的经验又无法得到传承。

在进行经验总结时，其中关键的一项就是产品成本经验总结，而产品成本经验总结主要包括以下几个方面：

1）回顾整个开发过程，哪些决策决定了产品最终成本？当时做决策的依据又是什么？如果能再有一次机会，还会做同样的决策吗？是否有更好的决策使得产品成本更低？

2）产品开发阶段初期设定的目标成本达到了吗？如果达到了，是因为什么？如果没有达到，又是因为什么？

3）产品开发阶段通过成本模型计算出的成本数据与产品量产时的成本数据一致吗？找出其中的不一致，如果有必要，更新成本模型相应的数据或计算公式。

第3章 材料选择

3.1 术语

1. 材料

材料是人类用于制造物品、器件、构件、机器或其他产品的物质。工程材料主要是指用于机械、车辆、船舶、建筑、化工、能源、仪器仪表和航空航天等工程领域中的材料。本书中的材料是指工程材料。

2. 零件

零件指产品中不可分拆的单个制件，是产品的基本组成要素，也是产品制造过程中的基本单元，其制造过程一般不需要经过装配工序。常见零件有手机外壳、轴套、轴瓦、螺母、曲轴、叶片、齿轮、凸轮、连杆体和连杆头等。

3. 制造

狭义的制造是指通过某种加工工艺将材料加工成零件的过程，例如，注射成型就是一种制造工艺，通过注射成型把塑胶颗粒加工成塑胶零件；机械加工也是一种制造工艺，通过机械加工把金属毛坯工件加工成零件。广义的制造是指从零件到产品的整个过程，包括制造和装配过程。本书中的制造是指狭义的制造，包括图 3-1 所示的初次工艺和二次加工工艺。

4. 装配

装配是指多个零件通过组装变成半成品或成品的过程。装配工艺的种类如图 3-1 所示，包括紧固工艺、装配系统及测试工艺等。

5. 产品

产品是一种技术系统，能够在特定的环境中实现一种或多种功能。产品往往是由多个零件或部件通过装配而成。

一个产品的结构层次如图 3-2 所示。显然，为实现产品的功能要求，在产品设计时一定存在着多样的产品结构层次，这些不同的产品结构要求使用不同的产品装配工艺、不同的零件制造工艺、不同的零件材料，继而对产品的功能实现、产品质量、产品可靠性及对产品成本起着决定性的作用。可以说产品设计的关键之一就是合理设计产品的结构层次，即定义零件或部件之间的结构。

图 3-2 是从另一个角度显示了一个产品从材料到零件，再到最终产品的整个过程。从图 3-2 可以看出，工程师在设计产品时，针对材料、制造和装配工艺，存在着无限种选择，要做出最优的选择不是一件容易的事情，这就是产品设计的另外一

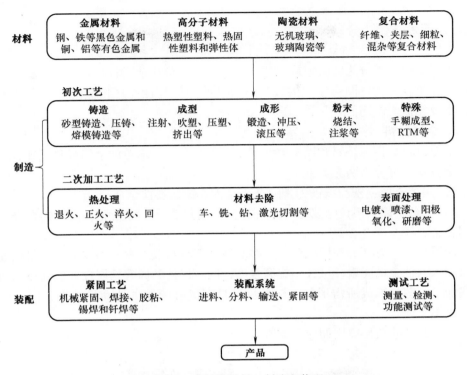

图 3-1　产品的材料、制造和装配

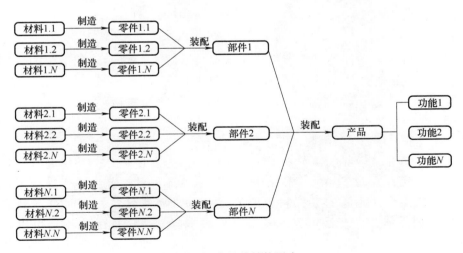

图 3-2　产品的结构层次

个关键，即针对产品的功能、外观、可靠性和成本等要求，选择最合适的材料、制造工艺和装配工艺。

3.2 工程材料分类

工程材料可以分为四大家族，如图 3-1 所示，包括金属材料、高分子材料、陶瓷材料和复合材料。同一家族的成员具有某些相似的性能、相似的制造和装配工艺，以及相似的应用。

1. 金属材料

金属材料是指纯金属和以金属元素为主的合金，最简单的金属材料是纯金属。

金属材料可分为两大类：

1）黑色金属：铁和以铁为基的合金（钢、铸铁及铁合金）。

2）有色金属：黑色金属以外的所有金属及其合金，常见的有铝及铝合金、铜及铜合金、镁及镁合金等。

金属材料具有高的弹性模量。大多数纯金属材料较软，容易变形；通过热处理以及加入其他金属元素，可大幅提高强度，同时保持其原有延展性，使其可以通过一些加工工艺加工成所需形状。金属材料具有优良的导电性和导热性，但不耐疲劳，也不耐蚀。

金属材料的典型应用如图 3-3 所示。

图 3-3　金属材料的典型应用

2. 高分子材料

高分子材料也叫聚合物或大分子材料，主链由共价键结合，具有高的相对分子质量，其结构由多个重复单元组成，并且这些重复单元实际上或概念上是由相应的小分子（单体）衍生而来。概括地说，高分子是由许多相同的重复单元通过化学键连接而成的大分子。

高分子材料具有较高的强度，良好的延展性，较强的耐蚀性、绝缘性和重量轻等优良性能；温度的变化对高分子材料的性能影响较大，有的高分子材料在 20℃时强度高、延展性好，但是在 4℃时变脆，在 100℃时快速蠕变；只有少数高分子材料在 200℃以上还能保持机械强度。高分子材料的比强度同金属一样好。高分子材料容易加工成复杂的形状，适用于大批量生产；容易着色，不需要额外的表面处理。高分子材料是目前应用非常广阔的材料，在很多领域可替代金属材料。

高分子材料按其特性分为塑料、橡胶、纤维、高分子胶粘剂、高分子涂料和高分子基复合材料等。

高分子材料的典型应用如图 3-4 所示。

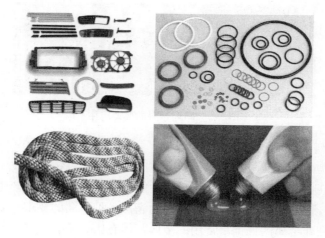

图 3-4　高分子材料的典型应用

3. 陶瓷材料

陶瓷材料是用天然或合成化合物经过成型和高温烧结制成的一类无机非金属材料，是一种或多种金属元素与一种非金属元素（通常为氧）的化合物，其中尺寸较大的氧原子为陶瓷的基质，较小的金属（或半金属，如硅等）原子处于氧原子之间的空隙中。氧原子同金属原子化合时形成很强的离子键，同时也存在有一定成分的共价键，但以离子键为主。例如 MgO 晶体中，离子键占 84%，共价键占 16%，也有一些特殊陶瓷以共价键为主。

陶瓷材料属于无机非金属材料，主要为金属氧化物和金属非氧化合物。由于大部分无机非金属材料含有硅和其他元素的化合物，所以陶瓷材料又叫作硅酸盐材料，它一般包括无机玻璃（硅酸盐玻璃）、玻璃陶瓷（或称微晶玻璃）和陶瓷三类。作为结构和工具材料，陶瓷是工程上应用最广的无机非金属材料。

陶瓷材料是工程材料中高刚度、高硬度的材料，其硬度大多在 1500HV 以上。

陶瓷在常温下无塑性变形，其抗压强度大，而抗拉、抗弯、抗冲击强度较小，表现为易脆性断裂；在热性能上表现出高熔点、高热硬性、高抗氧化性；此外陶瓷还具有很好的耐蚀性和绝缘性。

陶瓷材料的典型应用如图 3-5 所示。

图 3-5　陶瓷材料的典型应用

4. 复合材料

复合材料是由两种或两种以上不同性质的材料，通过物理或化学的方法，在宏观上组成具有新性能的材料。各种材料在性能上互相取长补短，产生协同效应，使复合材料的综合性能优于原组成材料，从而满足各种不同的要求。复合材料的基体材料分为金属和非金属两大类。常用的金属基体有铝、镁、铜、钛及其合金，非金属基体主要有合成树脂、橡胶、陶瓷、石墨、碳等。增强材料主要有玻璃纤维、碳纤维、硼纤维、芳纶纤维、碳化硅纤维、石棉纤维、晶须、金属丝和硬质细粒等。

复合材料中以纤维增强材料应用最广、用量最大，其特点是密度小、比强度和比模量大。例如碳纤维与环氧树脂复合的材料，其比强度和比模量均比钢和铝合金大数倍，还具有优良的化学稳定性、减摩耐磨、自润滑、耐热、耐疲劳、耐蠕变、消声、电绝缘等性能。石墨纤维与树脂复合可得到膨胀系数几乎等于零的材料。纤维增强材料的另一个特点是各向异性，因此可按零件不同部位的强度要求设计纤维的排列。以碳纤维和碳化硅纤维增强的铝基复合材料，在 500℃ 时仍能保持足够的强度和模量。碳化硅纤维与钛复合，不但使钛的耐热性提高，且耐磨损，可用作发动机风扇叶片。碳纤维增强碳、石墨纤维增强碳或石墨纤维增强石墨，构成耐烧蚀材料，已用于航天器、火箭、导弹和原子能反应堆中。非金属基复合材料由于密度小，用于汽车和飞机可减轻重量、提高速度、节约能源。用碳纤维和玻璃纤维混合制成的复合材料片弹簧，其刚度和承载能力与重量大 5 倍多的钢片弹簧相当。

复合材料的典型应用如图 3-6 所示。

图 3-6　复合材料的典型应用

3.3　材料的性能

3.3.1　材料的使用性能

材料的使用性能是指材料制成零件或产品后，在使用过程中能适应或抵抗外界对它的力、化学、电磁、温度等作用而必须具有的能力。

材料的使用性能有两层含义：

1）第一层是表征材料在给定外界物理场刺激下产生的响应行为或表现。例如，在外力作用下，材料会发生变形，根据力的大小和材料的不同，可能呈现弹性变形、黏性变形、黏弹性变形、塑性变形和黏塑性变形等不同形式。当外力的作用超过材料所能承受的极限后，材料会发生损伤或断裂。这些都属于材料的力学行为。在热或温度变化作用下，材料可能发生吸收热能、热传导、热膨胀和热辐射等热学行为。在电场作用下，会发生正常导电、半导电、超导电和介电等电学行为。在光波作用下，材料可发生对光的折射、反射、吸收、散射等光学行为。

2）第二层是表征材料响应行为发生程度的参数，常称为性能指标，简称性能。例如，衡量弹性变形的弹性模量，承受弹性变形的最大应力——弹性极限，衡量各种规定变形量和断裂时的应力——强度，衡量塑性变形能力的伸长率、断面收缩率，衡量导电性的电阻率，衡量介电性的介电常数、介电强度，衡量热学性能的热容、热导率等。

表 3-1 归纳了材料使用性能分类、基本性能、响应行为及性能指标。

表 3-1　材料使用性能分类、基本性能、响应行为及性能指标

使用性能分类	基本性能	响应行为	性能指标
力学性能	弹性	弹性变形	弹性模量、比例极限、弹性极限等
	塑性	塑性变形	伸长率、断面收缩率、应变硬化指数、屈服强度等
	硬度	表面局部塑性变形	硬度
	韧性	静态断裂	抗拉强度、断裂强度、断裂韧度等
	强度	磨损	稳定磨损速率、耐磨性等
		冲击	冲击强度、冲击吸收能量等
		疲劳	疲劳极限、疲劳寿命、疲劳裂纹扩展速率等
		高温变形及断裂	蠕变强度、持久强度极限等
		低温变形及断裂	韧脆转变温度、低温强度等
		应力腐蚀	应力腐蚀抗力、应力腐蚀裂纹扩展速率等
物理性能	热学性能	吸热、放热	比热容
		热胀冷缩	线膨胀系数、体膨胀系数
		热传导	热导率
		急热、急冷及热循环	抗热振断裂因子、抗热振损伤因子等
	磁学性能	磁化	磁化率、磁导率、剩磁、矫顽力、居里温度等
		磁各向异性	磁各向异性常数等
		磁致伸缩	磁致伸缩系数、磁弹性能等
	电学性能	导电	电阻率、电阻温度系数等
		介电（极化）	介电常数、介质损耗、介电强度等
		热电	热电系数、热电优值等
		压电	压电常数、机电耦合系数等
		铁电	极化率、自发极化强度等
		热释电	热释电系数
	光学性能	折射	折射率、色散系数等
		反射	反射系数
		吸收	吸收系数
		散射	散射系数
		发光	发光寿命、发光效率等
	声学性能	吸收	吸收因子
		反射	发射因子、声阻抗等
耐环境性能	耐蚀性	表面腐蚀	标准电极电位、腐蚀速率、耐蚀性等
	老化	性能随时间下降	各种性能随时间变化的稳定性，如老化时间等
	抗辐照性	高能粒子轰击	中子吸收截面积、中子散射系数等

1. 材料的力学性能

材料的力学性能是指材料受到外加载荷作用时，所反映出来的固有性能。外加载荷的性质有以下三种：

1）静载荷：施加的速度比较缓慢，大小不随时间的变化而变化的载荷。

2）冲击载荷：施加的速度很快，带有冲击性质的载荷。

3）交变载荷：施加的大小、方向随时间而变化的载荷。

材料的力学性能包括强度、弹性和塑性、脆性和韧性、刚度和硬度等。

强度是指材料在外力（载荷）作用下抵抗塑性变形和破坏作用的能力。强度是评定材料质量的重要力学性能指标，是设计中选用材料的主要依据。由于外力作用方式不同，材料的强度可分为抗压强度、抗拉强度、抗弯强度和抗剪强度等。

弹性是指材料受外力作用而发生变形，外力去除后能恢复原状的性能，这种变形称为弹性变形。材料所承受的弹性变形量越大，则材料的弹性越好。塑性是指在外力作用下产生变形，当外力去除时，仍能保持变形后的形状，而不恢复原形的性能，这种变形称为永久变形。永久变形量大而又不出现破裂现象的材料，其塑性较好。

脆性是指材料受外力作用达到一定极限后，仅产生很小的变形即断裂破坏的性质。脆性材料易受冲击破坏，不能承受较高的局部应力。韧性是指材料在冲击载荷或振动载荷下能承受很大的变形而不发生破坏的性能。脆性和韧性是两个相反的概念，材料的韧性高则意味着其脆性低，反之亦然。

刚度是指材料在受力时抵抗弹性变形的能力，常以弹性模量（应力与应变之比）来表示。刚度是衡量材料产生弹性变形难易程度的指标。材料抵抗变形的能力越大，产生的弹性变形越小，材料的刚度越好。

硬度是指材料抵抗比它更硬的物体压入其表面的能力，即受压时抵抗局部塑性变形的能力。根据测量用压力和压头的不同，可以获得不同的硬度指标。常用的硬度指标有布氏硬度、洛氏硬度和维氏硬度等。

2. 材料的物理性能

物理性能是指材料固有的属性，常见的材料物理性能包括密度、熔点、电性能、热性能、磁性能、光学性能等。

（1）密度 密度是指单位体积材料的重量，单位为 kg/m^3。密度是材料的一种特性。一般将密度小于 $4.5 \times 10^3 kg/m^3$ 的金属称为轻金属，密度大于 $4.5 \times 10^3 kg/m^3$ 的金属称为重金属。

密度的大小很大程度上决定了零件的重量，对于要求质轻的零件宜采用密度较小的材料（如铝、钛、塑料和复合材料等）；工程上对零件或毛坯重量的计算也要利用密度。

（2）熔点 熔点是指材料从固态转变为液态的温度，金属等晶体材料一般具有固定的熔点，并且熔点较高；而高分子材料等非晶体材料一般没有固定的熔点，并且熔点较低。通常，材料的熔点越高，在高温下保持高强度的能力越强。

（3）热变形温度 热变形温度（针对塑料）通常意味着塑料的最高使用环境温度，超过热变形温度，塑料就会发生变形而失效。大多数塑料的热变形温度在120℃以下，少数高温塑料可以达到200℃以上。

（4）导电性 根据导电性的好坏，常把材料分成导体、绝缘体和半导体。导电性的好坏用电阻率 ρ 来表示，电阻率是材料电阻与横截面积的乘积与长度的比值，其单位为 $\Omega \cdot m$。材料的电阻率越小，导电性能越好。

电阻率是选择导电材料和绝缘材料的主要依据。金属中通常银的导电性最好、铜次之。通常金属的纯度越高，其导电性越好，合金的导电性比纯金属差，高分子材料和陶瓷一般都是绝缘体。导电器材常选用导电性良好的材料，以减少损耗；而加热元件、电阻丝等则选用导电性差的材料制作，以提高功率。

（5）导热性 导热性是指材料传导热量的能力，通常用热导率 λ 表示，其含义是单位温度梯度（1m 长度内温度降低 1K）在单位时间内经单位导热面积所传递的热量，单位为 W/（m·K）。

金属具有良好的导热性，尤其是银、铜、铝的导热性很好。一般纯金属具有良好的导热性，合金的成分越复杂，其导热性越差；绝大多数塑料的导热性较差。导热率是设计传热设备和元件应考虑的主要性能，对热加工工艺性能也有影响。散热器等传热元件应采用导热性好的材料制造；保温器材应采用导热性差的材料制造。热加工工艺与导热性有密切关系，在热处理、铸造、锻造、焊接过程中，若材料的导热性差，则会使工件内外产生大的温差而出现较大的内应力，导致工件变形或开裂。采用缓慢加热和冷却的方法可使零件内外温度均匀，防止变形和开裂。

（6）热膨胀性 热膨胀是指随着温度升高，材料的体积增大的现象，是衡量材料热稳定性好坏的一个重要指标，一般用线膨胀系数衡量，即温度变化1℃时，材料长度的增减量与其在原温度时的长度之比。陶瓷的热膨胀性小，金属次之，高分子材料最大。

精密量具、零件、仪表、机器等，应选用线膨胀系数小的材料，以避免在不同的温度下使用而影响其精度；机械加工和装配中也应考虑材料的热膨胀性，以保证构件尺寸的准确性。

（7）磁性 磁性现象与各种形式电荷的运动相关联，物质内部电子的运动和自旋会产生一定大小的磁矩，因而产生磁性。磁性是指材料所具有的导磁性能。自然界的物质材料按其磁性的不同可分为顺磁性材料、抗磁性材料、铁磁性材料、反铁磁性材料及亚铁磁性材料，其中铁磁性材料和亚铁磁性材料属于强磁性材料，通常这两类物质统称为"磁性材料"。

（8）光学性能 材料的光学性能是指材料与光的相互作用中表现出来的性能，包括折射、色散、反射、吸收、散射等线性光学性能及非线性光学性能，它是制造和应用光学材料的基础。例如，玻璃的高透光性使其可以被制成光学玻璃，在望远镜、显微镜、照相机、摄像机和摄谱仪等器件上有广泛应用;利用材料在能量激发下的发光性可以制成发光材料,在信息展示领域具有重要意义。

3. 材料的耐环境性能

产品在加工和使用时,都是在特定的环境下进行的,这些特定的环境可能包括高温、低温、光、热、水、油,以及其他各种化学介质和生物侵蚀等。材料的耐环境性是指材料抵抗环境中各种介质侵蚀的能力。不同类型材料的耐环境性能不一样。例如,几乎所有的自然或工业环境都会使得金属产生或多或少的腐蚀;而某些高分子材料在光、热、水、化学与生物侵蚀等内外因素的综合作用下会产生老化,表现为随时间延长而性能逐渐下降,从而部分丧失或全部丧失其使用价值。

4. 材料性能数据查询

材料性能数据有两大来源,一大来源是材料供应商,可以向材料供应商的销售人员或工程师咨询相关数据,或者可在其官网搜索和查询,国际知名金属和塑料材料供应商的官网均可查询;另一大来源是专业的材料数据库网站,最常见的材料数据库网站是 MatWeb 和 Prospector 赛百库。

MatWeb 是一家免费的、可搜索的在线工程材料数据库网站。该网站拥有超过96000 种金属、塑料、陶瓷和复合材料的数据信息,覆盖热塑性和热固性聚合物、铝、钴、铜、铅、磁等材料。该网站网址为 http://asia.matweb.com。

Prospector 赛百库是一家可以查阅上万种塑料材料和供应商信息,并浏览所需数据表的塑料数据库网站。数据表包含产品的力学性能、加工工艺、材料属性指标,以及供应商联络方式等信息。该网站网址为 https://plastics.ulprospector.com/zh-cn。

3.3.2 材料的工艺性能

工艺性能(又称加工性能)是指制造和装配工艺过程中材料适应加工的性能,是物理、力学和化学等性能的综合。工艺性能是针对加工工艺而言,同一种材料,对于不同的制造和装配工艺,具有不同的工艺性能,因此材料具有多种工艺性能。

材料工艺性能是材料选择、零件设计和编制零件加工工艺流程的重要依据之一,对保证产品质量、降低生产成本和提高生产效率有着重大的作用。

下面以金属为例来说明材料的工艺性能,金属的工艺性能包括切削工艺性能、热处理工艺性能、铸造工艺性能、锻造工艺性能和焊接工艺性能等。

1. 切削工艺性能

切削工艺性能是指金属材料被刀具切削加工而成为合格工件的难易程度,一般从工件切削后的表面粗糙度及刀具寿命等方面来衡量。影响切削工艺性能的因素主要有材料的化学成分、金相组织、物理性能、力学性能等。金属材料的切削工艺性能比较复杂,很难用一个指标来评定,通常用以下四个指标来综合评定:切削时的切削抗力、刀具的使用寿命、切削后的表面粗糙度及断屑情况。如果一种材料在切削时的切削抗力小,刀具的使用寿命长,切削后的表面粗糙度值低,断屑性好,则表明该材料的切削工艺性能好。另外，也可以根据材料的硬度和韧性做大致的判断。硬度在 170～230HBW，并有足够脆性的金属材料，其切削工艺性能良好；硬度和韧性过低或过高，切削工艺性能均不理想。

2. 热处理工艺性能

热处理工艺性能就是指金属经过热处理后其组织和性能发生改变的能力，包括淬硬性、淬透性、回火脆性等，各含义如下：

1）淬硬性是指以在理想条件下钢淬火所能达到的最高硬度来表征的材料特性。

2）淬透性是指在规定条件下以钢试样淬硬深度和硬度分布表征的材料特性。

3）回火脆性是指淬火钢回火后出现韧性下降的现象。

3. 铸造工艺性能

金属的铸造工艺性能是指金属材料在铸造成形过程中获得形状准确、内部健全铸件的能力，它表示了金属铸造成形时的难易程度。铸造工艺性能是保证铸件质量的主要因素，也是衡量铸造金属的指标之一。

金属的铸造工艺性能主要用流动性、收缩性、吸气性、偏析等来衡量。金属材料中，灰铸铁和青铜的铸造工艺性能较好。

4. 锻造工艺性能

金属的锻造工艺性能（又称可锻性）是指金属经受塑性变形而不开裂的能力。锻造工艺性能的优劣常用金属的塑性和变形抗力来综合衡量。材料塑性越好，变形抗力越小，则锻造工艺性能越好。

5. 焊接工艺性能

金属焊接工艺性能（又称焊接性）是指金属材料对焊接加工的适应性，主要指在一定的焊接工艺条件下，获得优质焊接接头的难易程度；或材料在限定的施工条件下，焊接成规定要求的构件，并满足预先服役要求的能力。焊接性受材料、焊接方法、构件类型及使用要求四个因素影响。焊接性主要包括使用焊接性、工艺焊接性、冶金焊接性和热焊接性。通常，把材料在焊接时形成裂纹的倾向及焊接接头处性能变坏的倾向，作为评价材料焊接性的主要指标。焊接性的好坏与材料的化学成分及采用的工艺有关。在常用钢材的焊接中，对焊接性影响最大的是碳，故常把钢中碳含量的多少作为判别钢材焊接性的主要标志，含碳量越高，其焊接性越差。一般来说，低碳钢的焊接性优良，高碳钢的焊接性较差，铸铁的焊接性更差。合金元素对焊接性也将产生一定的影响，所以合金钢的焊接性比非合金钢差。收缩率小的金属焊接性比较好。焊接性好的金属，焊接接头不易产生裂纹、气孔和夹渣缺陷，而且有较好的力学性能。

3.3.3 材料的价格

材料价格是材料选择非常重要的一个参数，因为材料价格是产品成本关键的一部分。不同材料的价格范围很广，有的材料价格为 1 元/kg，有的材料价格高于 1

万元/kg。

与材料的力学性能等参数不一样，材料价格是浮动的，没有一个固定的值。由不同供应商提供的同一类型的材料价格不一样，即使是同一个供应商，用量不同价格也不一样，或者由于产品生产地与材料生产地地理位置远近不同，价格也不一样。

尽管材料价格不确定，但是在产品开发初期掌握各种材料价格的大致范围，对于选择性价比最高的材料非常有帮助。材料价格对比包括两种，分别是元/kg 及元/m³，后者综合考虑了材料的密度因素，在使用相同体积的情况下以元/m³ 进行对比很有价值。常见材料的价格对比如图 3-7 所示。

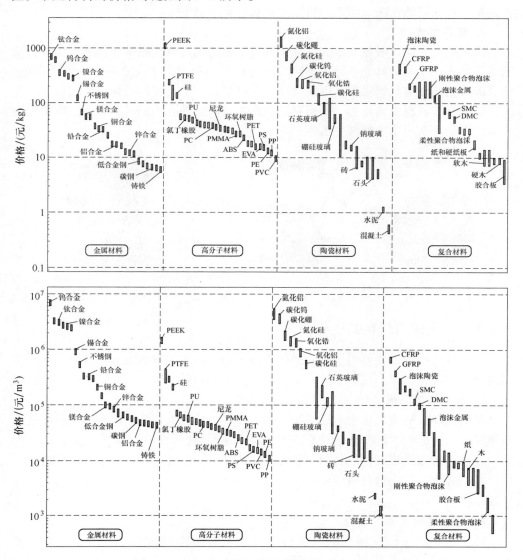

图 3-7　常见材料的价格对比

3.4 零件使用材料的进化

3.4.1 水壶使用材料的进化

1. 金属水壶

水壶是使用历史很悠久的家用器具。早期的水壶需要直接通过明火加热，所选用的材料必须具有很好的导热性，并且能够承受高温火焰的烘烤，因此铸铁、铜和青铜是当时最好的选择，图 3-8 所示为铸铁水壶和铜水壶。

2. 塑料水壶

现代的电水壶，通过在水壶内部布置一个密闭的金属管路进行加热来代替传统的明火加热。水壶的外壳不必再导热，与之相反的是，出于安全和实用性的考虑，外壳最好是热和电的绝缘体，因此使用塑胶材料是一个更好的选择。现代的电水壶大多使用塑胶材料作为外壳，不但制造成本低，同时外壳的形状和颜色也有更大的自由度。图 3-9 所示为塑料电水壶。

图 3-8　铸铁水壶和铜水壶

图 3-9　塑料电水壶

3.4.2 飞机使用材料的进化

飞机所使用的材料经历了从最初的木布材料，到金属材料，再到现今的复合材料的演变和进化。

1. 木布结构飞机

早期的飞机一直是采用木布结构，即用木杆、木三夹板做大梁和骨架，用亚麻布做机翼的翼面。木杆与夹板之间用螺栓相连接，机翼则蒙上涂抹过清漆的亚麻布，并以缝纫方式将其与翼肋构架相连接，清漆可以保证翼面的坚挺度、应有的几何形状和强度。这样的材料结构一直沿用到第一次世界大战结束。云杉木打造的飞机如图 3-10 所示。

2. 金属材料飞机

随着飞机性能的大幅提高，早期飞机的木布结构显然达不到强度等新的要求。自 20 世纪 20 年代起，金属材料逐步开始在飞机上使用，飞机半金属结构由此产生，即在局部受力处，比如发动机架和整流罩等部位更多采用了金属零件，但翼面、舵面和后机身仍部分采用布质蒙皮，这就是所谓的飞机半金属结构。

在飞机性能提高的同时，材料科学也不断向前发展。1906 年，德国冶金学家发明了可以时效强化的硬铝，使后来制造全金属结构的飞机成为可能。后来开始在个别飞机上试用强度更高的硬铝合金，硬铝合金替代了原先制作飞机骨架和翼肋的木杆，也少量替代了承力较大的布质机翼蒙皮。

当时，曾有设计师尝试用全钢材来制造飞机。但是钢的密度大于铝，使用钢材来制造飞机会使得飞机过重，严重降低飞机的飞行性能或使用效能，最终该方案被放弃。

1925 年以后，许多国家逐渐用钢管代替木材做机身骨架，用铝板做蒙皮，制造出全金属结构飞机。全金属结构增加了飞机结构强度，改善了气动外形，提高了飞机性能。世界上第一款全金属结构的客机容克 F13 如图 3-11 所示。

图 3-10　云杉木打造的飞机　　　　图 3-11　世界上第一款全金属结构的客机容克 F13

3. 复合材料飞机

随着航空技术的进步，新一代复合材料问世，其中的佼佼者就是碳纤维复合材料。碳纤维复合材料具有以下优点：

1）高强度（约为钢铁的 5 倍），密度小（约为钢的 1/5）。

2）出色的耐热性（可以耐受 2000℃以上的高温）。

3）出色的抗热冲击性。

4）低热膨胀系数，热容量小（节能）。

5）优秀的耐蚀性与耐辐射性能。

20 世纪 70 年代以后，越来越多的飞机开始采用以硼纤维或碳纤维增强的新型复合材料。铝、钛、钢和复合材料，已成为现代飞机的基本结构材料。

进入 21 世纪，先进飞机已经越来越青睐碳纤维复合材料，甚至将其在飞机结构总重中所占的比例作为衡量一个国家飞机制造技术的硬指标，并向用于机翼甚至前机身等主承力部件的方向发展。

　　航空技术的进步与发展，对航空材料的发展起着积极的推动作用；与此同时，材料科学与工程的发展、新型材料的出现、制造工艺与理化测试技术的进步，又为航空新产品的设计与制造提供了重要的物质与技术基础，从而对航空产业的发展起到有效的推动作用。

　　从材料学的角度看，波音787飞机（见图3-12）是制造业历史上一次革命性的跨越。波音787飞机在机身和主要结构上大面积使用了复合材料，不仅减轻了飞机重量，还减轻了航空公司的维修负担。波音公司的数据显示，复合材料占到波音787飞机结构重量的50%（体积的80%），铝占20%，钛占15%，钢占10%，其他材料占5%。

图3-12　波音787所使用各种材料的占比

3.5　材料选择概述

3.5.1　为什么会选择新的材料

　　材料是产品开发的基础，产品开发的一切活动包括产品设计、制造、装配、测试和检验等都是围绕着材料进行的。选择新的材料发生在两种情况下：一种是开发新产品时；另一种是针对现有产品，更换现有材料，选择新的材料。

　　1）当开发新产品时，显然需要根据产品的功能和应用要求等对零件选择合适的新材料。

　　2）对于现有产品，选择新材料是因为：

　　① 新材料可以降低原材料成本。

　　② 新材料可以降低制造和装配成本。

　　③ 新材料可以改善产品功能和性能。

　　④ 新材料可以解决现有材料制造和装配中的缺陷问题。

　　⑤ 可以利用新材料或新工艺的优势。

　　⑥ 产品的某些功能或性能缺陷使得不能使用现有材料。

3.5.2　材料选择不仅仅依靠经验

很多企业在选择材料（以及相应的制造和装配工艺）时往往遵循过往经验，上一代的产品使用什么材料（以及相应的制造和装配工艺），新一代的产品就使用什么材料（以及相应的制造和装配工艺）。显然，这样做有不少好处，可以规避一定的风险，因为材料（以及相应的制造和装配工艺）已经在上一代产品使用过程中得到了验证，产品的质量和可靠性等已经得到了保证；而贸然使用新材料（以及相应的制造和装配工艺）就有可能出现风险，产品质量和可靠性等可能会出现问题，继而造成产品开发失败。

经验的价值不可否认，但是，盲目遵循过往经验不一定正确，这是因为：

1）上一代产品的材料、制造和装配工艺选择对产品的质量、功能、外观、可靠性和成本等不一定是最优的。这可能是由于当时产品开发工程师的技术和视野有限，或者项目进度紧张、时间有限，没有大规模地广泛考察各种可行的材料、制造和装配工艺，仅仅从某一方面出发做出了选择；或者由于当时市场竞争并不激烈，对产品成本要求不高，工程师出于保守的考虑，选择了成本较高的材料，以及成本较高的制造和装配工艺。

2）随着科学技术的发展，新的材料、新的制造和装配工艺不断涌现，这意味着新的选择，意味着使用新的材料、新的制造和装配工艺可能会降低产品成本、提高产品质量和提高产品可靠性等。

3）客户或消费者对产品功能要求和使用要求等不断提高，上一代产品中使用的材料、制造和装配工艺不一定符合新的需求。执着于过往经验会带来失去客户、继而被市场淘汰的风险。

4）新的产品开发技术和工具，例如客户需求分析、质量功能展开、面向制造和装配的产品设计、面向成本的产品设计、集成产品开发、CAE 分析和快速原型技术等可以辅助工程师在有限的时间内，做出最优的材料、制造和装配工艺选择。

3.4 节水壶和飞机使用材料的进化正是上述理论的最佳案例。

3.5.3　错误的材料选择代价高昂

选择了不是最优的材料和对材料性能、质量疏于管控会带来高昂的成本代价。制造企业每年花费几十亿美元以及几百万的工时用于解决由此带来的问题，这些问题包括产品测试失败、材料质量低、产品加工质量低和产品可靠性差等，这会导致产品上市时间推迟、产品失效、差的客户满意度以及低的销售额。每一项问题都意味着额外的成本以及失败的销售数字。另外，解决这些问题同时还消耗了企业有限的资源，有可能导致其他项目的延迟。上述这些成本损失都是无法评估的，对企业获利和保持竞争性有着不可估量的负面影响。

错误的材料选择造成产品可靠性不足，对产品的竞争性和产品成本是一个灾难。然而，如果材料选择使得产品可靠性具有过高的安全系数也同样代价高昂，因为这会造成产品成本过高，这部分过高的成本要么使得产品售价提高，消费者难以接受，产品销售额降低；要么保持产品售价，但企业利润受损。

在选择材料时，必须考虑产品的整体成本，不仅仅是考虑材料成本、制造和装配成本，还需要考虑与材料有关的问题解决的成本。

有趣的是，很多企业似乎认为产品制造和装配过程中出现问题，并投入时间、金钱和精力去解决它是理所当然的，但是他们并不愿意去思考为什么会出现这些问题，以及如何避免问题的产生。其实，很多问题都可以避免，可以通过正确的材料选择来避免，因为材料是这些问题的源头，材料一旦选定，产品的制造工艺、装配工艺以及产品结构等基本已定。这就好比烹饪的食材，如果食材选择错误或者食材已经变质，再高明的烹饪工艺也无法做出美味的菜；但是，如果食材选对，事情就已经成功了一半。

3.5.4　材料、功能、形状及制造和装配工艺的相互关系

材料的选择往往伴随着形状、制造和装配工艺的选择。为了得到相应的形状，材料必须经过某些制造工艺（如铸造和机械加工）和装配工艺（如卡扣紧固和超声波焊接），最终实现产品相应的功能。材料、功能、形状及制造和装配工艺的相互作用如图 3-13 所示。

它们四者的作用是双向的，例如，形状的定义限制了材料、制造和装配工艺的选择；相应的，制造和装配工艺也限制了材料的选择和可以获得的形状。

材料、功能、形状及制造和装配工艺的相互作用是材料、制造和装配工艺选择的核心。对此，产品开发工程师必须理解产品的功能要求，熟悉各种材料的性能，熟悉各种制造和装配工艺，只有如此，才能针对产品选择出最优的材料及最优的制造和装配工艺。

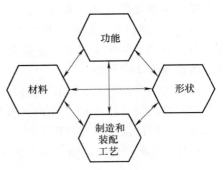

图 3-13　材料、功能、形状及制造和
装配工艺的相互作用

3.5.5　材料与产品成本

材料对产品成本的影响非常大，材料一旦选定，不但其本身的材料成本已经确定，同时其制造和装配的成本也大致确定，可以说，材料一旦选定，产品成本就已经大致确定。因此，如果材料选择错误，就会造成产品成本过高，企业难以获得利润，甚至亏损。面向成本的产品设计把产品开发中的零件材料选择作为关键的一环，在满足产品功能、外观和可靠性等前提下，选择成本较低的零件材料及其制造

和装配工艺，从而降低产品成本。

3.6　材料选择流程

对产品开发工程师来说，在选择零件材料时，面对的是一个浩瀚的海洋。据统计，目前世界上存在着约十万种工程材料，其中包括约六万种金属材料和约四万种非金属材料，如塑胶、陶瓷、玻璃、复合材料及半导体。不同材料具有不同的性能和适用范围，具有不同的制造和装配工艺，具有不同的材料价格及制造和装配成本，这常常使得合适的零件材料选择是一件非常困难的事情。如果材料选择过程过于随意，或者只是根据经验沿用上一代产品的材料，那么非常有可能达不到最优的材料选择。一个系统化的材料选择流程有助于减少上述情况的发生。

材料选择的流程包括以下五步：

1）定义部件设计要求。

2）定义零件设计要求。

3）定义候选材料。

4）候选材料评估。

5）选择最优材料。

材料选择应当在产品开发概念设计阶段就完成，对于有无合适材料应当尽早给出答案，这样就有机会修改零件、部件和产品设计或设计要求，在这个阶段的修改相对较容易，修改代价小。如果在产品开发后期通过测试、试产等才发现选择的材料不符合要求，再去寻找替换材料就非常晚、代价也非常大。重新选择一款新材料会增加产品开发的成本和风险，同时增加产品开发周期；但是如果新材料能给产品带来质量和成本上的竞争优势，这也是值得尝试的。

定义相关设计要求很关键，因为不完整的设计要求信息会使得开发团队无法选择最优的材料，甚至选择错误的材料。花费足够的时间确保设计要求被准确定义会增加选择最优材料和产品成功的机会。

3.6.1　定义部件设计要求

部件的设计要求来源于 DFC 流程中的产品需求文档。下面以汽车刮水器为例来说明部件设计要求是如何定义的。

汽车刮水器用于保持风窗玻璃外表面清洁，确保雨雪天气视野清晰和行车安全，是机动车辆不可或缺的部件。

汽车刮水器由电动机、联动杆、刮水臂和刮水片四个部件组成，如图 3-14 所示。电动机是刮水器的动力来源。联动杆用来传递电动机的动力。刮水臂用来传递力和固定刮水片。刮水片用于有效刮净汽车风窗玻璃外表面，能承受刮水臂的压力，并有一个适于安装和固定胶条的支架。

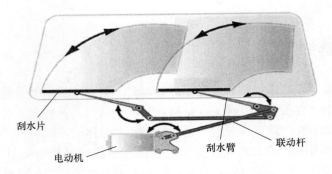

图 3-14　汽车刮水器的结构

汽车刮水器的部件性能要求和使用条件见表 3-2。

表 3-2　汽车刮水器的部件性能要求和使用条件

性 能 要 求	使 用 条 件
1）将风窗玻璃表面的雨水抹平形成均一的水膜层：保证××%的能见度 2）刮水臂对刮水片的压紧力：平均压紧力不小于××N/cm；在刮刷过程中无抖动及变形现象 3）频率：高频不小于××次/min，低频不小于××次/min，且高频与低频之差应不小于××次/min	1）最高使用温度：-×× ~ ××℃ 2）最大湿度：××% 3）耐久性：在正常使用条件下，前刮水器的设计寿命为×××万次，后刮水器的设计寿命为×××万次 4）雨水及空气中的沙、泥、灰尘、异物 5）石蜡或汽车废气（油分） 6）紫外线照射 7）盐水喷洒 8）雨刷液

需要注意的是，汽车刮水器部件的功能不是将风窗玻璃上的雨水给彻底刮掉，其真正的功能是将风窗玻璃表面的雨水抹平形成均一的水膜层，允许光线顺利穿过而不会产生折射。

3.6.2　定义零件设计要求

产品设计要求通过产品内部结构的分解，依次传递给产品的部件、子部件，最终传递给零件。零件设计要求包括：

1）材料性能要求。

2）可靠性要求。

3）尺寸、形状和重量要求。

4）成本要求。

5）工业标准。

6）政府法规。

7）制造和装配工艺要求。

1. 材料性能要求

部件或产品中的每一个零件都应当具备某些特定的性能要求，通过零件与零件之间或者部件与部件之间的配合，最终使得产品能够正确行使相应功能。这些性能要求可以描述为材料的物理性能、力学性能、热性能、电性能、化学性能和光学性能等要求，见表 3-3。

表 3-3　零件材料性能要求

零件设计要求	材料性能要求
必须导电	$a <$ 导电性数 $< b$
必须导热	$c <$ 热导率 $< d$
承受载荷而不发生折断	$e <$ 强度 $< f$

每一个性能要求包含一个性能参数及其需要满足的值，每一个性能参数的值是一个范围。刮水胶条必须足够柔软以吻合风窗玻璃的表面，但是也不能过于柔软防止其在压力下变形而不能正常工作；同时刮水胶条必须可以轻松地在玻璃表面滑动。柔软性能要求可以表述为胶条材料的弹性模量，可接受的柔软性能要求表述为弹性模量值的一个范围。滑动性能要求可表述为胶条材料的摩擦因数，其值应该小于一个最大值。

零件材料性能要求与产品和部件的性能要求有一个显著的区别。产品和部件的性能要求只是描述产品或部件需要满足的功能；而零件材料性能要求则是材料的性能参数要求，如强度、导电性、导热性和熔点等。根据材料的性能参数要求，则可从众多材料中挑选出最合适的零件材料。

下面以汽车刮水胶条的设计要求为例来说明如何定义零件材料的性能要求。

刮水片由刮水架和胶条组成，如图 3-15 所示。刮水架一般是金属材质，表面喷涂以防炫目。胶条一般为橡胶材质，经过硫化工艺成型，并对表面进行喷涂以降低摩擦因数。胶条是刮水器的执行部件，为发挥刮水器在各种环境下的正常功能，延长其使用寿命，必须保持胶条承受均匀的压力，唇部必须保持合适的角度（为了形成均一的水膜需要有适合的角度），如图 3-16 所示。

汽车刮水胶条的材料性能要求见表 3-4。

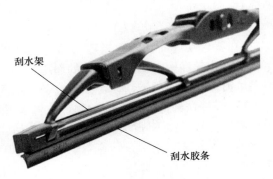

图 3-15　汽车刮水片的结构

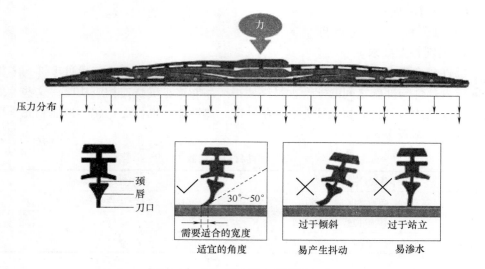

图 3-16　汽车刮水胶条的设计要求

表 3-4　汽车刮水胶条的材料性能要求

零　件	材料性能要求
汽车刮水胶条	1）吻合风窗玻璃的表面：弹性模量 < × × MPa 2）在压力下不会过分变形：弹性模量 > × × MPa 3）顺利地在风窗玻璃表面滑动，产生较小的噪声：摩擦因数 < ×

2. 可靠性要求

零件可靠性是指零件在一定时间内、一定条件下无故障地执行指定功能的能力。零件可靠性的高低决定于其使用的材料、使用条件及材料在该条件下的反应。在使用过程中材料可能会与环境中的某种或多种介质发生作用造成材料性能降低，而不能完成指定的功能。性能降低可以很快发生，也可能要经过很长一段时间才会发生。不管哪种情况，一旦材料性能降低到某一临界点，零件就不能实现指定的功能。

零件的使用条件与以下三项有关：

1）零件功能。在实现指定功能时，零件可能会承受机械、电磁、热、化学、生物、电化学和辐射等各种因素的作用。例如，由于刮水片在刮水臂一定力的作用下在风窗玻璃表面的滑动使得刮水胶条也承受了一定的力。

2）零件在部件或产品中的物理位置。根据零件在部件或产品中物理位置的不同，零件会暴露在不同的使用环境中。例如，轿车车厢内的零件与引擎箱内的零件所处环境的温度和化学介质等完全不一样。因此，零件的使用环境需要根据其在部件和产品中的物理位置进行仔细的定义，不能一概而论。

3）零件之间的反应。这里的反应是指零件与功能无关的反应。如果零件之间的材料不兼容，那么这种反应将会使得一种或者全部材料发生降解。例如，两个金属零件在潮湿的环境中会发生电偶腐蚀，不锈钢螺钉与中碳钢板材连接使用后的电偶腐蚀现象如图 3-17 所示。另外一个例子是含硅油的硅橡胶零件会使得附近的那些不抗油腐蚀的塑胶材料零件发生降解。在选择材料时，设计团队不但必须理解材料对各种环境的反应，而且必须理解零件之间的反应。

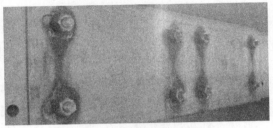

图 3-17　不锈钢螺钉与中碳钢板材
连接使用后的电偶腐蚀现象

汽车刮水胶条的使用条件见表 3-5。

表 3-5　汽车刮水胶条的使用条件

部　件	使 用 条 件
汽车刮水胶条	1）风窗玻璃的应力：××N 2）周期运动：反复 3）使用温度：−×××××℃ 4）雨水及空气中的沙、泥、灰尘、异物 5）石蜡或汽车废气（油分） 6）最大湿度：××% 7）紫外线照射 8）盐水喷洒 9）雨刷液

3. 尺寸、形状和重量要求

零件的尺寸、形状和重量要求对于零件材料的选取有着非常重大的决定作用。例如要求一个零件在承受 5A 电流的同时温升不超过 15℃，一种选择是尺寸设计为直径 2mm，选择某种材料；但是如果将直径设计为 1mm，则材料的导电性必须大于前者的 4 倍。相对于常规的 12kg 的自行车车架，8kg 的自行车车架必须使用低密度的材料。对于必须支撑 100kg 重量的零件，相对于直径为 10mm 的一种材料，使用直径为 5mm 的另一种材料其屈服强度必须远大于前者。

汽车刮水胶条的尺寸、形状和重量要求见表 3-6。

表 3-6　汽车刮水胶条的尺寸、形状和重量要求

零　件	尺寸、形状和重量要求
汽车刮水胶条	1）长度：××mm 2）形状：剖面形状如图 3-16 所示

4. 成本要求

零件的成本取决于以下因素：

1）构成零件的材料。随着零件设计要求的限制性变得更多，零件材料的选择范围变窄，而同时满足设计要求的材料价格增加。满足零件低性能要求和低可靠性要求的材料价格低于满足高性能要求和高可靠性要求的材料价格。

2）零件的制造工艺过程。零件可能会有多种制造工艺，但是，由于制造复杂度、设备要求、工人技能和工人人数等的不同，不同制造工艺的制造成本存在差异。当然，复杂制造工艺、高制造成本与零件的性能和可靠性并没有直接的关系。很多高性能和高可靠性的零件是通过简单的工艺制造出来的。

3）零件是定制件还是标准件。由于批量大、同时并不需要全新的产品开发以及进行相关的投资，标准化零件成本较低，而定制的零件则成本较高。

4）零件或材料的购买量。很显然，随着零件购买量的增加，单个零件的购买成本会降低，对于零件材料也是如此。

5）零件或材料的质量问题。很多企业在选择零件或材料供应商时，不考虑质量问题引起的成本浪费，片面地选择报价最低的供应商。供应商的技术能力、设备能力和制造能力等决定了零件或材料的质量。如果一个供应商提供的零件或材料的性能和可靠性很低，那么就会出现制造质量问题、客户退货、产品维修和召回，从而导致大量额外的、没有计划的成本。

在产品目标成本给定的基础上，通过目标成本分解，可得到零件的目标成本，再结合零件重量和制造成本，可得到零件的材料成本要求。汽车刮水胶条的材料成本要求见表3-7。

表3-7 汽车刮水胶条的材料成本要求

零　　件	材料成本要求
汽车刮水胶条	材料价格＜×××kg/元

5. 工业标准

工业标准一般是针对产品和部件，零件很少具有单独的工业标准。但是，作为部件或产品的一部分，零件也必须遵循部件或产品工业标准中有关该零件的要求，内容大致包括：

1）产品或部件的构造、尺寸和形状。

2）零件的材料要求。

3）各种测试要求，包括性能测试和环境测试等，以保证可靠性。

汽车刮水器的中国工业标准和日本工业标准见表3-8。

表3-8 汽车刮水器的工业标准

零　　件	工　业　标　准
汽车刮水器	1）中国：GB 15085　汽车风窗玻璃刮水器和洗涤器　性能要求和试验方法 2）日本：JIS D5710　汽车零部件刮水臂以及刮水片

6. 政府法规

一些政府法规会限定产品或部件上的零件能够使用哪些材料,不能使用哪些材料,法规主要规定和限制材料中有害物质的使用、材料在特定环境下的可靠性,以及产品在报废后有害物质对环境的冲击和影响。每一个国家都有自己相应的法规。

2016 年 1 月 6 日,工业和信息化部、发展和改革委员会、科技部、财政部、环境保护部、商务部、海关总署、质检总局 8 部门联合公布了《电器电子产品有害物质限制使用管理办法》。该办法的核心内容是减少和限制铅(Pb)及其化合物、汞(Hg)及其化合物、镉(Cd)及其化合物、六价铬(Cr^{6+})化合物、多溴联苯(PBB)和多溴二苯醚(PBDE)等有害物质在电器电子产品中的使用,以控制和减少电器电子产品废弃后对环境造成的污染,促进电器电子行业清洁生产和资源综合利用,鼓励绿色消费,保护环境和人体健康。

如果开发的产品属于上述管理办法中规定的电器电子产品,那么这些有害物质在产品中的使用必须低于管理办法中规定的上限,这就影响了零件的材料选择。

7. 制造和装配工艺要求

对于有些企业来说,由于历史原因,其已经投资了设备、资源和人力等在某些制造和装配工艺上,例如有的企业由于现有零件大多使用注射成型工艺,于是投资建造了注射工厂,购买了大量注射设备和储备注射人才。那么这些企业在选择制造和装配工艺时,他们会优先考虑企业现有的成熟工艺,主要基于两个目的:其一是减少新的投资;其二是使用现有的成熟工艺,可以减少新产品开发时不可预知的风险。

制造和装配工艺选择的限制同时限制了零件材料的选择,因为材料必须与工艺兼容。例如,通过焊接或锡焊工艺进行紧固的零件必须选择能够适应于焊接或锡焊工艺的材料。这就有可能排除了现有标准化零件的使用,因为标准化零件的材料不适合该工艺;而对于定制的零件,也必须选择特定的材料以适应该工艺。

限制使用熟悉的制造和装配工艺也限制了零件材料的选择,因为很多材料仅能通过某种或某几种特定工艺进行制造和装配。例如,压铸工艺仅能够加工铝合金、锌合金和镁合金等。在有些情形下,这种限制是有益的,因为使用熟悉的制造和装配工艺会减少产品开发的风险;但是,当新产品与旧产品存在显著不同时,这种限制就会成为一种负担。

3.6.3　定义候选材料

定义候选材料是基于材料性能,而各种材料性能相关信息的获取可以是相关的书籍、网站和原材料供应商物性表等,这些在 3.3.1 节已经描述过。

定义候选材料的同时也要求定义零件的制造工艺,因为制造工艺会影响材料的性能。例如,经过二次机械加工的锻造铝的材料性能与压铸铝的材料性能不同;另外,很多制造工艺仅仅适用于特定的材料。

零件设计要求帮助设计团队将精力集中在可以满足该要求的候选材料上。在有些情况下，设计要求限制了材料的选用，甚至使得没有合适的材料可以选择。候选材料过少会给产品开发带来风险，如果后续的评估测试发现候选材料不满足设计要求，那么整个项目就会失败。减少这种风险的方法是确保至少有两种候选材料有最大的可能性符合设计要求。

当零件设计要求苛刻得使候选材料过少时，产品设计就不得不进行创新。例如一个零件需要一定的强度、导电性和成本要求，如果要满足这些要求则需要使用非传统的材料组合以及特定的制造方法。

材料选择时创新的解决方案会给产品带来竞争性的优势，这些优势包括更好的性能、更高的可靠性，或者相对竞争对手更低的产品成本。这正是苛刻的零件设计要求的价值所在，因为它会要求去发明一种新材料，或者使用材料组合，从而给产品带来竞争优势。

3.6.4 候选材料评估

很多时候材料性能的公开信息并不是完整的，这用于定义候选材料已经足够，但是用于最终决策仍不够。所以，有必要对候选材料做进一步的评估，判断候选材料是否满足设计要求。当候选材料有多个时，可以通过评估选择最符合产品设计要求、同时产品成本最低的材料。

候选材料的评估包括获得材料的以下信息：

1）材料性能。

2）材料特征。

3）材料性能的变异。

4）性能的退化。

5）可制造性和可装配性。

6）产品成本，包括材料本身成本及制造和装配成本。

7）CAE 分析，分析材料是否符合相关设计要求，例如受力和散热等。如有必要，可加工样品进行相关测试。

不同供应商生产的同一类型的材料不应当被当成同种材料，因为即使材料具有相同的组织成分，其性能也可能存在差异，这是因为：

1）加工制造该材料的方法不一样。

2）用于改变材料性能的添加剂不一样。

1. 材料性能

公开资料上的材料性能并不总是完整的，这可能是因为材料的某些性能由于没有测试或实际应用而无法获得相关数据；或者公开资料上材料性能的值是一个典型值，但实际上材料性能的值是一个范围。明确知道材料性能值的最大值、最小值很关键，因为这关系到材料经过加工制造成的所有零件是否满足特定的设计要求。

2. 材料特征

材料特征是指材料的组成成分和微观结构。材料表现出来的各种性能从根本上说是直接决定于材料特征。同时，有些材料特征又决定于材料的制造、装配工艺过程。换句话说，由于材料的制造和装配工艺存在不同，不同批次的材料加工成零件后某些性能会存在差异。因此，需要评估材料特征，确保材料经过制造、装配工艺后能够获得正确的性能参数，以防止表面上看起来选取了正确的材料性能参数，但实际上加工后性能变差，从而导致产品出现可靠性问题。

3. 材料性能的变异

组成零件的材料性能可能会存在一定的变异，这些变异产生于材料及其加工过程。为了确保产品性能和可靠性的一致性，要求把变异控制在一定范围内。

4. 性能的退化

当产品暴露在机械、电磁、热、化学物质、电化学、生物和辐射等条件下时，组成产品的材料性能会发生退化，这种退化会造成产品无法正确表现应有的功能，可靠性降低，继而失效。材料的常见失效方式、因素和失效机理见表 3-9。

表 3-9 材料的常见失效方式、因素和失效机理

失效形式	主要因素	次要因素	失效机理
断裂	力学	恒定载荷、交变载荷、化学、热学	韧断及脆断、疲劳断裂、应力腐蚀断裂、腐蚀疲劳断裂、蠕变断裂、液态金属致脆、脆化断裂
腐蚀	化学	力学	电偶腐蚀、腐蚀疲劳、应力腐蚀、氢损伤、腐蚀磨损
磨损	力学	化学	磨粒磨损、粘着磨损、微动磨损、疲劳磨损、冲蚀磨蚀、腐蚀磨损、气损
变形、物理性能降级	力学、化学、电、磁、声或光学	—	变形、物理性能降级

在相关的书籍、手册或供应商提供的物性表里会提到大量的材料性能退化信息，但这些信息是基于实验室特定测试样品、测试条件和测试环境而得出的，并不一定与产品经过大规模制造和装配后的真实应用场景相吻合。因此，对于某些重要材料的性能退化需要重点加以研究，在必要的情况下，根据产品实际应用场景，对大规模制造和装配的类似产品进行测试分析，确保材料在产品生命周期内符合相关设计要求。

5. 可制造性和可装配性

材料的选择必须使得零件容易进行制造（即可制造性）、产品容易进行装配（可装配性）。针对某些特定的制造和装配工艺，有些材料的可制造性和可装配性好，易于获得一致性和可靠性；而与之相反的是，有些材料很难制造或者很难装

配，不易保证一致性和可靠性。另外，不同供应商的同一类型材料的可制造性和可装配性也有可能存在差异，材料性能变异较小的材料的可制造性和可装配性好，制造和装配时不容易出现质量问题。

6. 产品成本

与材料相关的产品成本包括：

1）材料的采购成本。

2）材料的运输和存储成本。有的材料在加工成零件之前可能会发生性能退化，为了防止退化，需要对材料进行特殊的包装，在运输和存储时放置于可控环境中。

3）把材料制造成零件的成本。

4）把零件通过紧固工艺装配成部件和最终产品的成本。

5）制造、装配过程中不良品的成本。

7. CAE 分析

针对候选材料，结合产品的形状结构，通过 CAE 分析可以分析计算所选用的候选材料是否符合产品的受力、散热等功能要求。必要时，可通过快速原型、CNC 等加工方法制造样品，对样品进行相关测试，来确定材料是否符合功能要求。

3.6.5　选择最优材料

通过上述评估，设计团队可以从候选材料中选出最符合产品设计要求的零件材料。如果能够选出一种最优的材料，那么产品开发可以继续向前推进。如果不幸未能发现合适的材料，那么产品开发团队可以采取以下措施：

1）选择新的零件设计方案。这会涉及重新定义设计要求，重新对其他相关零件、部件和产品的材料进行选择或进行设计修改。修改的大小取决于零件设计方案变化的大小，对于产品关键零部件的设计修改有可能意味着整个产品的重新设计。

2）修改产品设计要求。这要求对零件和部件的设计要求进行修改，从而使得至少有一种材料符合设计要求。

3）取消项目。如果没有足够的时间、财力和精力去选择新的零件设计方案和修改产品设计要求或者发明新的材料，取消项目也是一种合适的选择。

4）开发新材料。这要求与材料供应商一起密切合作，根据实际应用开发一款新材料。

前面三种方法似乎是失败后不得已的选择。然而，它们总比勉强选择一种次优材料，然后耗费大量的时间、金钱和资源，最后生产出不符合需求和期望的产品强。

第4章　常规制造工艺选择

4.1　制造工艺选择概述

4.1.1　制造工艺与成本

　　在满足功能、外观和可靠性等前提下，零件可能会存在多种制造工艺选择，不同的制造工艺选择会导致不同的产品成本。针对同一零件的不同制造工艺的产品成本差异见表4-1，从中可以看出，制造工艺对产品成本有着很大的影响。

表4-1　制造工艺与成本的关系

零件	图　形	材料	年生产量/件	制造工艺	经济性和性能	相对成本
火花塞壳体		低碳钢	1000000	机械加工	材料浪费多，生产效率低到中，强度低	4.2
				冷成形	材料浪费少，生产效率非常高，强度高	1
滑动轴承		青铜	50000	机械加工	材料浪费多，生产效率低到中，无气孔	2.2
				金属粉末烧结	材料浪费少，生产效率高，有气孔	1
盖子		铝合金	5000	旋压	人工成本高，生产效率低，表面差、精度低	1.8
				拉伸	人工成本低，生产效率高，表面差、精度高	1
连杆		中碳钢	1000000	锻造	周期长，模具费用高，设备费用高	1.3
				砂型铸造	周期短，模具费用低，设备费用低	1
泵齿轮		低碳钢	5000	机械加工	材料浪费多，生产效率低到中，强度低	6
				冷挤出	材料浪费少，生产效率非常高，强度高	1

面向成本的产品设计要求在产品设计时根据设计需求，评估所有潜在的制造工艺，并计算其成本，从中选择出产品成本最低的制造工艺。本书第 9 章和第 10 章将分别以注射工艺和冲压工艺为例来介绍制造工艺的成本计算方法。

制造工艺的选择绝不能故步自封，不能简单地认为上一代产品采用了什么制造工艺，新一代产品就继续沿用相同的制造工艺。这是因为制造工艺总是随着时代在向前发展，旧的制造工艺在当时的状况下有着存在的道理，但有可能已经不适合新环境下的需求，这时，不论从质量还是成本上，新的制造工艺是一个更好的选择。

图 4-1 所示的排气歧管，传统的制造工艺是多个钣金件通过焊接而成，而新的制造工艺则使用熔模铸造，仅需一副模具即可完成。熔模铸造省去了所有的焊接过程，生产效率大幅提高，产品成本降低 30% 以上。

图 4-1　排气歧管制造工艺的进化

图 4-2 所示的电动机悬挂架，传统制造工艺是使用铝合金材料，通过压铸加工而成；而新的制造工艺是使用塑胶材料尼龙（含 60% 玻璃纤维），通过注射加工而成。新的材料和制造工艺不仅使得产品成本降低 40% 以上，而且使得产品设计具有更大的设计自由度，同时可提高零件的耐蚀与抗化学污染能力，以及可以吸声和降振，另外零件重量也减少 74% 以上。

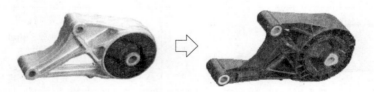

图 4-2　电动机悬挂架制造工艺的进化

4.1.2　制造工艺的选择方法

1. 制造工艺选择策略

在多数情况下，一个零件可以通过多种制造工艺进行制造。在选择最优的制造工艺时，不仅要考虑零件的尺寸、几何形状、公差、表面质量要求、固定资产投资和劳动成本，还需要考虑技术能力和制造经济性等。

一般来说，一个零件的制造工艺选择关键因素包括：

- 产品批量大小。
- 设备投资成本。
- 模具成本。
- 加工周期。
- 劳动密集程度。
- 制造工艺过程的管控。
- 能源消耗和其他管理成本。
- 材料成本和材料的可获得性。
- 材料与制造工艺的兼容性。
- 零件的几何形状和尺寸大小。
- 公差要求。
- 表面处理要求。
- 零件质量稳定性。
- 材料浪费与回收。

制造工艺的选择策略如下：

1）预估零件的年批量要求。

2）选择符合应用需求的零件材料，详情见第 3 章。

3）根据材料-制造工艺选择矩阵选择潜在的制造工艺。

4）对候选制造工艺进行评估：

- 理解候选制造工艺，包括其工艺优缺点、制程能力和常见缺陷等。
- 考虑材料与候选制造工艺的兼容性。
- 评估零件结构与候选制造工艺的可制造性是否一致。
- 评估候选制造工艺是否符合尺寸公差和表面质量等要求。

5）评估制造工艺的经济性，获得零件的大致制造成本。

6）从商务角度评估候选制造工艺。

2. 材料-制造工艺选择矩阵

材料-制造工艺选择矩阵用于初步的制造工艺筛选，以选择出一个或多个可行的候选制造工艺，如图 4-3 所示，其包含材料类型和零件年产量两个基本选择因素。

1）材料类型：材料类型是进行制造工艺选择时的一个关键因素，因为一种材料类型仅仅可以通过一种或多种制造工艺进行制造；在图 4-3 所示表格中，材料类型包含了大多数的工程材料，包括金属和塑料。

2）零件年产量：零件每年预计的生产数量关系到制造工艺的经济性。零件年产量（单位：个）可分为以下几类：

✓ 非常低：1 ~ 100

✓ 低：100 ~ 1000

数量\材料	铁	碳钢	合金钢/工具钢	不锈钢	铝及铝合金	锌及锌合金	镁及镁合金	铜及铜合金	镍及镍合金	铅及铅合金	锡及锡合金	钛及钛合金	热塑性塑料	热固性塑料	纤维增强复合材料	陶瓷	难熔金属	贵金属
非常低 1~100	[1.5][1.6][1.7][4M][5.3][5.4]	[1.5][1.7][2.10][5.1][5.6]	[1.1][1.5][1.7][2.10][4M][5.1][5.6]	[1.5][1.7][2.7][2.10][4M][5.1][5.6]	[1.5][1.7][2.10][4M][5.5]	[1.6][1.7][2.10][4M][5.5]	[1.1][1.7][2.10][4M]	[1.1][1.7][2.10][4M][5.5]	[1.5][1.7][2.10][4M][5.5]	[1.1][1.8][5.3][5.4][5.5][6.7]	[1.5][1.7][2.8][2.7]	[3.2][3.7]	[3.5][3.7]	[1.5][5.1][5.3][5.7]	[1.1]	[5.5]
低 100~1000	[1.2][1.5][1.6][1.7][2.10][4M][5.3][5.4]	[1.2][1.6][1.7][4M][2.10][5.1][5.6]	[1.1][1.2][1.5][1.7][4M][5.1][5.3][5.6]	[1.2][1.7][2.7][2.10][4M][5.1][5.6]	[1.6][1.7][1.8][2.10]	[1.1][1.7][2.10]	[1.1][1.8][2.8][2.10][4M]	[1.5][1.7][2.10][5.5]	[1.1][1.6][1.7][2.10][5.1][5.3][5.4][5.7]	[3.2][3.5][3.2]	[3.2][3.3][3.8]	[5.1][5.3][5.6][5.7]	[6.7]	[5.5]
低至中 1000~10000	[1.2][1.3][1.5][1.7][2.1][2.3][2.10][2.11][6A][5.2]	[1.2][1.3][1.5][1.7][2.1][2.4][2.10][2.11][6A][5.3][6.4][5.5]	[1.2][1.5][1.7][2.4][2.10][2.11][4A][5.2][5.4][5.5]	[1.2][1.3][1.5][1.7][1.8][2.7][2.10][4A][5.3][5.4]	[1.3][1.6][1.8][2.1][2.3][2.10][4A][5.3][5.4]	[1.3][1.8][2.3][2.10]	[1.3][1.8]	[1.1][1.8]	[1.1][1.3][1.5][2.1][2.11][4M][5.1][5.4]	[2.1][2.7][2.10][3.2][5.7]	[3.3][3.5][3.2]	[3.2][3.3][3.2]	[5.2]	[5.5]
中至高 10000~100000	[1.2][1.3][2.1][2.6][2.11][6A][4A][5.2]	[1.2][1.3][2.1][2.5][2.11][2.12][4A][5.2]	[1.2][1.3][2.4][2.5][2.12][4A]	[1.2][1.3][2.6][2.11][4A]	[1.3][1.4][2.1][2.3][2.6][2.12][4A]	[1.3][1.4][2.4][2.13][4A]	[1.3][1.4][2.13]	[1.3][1.4][2.13]	[1.5][2.11][2.12][4A]	[2.1][2.4][2.12][2.13][4A]	[3.1][3.5][3.6][3.10]	[3.1][3.3][3.10]	[3.1][3.3][3.9]	[2.11]	[2.12][2.13]	[2.5][2.12]
高 100000以上	[1.2][1.3][2.4][2.6][6A]	[1.2][1.3][2.4][2.5]	[2.12][4A]	[1.9][2.2][2.12]	[1.9][2.3][2.12]	[2.5][2.6][2.7][2.11][2.12]	[1.3][1.4][1.9][2.6][2.13][4A]	[1.3][1.4][2.2][2.4][5A]	[1.4][2.2][2.4][4A]	[2.2][2.3]	[2.12]	[3.1][3.6][3.10]	[3.1][3.3][3.10]	[3.9]	[2.7][2.11][2.12]	[2.5][2.12]
任意数量	[1.1]	[1.1][1.6][2.6][2.9]	[1.1][1.6][2.6]	[1.1][1.6][2.9]	[1.1][1.6][2.9]	[1.1][2.6][2.9]	[2.6]	[1.1][1.6][2.9]	[2.8]		[5.5]	[1.6]	[1.6]

图 4-3　材料-制造工艺选择矩阵

注：该材料-制造工艺选择矩阵电子版 Excel 表格可通过邮箱 designforcost@ qq. com 或关注微信公众号"降本设计"与作者联系获取。

✓ 低到中：1000 ~ 10000
✓ 中到高：10000 ~ 100000
✓ 高：100000 以上
✓ 任意数量

材料-制造工艺选择矩阵综合考虑了选择制造工艺时的技术和经济因素。很多制造工艺由于所需设备、模具或治具等初始投资高，不适用于小批量生产，但其生产效率高，适用于大批量生产；而与之相对的是，有的制造工艺所需设备、模具或治具等初始投资低，非常适用于小批量生产，但其生产效率低，不适用于大批量生产。因此，应在产品开发初期考虑零件年产量，并据此选择出经济性最高的制造工艺。当然，由于影响制造工艺经济性的因素非常多，矩阵中的年产量分类并不是一个明确的值，更多的是把其作为一个模糊的范围。另外，矩阵的设计是基于过往的工业经验，更多的是作为一个参考，或者是作为初步的筛选，而不能作为最终的选择结果。随着材料和制造工艺的不断进化和发展，矩阵的内容需要进行相应的更新。

例如，在图 4-3 中，碳钢在年产量为低到中（1000 ~ 10000）时，有 13 种制造工艺可以选择。作为初步的候选工艺，13 种工艺相对来说数量较多。但是，有些制造工艺可以很快淘汰掉，例如那些处于经济性边缘的制造工艺。还可以通过考虑以下因素来辅助淘汰候选制造工艺：

1）候选制造工艺的尺寸精度能力可以满足零件的关键尺寸精度要求吗？

2）候选制造工艺是否属于劳动力密集型？在某些地理区域是否劳动力成本高？

3）材料价格是否很贵？废料可以轻松地回收利用吗？

4）设备、模具或治具的初始投资和交货周期是多少？是否投资回报期较长？

通过综合考虑上述因素，针对选择的候选制造工艺，就可以大致选择出最合适的制造工艺。当然，更准确的是针对候选制造工艺，进行零件成本的详细计算，在满足零件功能要求等前提下，就可以选择出经济性最优的制造工艺。

3. 制造工艺选择实例

下面以一个小型化学槽来说明制造工艺的选择步骤。该化学槽的材料是热塑性塑料，可以承受大多数的化学物质；尺寸为长 1m、宽 0.5m 和深 0.5m；厚度为 2mm，为均匀厚度；年产量初步估计为 5000 套，有可能随着时间推移而增加。

通过材料-制造工艺选择矩阵，材料为热塑性材料以及年产量为低到中（1000 ~ 10000）时，制造工艺有以下四种选择：

✓ [3.3] 模压成型
✓ [3.5] 热压成型
✓ [3.6] 吹塑成型
✓ [3.7] 旋转成型

下一步，针对四种候选制造工艺进行全面的技术评估。评估时，需要详细了解每一种制造工艺的原理、适合的材料、适合的零件形状与结构、尺寸精度与表面精度、工艺的优缺点、设备及模具的价格与交货周期、生产率的大小及常见质量缺陷等，可参考 4.2 节常规制造工艺的介绍或者其他相关专业书籍，再针对零件的具体设计要求一一评估，从而淘汰不合适的制造工艺。

通过评估发现，模压成型的模具成本较高，不适用于小批量生产；吹塑成型和旋转成型适用于制造中空零件，不适用于化学槽形状；因此，最合适的制造工艺是热压成型。相对于其他工艺，热压成型的模具成本、设备成本和劳动力成本在10000 套以下时更具有竞争性。

4.2　常规制造工艺介绍

4.2.1　制造工艺总览

有很多种不同的制造工艺将材料加工成零件，这些工艺使用机械、热、电磁、化学、电化学和辐射等方法把零件加工成预定的形状、尺寸和特征。常规制造工艺如图 4-4 所示。

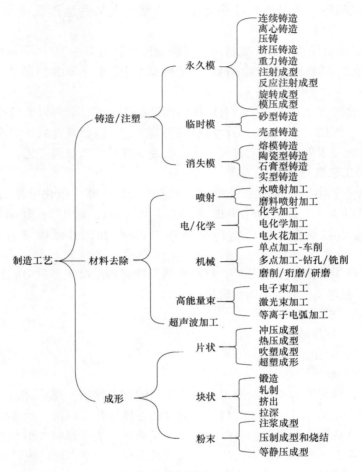

图 4-4　常规制造工艺

　　制造工艺对构成零件的材料组成成分、微观结构及缺陷等有着直接的影响，而材料性能和可靠性很大程度上取决于以上三点。获得理想的组成成分、微观结构及避免缺陷意味着需要对制造工艺进行管控。所以，产品开发团队很有必要去理解每一种制造工艺对材料组成成分、微观结构及缺陷的影响。

4.2.2　注射成型

1. 工艺介绍

　　从来没有哪种制造工艺像注射成型一样可以改变产品设计理念。注射成型是将熔融塑胶材料挤压进入模穴，然后制作出所设计形状的塑胶件的一个循环制程。注射成型是一种适合高速、大批量生产精密组件的加工制造方法，它将粒状塑胶材料在料筒内融化、混合、移动，再于模穴内流动、充填、凝固，其动作可以分为充填、保压、冷却和开模等阶段的循环制程，如图4-5所示。

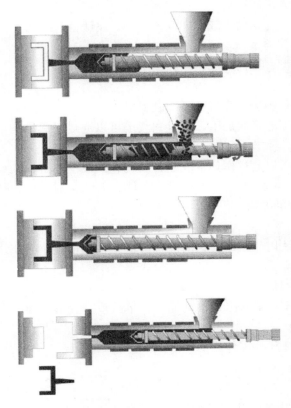

第1步：充填
模具闭合，螺杆快速向前移动，把熔融的塑胶挤入模穴内

第2步：保压
塑胶充填到设定体积，控制器切换到压力控制，保压开始，同时开始冷却

第3步：冷却
浇口凝固关闭，保压完成，冷却继续；同时螺杆快速后移，为下一次充填熔融塑料做好准备

第4步：开模
冷却完成，打开模具，产品被顶出，完成循环

图 4-5　注射成型的工艺过程

2. 工艺特性

注射成型的工艺特性见表4-2。

表 4-2　注射成型的工艺特性

特　　性	参　　数
零件重量范围/kg	0.001 ~ 25
零件最小厚度/mm	0.3
零件形状	简单及复杂的实体块状
零件形状复杂度	高
零件公差/mm	0.05 ~ 1
表面粗糙度 Ra/μm	0.2 ~ 1.6
经济批量/个	10000 ~ 1000000

3. 工艺优缺点

注射成型的优点包括：

1）生产周期短，生产效率高，可以大批量生产。

2）相对于机械加工，人工成本低。

3）能成型形状复杂、尺寸精度高或带嵌件的零件，设计自由度高。

4）能成型的塑胶材料种类多。

5）利用多组分注射成型，可同时成型多种类型的塑胶材料。

6）易于实现自动化。

7）材料利用率高，在很多场合废料可以二次利用。

8）大部分注射成型不需要二次加工，浇口和流道可以通过模具结构或者机械手自动切除。

9）零件表面质量好，可以通过模具生成多种咬花和图案。通过模内装饰技术（In-Mold Decoration，IMD）可将装饰片材与塑料零件表面结合成一体，使零件达到集装饰性与功能性于一身的效果。

注射成型的缺点包括：

1）注射模具成本高，注射成型机及辅助设备价格高；批量较小时使用注射成型不经济。

2）模具设计和加工周期长。

3）注射成型会产生很多质量缺陷，例如缩水、熔接痕、变形、翘曲和存在内应力等。

4）不适用于壁厚大幅变化的零件。

5）加工超精密零件存在困难。

4. 材料

大多数的热塑性塑料可以通过注射成型加工，高熔点的塑料如 PTFE 则比较困难。如果填充量不是太大，热塑性复合材料（短玻璃纤维和微粒增强）也可以通过注射成型加工。热固性塑料和弹性体也可以通过注射成型加工。

5. 经济性

注射成型机的价格高，模具成本通常也较高，这意味着注射成型只有当批量足够大时才具有经济性。通过一模多穴的模具设计，注射成型生产效率会非常高，特别是对于小型零件。样品零件常常采用一模一穴，并使用价格便宜的模具材料。

6. 典型产品

注射成型是最常见的塑胶材料加工方法。注射成型制造的产品遍布各个领域，包括消费领域、商业、工业、计算机、通信、医疗、交通、玩具和运动设备等。

图 4-6 所示为注射成型在汽车上的典型应用。

图 4-6　注射成型在汽车上的典型应用

4.2.3 热压成型

1. 工艺介绍

热压成型是将预先裁好的片状或板状材料夹紧在成型机的框架上，让其在高弹态的适宜温度下加热软化，片材或板材一边受热、一边延伸，而后凭借施加的压力，使其紧贴模具型面，取得与型面相仿的形状，经冷却定型和修整后即得到塑料成品。

根据施压方式的不同，热压成型可分为真空成型、气压成型和机械压力成型。真空成型是在模具型腔与片材之间形成真空，真空压力（一般为 96.5kPa）使得片材或板材紧贴模具型面，如图 4-7 所示。

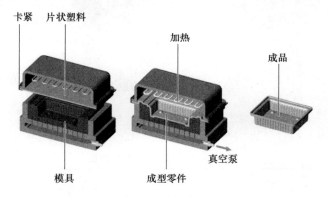

图 4-7　真空成型

气压成型是在片材的背面施加气压（一般为 344.7kPa，最大可达 689.5kPa），如图 4-8 所示。气压成型可以加工较厚的片材，同时可以在零件上成型精细的特征、纹理和倒扣等。

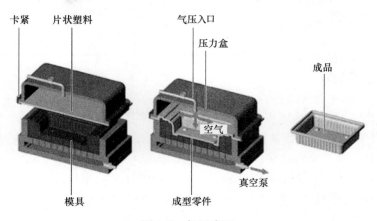

图 4-8　气压成型

　　机械压力成型是对片材直接施加机械压力，如图4-9所示，一个与零件外观形状吻合的公模塞推动片材或板材，从而获得预定的形状。

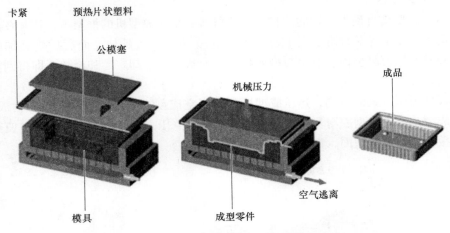

图4-9　机械压力成型

2. 工艺特性

热压成型的工艺特性见表4-3。

表4-3　热压成型的工艺特性

特　　　性	参　　　数
零件重量范围/kg	0.003 ~ 50
零件最小厚度/mm	0.25
零件形状	开口壳体零件
零件形状复杂度	简单
零件公差/mm	0.5 ~ 1
表面粗糙度 Ra/μm	0.3 ~ 1.6
经济批量/个	10 ~ 100000

3. 工艺优缺点

热压成型的优点包括：

1）适用范围广。热压成型可生产的最小零件是药片的包装材料或手表用的电池，也可以生产非常大的零件，比如3 ~ 5m 长的船体；成型材料的厚度可以从0.05 ~ 15mm，对于发泡材料，厚度可达到60mm。

2）设备成本低。由于采用低的压力，不需要复杂的模具结构和昂贵的模具材料，因此模具费用低，零件成本非常具有竞争优势，是样品和小批量生产时的理想工艺。

3）模具简单，交货周期短，从设计到成品的时间也就比较短。

4）由于模具费用低，交货周期短，这也使得零件的设计修改变得非常容易。

5）热压成型使用片状塑料，具有较高的质量和耐久性。

6）几乎所有的热塑性塑料皆可以热压成型。

7）可用于制造大型零件，可将原本由多个零件组成的结构简化成一个零件，节省材料成本和装配成本。

8）热压成型零件是钢和玻璃纤维的理想替代品。热压成型零件并不比钢和玻璃纤维强度低，同时重量轻、耐蚀、比玻璃纤维延展性更好。

热压成型的缺点包括：

1）热压成型只能生产结构简单的半壳型零件，而且零件壁厚应比较均匀（一般倒角处稍薄），不能加工壁厚相差悬殊的塑料零件。

2）热压成型零件深度受到一定限制，一般情况下容器的深度直径比为 0.5~2。

3）零件的精度较差，相对误差一般在 1% 以上。采用热压成型法不仅很难保证不同零件间结构或尺寸的一致性，同一零件各部位壁厚的均匀性也很难保证，另外，热压成型过程中模具的某些细节并不能完全反映到零件中。

4）热压成型所用的材料是片材，这些片材是用粒料或粉料制得的半成品。因此，与注射成型等其他塑料成型工艺相比，热压成型的原料会增加额外的成本。

5）热压成型后需要对片材进行切割，增加了工艺的复杂度，同时切割下的边角料并不能直接回收。

6）片状塑料在成型时可能由于过度拉伸而断裂。

7）不容易制造具有尖锐折弯和转角的零件。

8）零件通常存在内应力。

4. 材料

几乎所有的热塑性塑料皆可以热压成型，包括 PVC、PP、PS、PET、ABS、PC、PBT、PA、PE、尼龙、PMMA、HIPS 和短玻璃纤维增强塑料等。

其中 PS 及其他高熔融黏度材料特别适用。另外，HIPS 因为可被拉伸超过其原长度 100 倍以上，所以也极适用于热压成型加工。PS 不仅价格便宜且可为透明，故常应用于包装领域；类似系列的材料如 ABS 也极容易成型且应用广泛。PP 虽然成本低廉且成品性质颇佳，但由于与 PS 相比具有较高的成型温度且温度的控制较严格，所以用于热压成型的比例较其他加工成型为少。发泡的 PS，由于其绝热性及拉伸力有限，所以较普通 PS 板片难成型。PA6 则拥有极佳的热压成型性质。纤维素极易热压成型且可制出透明的成型品，但三醋酸纤维素并不适用于热压成型。PC 价格高且成型不易，需要柱塞辅助及有时配以高压来成型。

5. 经济性

热压成型最大的好处是模具成本低廉，因为只需半个模具；同时因为是低压成形，所以模具可用热石膏、木材、聚酯类材料、环氧树脂及其他非金属材料制造，这使得热压成型常被用于原型样品及少量产品的制造。当产品批量较大时，最好用铸铝模或钢模，以免经常更换模具。基本上，热压成型还是较适宜中小量产品的生产。然而，在包装的应用上，饮料杯及类似的食物容器可利用多模穴的热成形每分钟生产 200 ~ 300 个，虽然修剪、装饰及充填的费用增加了，但较高的生产效率使得其具有经济性。

6. 典型应用

热压成型最适宜制造薄厚度且浅深度的塑料制品，最常见的是用于消费的包装品，如食物与化妆品的容器、糖果盘、可丢弃杯等，也可用于制造大型的零件，如汽车与飞机内部的嵌板、电视机后嵌板、洗衣机和冰箱内衬、门板及家具镶板等。

热压成型的典型应用如图 4-10 所示。

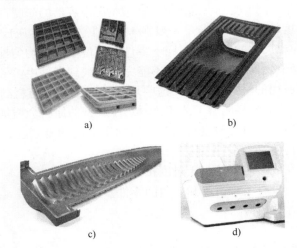

图 4-10　热压成型的典型应用

a）产品包装托盘　b）垃圾桶盖　c）半导体测试设备部件　d）DNA 测序仪外壳

4.2.4　旋转成型

1. 工艺介绍

旋转成型又称滚塑成型、旋塑、旋转模塑、旋转铸塑和回转成型等，该成型方法是先将计量的塑料（液态或粉料）加入模具中，在模具闭合后，使其沿两垂直旋转轴旋转，同时对模具进行加热，模内的塑料在重力和热能的作用下，逐渐均匀地涂布、熔融粘附于模腔的整个表面，成型为与模腔相同的形状，再经冷却定型、脱模制得所需形状的零件，如图 4-11 所示。在整个旋转成型过程中，塑料除了受到重力的作用之外，几乎不受任何外力的作用。

旋转成型特别适用于大型、中空的封闭零件。当然，也可用于小型零件的加工，有开口的零件可以通过二次加工获得。

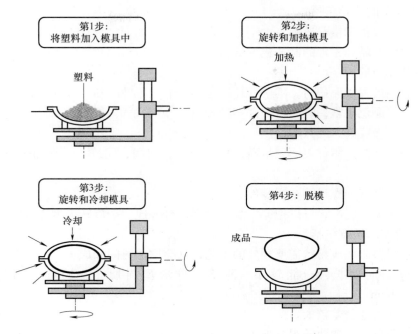

图 4-11 旋转成型工艺

2. 工艺特性

旋转成型的工艺特性见表 4-4。

表 4-4 旋转成型的工艺特性

特 性	参 数
零件重量范围/kg	0.1 ~ 50
零件最小厚度/mm	2.5
零件形状	简单、封闭、中空、薄壁
零件形状复杂度	低
零件公差/mm	0.4 ~ 1
表面粗糙度 Ra/μm	0.5 ~ 2
经济批量/个	50 ~ 30000

3. 工艺优缺点

旋转成型是少数能够制造中空形状的工艺，同时材料利用率高。旋转成型零件壁厚均匀，内应力极小，不易发生变形和凹痕等缺陷，生产设备简单，模型压力低，可使用薄壁模具，模具制造费用低。具有较大开口的零件，如垃圾桶和锥形路筒，可以成对地加工，再进行切割分离。旋转成型适合制造大型零件，但零件壁厚受制于塑料的导热性，因为壁厚过厚不利于塑料熔融。

旋转成型的优点包括：

1）低的设备和模具成本。

2）大型产品和零件的制造成本低。

3）开发周期短。

4）成型过程中无压力，唯一存在压力的环节是零件冷却，零件内应力小。

5）零件颜色丰富，表面可允许多种咬花。

6）零件强度高、经久耐用。

7）安全性高，零件表面质量高，外形光滑、圆润、无缝、无锋利边、无危险尖角。

8）很容易嵌入螺母等金属零件。

9）设计灵活度高，可以把原本的多个零件合并成一个旋转成型零件。

旋转成型的缺点包括：

1）把塑料研磨成粉状需要额外的工艺，这会增加时间和成本。

2）成型周期长，产能较小。薄壁零件成型周期 8 ~ 10min，过厚零件会达 30 ~ 40min。

3）零件尺寸公差较大。

4）复杂形状，如肋条很难加工。

5）适用于旋转成型的材料较少。

6）如果冷却不均匀，容易造成零件变形翘曲。

7）需要二次加工去除飞边，例如在孔的周围。

4. 材料

由于旋转成型工艺的特点，在选择材料时必须考虑：

1）材料必须具有高温稳定性，因为塑料在成型时会长时间承受高温。

2）熔融塑料在模具中会接触到氧气，这有可能造成塑料氧化，并造成材料性能降低；因此，材料必须具有大量的抗氧化分子以防止降解。

3）成型过程中由于没有压力，塑料的流动性必须足够好才能充填整个模具型腔。

工业生产中可用于旋转成型加工的热塑性塑料包括 LDPE、HDPE、聚丙烯、尼龙、PVC、PC、ABS、TPU 和 SAN 等。热固性塑料也可用于旋转成型加工，最常用的是聚氨酯。

5. 经济性

设备成本和模具成本非常低，远低于注射成型，但是加工周期比其他成型工艺都长，这意味着劳动力成本在整个产品成本中占比较高。

6. 典型应用

旋转成型的典型应用有玩具、塑料球、容器、汽车排烟管、冰桶、灯罩、水桶、废物箱、垃圾桶、喷液器、浮球等，以及几种塑料的多层复合中空容器，如图 4-12 所示。

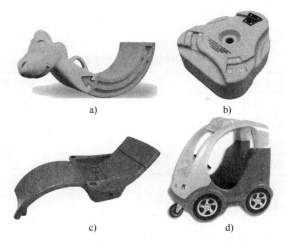

图 4-12　旋转成型的典型应用

a）玩具　b）水箱　c）游泳池浴椅　d）儿童购物车

4.2.5　吹塑成型

1. 工艺介绍

吹塑成型也称中空吹塑，是一种发展迅速的塑料加工方法。将热塑性塑料经挤出或注射成型后得到的管状塑料型坯，趁热（或加热到软化状态）置于对开模中，合模后立即在型坯内通入压缩空气，使塑料型坯吹胀而紧贴在模具内壁上，经冷却脱模，即得到各种中空零件，如图 4-13 所示。吹塑成型是生产中空塑料零件最重要的成型技术。这种成型技术，不仅可以用于生产数毫升的小容积瓶，也可以用于生产数千升的大容积桶和贮罐，还可以用于制造浮球、汽车油箱和塑料小船。

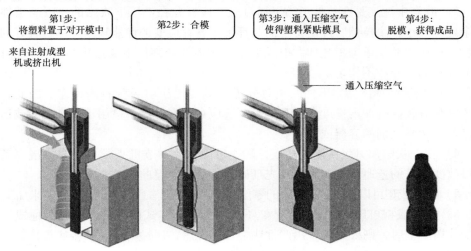

图 4-13　吹塑成型工艺

2. 工艺特性

吹塑成型的工艺特性见表4-5。

表4-5　吹塑成型的工艺特性

特　　性	参　　数
零件重量范围/kg	0.001 ~ 0.3
零件最小厚度/mm	0.4
零件形状	中空、薄壁
零件形状复杂度	低
零件公差/mm	0.25 ~ 1
表面粗糙度 Ra/μm	0.2 ~ 1.6
经济批量/个	1000 ~ 10000000

3. 工艺优缺点

根据成型工艺的不同，吹塑成型可分为挤出吹塑、注射吹塑和拉伸吹塑。挤出吹塑可以用于制作各种形状的中空零件，并使零件留有开口以使气体和液体进出。根据管坯层数进行分类，可分为单层吹塑和多层吹塑。多层吹塑主要是为了满足化妆品、药品和食品等对塑料包装容器阻透性、阻燃性、耐候性、隔热性、内外二色性和立体效应等的更高需求，同时还可提供更高的强度和耐冲击性能。例如外层为PVC而内层为PE的双层吹塑瓶，PVC外层能提供良好的阻透性、刚性、阻燃性和耐候性，而PE内层则能提供无毒性和优异的耐化学药品性。

吹塑成型的优点包括：

1）吹塑机械的造价较低，成型相似的零件时，吹塑机械的造价约为注射机械的1/3 ~ 1/2；吹塑模具的成本也低。

2）吹塑中型坯是在较低压力下通过机头成型并在低压下吹胀的，因而零件的残余应力较小，耐拉伸、冲击、弯曲与环境等各种应变的性能较高，具有较好的使用性能；而在其他成型工艺如注射成型中，熔体要在高压下通过模具流道与浇口，这会导致应力分布不均匀。

3）吹塑级塑料（如PE）的相对分子质量要比注射级塑料高得多。因此，吹塑零件具有较高的冲击韧度和很高的耐环境应力开裂性能，适用于生产包装或运输洗涤剂与化学试剂的容器或大桶。

4）由于吹塑模具仅由阴模构成，故通过简单地调节机头模口间隙或挤出条件即可改变零件的壁厚，这对无法预先准确计算所需壁厚的零件非常有利。

5）吹塑成型可以生产壁厚很小的零件，这种零件无法通过其他成型工艺来加工。

6）吹塑成型可以生产形状复杂、不规则且为整体式的零件。使用其他成型工艺如注射成型时，则要先生产出两件或多件零件后，通过卡扣、粘接或焊接等装配在一起。

吹塑成型的缺点包括：

1）形状受限。吹塑成型仅适用于中空、容积比较小（500mL以下）的零件，例如瓶和容器，不能成型形状复杂的容器，难以成型椭圆形零件。

2）制造工艺较复杂。在吹塑之前，还需要通过注射成型或挤出成型加工型坯，这无疑增加了工艺的复杂度，需要投入更多的设备和资源，同时也不利于流水线生产。

3）对环境不友好。成型时会产生灰尘和水汽，要求良好的通风。

4. 材料

几乎所有的热塑性塑料均可用于中空吹塑。常见吹塑塑料包括PE、PET、PVC、PP、PS、PA、PPO、PC、ABS和TPE等。热固性塑料不可用于吹塑。目前生产中用量最大的塑料品种是PE、PP、PVC和PET。

1）高密度PE的消耗量占首位。它广泛应用于食品、化工和处理液体的包装。

2）PVC因为具有较好的透明度和气密性，所以在化妆品和洗涤剂的包装方面得到普遍应用。随着无毒PVC树脂和助剂的开发，以及拉伸吹塑技术的发展，PVC容器在食品包装方面的用量迅速增加，并且已经开始用于啤酒和其他含有二氧化碳气体饮料的包装。

3）PET材料是近几年进入中空吹塑领域的新型材料。由于用PET生产的零件外观具有光泽、透明性优良，具有较高的力学强度，容器内物品的保存性较好，以及废弃焚烧处理时不污染环境等优点，所以在包装瓶方面发展很快，尤其在耐压塑料食品容器方面的使用最为广泛。

4）PP因其树脂的改性和加工技术的进步，使用量也在逐年增加。

5. 经济性

无论是挤出吹塑、注射吹塑还是拉伸吹塑，都分为一次成型及两次成型工艺。一次成型法自动化程度高，型坯的夹持及转位系统精度要求高，设备造价高。一般大多数厂家都使用两次成型法，即通过注射或挤出先成型型坯，再将型坯放入另一台机械（注吹机或注拉吹机）吹出成品，生产效率较高。

6. 典型应用

广为人知的吹塑产品有瓶、桶、罐、箱及包装食品、饮料、化妆品、药品和日用品的容器等。大的吹塑容器通常用于化工产品、润滑剂和散装材料的包装。对于汽车制造业，燃料箱、轿车减振器、座椅靠背、中心托架及扶手和头枕覆盖层均是吹塑的。对于机械和家具制造业，吹塑零件有外壳、门框架及有一个开放面的箱盒等。

吹塑成型的典型应用如图4-14所示。

图4-14 吹塑成型的典型应用

4.2.6　发泡成型

1. 工艺介绍

发泡成型是塑料加工的重要方法之一，是指将发泡性塑料直接填入模具内，使其受热熔融，形成大量微小泡核，随后泡核逐渐生长及稳定，形成蜂窝状或多孔状结构，如图 4-15 所示。采用不同的塑料和发泡方法，可获得性能各异的泡沫塑料。由于气孔的存在，因而泡沫塑料零件具有质轻、省料、隔热保温、吸声、能吸收冲击载荷和比强度高等优点。

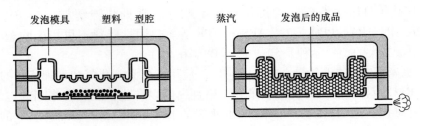

图 4-15　发泡成型工艺

发泡的原理是把气体溶解在熔融塑料中形成饱和溶液，然后通过成核作用产生泡沫。发泡剂可预先溶解在熔融塑料中，当温度升高、压力降低时，就会释放出气体，形成泡沫。发泡的方法包括机械发泡、物理发泡和化学发泡。

2. 工艺特性

发泡成型的工艺特性见表 4-6。

表 4-6　发泡成型的工艺特性

特　　性	参　　数
零件重量范围/kg	0.01 ~ 10
零件最小厚度/mm	5
零件形状	三维实体形状
零件形状复杂度	低 ~ 中
零件公差/mm	0.5 ~ 2
表面粗糙度 $Ra/\mu m$	50 ~ 500
经济批量/个	2000 ~ 1000000

3. 工艺优缺点

发泡成型的优点包括：

1）成本非常低，产品质量轻，抗冲击性能好，同时可回收利用，是理想的包装材料。

2）产品具有极佳的隔热性，可用于一次性塑料杯、冷却袋，以及冰箱和仓库的隔热墙。

3）可隔音，可获得复杂的形状。

4）具有极佳的视觉和触觉效果。

发泡成型的缺点为：零件强度低，极易损坏。

4. 材料

大部分热塑性和热固性塑料都能制成泡沫塑料。目前工业广泛应用的是聚乙烯、聚苯乙烯、聚氨酯等做基材的热塑性树脂泡沫塑料；热固性树脂泡沫塑料亦有一定产量，但柔软性差，主要用作强度要求和阻燃性要求较高的泡沫塑料零件。

5. 经济性

低的成型压力和成型温度使得加工成本很低，特别适用于附加值不高的零件，例如包材、填充剂和一次性生活或工业用品等。

6. 典型应用

发泡塑料可广泛应用于建筑、交通运输、轻工和日用品行业，根据发泡塑料的软硬度和开孔、闭孔类型，发泡塑料有着不同的应用，见表4-7。

表4-7　发泡成型的应用

类　别	软质发泡塑料		硬质发泡塑料	
结　构	开孔型	闭孔型	开孔型	闭孔型
主要应用	隔音材料 日用服装品 坐垫材料 过滤材料 包装材料	隔热材料 绝缘材料 室内装饰材料 浮料 气垫	隔音材料 过滤材料	隔热材料 绝缘材料 结构材料 浮料

发泡成型的典型应用如图4-16所示。

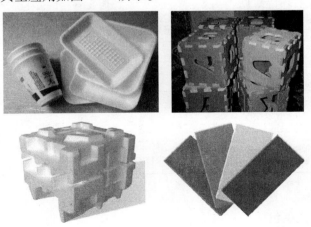

图4-16　发泡成型的典型应用

4.2.7　塑料挤出成型

1. 工艺介绍

挤出成型是塑料加工领域中生产率高、适应性强、用途广泛的成型加工方法。挤出成型是使高聚物的熔体或黏性流体在挤出机的螺杆或柱塞的挤压作用下通过一定形状的口模而连续成型，所得的零件为具有恒定断面形状的连续型材，如图 4-17 所示。挤出成型的模具及零件如图 4-18 所示。

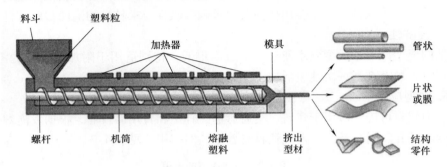

图 4-17　挤出成型工艺

橡胶的挤出成型通常叫压出。橡胶压出成型应用较早，设备和技术也比较成熟，被广泛用于制造轮胎胎面、内胎、胶管，以及各种断面形状复杂或空心、实心的半成品，也可用于包胶操作，是橡胶工业生产中的一个重要工艺过程。

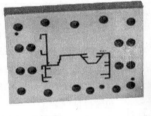

2. 工艺特性

挤出成型的工艺特性见表 4-8。

图 4-18　挤出成型模具及零件

表 4-8　挤出成型的工艺特性

特　性	参　数
零件重量范围/kg	0.01 ~ 30
零件最小厚度/mm	0.1
零件形状	截面一致的型材
零件形状复杂度	低
零件公差/mm	0.3 ~ 1.5
表面粗糙度 Ra/μm	0.5 ~ 2
经济批量/个	1000 ~ 1000000

3. 工艺优缺点

挤出成型的优点包括：

1）操作简单，工艺易控，可连续化、工业化、自动化生产，生产效率高，质量稳定。

2）应用范围广，广泛应用于塑料、橡胶、复合材料的成型加工，也常用于塑料的着色、混炼、塑化、造粒及塑料的共混改性等。

3）挤压模具的制造容易，更换简单。

4）设备简单，投资少，见效快。

5）生产环境卫生，劳动强度低。

6）零件成本低，适于大批量生产。

挤出成型的缺点包括：

1）只能生产线型零件，几何形状简单。

2）零件截面无法变化。

3）相对于注射成型，零件精度较低。

4. 材料

绝大部分热塑性塑料及部分热固性塑料均可用于塑料挤出成型，如 PVC、PS、ABS、PC、PE、PP、PA、丙烯酸树脂、环氧树脂、酚醛树脂及密胺树脂等，以及橡胶和热塑性复合材料。挤出成型工艺是生产热塑性复合材料（Fiber Reinforced Thermo Plastics，FRTP）零件的主要方法之一。

5. 经济性

挤出成型的模具成本较低，适用于小批量多品种生产。同时因为生产效率高，零件成本低，也非常适合大批量生产。

6. 典型应用

挤出成型适用于塑料薄膜，网材，带包覆层的产品，以及截面一定、长度连续的管材、板材、片材、棒材、薄膜、线缆包裹层、各种异型材等；还可用于粉末造粒、染色、树脂掺和等；也广泛用于生产各种增强塑料管、棒材、异形断面型材等。

挤出成型的典型应用如图 4-19 所示。

图 4-19　挤出成型的典型应用

4.2.8   模压成型

1. 工艺介绍

模压成型又称压缩成型和压制成型等，是指将松散状（粉状、粒状、碎屑状或纤维状）的固态成型物料直接加入成型温度下的模具型腔中，使其逐渐软化熔融，并在压力作用下使物料充满模腔，这时塑料中的高分子产生化学交联反应，最终经过固化转变为塑料零件，如图4-20所示。根据材料的不同，模压成型可分为普通塑料的模压成型和复合材料BMC/SMC的模压成型。

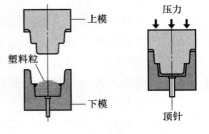

图4-20   模压成型工艺

2. 工艺特性

普通塑料模压成型的工艺特性见表4-9。

表4-9   普通塑料模压成型的工艺特性

特　　　性	参　　　数
零件重量范围/kg	0.2 ~ 20
零件最小厚度/mm	1.5
零件形状	简单实体零件、扁平
零件形状复杂度	低 ~ 中
零件公差/mm	0.1 ~ 1
表面粗糙度 Ra/μm	0.2 ~ 2
经济批量/个	2000 ~ 200000

复合材料BMC/SMC模压成型的工艺特性见表4-10。

表4-10   复合材料BMC/SMC模压成型的工艺特性

特　　　性	参　　　数
零件重量范围/kg	0.3 ~ 60
零件最小厚度/mm	1.5
零件形状	简单实体零件、扁平
零件形状复杂度	低 ~ 中
零件公差/mm	0.1 ~ 1
表面粗糙度 Ra/μm	0.1 ~ 1.6
经济批量/个	5000 ~ 1000000

3. 工艺优缺点

模压成型的优点包括：

1）模压成型的塑料是直接加入型腔的，加料腔是型腔的延伸，模具是在塑胶零件最终成型时才完全闭合，压力通过凸模直接传给塑料，有利于成型流动性较差的以纤维为填料的塑料。

2）适用的材料广泛（可成型带碎屑状、片状及纤维状填料的制品）。

3）可采用普通液压机，压缩模结构简单，生产过程较简单。

4）无浇注系统，无材料浪费。

5）可以压制加大平面的塑料零件。

6）塑料零件收缩小、变形小、各向性能均匀、强度高。

模压成型的缺点包括：

1）成型周期长，生产效率低，劳动强度大，生产操作多用手工而不易实现自动化生产。

2）零件经常带有溢料飞边。

3）不易获得尺寸精确尤其是高精度的零件。

4）模具易磨损，使用寿命较短。

5）不适用于带有精细、易断嵌件及较多嵌件的零件。

4. 材料

模压成型几乎适用于所有的热固性塑料，常见的有酚醛、脲醛、环氧塑料、不饱和聚酯、氨基塑料、聚酰亚胺和有机硅等。热塑性塑料应用较少，这主要是因为热塑性塑料不存在交联反应，因此在充满型腔后，需将模具冷却使其凝固才能脱模而获得零件，少数热塑性塑料如聚四氟乙烯也可通过模压成型加工。

模压成型也适用于加工复杂的、高强度的纤维增强复合材料，如 SMC 和 BMC 等，是复合材料的主要成型工艺。

5. 经济性

普通塑料模压成型的模具成本中等，复合材料 BMC/SMC 模压成型的模具成本较高，只有在批量较大时才具有经济性。

6. 典型应用

普通塑料模压成型的典型应用包括电子和电器零件、餐具、洗衣机搅拌器、容器盖、仪表壳、电闸板、电器开关和插座等。

普通塑料模压成型的典型应用如图 4-21 所示。

复合材料 BMC/SMC 的模压成型主要用于结构件、连接件、防护件和电气绝缘件（此处指玻璃钢材质），广泛应用于工业、农业、交通运输、电气、化工、建筑、机械等领域。由于模压零件强度高、质量可靠，在兵器、飞机、卫星上也得到了应用。复合材料 BMC/SMC 模压成型的典型应用如图 4-22 所示。

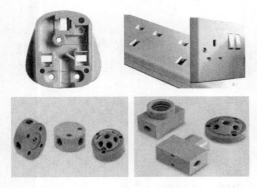

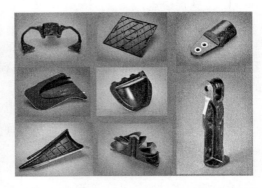

图 4-21 普通塑料模压成型的典型应用　　图 4-22 复合材料 BMC/SMC 模压成型的典型应用

4.2.9 压力铸造

1. 工艺介绍

压力铸造（以下简称压铸）是近代金属加工工艺中发展较快的一种少切削或者无切削的特种铸造方法。压铸的工艺过程是将熔融状态或半熔融状态的金属浇入压铸机的压室，在高压力的作用下，以极高的速度充填在压铸模型腔内，并在高压下使熔融或半熔融的金属冷却凝固成形从而获得精密铸件，如图 4-23 所示。

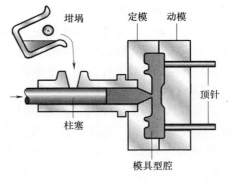

图 4-23 压力铸造工艺

2. 工艺特性

压铸的工艺特性见表 4-11。

表 4-11 压铸的工艺特性

特　　性	参　　数
零件重量范围/kg	0.05 ~ 20
零件最小厚度/mm	1
零件形状	复杂块状
零件形状复杂度	中 ~ 高
零件公差/mm	0.15 ~ 0.5
表面粗糙度 Ra/μm	0.5 ~ 1.6
经济批量/个	5000 ~ 1000000

3. 工艺优缺点

压铸的优点包括：

1）可以铸出形状复杂、轮廓清晰的薄壁铸件，这是其他铸造工艺所不具备的。

2）铸件的尺寸精度高，表面质量好，一般不需机械加工即可直接使用；而且组织细密，铸件强度高。

3）压铸件中可嵌铸其他材料（如钢、铁、铜合金、金刚石等）的零件，以节省贵重材料和机械加工工时，有时嵌铸还可以代替部件的装配过程。

4）生产率高，劳动条件好。

压铸的缺点包括：

1）充填时的紊流和快速的成形周期容易导致收缩和气孔，因此压铸件机械加工的余量不能过大，以免气孔暴露于表面，影响铸件的使用性能。

2）零件形状复杂时需要精密抽芯机构，会增加模具成本。

3）压铸机造价高、投资大，铸型结构复杂、成本费用高、生产周期长。压铸一般不适用于小批量生产。

4）压铸件一般不能进行热处理。

4. 材料

广泛用于压铸工艺的材料有铝合金、镁合金和锌合金等。

5. 经济性

压铸模具成本非常高，因此只有当零件批量较大时使用压铸才具有经济性。由于铁在液态铝合金中具有一定的溶解度，因此生产铝合金产品的模具的寿命一般在100000 次以下，生产镁合金产品的模具则不存在这个问题。

6. 典型应用

压铸主要适用于大批量生产非铁合金（铝合金、镁合金和锌合金等）的中小型铸件，如汽缸盖、箱体、发动机汽缸体、化油器、发动机罩、管接头等，在汽车、拖拉机、仪表、电器、航空、医疗器械等行业应用广泛。

压铸的典型应用如图4-24 所示。

图 4-24　压铸的典型应用

4.2.10　砂型铸造

1. 工艺介绍

砂型铸造是一种传统的铸造方法，是指以型砂和芯砂为造型材料制造铸型，液态金属在重力作用下充填铸型来生产铸件的铸造方法。由于砂型铸造所用的造型材料价廉易得，铸型制造简便，对铸件的单件生产、成批生产和大量生产均能适应，长期以来，一直是铸造生产中的基本工艺。

砂型铸造首先需要制作砂型模具，如图4-25所示，然后再用液态金属充填模具型腔并冷却，最后把砂型模具敲掉取出铸件，如图4-26所示。

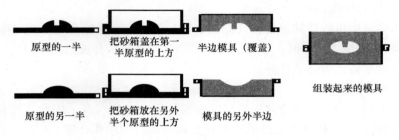

原型的一半　　把砂箱盖在第一　　半边模具（覆盖）
　　　　　　　半原型的上方

　　　　　　　　　　　　　　　　　　　　　组装起来的模具

原型的另一半　　把砂箱放在另外　　模具的另外半边
　　　　　　　半个原型的上方

图4-25　砂型模具制作

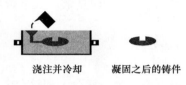

浇注并冷却　　凝固之后的铸件

图4-26　浇铸、冷却、获得铸件

2. 工艺特性

砂型铸造的工艺特性见表4-12。

表4-12　砂型铸造的工艺特性

特　性	参　数
零件重量范围/kg	0.3 ~ 1000
零件最小厚度/mm	5
零件形状	复杂块状
零件形状复杂度	高
零件公差/mm	1 ~ 3
表面粗糙度 Ra/μm	12 ~ 25
经济批量/个	1 ~ 1000

3. 工艺优缺点

砂型铸造的优点包括：

1）适应性强，应用面广，用于制造常用金属及合金的铸铁件。

2）对铸件的形状、大小和重量基本没有限制；可以铸造外形和内腔十分复杂的毛坯，支柱、倒扣、嵌件、中空及变截面厚度均可以实现。

3）工装设备简单，成本低，适合各种生产形式。

砂型铸造的缺点包括：

1）一个砂型只能使用一次，造型耗费工时。

2）工序较多，一些工序质量难以保证，因此质量不稳定，容易形成废品。

3）铸件的晶粒比较粗大，组织疏松，常存在气孔、夹渣等缺陷，力学性能不如锻件，因此对于承载较大载荷的重要零件一般不用铸件。

4）铸件精度及其表面粗糙度较差，一般需要二次加工，多用于制造毛坯。

5）会造成砂尘污染，劳动条件差、对环境污染比较大。

4. 材料

钢、铁和大多数有色合金铸件都可用砂型铸造方法获得。

5. 经济性

设备和模具成本较低，对于小批量铸件的生产非常有吸引力；自动化系统成本较高，但能够生产复杂铸件。

6. 典型应用

砂型铸造广泛应用于机床床身、汽车发动机缸体、气缸盖、变速箱、齿轮毛坯、曲轴和连杆等。

砂型铸造的典型应用如图 4-27 所示。

图 4-27 砂型铸造的典型应用

4. 2. 11 熔模铸造

1. 工艺介绍

熔模铸造是指用易熔材料（如蜡料或塑料）制成可熔性模型，在其上涂覆若干层特制的耐火涂料，经过干燥和硬化形成一个整体型壳后，再用蒸汽或热水将型壳中的模型熔掉，然后把型壳置于砂箱中，在其四周填充干砂造型，最后将铸型放入渗透焙烧炉中高温焙烧（如采用高强度型壳时，可不必造型而将脱模后的型壳直接焙烧），铸型经焙烧后，即可于其中浇注熔融金属而得到铸件，如图 4-28 所示。

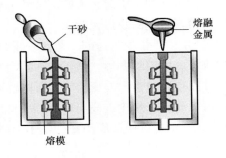

图 4-28 熔模铸造

由于获得的铸件具有较高的尺寸精度和表面质量，熔模铸造又被称为熔模精密铸造。

2. 工艺特性

熔模铸造的工艺特性见表 4-13。

表 4-13　熔模铸造的工艺特性

特　　性	参　　数
零件重量范围/kg	0.001～20
零件最小厚度/mm	0.3
零件形状	复杂块状
零件形状复杂度	中～高
零件公差/mm	0.1～0.4
表面粗糙度 Ra/μm	1.6～3.2
经济批量/个	1～50000

3. 工艺优缺点

熔模铸造的优点包括：

1）应用非常广泛，适用于各种类型、各种合金的铸造。

2）铸件尺寸精度高。

3）压制熔模时，采用型腔表面较光洁的压型，因此，熔模的表面也很光洁。此外，型壳由耐高温的特殊粘结剂和耐火材料配制成的耐火涂料涂挂在熔模上而制成，与熔融金属直接接触的型腔内表面光洁，所以，熔模铸件的表面也比一般铸造件的光洁。

4）可铸造其他铸造方法难于铸得的复杂、耐高温、不易于加工的铸件；特别可以铸造高温合金铸件，如喷气式发动机的叶片，其流线型外廓与冷却用内腔，用机械加工工艺几乎无法加工。用熔模铸造工艺生产不仅可以做到批量生产，保证了铸件的一致性，而且避免了机械加工后残留刀纹的应力集中。

5）由于熔模铸件有着很高的尺寸精度和低表面粗糙度，所以可减少机械加工工作，只是在零件上要求较高的部位留少许加工余量即可，甚至某些铸件只留打磨、抛光余量，不必机械加工即可使用。由此可见，采用熔模铸造方法可大量节省机床设备和加工工时，大幅度节约金属原材料。

熔模铸造的缺点包括：

1）由于熔模铸造的工艺过程复杂，影响铸件尺寸精度的因素较多，例如模料的收缩、熔模的变形、型壳在加暖和冷却过程中的线量变化、合金的收缩率，以及铸件在凝固过程中的变形等，所以普通熔模铸件的尺寸精度虽然较高，但其一致性仍需提高（采用中、高温蜡料的铸件尺寸一致性要提高很多）。

2）工艺过程复杂，生产周期长；影响铸件质量因素较多，工序质量难度增大。

3）铸件尺寸不宜太大。

4）铸件冷却速度较慢，导致铸件晶粒粗大，碳钢件易脱碳。

4. 材料

熔模铸造适用于熔点低于2200℃的各种金属及合金，包括碳素钢、合金钢、耐热合金、不锈钢、精密合金、永磁合金、轴承合金、铜合金、铝合金、钛合金和球墨铸铁等。

5. 经济性

熔模铸造适用于小批量和大批量生产。小批量生产时采用手工加工，可减少固定资产投资和模具投资；当然，此时劳动成本高。大批量生产时采用自动化设备，固定资料投资高，但生产效率高、质量容易管控。

6. 典型应用

熔模铸造主要用于生产汽轮机及燃气轮机的叶片、泵的叶轮、切削刀具，以及飞机、汽车、拖拉机、风动工具和机床上的小型零件，手表壳、外层枪管、球阀、五金件和艺术品等。

熔模铸造的典型应用如图4-29所示。

图4-29　熔模铸造的典型应用

4.2.12　锻造

1. 工艺介绍

锻造是金属压力加工的一种方法，是指在加压设备及工（模）具的作用下，坯料或铸锭产生局部或全部的塑性变形，以获得一定几何尺寸、形状和质量的锻件的加工方法，如图4-30所示。用锻造方法可以得到成品零件，也可以得到供进一步机械加工的毛坯。

锻造按成形方法可分为自由锻、模锻、冷镦、径向锻造、挤压、成形轧制、辊锻和辗扩等。坯料在压力下产生的变形基本不受外部限制的称为自由锻，也称开式锻造。其他锻造方法的坯料变形都受到模具的限制，称为闭模式锻造。成形轧制、辊锻和辗扩等的成形工具与坯料之间有相对的旋转运动，对坯料进行逐点、渐近的加压和成形，故又称为旋转锻造。

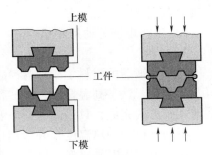

图4-30　锻造工艺

金属材料经锻造后能消除金属在冶炼过程中产生的铸态疏松等缺陷，改善其内部组织，使组织致密均匀，晶粒细化，还具有一定的锻造流线，可提高力学性能。锻件的力学性能一般优于同样材料的铸件，故承受重载及冲击载荷的重要受力构件，如机床主轴、曲轴、连杆、齿轮等零件，多采用锻件为毛坯。机械中负载高、工作条件复杂的重要零件，除形状较简单的可用轧制的板材、型材或焊接件外，多采用锻件。

2. 工艺特性

锻造的工艺特性见表 4-14。

表 4-14　锻造的工艺特性

特　　性	参　　数
零件重量范围/kg	0.1 ~ 100
零件最小厚度/mm	2
零件形状	简单块状
零件形状复杂度	低
零件公差/mm	0.3 ~ 2
表面粗糙度 Ra/μm	3.2 ~ 12.5
经济批量/个	10000 ~ 1000000

3. 工艺优缺点

锻造的优点包括：

1）改善金属内部组织，提高金属的力学性能。

2）节省材料和切削加工工时，提高金属材料的利用率和经济效益。

3）具有较高的生产率。

锻造的缺点包括：

1）零件的结构工艺性要求高，不能直接锻造形状复杂的零件。

2）锻造的尺寸精度比较低。

3）锻造需要重型的机器设备和复杂的工（模）具；对于厂房地基要求高，初次投资费用高。

4）生产现场劳动条件差。

4. 材料

适用于锻造的材料主要是各种成分的碳素钢和合金钢，其次是铝、镁、铜、钛等及其合金，铁基高温合金、镍基高温合金和钴基高温合金的变形合金也可采用锻造或轧制方式完成，只是这些合金由于其塑性区相对较窄，所以锻造难度会相对较大，不同材料的加热温度、开锻温度与终锻温度都有严格的要求。铸铁的塑性较低，在外力作用下易碎裂，故不能锻造。

5. 经济性

由于锻造设备和工（模）具成本较高，所以锻造仅适用于大批量生产。

6. 典型应用

在机械制造生产中，锻造占据着非常重要的位置，是重要的加工方法之一，锻造广泛用于冶金、机械、造船、航空和航天等领域。

锻造的典型应用如图 4-31 所示。

图 4-31　锻造的典型应用

4.2.13　冲压

1. 工艺介绍

冲压是利用安装在压力机上的设备（冲模）使板料产生分离或变形的一种塑性成形方法。冲压的工序包括分离工序和成形工序，分离工序包括冲孔、落料、切断、切口和切边等；成形工序包括折弯、拉深、翻边、起伏和胀形等。部分冲压工艺如图 4-32 所示。

2. 工艺特性

冲压的工艺特性见表 4-15。

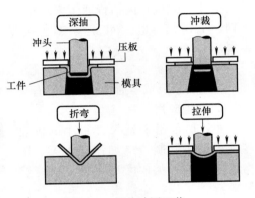

图 4-32　部分冲压工艺

表 4-15　冲压的工艺特性

特　　　性	参　　　数
零件重量范围/kg	0.01 ~ 30
零件最小厚度/mm	0.1
零件形状	复杂块状
零件形状复杂度	中
零件公差/mm	0.02 ~ 0.8
表面粗糙度 Ra/μm	0.5 ~ 12.5
经济批量/个	25000 ~ 250000

3. 工艺优缺点

冲压的优点包括：

1）靠模具设备成形，操作简便，易于实现机械化和自动化，生产率高。

2）零件尺寸精度高、表面质量好、互换性好，不需要机械加工。

3）能获得重量轻、材料消耗少、强度和刚度较高的零件。

4）采用冲压与焊接和胶接等工艺相结合，可以使零件结构更趋合理，加工更为方便，可以用较简单的工艺制造出复杂的结构件。

5）加工成本低。

冲压的缺点包括：

1）冲压中所用的模具结构一般比较复杂，生产周期较长，成本较高。

2）冲压不能加工形状复杂、截面厚度变化较大的零件。

4. 材料

冲压要求被加工材料具有较高的塑性和韧性，较低的屈强比和时效敏感性。适用于冲压的材料包括普通碳素结构钢、优质碳素结构钢、合金结构钢、碳素工具钢、不锈钢、电工硅钢等黑色金属，以及纯铜、黄铜、青铜和铝等有色金属。

5. 经济性

冲压的模具成本通常较高，只有当零件批量足够大时才具有经济性。

6. 典型应用

冲压既能够制造尺寸很小的仪表零件，又能够制造诸如汽车大梁、压力容器封头一类的大型零件，还能够制造精密（公差在微米级）和形状复杂的零件。占全世界钢产量 60%~70%以上的板材、管材及其他型材，其中大部分都是经过冲压加工为成品。冲压在汽车、机械、家用电器、日常用品、电机、仪表、航空航天、兵器等制造中，都有着广泛的应用。

图 4-33　冲压的典型应用

冲压的典型应用如图 4-33 所示。

4.2.14　手糊成型

1. 工艺介绍

手糊成型工艺是复合材料较早，也是一种较简单的成型方法。其具体工艺过程如下，首先，在模具上涂刷含有固化剂的树脂混合物，再在其上铺贴一层按要求剪裁好的纤维织物，用刷子、压辊或刮刀压挤织物，使其均匀浸胶并排除气泡后，再涂刷树脂混合物和铺贴第二层纤维织物，反复上述过程直至达到所需厚度为止。然后，在一定压力作用下加热固化成型或者利用树脂体系固化时放出的热量固化成型，最后脱模得到复合材料零件，如图 4-34 所示。

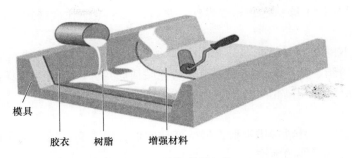

图 4-34 手糊成型工艺

2. 工艺特性

手糊成型的工艺特性见表 4-16。

表 4-16 手糊成型的工艺特性

特　性	参　数
零件重量范围/kg	1~6000
零件最小厚度/mm	2
零件形状	片状薄壁曲面零件
零件形状复杂度	低~中
零件公差/mm	0.6~1
表面粗糙度 Ra/μm	1~500
经济批量/个	1~500

3. 工艺优缺点

手糊成型的优点包括:

1) 设备简单、投资少、设备折旧费用低。

2) 不需要复杂的设备,只需要简单的模具、工具,成本低。

3) 工艺技术易掌握,只需经过短期培训即可上岗。

4) 所制作的产品不受尺寸、形状的限制,适宜尺寸大、批量小、形状复杂产品的生产。

5) 易于满足产品设计要求,可以在产品不同部位任意增补增强材料。

6) 零件树脂含量较高,耐蚀性好。

7) 对一些不易运输的大型零件,如大罐、大型屋面皆可现场制作。

手糊成型的缺点包括:

1) 生产效率低、速度慢、周期长,对批量大的产品不适合。

2) 树脂黏性必须足够低以保证手工操作,这就要求树脂中具有足够高的稀释液含量,造成零件力学性能和热性能较低。

3) 生产环境差,气味大,加工时粉尘多。

4）产品质量不够稳定，易受操作人员技能水平及制作现场环境条件的影响。

4. 材料

手糊成型的基体材料包括不饱和聚酯树脂、环氧树脂、酚醛树脂、聚氨酯树脂、热塑性树脂、高性能树脂和双马来酰亚胺树脂等，增强材料包括玻璃纤维、碳纤维、芳纶纤维和超高相对分子质量聚乙烯纤维等。

5. 经济性

手糊成型模具材料费用很低，但生产效率低、成本高，适用于小批量生产和大型复杂复合材料零件的生产。

6. 典型应用

手糊成型可用于制造汽车车体和汽车配件、各种渔船和游艇、储罐、槽体、舞台道具、波纹瓦、大口径管件、叶片、整流罩、火箭壳体和隔音板等复合材料零件。

手糊成型的典型应用如图4-35所示。

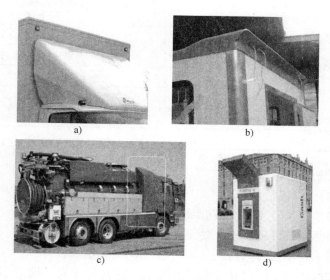

图4-35　手糊成型的典型应用
a）车前风挡　b）卡车顶　c）卡车车体　d）取款机箱体

4.2.15　树脂传递模塑成型

1. 工艺介绍

树脂传递模塑成型（Resin Transfer Molding，RTM）是基于手糊成型改进的一种闭模成型技术，其工作原理是预先将增强材料铺放在闭合模具的型腔内，通过专用压力设备将树脂基体材料注入型腔并浸渍增强材料，然后固化、脱模，从而获得复合材料零件，如图4-36所示。

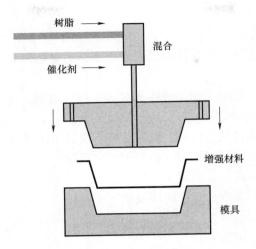

图 4-36　RTM 工艺

RTM 工艺是一种类似于水穿过土壤的渗透过程，如图 4-37 所示。

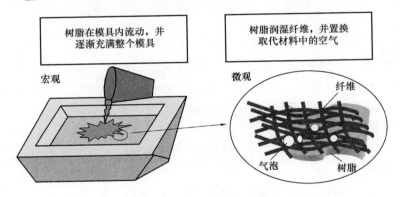

图 4-37　RTM 工艺原理

2. 工艺特性

RTM 的工艺特性见表 4-17。

表 4-17　RTM 的工艺特性

特　性	参　数
零件重量范围/kg	0.2 ~ 20
零件最小厚度/mm	1.5
零件形状复杂度	中 ~ 高
零件公差/mm	0.25 ~ 1
表面粗糙度 Ra/μm	0.2 ~ 1.6
经济批量/个	10000 ~ 1000000

3. 工艺优缺点

RTM 的优点包括：

1）无需胶衣涂层即可为零件提供光滑表面，能制造出具有良好表面的高精度复杂零件。

2）在产品铺层过程中可加入嵌件及对局部进行加强，可具有肋条、支柱和入子等特征，可制造复杂产品。

3）模具制造及选材灵活性大，设备及模具投资小，产品只需做小的修边。

4）成型效率高，生产周期短，适用于中大批量生产。

5）零件纤维含量高，孔隙率 <0.2%。

6）成型过程中挥发物少，车间环境及气味较好。

RTM 的缺点包括：

1）对树脂性能要求较高。

2）对模具的设计与制造、纤维预制体在模具中的铺放技术要求严格。

3）不同结构和形状的纤维预制体的渗透率主要依靠实验测定。

4）在大面积、结构复杂的模具型腔内，充模过程的动态监测和控制比较困难。

4. 材料

适合 RTM 工艺的树脂有聚酯树脂、环氧树脂、酚醛树脂和聚酰亚胺树脂等，RTM 工艺中的增强材料可选用玻璃纤维、石墨纤维、碳纤维、碳化硅和芳纶纤维等，品种可根据设计需要选择短切纤维、单向织物、多轴织物等。

5. 经济性

RTM 的模具通常成本较低，同时也非劳动密集型，经济性较高。

6. 典型应用

RTM 工艺已广泛应用于建筑、军事、船舶、能源、交通、通信、航空航天和生活用品等领域，例如航空航天领域的舱门、机头雷达罩、飞机引擎盖等；军事领域的鱼雷壳体、油箱和发射管等；交通领域的轻轨车门、高铁座椅及车头灯，公共汽车侧面板、汽车底盘、保险杠、卡车顶部挡板、卡车导风板、卡车储物箱门；建筑领域的路灯的管状灯杆、椅子、桌子、头盔等；船舶领域的小型划艇船体和上层甲板等。

RTM 的典型应用如图 4-38 所示。

4.2.16 粉末成形

1. 工艺介绍

粉末成形工艺流程如图 4-39 所示。粉末成形的第一步就是制备原材料粉末。一般需要多种粉末混合，为保证压坯质量，还需要合适的粗细粒度搭配。另一方面，为了获得优异的力学性能，粉料的平均粒度越小越好。除此之外，粉料在成形

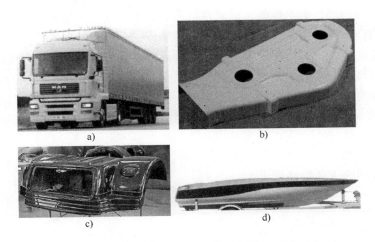

图 4-38　RTM 的典型应用

a）卡车顶部挡板　b）除草机零件　c）三轮摩托外壳　d）船体

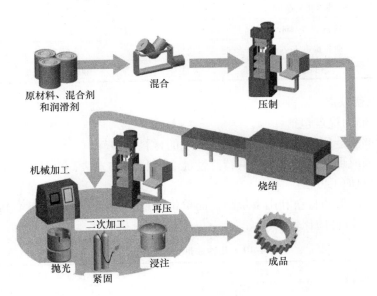

图 4-39　粉末成形工艺流程

之前还需进行诸如退火、筛分、混合、制粒、加润滑剂这样一些预处理。第二步就是压制成形过程，成形分为模压成形和特殊成形两大类。模压成形就是将预处理良好的粉末按一定体积或重量装入精密模具，用压力机压成所希望的形状和尺寸的压坯。由于粉末之间、粉末与模壁之间存在摩擦，故压力分布是不均匀的，这就使得压坯的尺寸不能太大，形状也不能很复杂。为此，人们又开发出了多种特殊成形的方法，如等静压成形、滚压成形、高能高速成形、无压成形、注浆成形和挤压成形等。当然，模压成形目前仍占主导地位。第三步为烧结过程，成形后的粉末毛坯还不具备应有的物理、力学性能，必须在适当的温度和气氛中加热、保温，使其发生一系列的物理和化学变化，使粉末颗粒的聚集体变成晶粒的聚集体，以达到所需的物理、力学性能，成为可用的零件。烧结对最终零件的性能起着决定性的作用，是整个生产或材料制备过程中最重要的工序。烧结温度一般约为主成分熔点的 2/3。烧结时还需要用氢气等还原气体，或氮气、氩气等惰性气体保护，有时还可能直接在真空中烧结。第四步为二次加工过程，烧结的零件经过机械加工等二次加工工序形成最后的成品。

2. 工艺特性

粉末成形的工艺特性见表 4-18。

表 4-18　粉末成形的工艺特性

特　性	参　数
零件重量范围/kg	0.01 ~ 5
零件最小厚度/mm	1.5
零件形状复杂度	低 ~ 中
零件公差/mm	0.1 ~ 1
表面粗糙度 Ra/μm	1.6 ~ 6.3
经济批量/个	1000 ~ 1000000

3. 工艺优缺点

粉末成形的优点包括：

1）能够制造用传统成形方法无法加工的材料和零件。

2）粉末成形法既是制取具有特殊性能金属材料的方法，也是一种精密的无切削或少切削的加工方法。

3）粉末成形的材料利用率最高，而单位重量的能耗又最低，表 4-19 给出了几种成形方法经济性的比较。

表 4-19　几种成形方法经济性比较

成形方法	材料利用率（%）	单位重量的能耗/（J/kg）
铸造	90	30 ~ 38
粉末成形	95	29
冷锻	85	41
热锻	75 ~ 80	46 ~ 49
机械加工	40 ~ 50	66 ~ 82

粉末成形的缺点包括：

1）由于压制设备吨位及模具制造的限制，目前，粉末成形法还只能生产尺寸有限和形状不很复杂的工件。

2）粉末成形零件的力学性能仍低于铸件与锻件。

4. 材料

粉末成形适用于黄铜、青铜、铁合金、不锈钢、钴、钼、钛、钨、铍、金属基复合材料和陶瓷等。

5. 经济性

粉末成形的生产周期较短、材料利用率高，但粉末成本较高，适用于中大批量生产。

6. 典型应用

粉末成形材料应用很广。在普通机器制造业中常用作减摩材料、结构材料及硬质合金等。在其他工业部门中，用以制造难熔金属材料（如高温合金和钨丝等）、特殊电磁性能材料（如电器触头、硬磁材料和软磁材料等）、过滤材料（如用于空气的过滤、水的净化、液体燃料和润滑油的过滤等）。

目前采用粉末成形工艺可以制造板、带、棒、管和丝等各种型材，以及齿轮、链轮、棘轮、轴套类等各种零件；可以制造重量仅百分之几克的小零件，也可以用热等静压法制造近 2t 重的大型坯料。

粉末成形的典型应用如图 4-40 所示。

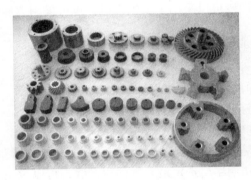

图 4-40 粉末成形的典型应用

第5章 常规装配工艺选择

常规装配工艺主要包括两大方面的内容：

1）装配生产线。装配生产线是按照某种关系连接在一起的多台装配设备的集合，以此来完成某种预先计划的工作过程。

2）紧固工艺。紧固工艺是指零部件之间通过某种方式，如螺栓、卡扣或焊接等工艺紧固成一个整体。

装配生产线和紧固工艺对零部件装配后的质量、成本和可靠性等具有非常大的影响。

5.1 装配生产线

5.1.1 装配生产线选择策略

零部件的装配生产线可以采用手工生产线，也可采用柔性生产线，还可以采用专用生产线。

最终选定的生产线应满足以下条件：

1）按照规定的生产效率进行批量生产。

2）以较低的装配成本进行生产。

3）技术上适用于所装配的零部件。

4）满足产品功能要求。

装配阶段的成本是产品成本占比较大的一部分，在有些行业甚至超过了制造成本。在产品开发阶段初期尽早选定最有效的生产线，可以避免后期的无效活动和效率低下，从而降低产品成本。更为重要的是，作为工程变更、返工和产品多样性的主要源头，装配出现在产品开发后期，这些变更、返工和产品多样性带来的成本非常高，据估计会达到最终产品成本的5%~10%。从某方面来说，这是因为相对于制造，装配更加难以控制，未知性更大。事实上，生产线选择是一件非常困难的事情。当然，这并不意味着在给定的条件下无法做出最合理的一个选择，已经有学者对此进行了一系列的研究。

1. 手工生产线

手工生产线是指装配操作都是由人工完成的装配生产线，整个操作完全依靠操作员的灵巧、经验、技术和判断。装配操作可以是在单独的工站进行，也可以是作为流水线的一部分随着输送带的推进而逐步进行；手工装配可以通过机械化或自动化的进料系统和输送系统等进行辅助，如图5-1所示。

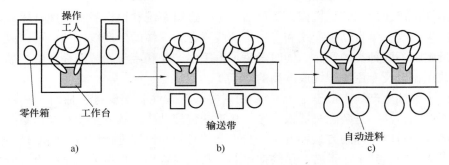

图 5-1 手工生产线的形式

a) 单一工站 b) 具有输送带的生产线 c) 具有输送带的自动进料生产线

传统的小批量生产一般采用手工生产线。然而，市场竞争要求灵活性、产品品种多样性，以及短的交货周期和零缺陷的产品，同时还伴随着劳动力成本上升和劳动法规趋严。为了减少手工装配成本，很多西方国家的企业把生产线转移到劳动力成本较低的国家和地区。当然，这并不是理想的方法，因为这会增加运输费用，同时在设计与生产之间树立了一个物理屏障，常常会造成质量问题的产生。产品质量要求在每个产品移交到客户手中前都必须经过检测。手工生产线则非常容易出现质量问题，例如小的零部件被忘记装配、零部件被装配在错误的位置或者被错误地紧固（如螺栓紧固时扭矩不正确）。这些目前已经可以通过在手工生产线辅以自动化或半自动化设备来解决。半自动化装配设备可以代替手工来装配那些容易出错的关键位置，例如螺钉紧固操作；而手工装配仅仅进行那些不容易出错的操作，例如进料和定位操作。这使得手工生产线从传统的容易出错的窘境中解脱出来，使得其更容易进行管控，当一个错误的零件被装配或者一个零件被遗忘时，传感器会探测到异常，并报警给操作员。于是，装配错误可以当场被纠正，装配动作可以继续。

2. 柔性生产线

柔性生产线使用可编程的机器人设备来完成一个产品的装配。一系列的进料机构、输送机构和各种机器人类型及卡爪等可以用于辅助装配，如图 5-2 所示。

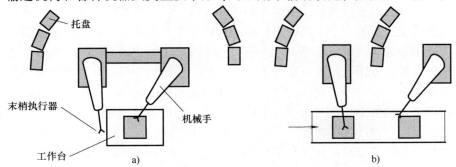

图 5-2 柔性生产线的形式

a) 单一工站 b) 柔性生产线

柔性生产线使用装配机械人、灵活的零件进料系统和输送系统，使其成为一种集手工生产线、半自动生产线和专用生产线三者为一体的生产线，从而可以以不同的批量装配不同种类的产品，同时避免了手工生产线和半自动装配存在的产品单一性的缺点，以及专用生产线成本高的缺点。

一个柔性生产线类似于一个 CNC 加工中心。柔性装配设备包括两大并行运作的机械系统，其一是装配机器人，进行真正的装配动作；其二是物料输送系统，确保正确的物料以正确的方式和方位、在正确的时间和位置进行进料，同时把装配完成的半成品输送到下一工站，最终把产品从装配线移出。物料输送系统也可分为两部分：零件进料机构、托盘和治具输送系统。当需要变更产品时，更换相应的进料机构、托盘和治具输送系统，同时新的装配程序被重新编制。

3. 专用生产线

专用生产线有着特殊的目的，使用全机械化和全自动设备来完成产品的装配。一般来说，一系列的包含自动进料设备和自动紧固设备的工站按照产品装配的先后顺序，分布于自动控制的输送系统上，如图 5-3 所示。

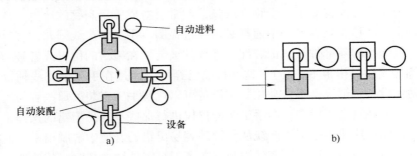

图 5-3　专用生产线的形式
a）环形生产线　b）直线生产线

专用生产线把装配任务分解为一系列的简单装配操作，并按照先后顺序依次布置于流水生产线上，每一个工站完成一个特定的装配操作，随着流水线的推进，零部件在每一个工站逐步被装配成最终的成品。零部件以整批的方式上料，通过各自的进料系统输送至每一个工站，以较高的速度完成装配动作。这种流水线装配方式的生产效率非常高，可以达到 1s 完成一个成品的装配。

一般来说，专用生产线仅适用于特定产品。任何的产品设计修改将会导致生产线的大幅修改，同时产生较高的修改费用和较长的修改时间。很明显，专用生产线也仅适用于大批量生产，只有当批量较大时昂贵的设备费用才会有经济性。在有些情况下，专用生产线可以被改装成高速运转的生产线，在提供经济性装配的同时使得大批量生产也具有灵活性（可装配多种产品），即大规模定制。这种生产线由自动化工站组成，通过自由传输系统连接成一个整体。在每一个自动化工站，配备视觉系统的进料机构用于不同产品的进料。零件的插入和传输通过机器人和可编程工站共同实现。治具和卡爪被标准化，因此针对不同的产品并不需要定制的治具和卡爪。在这种情况下，产品设计修改产生的费用和引入新产品品种的费用被大幅降低。流水生产线的模块化结构可以加入新工站以增加产能或替代原有的手工工站。

在选择生产线之前，需要考虑几个层面的影响：

1）商业层面。企业现有装配技术和能力、商业策略、地理位置和未来竞争问题。

2）产品层面。预测的交货周期、产品生命周期、投资回报周期、产品族和产品变动、产品批量。

3）供应商层面。零件质量（制程能力、缺陷率）和交货周期。

供应商层面的影响特别重要。大致来说，一个产品大约 2/3 的零件或部件均由供应商制造。因此，应尽早让供应商介入产品开发，以保证装配顺利进行。零部件的尺寸公差和制程多样性需要多加注意，特别是当采用自动化装配时，因为这些对装配流程不利。

选择生产线时，需要考虑一系列的因素，这些因素包括：

1）人工成本。包括劳动者技能水平和招工容易性等，这决定于地理位置，不同区域可能会有所不同。

2）地理位置。

3）产品批量。至少未来两年的各种类型产品的批量预测。

4）生产率。较高的生产率可以通过布置多个装配工站来实现，同时也受到零件尺寸、重量和装配工序复杂度的影响；当然，产品设计对装配工序复杂度的影响最大。

5）紧固工艺。有分析显示，在很多设计中，过多的零件被用于紧固目的。过多的零件和不正确的紧固工艺被采用，是对紧固工艺认知不足，以及对装配成本和装配性能的不重视所导致的。

6）生产线的固定资产投资。根据自动化的程度和装配零部件的数量多少，生产线的固定资产投资可以很少，也可到多到几百万或几千万人民币；在考虑生产线时，固定资产投资是一个非常重要的考虑因素。

7）生产线的维护费用。生产线运行时，机器和设备需要进行必要的维护以保证其正常运行。

8）需要装配的零部件数量。面向装配的设计方法通过一系列的方法来简化产品设计、减少零部件数量。然而，零部件数量依然与产品成本之间存在着强烈的关系。

9）产品品种数。不同类型的生产线可以生产的产品品种不一样，固定资产投资也不一样。

10）零件质量。零件质量涉及零件制程能力、潜在的缺陷和尺寸公差。

11）零件供应链。外部供应商和内部供应商都是生产管理系统（如无库存生产系统 JIT）不可或缺的一个重要元素。

12）装配工序的复杂性。产品结构、零件设计和紧固工艺的选择决定了装配工序的复杂性。有些工序超过了手工装配的能力，而需要采用机械辅助或使用自动化设备。当然面向装配的设计可以通过优化设计，例如优化零件的形状和结构使得其更容易进料、输送、紧固和检查，从而减小装配工序的复杂性。

13）零件的可输送性。零件的尺寸、重量和环境有害性等是决定操作员的疲劳、安全和健康的重要因素。

生产线选择矩阵如图 5-4 所示，应当把它作为选择生产线时的通用性指南。生产线的选择主要包含四个驱动因素：

1）产品多样性（生产线的灵活性要求）。

2）产品生产效率（每小时产量）。

3）产品年产量。

4）生产线的固定资产投资。

当产品多样性水平较低时，为了获得产品的多样性，需要大量的固定资产投资，随之而来的是要求产品年产量的大幅增加。当产品多样性水平较高时，管理变得相当困难，包括大量的模具和治具、多样性管理和机器停止运转风险等，同时系统维护费用急剧增加；此时也要求产品年产量的大幅增加以使得生产线能够从手工生产线变更为柔性生产线、从柔性生产线变更为专用生产线。

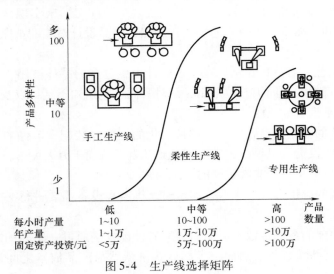

图 5-4　生产线选择矩阵

5.1.2　案例：医疗单向阀的装配

1. 产品要求

需要装配的产品是用于医疗设备的单向阀，其产品要求如下：

1）单向阀包含六个非常小的零件，能够组成四种不同版本的产品；四种版本的不同之处在于阀门密封盖的材料和直径不同。

2）不良率不超过百万分之一，这意味着产品装配完毕后必须具有相应的检测措施把不合格的产品剔除掉。

3）产品生产效率要求为 200 个/min。

4）装配环境需保持清洁。

2. 装配过程和机器设计

为了满足可靠性和生产效率的要求，一条线性的流水线被设计用来装配阀门的六个零件。流水线配备六个振动料头以满足不同尺寸的零件进料，同时振动料头可以调整零件的方位使其以正确的方位进料。整个装配线包含 21 个工站，操作员可以随机抽查产品品质。柔性单元可以装配四种不同版本的产品，尽管生产效率高，但质量依然可以得到保障，不会出现塑料零件表面被损坏而被剔除的情形。

为了达到清洁的装配环境，与零件接触的生产线采用不锈钢材料，机器也经过精心设计以避免运行时留下灰尘和颗粒。另外，通过产品设计，例如控制阀门零件的尺寸公差在 0.05mm 以下，以确保精密的配合。

3. 生产线选择考虑

选择医疗单向阀生产线的四个驱动因素包括：

1）高的生产批量要求和潜在的持续需求。

2）四种不同的产品。

3）非常高的产品制程能力和质量要求（$<10^{-6}$）

4）清洁的装配环境，无污染。

结合以上四个因素，根据图 5-4 选择柔性生产线。

5.2　紧固工艺

5.2.1　紧固工艺与成本

产品结构不同，紧固工艺不同，会导致装配方式不同，耗费不同的装配时间，继而会产生不同的产品成本。表 5-1 显示了不同紧固工艺与成本的关系，从中可以看出，紧固工艺对成本有着非常大的影响。当然，紧固工艺的选择往往并不是孤立的，而是与零件的材料选择和制造工艺选择有机结合在一起的。紧固工艺不同，零件可能会采用不同的材料、不同的制造工艺。

因此，面向成本的产品设计要求在产品设计时根据需求，评估各种合适的紧固工艺，并计算所采用紧固工艺的产品成本，从中选择出产品成本最低的紧固工艺。

表 5-1　紧固工艺与成本的关系

部件	图　形	材料	制造工艺	紧固工艺	装配经济性	相对成本
轴/外壳		轴：不锈钢 外壳：不锈钢	外壳：冲压	螺钉紧固	零件数量 共 10 个，装 配效率高	2.5
		轴：不锈钢 外壳：尼龙	外壳：注射 成型	卡扣紧固	零件数量 共 2 个，装 配效率高	1
链轮齿		钢	机械加工	螺钉紧固	零件数量 共 4 个，装 配效率低	3.2
		钢	金属粉 末烧结	无	零件数量 共 1，无装配	1

5.2.2　紧固工艺选择策略

　　大量的证据表明，大多数产品由过多的零部件组成。面向装配的产品设计分析显示，这些过多的零部件仅仅是用于紧固目的，从产品功能方面来看，它们毫无价值，同时还增加了零件数量及装配复杂度，继而使得装配成本上升、产品成本上升。在很多情况下，这种不正确的紧固工艺选择主要归结于以下两点：

　　1）对各种紧固工艺的理解和认知不够。由于工程师的经验和视野所限，仅仅对曾经使用过的紧固工艺比较了解，在选择紧固工艺时就潜意识地把上一代产品曾经使用的，或者自己熟悉的紧固工艺作为第一选择。殊不知，除了工程师所熟知的已经使用过的紧固工艺之外，还存在着其他更好的替代紧固工艺，它们不仅使用较少的零部件，同时还装配效率高、装配成本低、装配质量高。

　　2）忽视了紧固工艺对产品结构和产品成本的重要性。在产品设计时，工程师把大多数的精力放在了如何设计产品使其满足产品的功能、外观和可靠性等需求，而轻视了紧固工艺的重要性，常常认为紧固工艺只是类似于锁螺钉而已。事实上，合适的紧固工艺对产品结构和产品成本非常重要；合适的紧固工艺，不但会简化产品结构、减少产品零件数量，而且还会简化产品装配，降低产品装配成本和产品成本。

　　选择合适的紧固工艺需要考虑多方面的因素，包括材料属性、应用条件和产品结构设计等。在选择过程中，工程师应当仔细考察所有潜在可行的紧固工艺，而不是仅把选择局限于上一代产品使用过的或者自己熟悉的紧固工艺。并且选择紧固工艺的时间应当是在产品概念设计的初期，越早越好。很多工程师在产品设计时，对紧固工艺不重视，常常等到产品详细设计完成了或者零部件几何形状已经完全确定了，再来选择紧固工艺，已经错过了选择的最佳时机。因为此时才来选择紧固工艺，零部件结构已定，所以选择相当有限，就很难选择出合适的紧固工艺；或者为了选择合适的紧固工艺，不得不对零部件结构进行相应的设计修改，耗时耗力。

　　本章将为读者提供一套切实可行的紧固工艺选择方法。这套方法不是为了针对某一应用选择出最合适的紧固工艺，而是指出潜在的、可行的多种紧固工艺以供选择，而最终的选择需要结合材料属性、应用条件和产品结构设计等多方面因素。

　　由于紧固工艺众多，本章仅选取了工业应用中较常见的一些紧固工艺，如图 5-5 所示。根据其原理和技术，这些紧固工艺被分为四大类，包括焊接、钎焊和锡焊、机械紧固和胶粘紧固。同一大类的紧固工艺，根据其所采用技术的差异，还可继续进行分类。例如，焊接的基本原理是融合，根据融合时的加热方式不同，又可继续分为通过电流加热的电阻焊、通过激光加热的激光焊等；钎焊和锡焊的工艺过程不同，于是被分成钎焊和锡焊两大类；机械紧固有两大分类方法，分别是按成组技术和紧固的永久性，本书采用后者进行分类，因为后者常常关系到紧固件的功能性及产品的应用需求。

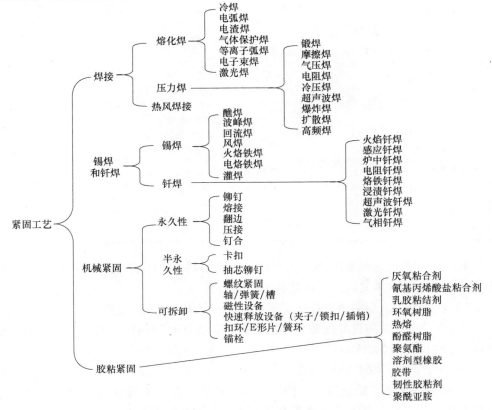

图 5-5　常见紧固工艺总览

一般来说，在选择合适的紧固工艺时，需要综合考虑表 5-2 所述的各种要求。

表 5-2　紧固工艺的各种要求

类 别		描 述	标 准
技术要求	功能要求	功能要求定义紧固零件的应用要求	1）可拆卸性 2）载荷的类型（静态载荷、周期载荷和冲击载荷） 3）强度要求
	工艺要求	工艺要求定义紧固零件的属性	1）紧固结构 2）应用温度 3）零件材料类型 4）材料兼容性 5）精度
	空间要求	空间要求定义紧固零件的几何结构	1）零件厚度 2）尺寸、重量 3）几何形状
	其他	其他重要因素	1）复杂度 2）灵活度 3）安全性 4）紧固可达性 5）质量
经济性要求		紧固工艺的经济性要求	1）量产批量经济性要求 2）生产效率 3）设备要求 4）是否可自动化 5）技能和技术要求 6）工装夹具要求 7）装配成本

利用紧固工艺选择矩阵表（该表获取方式同图 4-3），从表 5-2 中选取以下四个因素，作为从众多紧固工艺中选择的关键因素。

1）材料类型。材料类型决定了零件材料与紧固工艺的兼容性。

2）零件厚度。零件厚度被分为三种范围：薄（≤3mm）；中等（介于 3mm 和 19mm 之间）；厚（≥19mm）。

3）可拆卸性。可拆卸性分为三种类型：

① 永久性紧固。被紧固的零件如果需要拆卸，仅仅能通过对紧固界面进行不可修复的破坏才能完成。永久性紧固适用于不需要拆卸的场合。

② 半永久性紧固。在某些情形下，被紧固的零件可以被拆卸，但是会对紧固系统或基材造成破坏。半永久性紧固适用于不经常拆卸、但在某些情形下需要拆卸的场合。

③ 可拆卸性紧固。可以被拆卸，并且对紧固系统或基材不造成任何破坏。可拆卸性紧固适用于需要经常拆卸的场合，例如产品需要经常维修维护时。

4）批量。产品的年产量，亦即紧固工艺的年批量，决定了紧固工艺的经济性。

紧固工艺选择矩阵表是基于过往的工业经验，由于各种紧固工艺总是在不停地发展和进化，总会存在着例外或者其他更好的选择，并不能把该矩阵表作为紧固工艺选择时的终极法则。另外，矩阵表中选项的排列并没有先后之分。一般来说，可以把该矩阵表作为紧固工艺选择时的初步筛选，然后根据表 5-2 所示的具体应用要求再进行进一步的筛选，最后当选择出的工艺存在多项选择时，需要准确计算每一种紧固工艺在装配时的装配成本及产品成本，最终选择出符合各种要求、同时产品成本最低的紧固工艺。

5.2.3　常规紧固工艺

1. 螺纹紧固

（1）工艺介绍　螺纹紧固是指利用带有螺纹的紧固件，通过外螺纹和内螺纹的相互配合，把两个或多个零件紧固在一起。螺纹紧固是一种可拆紧固，其结构简单，拆装方便，紧固可靠，且多数螺纹紧固件已经标准化，生产率高，成本低廉，因而得到广泛应用。螺纹紧固基本分为螺栓紧固、螺柱紧固和螺钉紧固，如图 5-6 所示。

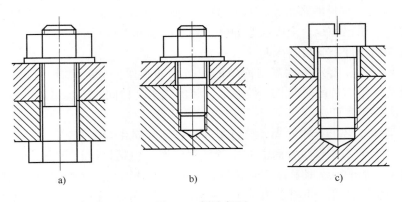

图 5-6　螺纹紧固
a）螺栓紧固　b）螺柱紧固　c）螺钉紧固

1）螺栓紧固。螺栓的一端通常为六角形头部，另一端有螺纹。螺栓紧固是将螺栓一端穿过被紧固件的孔，套上垫圈再拧紧螺母，把零件紧固在一起。这种紧固工艺不需要加工螺孔，比较简单，因而应用广泛。

2）螺柱紧固。双头螺柱的两端均有螺纹。螺柱紧固是把螺纹较短的一端拧紧在被紧固件的螺孔内，靠螺纹尾端的过盈而紧定，然后放上第二个被紧固的零件，最后套上垫圈再拧上螺母，将零件紧固成一体。拆卸时只需拧下螺母，螺柱仍留在螺孔内，故螺纹不易损坏。这种紧固主要用于被紧固件之一厚度较大，不便穿孔，并且需经常拆卸或因结构限制不易采用螺栓紧固的场合。

3）螺钉紧固。这种紧固不是使用螺母，而是用螺钉穿过一个零件的孔后直接拧入另一个零件的螺孔内夹紧零件。

（2）工艺优缺点　螺纹紧固的优点是：

1）紧固可靠，强度高。

2）被紧固的零件不受材料限制。

3）可反复拆卸和安装，利于维修。

4）多数螺纹紧固件已标准化，生产率高，成本低廉。

螺纹紧固的缺点是：

1）相对于卡扣等紧固工艺，紧固和拆卸过程时间相对较长，装配成本高，不适用于快速装配。

2）紧固和拆卸过程很难实现全自动化，劳动强度高，不利于大批量生产。

3）尽管标准化的螺纹紧固件成本低廉，但相对于不需紧固件的卡扣等紧固工艺，依然是一项成本支出，特别是在产品中紧固件数量过多的情况下。

4）单纯的螺纹紧固存在松脱的可能，因此，有必要采取防脱措施，包括增加弹性垫圈、使用锁紧螺母或增涂耐落胶等来防止松脱。

（3）材料　常见的螺纹紧固件材料包括碳钢、不锈钢、镍合金、尼龙和其他硬质塑料，不锈钢和镍合金螺纹紧固件可用于高温和腐蚀环境。

被紧固的零件不受材料限制。

（4）经济性　螺纹紧固需要简单的设备，如螺丝刀、扳手等，设备投资费用很低。但螺纹紧固装配时间长，效率低，装配成本高；同时不容易进行自动化，因此不利于大批量生产。

（5）竞争工艺　卡扣紧固、拉钉紧固、胶粘紧固和焊接等。

（6）典型应用　螺纹紧固的应用领域很广泛，包括机械、电子、交通、家具、建筑、化工、船舶、玩具和航空航天等，生活中无处不在。例如，现代飞机所用螺纹紧固件的总重量可占飞机总重的 5% ~ 6%；一架 A380 飞机的每一个碳纤维尾翼段大约需要 9000 个螺栓；一架典型的双通道飞机（如 A330/A340）的机身和机翼上大约有 40 万个螺纹紧固件。

螺纹紧固的典型应用如图 5-7 所示。

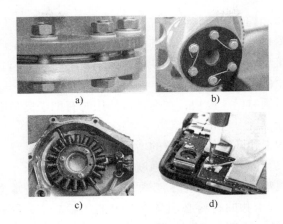

图 5-7 螺纹紧固的典型应用

a) 机械设备部件 b) 飞机部件 c) 摩托车部件 d) 平板电脑主板

2. 卡扣紧固

（1）工艺介绍 卡扣是用于一个零件与另一零件的嵌入紧固或整体闭锁的机构，常用于塑胶件的紧固，其材料通常为具有一定韧性的塑料材料；也可用于部分具有韧性的金属材料的紧固。卡扣紧固最大的特点是安装拆卸方便，可以做到免工具拆卸。常见卡扣紧固的实现方式如图 5-8 所示。

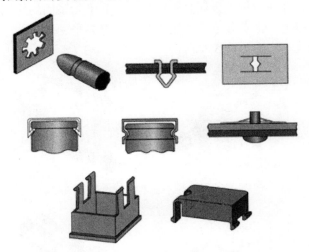

图 5-8 常见卡扣紧固的实现方式

卡扣紧固的关键是材料能够容忍装配和拆卸时发生的相对较大变形而不发生失效。热塑性塑料最符合该要求，弹性较大的金属也适合。

（2）工艺优缺点 卡扣紧固的优点是：

1）不需要额外的螺纹紧固件、额外的胶粘剂，以及不需要额外的设备投资，卡扣紧固成本低。

2）有替代螺栓和螺母等昂贵紧固工艺的可能。

3）装配过程简单，只需一个插入的动作即可完成装配，生产效率高。

4）没有像焊接和胶粘紧固等的复杂技术要求。

5）有些卡扣紧固可反复拆卸。

6）由于卡扣紧固装配速度快，在客户端使用时有助于提高用户体验度。

卡扣紧固的缺点是：

1）塑料零件的卡扣随着使用次数的增多，容易断裂。

2）相对于螺纹紧固等工艺，紧固强度较低，可靠性较低。

3）卡扣紧固很难做到完全密合，装配后在重力作用下经常会有一些蠕动。

（3）材料　设计卡扣的材料必须具有较大的屈服应变，同时强度应足够以保证紧固。热塑性塑料（特别是 PC、ABS、PPO 和尼龙等）具有比金属大的屈服应变。弹性体的屈服应变最大，但强度不够，使得其无法提供足够的紧固力。在金属中，用作卡扣的材料包括弹簧钢、不锈钢、铍铜和冷加工黄铜等。

（4）经济性　卡扣紧固快速而便宜，能够减少装配时间和装配成本，不需要额外的设备投资。

（5）竞争工艺　螺纹紧固、胶粘紧固和铆接等。

（6）典型应用　卡扣紧固的应用非常广泛，在使用塑胶材料的场合基本均有卡扣紧固的应用，在使用韧性金属材料的场合也有卡扣紧固的应用。卡扣现在被广泛应用于汽车、家电、消费类电子、玩具和医疗等各个领域。

卡扣紧固的典型应用如图 5-9 所示。

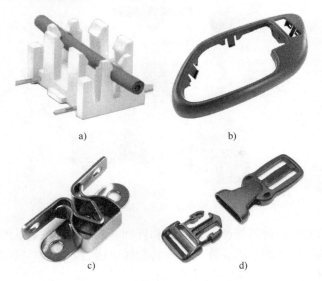

a)　　　　　　　　　　　b)

c)　　　　　　　　　　　d)

图 5-9　卡扣紧固的典型应用

a) 塑胶件卡扣固定线缆　b) 汽车门把手挡板使用卡扣与车门紧固

c) 不锈钢金属卡扣用于机箱、机柜　d) 背包插扣

3. 铆接

（1）工艺介绍　铆接是利用手工、电力或压缩空气，通过专用工具使特殊的铆钉变形，将两个零件铆合的一种方法。

铆钉的种类很多，主要包括抽芯铆钉、实心铆钉、压合铆钉、螺纹铆钉、管状铆钉、开口铆钉、半空心铆钉和击芯铆钉等。每一种铆钉都有不同的特性，适用于不同的应用场合。它们的材料、尺寸、头型和表面处理也可以根据实际应用需求而不同。图 5-10 所示为抽芯铆钉和实心铆钉。

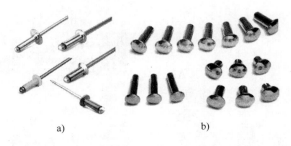

图 5-10　抽芯铆钉和实心铆钉
a）抽芯铆钉　b）实心铆钉

不同类型铆钉的铆接方法和步骤有所不同，下面以抽芯铆钉和实心铆钉为例来说明铆接的步骤。

抽芯铆钉的铆接步骤如图 5-11 所示，包括：

1）把铆钉芯棒插入拉铆枪中。

2）把铆钉实体插入零件的铆钉孔中。

3）开动铆钉枪，依靠压缩空气产生的向后拉力，使芯棒的凸肩部分对铆钉形成压力，铆钉出现压缩变形并形成铆钉头，同时，芯棒由于缩颈处断裂而被拉出。

4）铆接完成。

图 5-11　抽芯铆钉的铆接步骤

实心铆钉的铆接步骤如图 5-12 所示，包括：

1）把铆钉插入铆钉孔，铆钉孔稍大于铆钉直径，铆钉凸出零件表面至少 1.5 倍铆钉直径。

2）铆钉枪紧紧地正对着铆钉头，铆钉顶棒正对着铆钉杆尾部。

3）开动铆钉枪，铆钉枪的力驱使铆钉杆尾部逐步变形。

4）铆接完成。铆钉杆尾部直径变为原来直径的 1.5 倍，而铆钉凸出零件表面的高度由 1.5 倍铆钉直径减少为 0.5 倍。

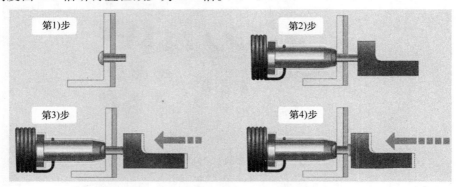

图 5-12   实心铆钉的铆接步骤

（2）工艺优缺点

铆接的优点是：

1）无需前后处理工序，没有材料损耗，可以实现多点同时紧固。

2）紧固强度较高、稳定可靠。

3）容易检查和排除故障。

4）操作工艺易掌握。

5）使用工具机动灵活、简单、廉价。

6）适用于较复杂结构的紧固。

7）适用于各种不同材料之间的紧固。

铆接的缺点是：

1）与焊接相比，其缺点是结构笨重，铆钉孔削弱被紧固件截面强度，强度会降低 15%～20%；劳动强度大，噪声大，生产效率低。

2）与螺纹紧固相比，铆钉紧固的疲劳强度要小，大的拉伸负载能将铆钉头拉脱，剧烈的振动会使接头松弛。

3）铆接不能密封，需要配合密封圈或者胶水等进行密封。

（3）材料   铆钉材料有碳素钢、合金钢、不锈钢、铜、铝合金、钛合金、镁合金、镍铜合金和铝锌镁铜合金等。

（4）经济性   相对于卡扣紧固等，成本高；相对于螺纹紧固等，生产效率高，成本低。

（5）竞争工艺　螺纹紧固、焊接和胶粘紧固等。

（6）典型应用　铆接广泛应用于精密机械、纺织器材、钢制家具、建筑五金、高低压电器、五金工具、汽车、飞机和摩托车配件等众多行业，特别是在汽车门锁、刮水器、制动器、离合器、后门撑杆、门铰链、玻璃升降器、化油器、手制动器、转向球接头、摩托车减振器等汽摩配件行业。

铆接的典型应用如图 5-13 所示。

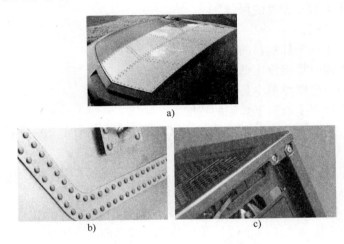

图 5-13　铆接的典型应用

a）定制版大黄蜂轿车　b）飞机机身　c）电脑机箱

4. 热气焊接

（1）工艺介绍　热气焊接又称热风焊接，是指压缩空气（或惰性气体）经过焊枪的加热器被加热到焊接塑料所需的温度，然后用这种经过预热的气体加热焊件和焊条，使之成为黏稠状态，焊条熔化到焊件的焊缝里，在一定的压力下使之结合，如图 5-14 所示。这种方法与金属的气焊颇为相似，只是不需要让焊条熔融为珠粒。热气焊接广泛应用于热塑性型材和片材等的焊接。

（2）工艺优缺点　热气焊接的优点是：

1）工具简单，廉价，操作方便。

2）通用性强，不仅能焊接轻型零件，也可焊接重型设备。与接触焊接相比对零件相互配合的要求较低，熔融的热塑性塑料不会粘在工具上。

3）热气焊接适用于焊接那些因为易热解或材料本身易损而不能进行传统焊接的塑胶件。

4）焊接件内部不会产生任何颗粒碎屑。

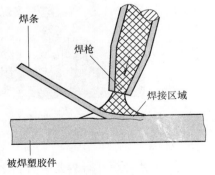

图 5-14　热气焊接

5）焊接时不需要给待焊件施加很大的机械力。如果焊件上还带有一些电子元件，在焊接时这些电子元件也不用承受机械力。焊接过程中，夹具不会给焊件造成压痕或损坏。

6）焊接时加热体不接触塑胶件，焊接线处的均匀和均质能得到保证。

7）因为焊接过程中使用了保护性气体，所以在焊接部位不会产生材料的氧化问题，也不会有颜色变化。

8）可用于大型塑胶件的修复。

热气焊接的缺点是：

1）仅适用于热塑性塑料的焊接。

2）手工制程时焊接效率低。

3）要求塑胶件壁厚至少是 2.5mm 以上。

4）焊接质量完全依赖于焊工的技能。

（3）材料　热气焊接主要应用于 PVC、PE、PP、POM、PS、ABS、PS、CPE 和 PTFE 等塑料的焊接。

（4）经济性　设备费用和安装费用低，适用于现场焊接；但效率低，不适用于大批量量产。

（5）竞争工艺　激光焊接、螺纹紧固和胶粘紧固等。

（6）典型应用　热气焊接适用于厚度大于 2.5mm 的材料，包括板材和管材等。热气焊接的产品包括油槽、刹车液收集器、油壶、冷却液收集器、转向液收集器、节温器外壳、水泵外壳、齿轮箱油槽、液压油收集器、缸盖罩盖、进气单元、气管、进气泵、过滤单元、过滤器箱、油滤器颈口、发动机盖和油雾分离器等。

热气焊接的典型应用如图 5-15 所示。

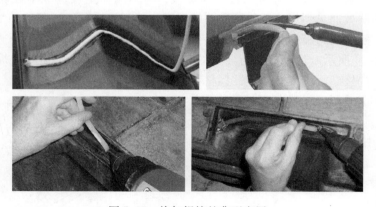

图 5-15　热气焊接的典型应用

5. 钎焊

（1）工艺介绍　钎焊是一种古老的焊接方法，是三大焊接方法（熔焊、压焊、钎焊）的一种。钎焊是采用比母材熔点低的金属材料作钎料，将焊件（母材）与钎料加热到高于钎料熔点，但低于母材熔点的温度，利用液态钎料润湿母材，填充接头间隙，并与母材相互扩散而实现紧固的方法。

钎焊的过程如图 5-16 所示。

1）放置钎料，并对钎料和母材进行加热。

2）钎料熔化，并开始流入接头间隙。

3）钎料填满间隙，凝固后形成钎焊接头。

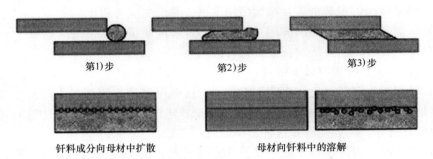

图 5-16 钎焊

按钎料熔点的高低，钎焊可分为软钎焊和硬钎焊。钎料熔点低于 450℃ 时，为软钎焊，即锡焊；钎料熔点在 450～900℃ 时，为硬钎焊；钎料熔点超过 900℃ 而又不使用钎剂的钎焊方法（如真空钎焊和气体保护钎焊）称作高温钎焊。

按照热源和加热方法的不同，钎焊可分为火焰钎焊、感应钎焊、炉中钎焊、电阻钎焊、烙铁钎焊、浸渍钎焊、超声波钎焊、激光钎焊和气相钎焊等。

图 5-17 所示为常见的钎焊结构。

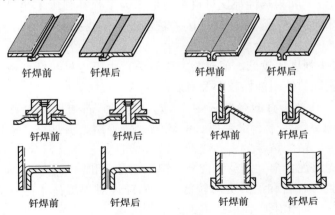

图 5-17 常见的钎焊结构

（2）工艺优缺点 钎焊的优点是：

1）钎焊的温度低于母材，对母材的组织性能影响小。

2）应力与变形小，适合于高精度、复杂零部件或结构的紧固。

3）生产效率高，诸多焊缝可一次性完成。

4）广泛的适用性，可焊金属、非金属及异种金属。

5）钎焊可焊接熔点高低不同的金属。

6）焊接接头处表面质量好。

钎焊的缺点是：

1）接头强度较低，耐热性差。

2）搭接接头，浪费金属，增加结构重量，易产生应力集中。

3）钎焊零件紧固表面的清理工作和对零件装配质量要求很高。

4）个别钎焊工艺方法设备投资大，费用高。

与熔焊相比，钎焊有以下特点：

1）钎焊时，钎料熔化，焊件不熔化。焊接温度随所选用钎料不同从室温到接近母材熔化温度的大范围内变化。为了防止母材组织和性能变化，可以选择熔点低的钎料进行钎焊，熔焊则没有这种选择余地。

2）钎焊时，焊件常整体加热或在钎缝周围大面积均匀加热，因此焊件的相对变形量以及钎焊接头的残余应力都比熔焊小得多，易于保证焊件的精密尺寸。

3）钎缝主要是靠液态钎料自动填满缝隙后凝固而成，只要钎料、钎剂和钎焊方法选择得当，就可以多条钎缝或大批量的焊件同时或连续进行钎焊，生产率很高。钎焊过程很少受焊件结构的开敞性和可达性的影响。

4）由于钎焊反应只在母材数微米至数十微米以下界面进行，一般不牵涉母材深层的结构，因此特别有利于异种金属之间，甚至金属与非金属之间、非金属与非金属之间的紧固，这是熔焊方法做不到的。

5）钎缝的强度和耐热性都比母材金属低。为了弥补强度不足，常采用增大搭接面积的方法来解决问题。因而钎焊接头较多地采用搭接接头使结构的重量增大，耗材较多。

6）钎焊接头强度比较低、耐热能力比较差，由于母材与钎料成分相差较大而引起的电化学腐蚀致使耐蚀性较差及对装配要求比较高等。

（3）材料　几乎所有的金属（熔点高于650℃）都可以通过各种钎焊方式进行焊接，包括铜及铜合金、贵金属、低碳钢、高碳钢、工具钢、铸铁、铝及铝合金、镍及镍合金、钴及钴合金、不锈钢、镁及镁合金、钛及钛合金、锆及锆合金、铍及铍合金、铌及铌合金、钼及钼合金、钽及钽合金和钨及钨合金等。

（4）经济性　设备和治具费用较低。火焰钎焊对焊接技术有一定的要求；炉中钎焊可以进行自动化生产，对技术工人依赖度低。小批量生产时可具有经济性，大批量时采用自动化生产也可具有较高的生产效率。

（5）竞争工艺　胶粘紧固、锡焊、螺纹紧固和其他熔焊等。

（6）典型应用　钎焊适用于精密、尺寸微小、结构复杂、接缝曲折、可达性差，以及涉及异种材料紧固的场合。在机械、电工电子、汽车、自行车、家电、轻工、原子能和航天航空等领域应用广泛。

钎焊的典型应用如图 5-18 所示。

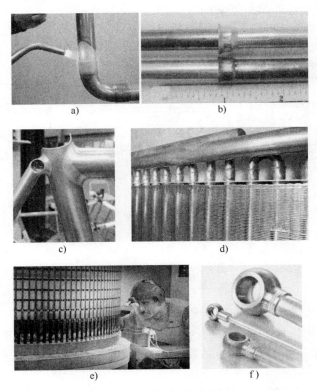

图 5-18　钎焊的典型应用

a）管道钎焊　b）铜和铝钎焊　c）自行车架钎焊　d）制冷设备铜管钎焊

e）发电机绕组钎焊　f）杆的钎焊

6. 锡焊

（1）工艺介绍　锡焊是指在一定温度下熔化成液态的金属锡合金，渗入并填充金属连接处间隙的焊接方法，以实现被焊物之间结构上的紧固和电气上的导电，如图 5-19 所示。锡焊属于软钎焊，它的焊材是锡铅合金，熔点比较低，一般不超过 450℃，是电子行业中应用最普遍的焊接技术，具有如下特点：

1）焊材的熔点低于焊件的熔点。

2）焊接时将焊件和焊材加热到最佳锡焊温度，焊材熔化而焊件不熔化。

3）焊接的形成依靠熔化状态焊材浸润焊接面，由毛细作用使焊材进入间隙，形成一个结合层，从而实现焊件的结合。

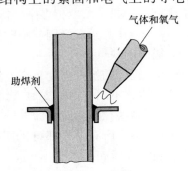

图 5-19　锡焊

根据加热方式和上锡方式的不同，锡焊可分为醮焊、波峰焊、回流焊、风焊、火烙铁焊、电烙铁焊和灌焊等。

常见的锡焊结构如图5-20所示。

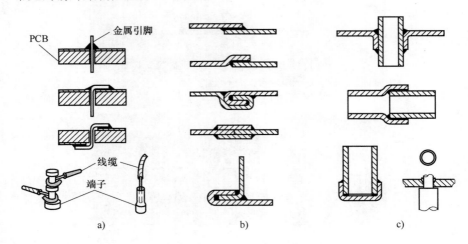

图5-20　常见的锡焊结构

a）电气连接　b）钣金　c）管道和实体

（2）工艺优缺点　锡焊的优点是：

1）焊材是导体，因此锡焊具有导电性，是理想的电传导紧固工艺。

2）锡焊的温度约为450℃，需要的热量较少，其他焊接方式需要远远更多的热量。

3）由于锡焊温度低，被紧固的金属不会融化或者变形，能够保持原有的形状和尺寸，非常适用于电子零部件的紧固。

4）回流焊和波峰焊等锡焊方式可以通过一个简单的工序，以自动化的形式把许多电子零部件焊接在印制电路板上，生产效率非常高。

5）不同材料的零件也可被紧固在一起。

6）对零件焊接处的形状、尺寸和大小没有限制，可以是圆形、方形或者其他不规则的形状。可以把多个导体的线缆锡焊在其他金属零件或者印制电路板上。

7）可作为永久紧固或临时紧固。

锡焊的缺点是：

1）锡焊的抗拉强度较高，但抗剪强度较低，一般仅作为紧固零件的电传导和散热之用，不用作力的支撑点。

2）某些锡焊方式，如电烙铁焊，焊接的质量对焊工的技能要求较高。

3）不是所有材料都可以用锡焊实现紧固，只有一部分金属有较好的焊接性，才能用锡焊紧固。

4）被焊金属表面不可有氧化层，氧化层会阻隔熔锡与被焊金属表面产生合金层的可能。如纯铜和黄铜等，其表面容易产生氧化膜，为了提高焊接性，一般需要采用表面镀锡和镀银等措施。

5）被焊金属表面的污染物、油污也会严重阻隔熔锡与被焊金属产生合金层，所以被焊金属表面不可有污染物和油污等。故在焊接前必须清洁表面，以保证焊接质量。

6）在机械和温度应力作用下，锡焊有可能发生失效。

（3）材料　一般，铜及其合金、金、银、锌和镍等具有较好焊接性，而铝、不锈钢和铸铁等焊接性差，一般需采用特殊焊剂及方法才能锡焊。

（4）经济性　锡焊是一种灵活的焊接工艺，可根据批量大小而采用不同的锡焊方式。小批量时可采用电烙铁焊，设备投资小；大批量生产时可采用回流焊或波峰焊等方式，生产效率非常高，但设备投资也相应较高。

（5）竞争工艺　钎焊、胶粘紧固和螺纹紧固等。

（6）典型应用　锡焊广泛应用于电子行业中的印制电路板制造和将各种元器件锡焊于电路板上，同时还可用于金属管道的焊接。

锡焊的典型应用如图 5-21 所示。

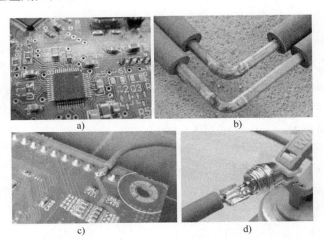

图 5-21　锡焊的典型应用

a）电子元器件锡焊于印制电路板　b）管道锡焊

c）线缆锡焊于印制电路板　d）线缆锡焊于端子

7. 钨极惰性气体保护焊

（1）工艺介绍　钨极惰性气体保护焊（Tungsten Inert Gas Welding, TIG）是在非熔化的钨电极及母材间产生电弧，利用氩气等惰性气体将熔融金属从大气中保护起来，通过电极及母材间产生的电弧融化母材并使其结合的方法。焊接时保护气体从焊枪的喷嘴中连续喷出，在电弧周围形成气体保护层隔绝空气，以防止空气对钨极、熔池及邻近热影响区产生有害影响，从而可获得优质的焊缝，如图 5-22 所示。

保护气体可采用氩气、氦气或氩氦混合气体。在特殊应用场合，可添加少量的氢。用氩气作为保护气体的称钨极氩弧焊，用氦气的称钨极氦弧焊，由于氦气价格昂贵，在工业上钨极氩弧焊的应用要比钨极氦弧焊广泛得多。

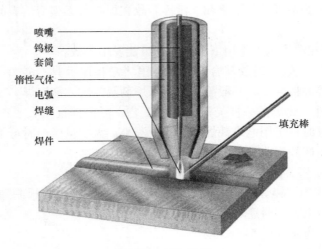

喷嘴
钨极
套筒
惰性气体
电弧
焊缝
焊件
填充棒

图 5-22　TIG 焊接

TIG 焊接按操作方式可分为手工焊、半自动焊和自动焊三类。手工钨极氩弧焊时，焊枪的运动和填充焊丝完全靠手工操作。半自动钨极氩弧焊时，焊枪的运动靠手工操作，但填充焊丝则由送丝机构自动送进。自动钨极氩弧焊时，如零件固定，电弧运动，则焊枪安装在焊接小车上，填充焊丝可以用冷丝或热丝的方式添加。

（2）工艺优缺点　TIG 焊接的优点是：

1）TIG 焊接易调整入口热量，因此薄板焊接性能非常好。

2）几乎所有金属都能焊接（铅、锡等低熔点金属除外）。

3）惰性气体不参与任何金属反应，也不溶于任何金属，因此焊接质量高。

4）没有飞溅，操作方便。

5）能实现任何形式接头的焊接，而且焊接姿态不受限制。

6）即使在小电流区域也能得到稳定的电弧，所以能焊接薄板；另外 TIG 焊接容易实现单面焊双面成形。

7）TIG 焊接产生的是明弧，能观察电弧及熔池。

8）填充金属的添加量不受焊接电流的限制。

9）某些场合可不添加金属填充棒。

10）能进行脉冲焊接，减少热输入。

TIG 焊接的缺点是：

1）由于钨极载流量较差，因此电弧功率受到限制，致使焊接熔深小，TIG 焊接一般只适用于厚度小于 6mm 的零件；同时 TIG 焊接速度慢，生产效率低。

2）由于钨极载流量较差，过大的电流会引起钨极熔化和蒸发，其微粒有可能进入熔池，渣成污染（夹钨）。

3）惰性气体（氩气、氦气）较贵，和其他电弧焊方法（如手工电弧焊、埋弧焊、CO_2 气体保护焊等）相比，生产成本较高。

（3）材料　TIG 焊接可用于几乎所有金属和合金的焊接，但由于其成本较高，通常多用于焊接铝及铝合金、镁、钛和铜等有色金属，难熔的活泼金属（如钼、铌和锆等），以及不锈钢和耐热钢等。对于低熔点和易蒸发的金属（如铅、锡和锌），则焊接较困难。

（4）经济性　惰性气体和钨极价格高，焊接设备较贵，生产效率也较低；直接人工成本较高，手工焊接时需要高技能的操作人员；自动化焊接时的安装调试费用较高。

（5）竞争工艺　熔化极惰性气体保护焊等其他焊接工艺。

（6）典型应用　TIG 焊接多用于打底（单面焊双面成形），薄件、管-管、管-板焊接，以及填充焊和盖面焊等。

TIG 焊接的典型应用如图 5-23 所示。

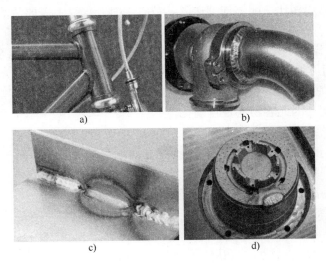

图 5-23　TIG 焊接的典型应用

a）自行车架 TIG 焊接　b）管道 TIG 焊接

c）板材 TIG 焊接　d）设备 TIG 焊接修复

8. 熔化极惰性气体保护焊

（1）工艺介绍　熔化极惰性气体保护焊（Melt Inert Gas Welding，MIG）是目前常用的电弧焊方法之一。MIG 焊接是采用惰性气体作为保护气体，使用焊丝作为熔化电极的一种电弧焊方法。这种方法通常用氩气或氦气或它们的混合气体作为保护气体，连续送进的焊丝既作为电极又作为填充金属，在焊接过程中焊丝不断熔化并过渡到熔池中去而形成焊缝，如图 5-24 所示。

MIG 焊接分自动和半自动两种，自动 MIG 焊接适用于较规则的纵缝、环缝及水平位置的焊接；半自动 MIG 焊接大多用于定位焊、短焊缝断续焊，以及铝容器中封头、管接头和加强圈等的焊接。

（2）工艺优缺点　MIG 焊接的优点是：

1）焊接质量好。由于采用惰性气体作保护气体，保护效果好，焊接过程稳定，变形小，无飞溅，焊接铝及铝合金时可采用直流反极性，具有良好的阴极雾化清理作用。

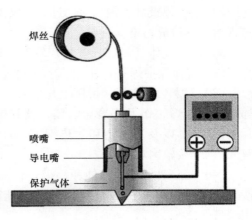

图 5-24　MIG 焊接

2）焊接生产效率高。由于是用焊丝作电极，可采用大的电流密度焊接，母材熔深大，焊丝熔化速度快，焊接大厚度铝、铜及其合金时比 TIG 焊接的生产效率高。与焊条电弧焊相比，能够连续送丝，节省工时，焊缝不需要清渣，因而生产效率更高。

3）适用范围广。由于采用惰性气体作为保护气体，不与熔池金属发生反应，保护效果好，几乎可以焊接所有的金属材料，因此适用范围广。

4）焊接过程易于实现自动化。MIG 焊接的电弧是明弧，焊接过程参数稳定，易于检测及控制，因此容易实现自动化。

MIG 焊接的缺点是：

1）MIG 焊接无脱氧去氢作用，因此对母材及焊丝上的油、锈很敏感，易形成缺陷，所以对焊接材料表面清理的要求特别严格。

2）MIG 焊接抗风能力差，不适用于野外焊接。

3）焊接设备较复杂，由焊接电源、送丝机构、焊枪、控制系统、供水供气系统等部分组成，不便于携带。

4）焊枪较大，狭窄处的可达性不好。

5）生产成本高。

6）厚板焊接中的封底焊焊缝成形不如 TIG 焊接质量好。

（3）材料　几乎可以焊接所有金属，尤其适用于铝合金、铜合金、钛合金和不锈钢的焊接。

（4）经济性　设备投资成本低到中等，取决于自动化的程度；生产效率高，适用于自动化生产；人工成本中等偏高，对操作工人的技能要求低于 TIG 焊接。

（5）竞争工艺　TIG 焊接等焊接工艺。

（6）典型应用　MIG 焊接在船体建造、汽车制造、化工机械、工程机械、矿山机械和电站锅炉等行业得到了广泛的应用。

MIG 焊接的典型应用如图 5-25 所示。

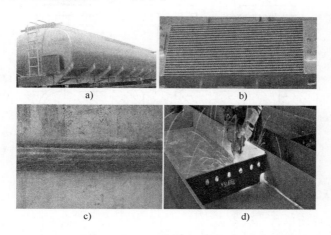

图 5-25　MIG 焊接的典型应用

a）铝合金罐车　b）铝合金散热器　c）不锈钢罐体　d）桥体

9. 电阻焊

（1）工艺介绍　电阻焊是将被焊零件压紧于两电极之间，并通以电流，利用电流流经零件接触面及邻近区域产生的电阻热将其加热到熔化或塑性状态，在压力下形成金属结合的一种焊接方法，如图 5-26 所示。利用电阻发热使金属熔化，进行加压并结合是电阻焊的基本原理。

图 5-26　电阻焊

根据零件相对位置、接触面形状结构及施力方向的不同，电阻焊可分为点焊、凸焊、滚焊、对焊、闪光焊和对滚焊等，如图 5-27 所示。

良好电阻焊的必要条件包括：

1）零件表面清洁无氧化物等。

2）给被焊零件施加一定机械力。

3）给被焊零件通一定电流以产生电阻热。

（2）工艺优缺点　电阻焊的优点是：

1）热量集中，加热时间短，焊接变形小，焊接质量好。

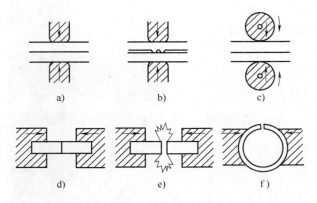

图 5-27　电阻焊的常见方式

a）点焊　b）凸焊　c）滚焊　d）对焊　e）闪光焊　f）对滚焊

2）焊接过程简单，一般不需要填充材料及熔剂，不需要保护气体。

3）能适应多类同种及异种金属的焊接，包括镀层钢板的焊接。

4）工艺过程简单，易于实现机械化及自动化，上岗前不需要对焊工进行长期培训。

5）焊接生产率高，成本低。

6）劳动环境较好，污染小。

电阻焊的缺点是：

1）设备复杂，自动化程度较高，使得设备成本较高，维修较困难。

2）电容量大，且多数为单相焊机，对电网造成不平衡负载严重，必须接入容量较大的电网。

3）焊接过程进行很快，若焊接时由于某些工艺因素发生波动，对焊接质量的稳定性有影响时往往来不及进行调整；在重要的承力结构处应慎用。

4）点、缝焊的搭接接头不仅增加了构件的重量，且因在两板熔核周围形成夹角，致使接头的抗拉强度和疲劳强度均较低。

5）焊接的厚度、形状和接头形式受到一定程度的限制。

（3）材料　电阻焊时，热传导好的材料散热非常快，因此为了发热需要用很大的电流。不锈钢的散热性小所以容易焊接，而银或铜等的散热很好所以不容易焊接。

（4）经济性　电阻焊的设备投资中等偏高，人工成本低，不需要高技能的操作人员，生产效率高，很容易进行自动化。

（5）竞争工艺　螺纹紧固、胶粘和其他焊接工艺等。

（6）典型应用　电阻焊同电弧焊一样在金属焊接领域被广泛使用，成为汽车、家电、电子设备、铁路、建筑和土木工程等行业不可缺少的焊接方法，是重要的焊接工艺之一。

电阻焊的典型应用如图 5-28 所示。

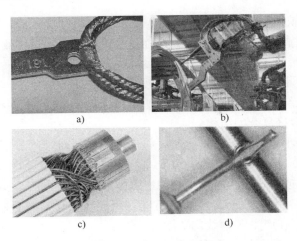

图 5-28　电阻焊的典型应用

a）继电器端子与线缆的电阻焊　b）车身电阻焊

c）汽车电枢绕组的电阻焊　d）金属杆的电阻焊

10. 激光焊接

（1）工艺介绍　激光焊（Laser Beam Welding，LBW）是利用激光束优异的方向性和高功率密度等特性进行工作，通过光学系统将激光束聚焦在很小的区域内，在极短的时间内使被焊处形成一个能量高度集中的热源区，从而使被焊物熔化并形成牢固的焊点和焊缝。

根据激光焊接时焊缝的形成特点，可以把激光焊接分为热传导焊接和深熔焊接，如图 5-29 所示。前者使用激光功率低，熔池形成时间长，且熔深浅，多用于小型零件的焊接。后者的功率密度高，激光辐射区金属熔化速度快，在金属熔化的同时伴有强烈的汽化，能获得熔深较大的焊缝，适用于大型零件的焊接。

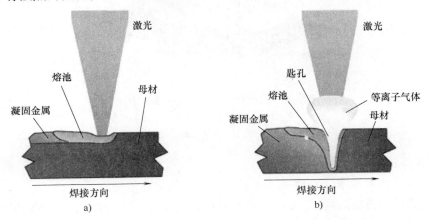

图 5-29　激光焊接

a）激光热传导焊接　b）激光深熔焊接

（2）工艺优缺点　激光焊接的优点是：

1）焊接强度高，焊接外观好；焊接能量可精确控制，焊接效果稳定。

2）能量集中，焊接效率高，加工精度高，焊缝深宽比大。

3）热输入量小，热影响区小，零件残余应力和变形小。

4）可通过光纤实现远距离、普通方法难以达到的部位的焊接，以及多路同时或分时焊接；可焊接复杂的结构。

5）可焊接微小零件，可通过透明材料进行焊接，对带绝缘层的导体可直接进行焊接。

6）焊接薄材或细径线材时，不会像电弧焊接那样易受回熔的困扰。

7）不需要填充金属，不需要真空环境（可在空气中直接进行），不会像电子束那样在空气中存在产生 X 射线的危险。

8）与接触焊工艺相比，没有电和工具等的消耗。

9）无加工噪声，对环境无污染。

10）不需要对零件加压和进行表面处理。

11）易于自动化高速焊接。

12）与电阻焊相比，可减小或去除凸缘；并可通过连续的焊缝，去掉额外的补强和支撑。如图 5-30 所示。

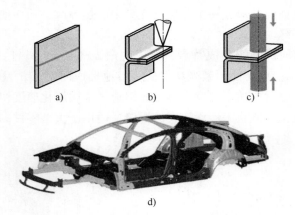

图 5-30　激光焊接相对电阻点焊的优势

a）激光焊接去除凸缘　b）激光焊接减小凸缘

c）电阻焊需要较大的凸缘　d）激光焊接用于汽车去除额外的补强

激光焊接的缺点是：

1）焊件位置要求非常精确，务必在激光束的聚焦范围内。

2）焊件需使用治具时，必须确保焊件的最终位置与激光束将冲击的焊点对准。

3）最大可焊厚度受到限制。渗透厚度远超过 19mm 的零件，生产线上不适合使用激光焊接。

4）高反射性及高导热性材料，如铝、铜及其合金等，不易焊接。

5）当进行中能量至高能量的激光束焊接时，需使用等离子控制器将熔池周围的离子化气体驱除，以确保焊道的出现。

6）能量转换效率低，通常低于10%。

7）焊道快速凝固，可能有气孔及脆化的情况。

8）设备复杂，一次性投资大。

9）激光器及用于激光束传导和聚焦的附属系统成本和操作成本高。

（3）材料　可焊材料种类范围大，对性能相差较大的异种金属也可焊接，尤其适合焊接高熔点、高硬度的特种材料；如果不同种类的塑料熔点相近，也可焊接塑料。

（4）经济性　激光焊接设备昂贵，但生产效率高，适用于大批量生产，特别是汽车行业和微电子行业的大批量生产。

（5）竞争工艺

金属：螺纹紧固、电阻焊等其他焊接工艺。

塑料：热板焊接和超声波焊接等。

（6）典型应用　激光焊接具有能量密度高、变形小、热影响区窄、焊接速度高、易实现自动化和无后续加工的优点，近年来正成为金属和非金属材料加工与制造的重要手段，越来越广泛地应用于汽车、航空航天、微电子、机械制造、医疗器械、国防工业、造船、海洋工程和核电设备等领域。

激光焊接的典型应用如图5-31所示。

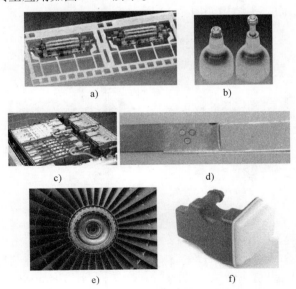

图 5-31　激光焊接的典型应用

a）电子元器件的激光焊接　b）微阀的激光焊接　c）电动车电池模组的激光焊接
d）铜与铝的激光焊接　e）航空工业中铝与钢的激光焊接　f）塑料储液罐的激光焊接

11. 胶粘

（1）工艺介绍   胶粘是用胶粘剂将两个或多个零件结合成一个整体。早在数千年前，人类的祖先就已经开始使用胶粘方法。许多出土文物表明，5000 年前我们祖先就会用黏土、淀粉和松香等天然产物做胶粘剂，4000 千多年前就会用生漆做胶黏剂和涂料来制造器具，3000 年前已出现用动物胶作木船的填缝密封胶。

胶粘剂是指通过界面的黏附和物质的内聚等作用，能使两个或多个以上的零件或材料紧固在一起的天然或合成的、有机或无机的一类物质。胶粘剂的分类方法很多，见表 5-3。

表 5-3   胶粘剂的分类

分类方法	举 例
物理形态	薄膜、胶带、粉末、膏状、液体
化学形态	环氧树脂、酚醛树脂、丙烯酸酯、氰基丙烯酸酯、聚氨酯、聚酰胺、橡胶类、有机硅胶
用途	紧固、密封、导电、导热、导磁、光敏
强度	非结构型、结构型
固化条件	室温、高温、辐射（紫外线、电子射线）、湿气固化
固化系统	不干系统（压敏胶）、物理性固化系统（溶剂型、热熔型）、化学性固化系统（热固化、湿气固化、紫外线固化、厌氧固化、催化固化、双液固化）

常见的胶粘紧固接头结构如图 5-32 所示。

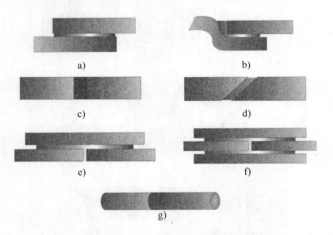

图 5-32   常见的胶粘紧固接头结构

a）搭接 b）榫搭接 c）对接 d）斜接 e）、f）夹板接 g）端接

（2）工艺优缺点   胶粘紧固的优点是：

1）胶粘适用范围广，不受被粘接材料类型和几何形状的限制。厚、薄、硬、软、大、小、材质不同的材料均可粘接。

2）胶粘应力分布均匀，避免了螺纹紧固或点焊等紧固工艺中的应力集中问题。同时胶粘剂的柔性可以在受到疲劳载荷时拉伸-复原，吸收并耗散能量，可以提高抗疲劳强度。一般胶粘的反复疲劳强度破坏次数为 4×10^6 次，而铆接只有 2×10^5 次。薄板胶粘耐振性比铆接或螺纹紧固高 50% 左右。

3）胶粘工艺简单，设备投资少，易实现机械化，生产效率高。

4）胶粘可以减轻结构件重量、节约材料。采用胶粘可使飞机重量下降 20% 以上，成本下降 30% 以上。

5）可以紧固热敏性材料。胶粘不需要高温，适用于热敏性材料。热敏性材料使用其他紧固工艺，如焊接时容易因为焊接过程中产生的热量而发生变形和属性变化。

6）胶粘零件表面光滑、平整、美观，没有凸出的紧固件，如螺栓或铆钉，也没有焊接焊头或焊缝，能提高空气动力学特性和美观性。

7）振动阻尼作用。胶粘具有良好的阻尼特性，这有助于降低噪声或振动。

8）胶粘的密封性能优良，并且具有耐水、防腐和电绝缘等性能，可以防止金属的电化学腐蚀。使用热导率较高的胶粘剂还可提供散热等性能。

9）简便易行。胶粘可以用一个接头替代多个机械紧固件，或在一道工序中紧固多个零部件，显著简化了装配过程。胶粘可与点焊或铆接技术结合使用，从而改善整体结构性能。以上所有优点可转化为经济优势：更佳的设计、装配更容易、重量更轻、使用寿命更长。

10）胶粘可以实现精细加工和独特装配，也可进行功能性胶粘，如集成电路、人体组织胶粘等。

11）胶粘剂可补偿不同材料热膨胀系数不同而引起的变形。

胶粘紧固的缺点是：

1）不存在一种"万能"胶粘剂，不同胶粘剂对不同材料的粘接性能不一样，适用于不同的应用环境。错误的胶粘剂选择会使得紧固的可靠性降低，针对具体应用选择出最合适的胶粘剂是一件不容易的事情。

2）胶粘剂的强度具有方向性，抗剪强度和剥离强度存在差别。

3）使用温度限制。大多数胶粘剂在高温和低温时性能表现不稳定。

4）某些胶粘剂易燃，有毒，不环保。

5）通常需对被胶粘的表面进行处理，例如清洁处理和等离子处理等，以提供更好的粘接力。

6）胶粘工艺要求严格。PE 等材料的胶粘常常要进行表面处理，普通白乳胶不能在 0℃ 以下胶粘，酚醛树脂要在较高温度下胶粘。

7）胶粘的力学性能和耐老化性等的研究与金属等材料相比还十分不成熟，规律性差，重现性差。

8）胶粘剂在使用或存放过程中由于受环境中水、热、光、氧等因素的作用，会老化，同时其耐高温、低温性能有限。

9）胶粘过程中可能需要额外条件（夹具、温度、装配生产线及某些特种设备）。

10）某些胶粘剂需要通过高温或 UV 等固化，需要额外的工序，降低生产效率。

11）固化时间。对于大多数胶粘剂来说，不可能像机械紧固或焊接那样立即达到最大粘合强度。胶粘好的接头必须至少被紧固支撑一段时间，利用这段时间逐渐达到最大粘合强度。粘接过程中，粘接质量可能会因胶粘剂对粘合面润湿不充分而受到影响。

12）工艺控制。要确保最终达到良好的效果，需要对不熟悉的工艺控制进行设定，粘接不良往往是无法纠正的。

13）胶粘好的部件在维修时不容易拆卸。

（3）材料　大多数材料，包括金属、塑料、陶瓷和复合材料均可以通过胶粘紧固。但是，不同材料的表面能存在差异，高表面能材料，如金属、PC、ABS、PVC 等容易粘接，低表面能材料，如橡胶、软质 PVC、PP、硅胶和铁氟龙等比较难以粘接，一般需要进行表面处理。另外，即使同一种材料，针对不同的胶粘剂其粘接性能也不一致。

因此，在使用胶粘紧固时，在零件材料已经确定的条件下，选择合适的胶粘剂至关重要。首先需要根据零件材料，选定与材料相容的胶粘剂，再根据具体应用的条件及要求，选定加工工艺性能好、形态合适的胶粘剂。

（4）经济性　胶粘紧固的设备投资通常较低，是一个灵活的工艺，不限于产品的批量大小，可以手工加工，也可以自动化加工。大多数的胶粘（除了胶带、瞬干胶和氰基丙烯酸酯）都需要较长的固化时间，例如厌氧胶需要 15～30min、硅胶和环氧树脂需要 2～24h，这会影响生产效率，增加装配成本。

（5）竞争工艺　螺纹紧固、卡扣紧固和焊接等工艺。

（6）典型应用　胶粘紧固广泛应用于航天航空、航海、原子能、交通运输、机械制造、建筑、纺织、电子、化工、医疗、文化体育等各个领域和人民生活的各个方面。

胶粘紧固的典型应用如图 5-33 所示。

12. 超声波金属焊接

本节介绍超声波金属焊接，超声波塑料焊接请参考本书作者的另一本著作《面向制造和装配的产品设计指南》（第 2 版）一书。

（1）工艺介绍　超声波金属焊接是利用超声波频率的机械振动能量，连接同种金属或不同种金属的一种特殊方法。超声波金属焊接通过超声波发生器将 50Hz 电流转换成 15kHz、20kHz、30kHz 或 40kHz 的电能，被转换的高频电能通过换能

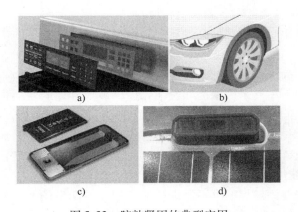

图 5-33　胶粘紧固的典型应用

a）家用电器控制面板　b）汽车挡泥板　c）手机电池粘接

d）接线盒通过胶粘固定于太阳能面板

器再次被转换成为同等频率的机械运动，随后机械运动通过一套可以改变振幅的变幅杆装置传递到焊头。焊头将接收到的振动能量传递到待焊接零件的接合部，在该区域，振动能量通过摩擦方式被转换成热能，使得焊接区域的金属原子被瞬间激活，两相界面处的分子相互渗透，最终实现金属的固态连接。超声波金属焊接的原理如图 5-34 所示。超声波金属焊接的常见方式如图 5-35 所示。

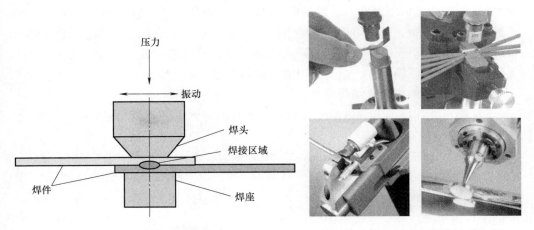

图 5-34　超声波金属焊接原理　　图 5-35　超声波金属焊接的常见方式

（2）工艺优缺点　超声波金属焊接的优点是：

1）焊接压力小，能耗低，且能焊接异种金属材料。基于这些特点，可通过综合利用超声波金属焊接技术和数控铣削技术来使金属零件快速成形，并在成形过程中埋入功能器件来制作智能金属基复合材料。

2）可进行点焊、连续焊，其焊接速度快。在应用范围方面，即使材料间的物理性能相差悬殊，也能很好地焊接。还可进行其他方法无法奏效的金属箔片、细丝、微小的器件及厚薄悬殊、多层金属片的焊接。

3）能够焊接铝、铜和其他高导热金属材料零件，这些零件由熔化焊接工艺很难进行加工。

4）接焊强度高，稳定性好，具有高抗疲劳强度特征。

5）焊接过程不需要采用水冷和气体保护，被焊零件的变形很小，焊接完成后零件不需要进行退火等热处理。超声波金属焊接过程本身包含着对焊接件表面氧化层的破碎清理作用，焊面清洁美观，不需要像其他焊接方法那样进行焊后清理。

6）不用焊条，焊接区不通电，不直接对被焊金属进行加热。与焊条电弧焊、气焊相比，超声波焊接能耗要小得多。

7）由于不需要添加焊剂，不污染被加工物，不产生任何焊渣、污水、有害气体等废物污染，因而是一种节能环保的焊接方法。

8）由于超声波发生器是功率电子线路，易于实现电气控制，能很好地与计算机配合进行焊接控制，从而达到高精度的焊接，并且易于实现焊接的信息化和自动化。

超声波金属焊接的缺点是：

1）把超声波应用于金属材料焊接，虽然可以得到很好的焊接效果，但是包含超声波发生器和声学系统及机械系统的整个系统的稳定性、可操作性、可靠性等还存在问题。所以声学系统（换能器、变幅杆、连接部分）的设计，以及声学系统与试件的连接方式等，都是十分关键的问题。

2）由于焊接所需的功率随零件厚度及硬度的提高而呈指数增加，而大功率超声波焊机制造困难，且成本很高。随着焊接功率的进一步提高，不仅在声学系统的设计及制造方面会面临一系列较难解决的问题，而且未必能取得预期的工艺效果。无法焊接厚度较厚的零件，这是超声波金属焊接最大的障碍。超声波金属焊接仅限于焊接丝、箔、网和片等细薄件。

3）超声波焊机的"开敞性"比较差，零件的伸入尺寸不能超过焊接系统所允许的范围。

4）焊点表面容易因高频机械振动而引起边缘的疲劳破坏，对硬而脆的材料不利。

（3）材料　超声波金属焊接适用于焊接软的、高导热的金属材料，例如铝合金和铜合金。大多数的贵金属，包括金、银和铂等的合金，镍合金及具有镍合金镀层的零件也可进行超声波金属焊接。

超声波金属焊接还适用于不同种金属材料之间的焊接，包括铝与铜、铝与镍、铝与镍镀铜材料、铜与镍、纯铜与铜锌合金、纯铜与铜铍合金、纯铜与镀银材料、纯铜与镀金材料等之间的焊接。

（4）经济性　超声波金属焊接的设备投资中等偏高，人工成本低，不需要高技能的操作人员，生产效率高，很容易进行自动化作业。

（5）竞争工艺　机械紧固和电阻焊等。

（6）典型应用　超声波金属焊接非常适用于铜、银、铝、镍等有色金属的细丝或薄片的单点焊接、多点焊接和短条状焊接，其应用包括：

1）线缆之间的焊接。

2）线缆与名种电子元件、接点和连接器端子的焊接。

3）镍氢电池镍网与镍片的焊接。

4）锂电池、聚合物电池铜箔与镍片的焊接，铝箔与铝片的焊接。

5）名种家电用品、汽车用品的大型散热座、热交换鳍片等的焊接。

6）电磁开关、无熔丝开关等大电流接点以及异种金属片间的焊接。

7）金属管的封尾。

超声波金属焊接的典型应用如图 5-36 所示。

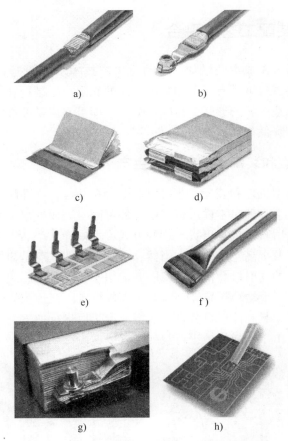

图 5-36　超声波金属焊接的典型应用

a）线缆与线缆的焊接　b）线缆与金属端子的焊接　c）铝箔焊接于铜片上
d）锂电池模组的焊接　e）覆铜陶瓷基板与铜端子的焊接　f）铜管的焊接
g）燃料电池的焊接　h）柔性电路板与覆铜陶瓷基板的焊接

第6章　非常规制造和装配工艺

制造和装配工艺总是在不断地向前发展，一方面是对已有工艺的改进，另一方面是新工艺的出现。本章将介绍一些最近几十年新涌现的制造和装配工艺，这些工艺的出现或者可以提高生产效率，从而降低制造和装配成本；或者对产品质量的提高起着关键作用。利用这些工艺可以创造性地解决传统常规工艺所带来的成本瓶颈问题。

6.1　制造和装配工艺的融合

近年来，随着人工成本的增加、自动化生产技术水平的提高以及新材料的出现，一种新的趋势是打破原有制造和装配工艺的界限，把制造和装配工艺有机地融合在一起，形成制造单元的形式，在同一个区域即可完成零部件的制造和装配，从而提高生产效率和降低产品成本。

6.1.1　注射成型和装配的制造单元生产

通过把注射成型工艺和装配工艺有机地融合在一起，零件注射完毕后，用机械手取出，在工作台上立即对零件进行装配，并可同时完成外观、光学性能和电性能等方面的检查，然后直接包装出货。这种方式可大幅降低产品生产周期，减少零部件库存和周转，以及提高生产效率。当然，这种方式的缺点是初始投资较大，包括需要投资吨位较大的注射机和机械手，因此适用于大批量生产的产品。

图6-1所示为一个塑料折叠凳，由八个零件组成。在传统的生产工艺中，八个零件通过八套注射模具和注射机分别在注射成型工厂进行加工，并进行包装后中转至组装生产线，再由工人或机械进行装配。

图6-1　塑料折叠凳及其零件

　　而在注射成型和装配的制造单元生产中，八个零件通过一套模具的八个型腔一次注射完成，然后由机械手取出，并在旁边的工作台上完成八个零件的装配，如图 6-2 所示。八个零件通过塑料卡扣紧固，非常有利于自动化生产。

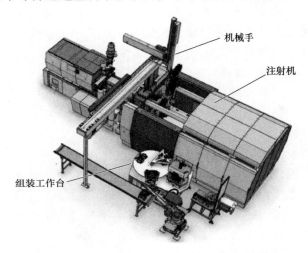

图 6-2　塑料折叠凳的制造单元生产

6.1.2　密封工艺的进化

1. 密封产品的传统加工和装配工艺

　　出于满足防水、防尘及避免有害物或温度影响等要求，很多产品必须进行密封设计。最传统的一种密封方法是使用密封圈、压条或嵌条等，其材质包括橡胶和液态硅胶等，如图 6-3 所示。密封圈一般通过压缩成型或注射成型工艺进行加工；与密封圈配合的壳体为塑胶或金属等材料，通过注射成型或压铸等工艺进行加工；密封圈和壳体分别在不同机台（甚至在不同工厂或不同供应商处）加工好后，在组装生产线上通过人工或机械的方式把密封圈组装在壳体上，完成最终的装配工艺，如图 6-4 所示。传统密封圈的生产方式存在着生产效率低、成本高、易脱落老化和防护等级低等缺点。

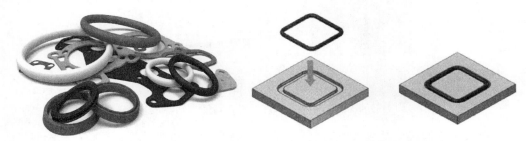

图 6-3　密封圈　　　　　　　　　　图 6-4　密封圈的装配

2. 现场发泡成型

现场发泡成型技术（Formed-In-Place Foam Gasket，FIPFG）是通过点胶设备按照规划的密封路径直接在壳体上进行发泡，进而加工生产出软且有弹性的发泡密封条，如图6-5所示。现场发泡成型所使用的材料由以多元醇为主要成分的 A-组分和以异氰酸酯为硬化剂的 B-组分组成，这两种组分按一定比例混合后，在室温下反应，产生柔软而富有弹性的硅酮发泡密封胶或永久柔性硅酮弹性体。

现场发泡成型工艺具有粘接强度高，外形美观，防护等级高，可靠性好，生产效率高，可用于生产复杂密封结构，以及避免密封圈的购买、加工及库存等优点，现已被广泛应用于汽车、电子、机柜、过滤器、三防灯具、防爆壳体和家用电器等多个应用领域，用于替代传统的密封圈密封。现场发泡成型的典型应用如图6-6所示。

图6-5　现场发泡成型

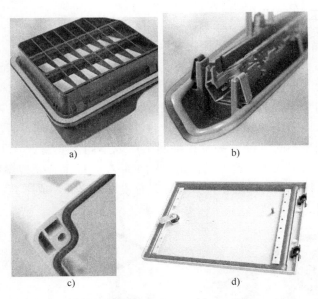

图6-6　现场发泡成型的典型应用

a）波动阀　b）汽车尾灯　c）接线盒　d）机柜

在大多数的现场发泡成型生产中，壳体的注射成型和密封条的现场发泡成型分开在注射成型工厂和产品生产线上进行。

3. 注射成型和现场发泡成型制造单元生产

注射成型和现场发泡成型制造单元生产是把注射成型和现场发泡成型两种不同的工艺有机地结合在一起，形成制造单元生产，一旦壳体注射成型完毕，机械手即从模具中取出壳体，放置于治具上，马上进行现场发泡成型，如图6-7所示。这种制造单元的优点是：

1）壳体从注射成型到发泡成型，中间无任何停顿，整个产品的成型周期短，生产效率高。

2）把两种工艺集成在一起，一台机械手即可完成所有的动作；相对于把两种工艺分开的方式，节省了设备投资。

3）壳体从注射模具中取出时，温度还较高，可以帮助把泡沫硬化时间从10min缩短到3min以下，从而节省额外的烘干设备和存储设备，以及缩短生产周期。

a)　　　　　　　　　　　　　　b)

图6-7　注射成型和现场发泡成型制造单元生产

a）机械手从注射模具中取出壳体　b）机械手对壳体进行现场发泡成型

6.2　金属与塑料的结合工艺

金属具有强度高和导电性等优点，塑料具有重量轻、绝缘性和可具复杂结构等优点，如何把二者有机地结合在一起？传统常规的方法是把金属和塑料分别加工成零件，然后通过螺纹、卡扣、胶粘、热熔或二次注射等工艺把二者紧固在一起。显然，传统常规方式结构复杂、生产效率较低和产品成本高。本节将介绍两种金属与塑料的结合工艺：激光直接成型技术和纳米注射技术。

6.2.1　激光直接成型技术

激光直接成型（Laser Direct Structuring, LDS）技术是一种注射、激光加工与电镀工艺相结合的3D-MID（Three-Dimensional Molded Interconnect Device）生产技术。其原理是将普通的塑料零件赋予电气互连功能，使塑料壳体除具有结构件支撑和防护等功能外，还具有因与导电电路结合而产生的屏蔽和天线等功能。简单地说，就是利用激光技术直接在注射成型的塑料零件上雕刻三维电路图案，然后电镀使图案形成三维金属电路，从而使得塑料零件具有一定的电气性能。

激光直接成型主要有四个步骤：

1）注射成型。在注射机上将含有特殊化学添加剂的热塑性塑料注射成型，得到塑料零件，如图 6-8 所示。

2）激光活化。激光投照塑料零件后，塑料浅表发生某种物理化学反应，形成活化金属粒子，作为化学镀铜时的还原剂，催化铜金属的沉积。激光活化过程，除了活化作用外，同时还对塑料浅表进行微处理，产生微观粗糙表面，以确保金属化的铜能够嵌入，保证良好的镀层结合力。塑料表面激光活化如图 6-9 所示。

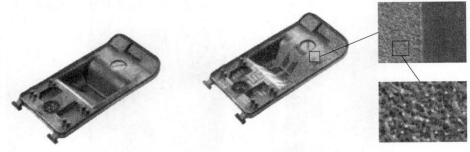

图 6-8　注射成型　　　　　　　　　图 6-9　塑料表面激光活化

3）金属镀覆。金属镀覆的目的是在激光投照过的部位沉积金属，形成导电结构，如图 6-10 所示。LDS 技术采用化学镀方法沉积铜。镀之前需要先对工件进行清洗，然后在化学镀铜槽里，使线路上沉积厚度为 $5 \sim 8\,\mu m$ 的铜，最后可以再化学镀镍和闪镀金。有特定用途的涂层也可以涂覆如 Sn、Ag、Pd/Au、OSP 等涂层。

4）装配。适用于 LDS 活化的塑料中，有高热稳定性材料，比如 LCP、PA6/6T 或 PBT/PET 混合物，这些塑料都可以耐回流焊，兼容标准 SMT 制程。因为焊点的高度可能不同，所以通常采用点胶的方法往焊盘上涂覆焊锡膏。在激光镀覆的塑料零件上焊接电子零部件如图 6-11 所示。

图 6-10　金属镀覆　　　　　　　　　图 6-11　焊接电子零部件

激光直接成型技术的优缺点见表6-1。

表 6-1　激光直接成型技术的优缺点

优　　点	缺　　点
1）体积小，不占用额外的空间，非常适用于紧凑型产品 2）适用于三维表面，打破传统电路板二维设计的限制，具有更广的设计空间 3）打样成本低廉 4）开发过程中修改方便，可快速验证 5）可锡焊，与 SMT 制程兼容	只适用于耐高温塑料

激光直接成型的典型应用包括手机天线、助听器、传感器和汽车方向盘等，如图 6-12 所示，可以替代传统的金属零件、柔性电缆和电路板等。

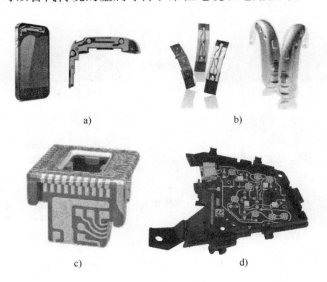

图 6-12　激光直接成型的典型应用
a）手机天线　b）助听器　c）传感器　d）汽车方向盘

6.2.2　纳米注射技术

纳米注射技术（Nano Molding Technology，NMT）是在金属表面进行特殊纳米技术处理形成特定形状、一定尺寸、众多的规则纳米微孔，并在纳米微孔中形成一层"薄膜"；在注射成型时，通过塑料与这层薄膜的化学作用，使塑料能够渗入纳米微孔中，塑料与金属通过千千万万微孔的"嵌入"作用，牢固地结合成一个整体，从而达到有金属外观、复杂内部结构、性能高和重量轻的目的。简单地说，NMT 是先将金属表面经过纳米化处理，塑料直接注射成型在金属表面，得到塑料与金属一体化结构的技术。NMT 技术解决了塑料和金属粘接不良的问题，真正实现了塑料和金属的一体化。

NMT 的工艺过程如图 6-13 所示。

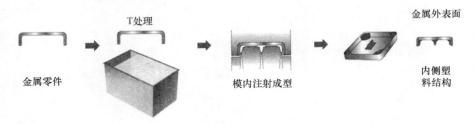

图 6-13　NMT 的工艺过程

NMT 的关键是 T 处理，T 处理的工艺过程如图 6-14 所示。

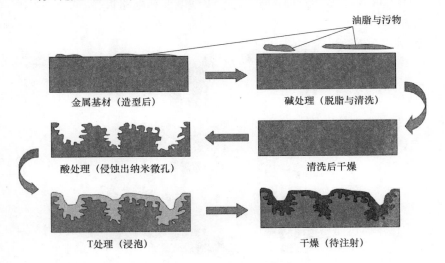

图 6-14　T 处理的工艺过程

经过 T 处理酸蚀后的金属基材，在注射成型时，与熔融塑料产生脂与胺的反应，两者进行交换并融合，纳米微孔很快就被两种反应物"占满"，塑料结构立即产生锚栓效应紧固在金属上，如图 6-15 所示。

图 6-15　塑料与金属的锚栓效应

纳米注射技术的优缺点见表 6-2。

表 6-2　纳米注射技术的优缺点

优　点	缺　点
1）减少产品的整体厚度、尺寸和重量，使得产品更薄、更小和更轻 2）产品设计自由度更高，可打破原有的工艺限制，使产品设计思路更加广阔 3）制程简化。如原需要二次或多次加工的工序在一次注射过程中可全部完成 4）生产周期缩短。原来需要大量二次 CNC 加工的产品会花费大量加工时间，现在注射一次成型即可完成，生产周期缩短 5）力学性能更高、更强。由于金属与塑料实现了纳米级别的相互嵌套，结合强度大大提高，力学性能也上升了几个等级，可以实现许多原来无法实现的应用 6）成本优势。工时的缩短、工序的简化、加工难度的下降，带来一系列的成本下降，提升了产品的竞争力 7）减少了不必要的表面处理工艺 8）由于具有金属外观，可选择更多的外观装饰方法 9）NMT 是安全和可回收的技术，对环境影响小	1）大尺寸零件的成本较高 2）5 种金属合金受到限制：铝及铝合金、镁及镁合金、铜及铜合金、钛及钛合金、不锈钢 3）3 种塑料材料受到限制：PPS、PBT 和尼龙（PA/PPA） 4）需要考虑金属与塑料之间的受热膨胀变形

目前，NMT 技术在消费类电子产品（特别是手机行业）、汽车和医疗器械等领域得到了极大的推广，一个典型的应用案例是车载电脑控制盒外壳。原来的设计是使用铝合金材料通过压铸加工，新的设计使用 NMT 技术，如图 6-16 所示，其具体的加工过程如图 6-17 所示。

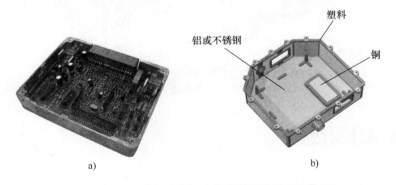

图 6-16　车载电脑控制盒外壳的两种制造方法
a）铝合金压铸　b）NMT 技术

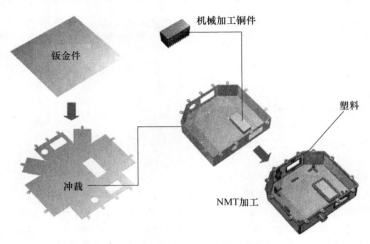

图 6-17   车载电脑控制盒外壳的 NMT 加工过程

　　使用 NMT 技术后，车载电脑控制盒外壳的重量降低了 1/3，成本降低了 50%，薄金属散热性极佳，具有高气密性。

　　NMT 技术的其他典型应用如图 6-18 所示，包括投影机外壳、笔记本电脑外壳、手机外壳和支架等。

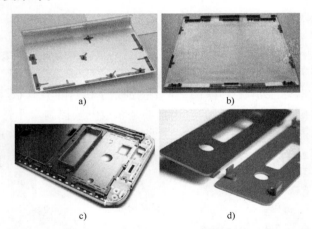

图 6-18   NMT 技术的典型应用

a）投影机外壳　b）笔记本电脑外壳　c）手机外壳　d）支架

6.3   金属注射成型

6.3.1   MIM 的概念

　　金属注射成型（Metal Injection Molding，MIM）是将现代塑料注射成型技术引入粉末冶金领域而形成的一门新型粉末冶金近净成型技术。MIM 是将金属粉末在模具中快速注射成型，并通过脱脂烧结，快速制造出高密度、高精度和三维形状结构复杂零件的新技术。MIM 是塑料成型工艺学、高分子化学、粉末冶金工艺学和金属材料学等多学科渗透与交叉的产物。通过 MIM 能够快速、准确地将设计思想物化为具有一定结构、功能特性的零件，并可直接进行大批量生产。该工艺技术不仅具有常规粉末冶金工艺工序少、无切削或少切削、经济效益高等优点，而且还克服了传统粉末冶金工艺零件材质不均匀、力学性能低、薄壁成型困难、结构复杂等缺点，特别适合于大批量生产小型、复杂以及具有特殊要求的金属零件。

6.3.2 MIM 的工艺过程

MIM 的工艺过程包括混炼与制粒、注射成型、脱粘和烧结。

1. 混炼与制粒

混炼时把金属粉末与有机粘接剂均匀掺混在一起，将其流动性调整到适于注射成型的状态，混合料的均匀程度直接影响其流动性，因而影响注射成型工艺参数乃至最终材料的密度及其他性能，注射成型过程中产生的下脚料、废品都可重新破碎、制粒、回收再用，如图 6-19 所示。

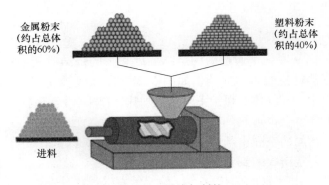

金属粉末（约占总体积的60%）　　塑料粉末（约占总体积的40%）

进料

图 6-19 混炼与制粒

MIM 工艺所用金属粉末颗粒尺寸一般在 $0.5 \sim 20\mu m$，从理论上讲，颗粒越细，比表面积也越大，易于成型和烧结。而传统的粉末冶金工艺则采用大于 $40\mu m$ 的较粗的粉末。

有机粘接剂的作用是粘接金属粉末颗粒，使混合料在注射机料筒中加热具有流变性和润滑性，也就是充当带动粉末流动的载体。因此，粘接剂选择是整个粉末注射成型的关键。对有机粘接剂的要求有：①用量少，即用较少的粘接剂能使混合料产生较好的流变性；②不反应，在去除粘接剂的过程中与金属粉末不起任何化学反应；③易去除，在零件内不残留碳。

2. 注射成型

本步工艺过程与塑料注射成型工艺过程在原理上是一致的，其设备条件也基本相同。在注射成型过程中，混合料在注射机料筒内被加热成具有流变性的塑性物料，并在适当的注射压力下注入模具中，成型出毛坯，如图 6-20 所示。毛坯的密度在微观上应均匀一致，从而使零件在烧结过程中均匀收缩。控制注射温度、模具温度、注射压力和保压时间等成型参数对获得稳定的毛坯重量至关重要。要防止注射料中各组分的分离和偏析，否则将导致尺寸失控和畸变而报废。

3. 脱粘

毛坯在烧结前必须去除其内部所含有的有机粘接剂，该过程称为脱粘，如图 6-21 所示。有机粘接剂从毛坯的不同部位沿着颗粒之间的微小通道逐渐排出，而不降低毛坯的强度。脱粘时要控制毛坯中的碳含量和减少氧含量。

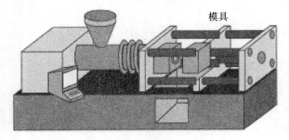

图 6-20　注射成型

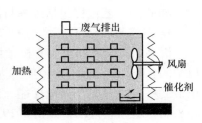

图 6-21　脱粘

4. 烧结

MIM 零件的高密度化是通过高的烧结温度和长的烧结时间来达到的，从而大大提高和改善零件材料的力学性能，如图 6-22 所示。脱粘后的毛坯被放进高温、高压控制的熔炉中，在气体的保护下被缓慢加热，以去除残留的粘接剂。粘接剂被完全清除后，毛坯就会被加热到很高的温度，颗粒之间的空隙由于颗粒的融合而消失，定向收缩到其设计尺寸并转变为一个致密的固体，形成最终的烧结成品。对于大多数材料，典型的烧结密度理论上大于 97%。

图 6-22　烧结

6.3.3　适用于 MIM 的材料

适用于 MIM 的材料见表 6-3。

表 6-3　适用于 MIM 的材料

材　料　体　系	合金牌号、成分
低合金钢	Fe-2Ni、Fe-8Ni
不锈钢	316L、17-4PH

（续）

材 料 体 系	合金牌号、成分
硬质合金	WC-Co
陶瓷	Al_2O_3、ZrO_2、SiO_2
重合金	W-Ni-Fe、W-Ni-Cu、W-Cu
钛合金	Ti、Ti-6Al-4V
磁性材料	Fe、$Fe_{14}Nd_2B$、$SmCo_5$

6.3.4　MIM 的基本属性

MIM 技术加工的零件的基本属性见表 6-4。

表 6-4　MIM 技术加工的零件的基本属性

属　　性	最　　小	典　型　值	最　　大
重量/g	0.03	10～15	300
尺寸/mm	2	25	150
壁厚/mm	0.025	5	15
公差（%）	0.2	0.5	1
批量/个	1000	100000	100000000

6.3.5　MIM 的技术优势与限制

MIM 在零部件制造方面的技术优势包括：

（1）可成型高度复杂结构的零件　与塑料的注射成型一样，MIM 可直接成型内部和外部形状复杂的零件，提高产品设计自由度，并有机会把由多个传统常规制造和装配工艺加工的零件合并为一个零件，大大减少了产品的制造和装配工序，降低了产品成本，如图 6-23 所示。

（2）零件微观组织均匀、密度高、性能好　在传统粉末加工过程中，由于模壁与粉末以及粉末与粉末之间的摩擦力，使得压制压力分布不均匀，从而导致了压制毛坯在微观组织上的不均匀，这样就会造成压制粉末冶金件在烧结过程中收缩不均匀，因此不得不降低烧结温度以减少这种效应，从而使零件孔隙度大、材料致密性差、密度低，严重影响零件的力学性能。反之，MIM 技术是一种流体成型工艺，粘接剂的存在保障了粉末的均匀排布，熔融粒料均匀地填充模腔成型，模腔内各点压力基本一致，从而可消除毛坯微观组织上的不均匀，进而使烧结零件密度可达到其材料的理论密度。零件的高致密性可使强度增加，韧性加强，延展性、导电性、导热性得到改善，磁性能提高。

（3）效率高，易于实现大批量和规模化生产　MIM 技术使用的金属模具的寿

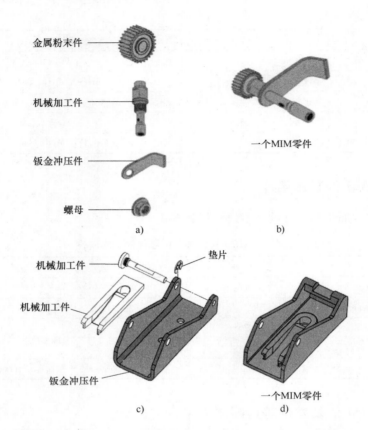

图 6-23　多个传统常规工艺加工的零件合并为一个 MIM 零件

a）、c）原始的设计　b）、d）改进的设计

命和工程塑料注射成型模具相当，适合于零件的大批量生产。利用注射机成型产品毛坯，极大地提高了生产效率，降低了生产成本，而且注射成型产品的一致性、重复性好，从而为大批量和规模化工业生产提供了保证。可采用一模多腔模具，成型效率高，模具使用寿命长，更换调整模具快。

（4）适用材料范围宽，应用领域广阔　可用于注射成型的材料非常广泛，原则上任何可高温烧结的粉末材料均可由 MIM 技术制造成零件，包括传统制造工艺中的难加工材料和高熔点材料，例如低合金、高速钢、不锈钢、镍基合金和硬质合金。此外，MIM 也可以根据用户的要求进行材料配方研究，制造任意组合的合金材料，将复合材料成型为零件。

（5）MIM 制造的零件几乎不需要再进行机械加工　MIM 制造的零件几乎不需要再进行机械加工，材料消耗少，利用率可达 98% 以上。传统粉末成形是外力把粉末压成生坯后烧结，粉末通过颗粒重排、塑性流动而致密化。由于粉末流动性较差，一些具有外部切槽、横孔、盲孔、外螺纹、凹台和表面滚花等形状的零件，难以一次成形，需要二次机械加工。MIM 用一定比例的高分子粘接剂与金属粉末、陶瓷粉末等制成具有良好流动性的均匀粒料，能像塑料注射一样加工复杂形状的零件，如外螺纹、锥形外表面、交叉孔与盲孔、凹台与键销、加强筋板、表面滚花等，均可一次成形，不但消除了二次加工，还提高了材料利用率。材料利用率的提高特别对于降低难以进行机械加工的硬质合金的加工成本，减少贵重金属的加工损失具有重要意义。同时，在产品精度方面，MIM 与其他金属加工方法相比，零件尺寸精度高，不必进行二次加工或只需少量精加工。

（6）提高材料性能 MIM 工艺采用微米级细粉末，既能加速烧结收缩，有助于提高材料的力学性能，延长材料的疲劳寿命，又能改善耐蚀、抗应力及磁性能。

MIM 在零部件制造方面的技术限制包括：

（1）尺寸 由于金属粉末的价格较高，经济性的要求通常使得产品重量小于 100g。

（2）壁厚 最大的壁厚通常要小于 6.35mm，以使得有机粘接剂能从零件中分离而不造成损坏，同时避免零件烧结时扭曲变形。

（3）批量要足够大 模具的价格通常使得年产量在大于 10 万件时才有经济性，如图 6-24 所示。

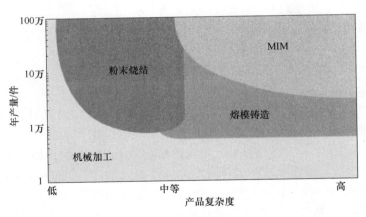

图 6-24 MIM 适用的批量范围

6.3.6 MIM 的应用领域

MIM 是现今粉末冶金领域中发展最迅速的工艺之一，产品应用已经涉及军工、机械、医疗器械、钟表、汽车、IT 电子、通信、航天航空、体育器材和日常生活用品等多个方面。

可使用 MIM 技术进行加工的零件包括：

1）计算机及其辅助设施：如打印机零件、磁芯、撞针轴销、驱动零件等。

2）工具：如钻头、刀头、喷嘴、枪钻、螺旋铣刀、冲头、套筒、扳手、电工工具和手动工具等。

3）家用器具：如表壳、表链、电动牙刷、剪刀、风扇、高尔夫球头、珠宝链环、圆珠笔卡箍和刃具刀头等零部件。

4）医疗器械用零件：如牙矫形架、剪刀和镊子等。

5）军用零件：如导弹尾翼、枪支零件、弹头、药型罩和引信用零件等。

6）电器用零件：如微型电动机、电子零件和传感器件等。

7）机械用零件：如纺织机械和办公机械等。

8）汽车船舶用零件：如离合器内环、拔叉套、分配器套、同步毂和安全气囊件等。

图 6-25　MIM 的典型应用

MIM 的典型应用如图 6-25 所示。

6.4　结构胶粘

6.4.1　结构胶粘剂的概念

结构胶粘剂是指粘接强度足够大、可以用于受力部件进行结构性粘接的胶粘剂。"结构性"意味着一旦粘接失效，则会对产品的结构和功能造成灾难。使用结构胶粘剂的紧固工艺称为结构胶粘。结构胶粘剂属于胶粘剂的一种，只有能够提供7MPa 以上搭接抗剪强度的胶粘剂才能被称为结构胶粘剂，其他的胶粘剂被称为非结构性胶粘剂。图 6-26 显示了常见胶粘剂所能提供的粘接强度，可以看出，结构胶粘所能提供的粘接强度远高于其他胶粘剂。为了获得足够大的粘接强度，结构胶粘剂的化学分子必须溶解于被粘物，形成共价结合，把胶粘剂和被粘物锁扣成一体。

在传统的认识中，胶粘剂就是胶水，只能提供有限的粘接强度，不能作为结构性紧固。结构胶粘剂的出现改变了这一状况，胶水的说法已经过时。图 6-27 显示了各种常见紧固工艺所能提供的抗剪强度对比。可以发现，搭接焊接和结构胶粘的强度最高，远大于螺栓紧固、点焊和拉钉铆接等紧固工艺。

一个真实的实验验证了结构胶粘的强度。如图 6-28 所示，两个金属片通过结构胶粘剂紧固，拉力破坏测试发现，在金属片破坏之前粘接处依然处于完整状态。

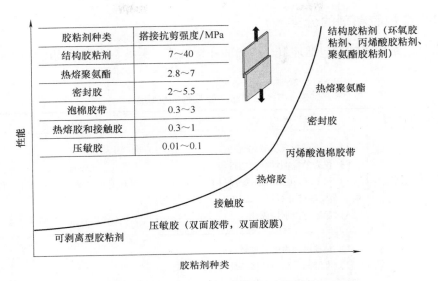

图 6-26 常见胶粘剂的抗剪强度

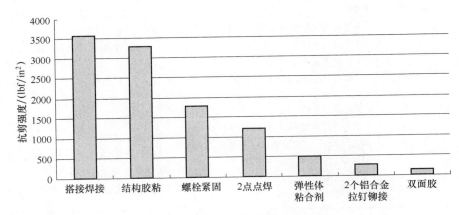

图 6-27 常见紧固工艺的抗剪强度对比

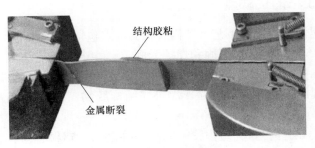

图 6-28 结构胶粘强度高于金属本体

6.4.2 结构胶粘剂的分类

常见的结构胶粘剂包括环氧、丙烯酸和聚氨酯三大类，三类结构胶粘剂的优缺点见表6-5。

表 6-5 三类结构胶粘剂的优缺点

结构胶粘剂类型	优 点	缺 点
环氧胶粘剂	1）优秀的耐环境老化能力 2）优秀的浸润性和填缝性能 3）可以粘接泡沫、复合材料、木材、金属和部分塑料，如 PVC 4）加温可以加速固化	1）会产生放热反应 2）刚度大，比较脆 3）固化时间相对长，一般需要高温固化 4）胺类固化剂有一定的毒性
丙烯酸胶粘剂	1）对基材的表面处理要求低 2）可抵御严酷的环境条件 3）适用的基材种类最广泛，可以粘接金属和塑料（复合材料）等不同材料 4）对无涂层金属表面粘接性好 5）室温下固化速度最快 6）使用温度范围宽 7）混合比例要求不高，可以手工混合	1）难闻的气味 2）低闪点，未固化的胶粘剂可燃 3）部分情况下不能粘接 SMC 材料（内脱模剂不利于丙烯酸的固化） 4）需要专用的打胶混合设备
聚氨酯胶粘剂	1）延伸率高、抗冲击性好 2）对复合材料（如 SMC 和玻璃钢等）、塑料、木材、泡沫、有底涂或者带涂层的金属的粘接力很高 3）固化速度多样 4）气味较弱	1）刚度不够 2）耐温性低 3）对湿气敏感 4）对混合比例非常敏感 5）需要专用的打胶混合设备

6.4.3 结构胶粘的优缺点

相对于其他传统的紧固工艺，结构胶粘的优点包括：

1）应力分布均匀。螺纹紧固和焊接紧固工艺均会导致应力集中现象；而结构胶粘使得应力分布均匀，可应用于更加轻薄的材料，而无须担心紧固位置发生形变、开裂或出现细纹等缺陷。螺栓、焊接和结构胶粘三种紧固方式的应力分布如图 6-29 所示。

2）可粘接不同种材料。结构胶粘能够粘接金属、塑料、橡胶、陶瓷、复合材料、玻璃和木材等同种或不同种材料。而多数的焊接紧固工艺则往往只能紧固相同或相似的材料。

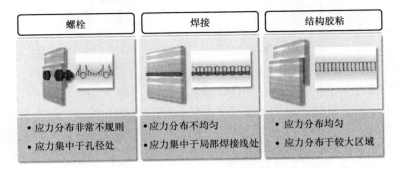

图 6-29　三种紧固方式的应力分布

3）对产品外观不会产生影响，可保持产品外观的完整性。焊接高温会影响产品的外观甚至材料的力学性能；另外，焊缝和紧固件都会影响产品的外观。图 6-30 显示了结构胶粘和螺栓紧固对产品外观影响的对比。

4）减轻重量。结构胶粘非常适用于轻量化的产品中，特别是薄壁零件的紧固（壁厚 < 0.5mm）。在产品中通过使用薄壁零件和零件合并来降低产品重量。没有结构胶粘，汽车行业的轻量化则完全不可能，特别是在紧固不相似材料和新材料时。

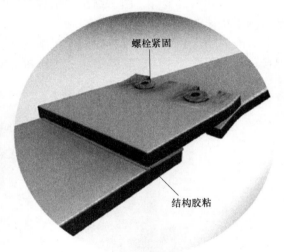

图 6-30　结构胶粘和螺栓紧固对产品
外观影响的对比

5）密封。结构胶粘在实现紧固的同时起着密封的功能，以防止污垢、灰尘、水及其他外部污染物的侵入。结构胶粘还可提供一道薄膜屏障，以减少或防止双金属腐蚀。

6）降低成本。使用结构胶粘，可通过减少材料用量、减轻重量和取消钻孔、焊接、螺纹、精加工及其他类似操作来显著降低成本。在大多数案例中，使用结构胶粘要求的培训是最少的。胶粘设备只需要极少的投资或者完全不需要投入。

7）出色的耐候性（紫外线、热、湿度）、耐化学性，高温时能保证性能的稳定。

结构胶粘的缺点包括：

1）结构胶粘剂一般需要固化，这会增加装配的周期；同时有可能也需要专用的固化设备。

2）需要进行表面清洁处理。

3）对于大多数结构胶粘剂，粘接后通常难以在不损坏部件的前提下完成拆卸、甚至不能拆卸。

6.4.4　结构胶粘的应用

结构胶粘产生于 20 世纪 40 年代，最初主要的应用领域为飞机制造。当初为了减轻飞机重量，大量铝合金用于飞机的制造。铝合金具有质轻、强度高的优点，但不适用于焊接；同时为了防止裂纹的应力扩展，又不能使用铆接。普通的非结构性胶粘满足不了飞机在复杂应用环境下的耐高温、高强度和具有持久性的要求，结构胶粘的出现解决了这个问题。20 世纪 70 年代，飞机开始大量使用高比强度的碳纤维复合材料和钛合金等，由于结构胶粘具有可粘接不同材料的优点，更使得结构胶粘得到了快速的发展。

目前，结构胶粘已经广泛应用于各个行业，一些典型的应用案例如图 6-31 所示，包括汽车后备厢门、轮船甲板、线缆和机柜侧盖等。

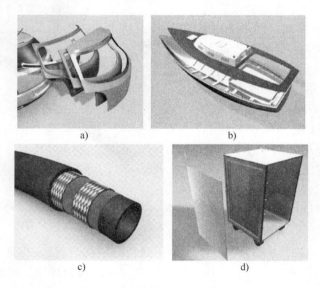

图 6-31　结构胶粘的典型应用
a）汽车后备厢门　b）轮船甲板　c）线缆　d）机柜侧盖

6.5　微发泡注射成型

6.5.1　微发泡注射成型的概念

微发泡注射成型（Microcellular Foamine Injection Molding，MuCell）是指以热塑性材料为基体，通过特殊的加工工艺，将超临界流体（二氧化碳或氮气）注入塑料中，发泡出大量均匀的微米级尺寸的封闭泡孔，如图 6-32 所示。

微发泡的概念由美国麻省理工学院在 20 世纪 80 年代首先提出，希望在塑料零件中产生高密度的封闭泡孔，从而在减少材料用量的同时提高其刚度，并避免对强度等性能造成影响。微发泡现已成为了一项非常成熟的革新技术在全世界被广泛使用。目前，微发泡已经应用于塑料的注射成型和挤出成型。

图 6-32 微发泡注射成型

微发泡注射成型技术突破了传统注射的诸多局限，在基本保证产品性能不降低的基础上，可以明显减轻产品重量和缩短注射成型周期，大大降低设备的锁模力，并具有内应力和翘曲小、平直度高、没有缩水、尺寸稳定、成型视窗大等优势。与传统注射相比较，特别在生产高精密以及材料较贵的零件时，在许多方面都独具优势，成为近年来注射技术发展的一个重要的发明。

6.5.2 微发泡注射成型的工艺过程

微发泡注射成型的工艺过程包括四个关键步骤，如图 6-33 所示。

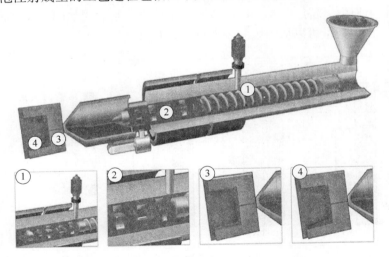

图 6-33 Mucell 工艺过程

1）塑化过程中经过精确计量的超临界流体（通常为氮气或二氧化碳），由安装在塑化料筒上的注射器注入聚合物中。

2）超临界流体进入塑化料筒中特制的混合段，与聚合物熔体均匀地混合并扩散，形成超临界流体-熔融聚合物的单相溶体。

3）聚合物注射入模具型腔。单相熔体一进入压力较低的型腔内，便开始形成气泡核。随着超临界流体分子的扩散，在密室的表层形成了均匀的封闭泡孔结构。

4）在模腔内以较低的压力继续填充。保压的过程被气泡核的成长所替代，一旦充填完毕保压即完成。气泡核的成长在模具型腔内产生均匀一致的保压压力。

发泡后的产品截面放大图如图 6-34 所示，可以看出产品的外层还是未发泡的实体层，这是由于模具温度较低，表面树脂冷却迅速，细胞核没有成长的时间，所以还是未发泡的实体；而产品中间层则均匀分布了大量的泡孔。

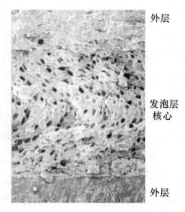

外层

发泡层
核心

外层

图 6-34　发泡后的产品截面放大图

6.5.3　微发泡注射成型的优点

1. 优化注射性能

超临界流体可降低塑料黏度，从而使得塑料流动性好、流长比增加。流动性好，可减少熔料温度，降低注射压力。如图 6-35 所示，MuCell 使用氮气和二氧化碳对 PS、PBT 和 PA 三种塑料注射后的黏度均低于传统注射成型。连接器外壳（PBT 材料）使用传统注射成型和 MuCell 的流长比实物对比如图 6-36 所示，使用 MuCell 后，浇口数量可以从传统的 2 个减少为 1 个。

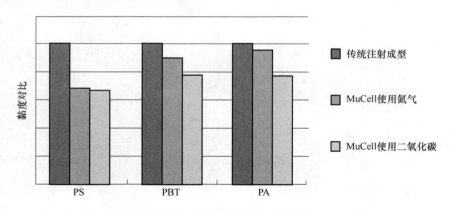

图 6-35　MuCell 降低塑料黏度

2. 降低模穴压力

模穴压力是指塑料充满型腔后建立的压力。对于塑料零件设计者来说，模腔内部压力是令他们头痛的"一号敌人"。由于压力的存在，模具会由于受热而变形，甚至某些部件也会因此而断裂。

MuCell 主要靠气泡核的成长来填充产品，是在一个较低而平均的压力下进行

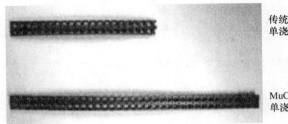

传统注射成型
单浇口填充

MuCell
单浇口填充

图 6-36　MuCell 增加流长比

的，可降低 57% 模穴压力，如图 6-37 所示。模穴压力的减少，有助于减少产品飞边，减少内应力，延长模具寿命，降低锁模力和减少电能的消耗等。

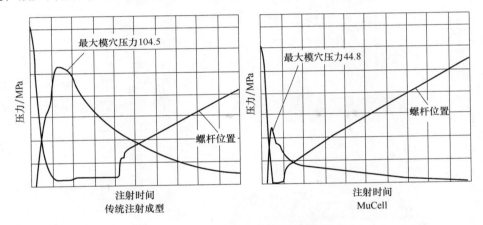

图 6-37　MuCell 降低模穴压力

3. 缩短注射成型周期

如前文所述，MuCell 是在一个较低而平均的压力下进行的，不像传统注射成型要靠模板保压，几乎不需要保压时间；同时由于 MuCell 可以设计更小的壁厚，以及通过降低熔料温度、降低模具温度和减少人为控制变形的冷却时间，冷却时间也相应减少。因此，与传统注射成型相比，MuCell 大约可缩短 15%～30% 的生产周期，如图 6-38 所示。

4. 更多的设计自由度

在传统注射工艺中，零件各部位壁厚常常是由工艺，而不是零件性能要求来决定的。MuCell 的出现改变了这一状况。使用 MuCell 时，零件壁厚是由零件性能要求来决定的，产品设计因此具有更多的设计自由度。可以设计壁厚变化较大的产品，在强度有要求的部位配合适当的材料厚度，在非结构性部位减小壁厚。例如，在传统注射成型工艺中，肋条壁厚与产品基本壁厚的比例一般不超过 70%，否则会出现缩水；使用 MuCell 时，肋条壁厚与产品基本壁厚的比例因为性能要求可以

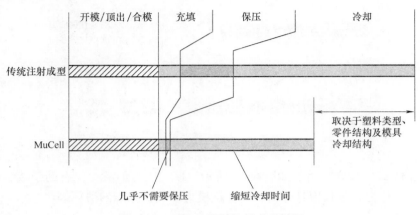

图 6-38　MuCell 缩短注射成型周期

做到 100% 甚至更高，不必担心缩水缺陷的出现，如图 6-39 所示。

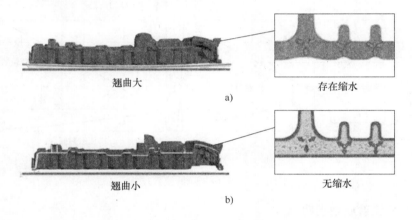

图 6-39　MuCell 翘曲小和无缩水

a）传统注射成型　b）MuCell

图 6-40 所示的门内饰板，为了满足冲击测试的要求，使用传统注射成型工艺时零件基本壁厚需设计为 2.4mm，肋条壁厚为 0.8mm；而使用 MuCell 工艺时产品壁厚为 1.8mm，肋条壁厚可以设计为 1.2mm，可以吸收相同的能量，成型后表面无明显缩水，同时零件重量减轻 30%（其中 20% 是通过壁厚减少，10% 是通过密度减少）。

图 6-40　MuCell 具有更多的设计自由度

5. 减轻产品重量

MuCell 在减轻产品重量方面的优势是显而易见的，MuCell 能够在保证产品结构强度不发生很大变化的前提下，通过壁厚的优化设计及密度的降低，将重量减轻 10% ~ 20%。

图 6-41 所示的风扇护罩，MuCell 仅仅需要在受力区域设计零件壁厚为 2mm，以满足受力要求，而在其他区域可减小零件壁厚。

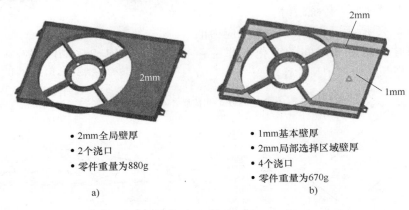

- 2mm全局壁厚
- 2个浇口
- 零件重量为880g

a)

- 1mm基本壁厚
- 2mm局部选择区域壁厚
- 4个浇口
- 零件重量为670g

b)

图 6-41　MuCell 减轻产品重量

a）传统注射成型　b）MuCell

6. 尺寸稳定性高

由于减少或消除了传统注射成型工艺在合模和保压过程中产生的模内应力，并保证了零件不同位置的平均收缩，因此 MuCell 可显著提升零件的尺寸稳定性，包括平直度、圆度和减少翘曲等，同时不同模穴之间的尺寸差异性小。

如图 6-42 所示，MuCell 可减少零件翘曲。

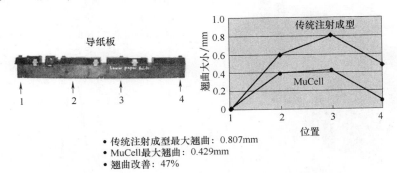

- 传统注射成型最大翘曲：0.807mm
- MuCell最大翘曲：0.429mm
- 翘曲改善：47%

图 6-42　MuCell 减少零件翘曲

如图 6-43 所示，计量管的外圆需要与 O 形密封圈配合，以达到防水要求。相对于传统注射成型产品，MuCell 加工的计量管外圆直径公差小，与 O 形密封圈的配合显著改善。

如图 6-44 所示，一个长方块零件分别通过传统注射和 MuCell 注射，模具采用一模两穴，最终的零件检测五个点的宽度尺寸。可以看出，通过 MuCell 加工的零件宽度尺寸无论是在同一模穴之间还是不同模穴之间，其差异远低于传统注射。

如图 6-45 所示，由于 MuCell 内应力的减少，尺寸在温度和时间的变化下非常稳定，零件在长期生产中尺寸稳定。

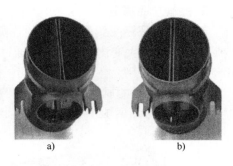

图 6-43　MuCell 改善计量管外圆直径
a）传统注射成型　b）MuCell

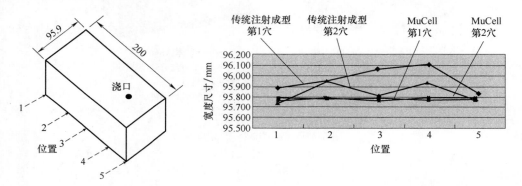

图 6-44　MuCell 减少同一模穴和不同模穴之间的尺寸差异

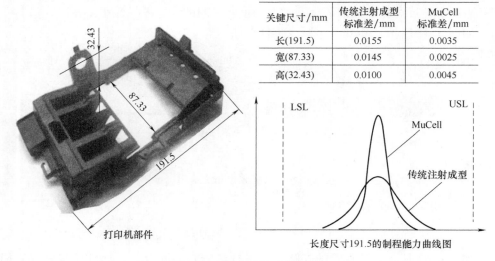

关键尺寸/mm	传统注射成型 标准差/mm	MuCell 标准差/mm
长(191.5)	0.0155	0.0035
宽(87.33)	0.0145	0.0025
高(32.43)	0.0100	0.0045

打印机部件

长度尺寸191.5的制程能力曲线图

图 6-45　MuCell 尺寸稳定性好

7. 降低产品成本

MuCell 可显著降低产品成本，产品成本的降低通过以下方式实现：

1）产品重量减少 6%～12%。
2）注射成型周期缩短 15%～30%。
3）更小的注射机吨位或更多的模具型腔数（锁模力减少 30%～80%）。
4）模具寿命增加。
5）注射机耗电减少。
6）产品质量高，减少因为检测、去飞边等二次处理的费用。

6.5.4 微发泡注射成型的应用

几乎目前所有的热塑性材料都可以采用微发泡注射成型技术。但考虑到经济性和产品品质的要求，MuCell 微发泡零件主要集中在商业设备、汽车及内部装饰材料和电子电器产品等品质要求较高、材料较贵的产品上，如打印机、复印机、汽车内部件、保险盒、电器开关和薄壁容器等。

图 6-46 所示的汽车控制面板，使用 MuCell 工艺消除缩水缺陷，1∶1 的肋条与基本壁厚比例以提升强度，锁模力由 250t 减少为 75t，成型周期缩短 23%，重量减轻 10%。

图 6-47 所示的汽车用风扇护罩，与传统注射成型相比，MuCell 除了变形减少以及耐疲劳寿命增加以外，零件较前减轻 8%、注射成型周期较前缩短 20%，以及锁模力从 1000t 降到 500t（减少 50%）。

图 6-46　汽车控制面板

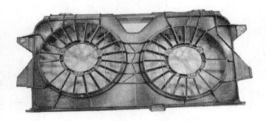

图 6-47　汽车用风扇护罩

图 6-48 所示的汽车档拨，使用 MuCell 工艺，第一次试模，31 个关键尺寸满足要求，成型周期缩短 30%，重量减轻 6%，注射机吨位减小 40%，和普通注射两穴同样吨位的情况下可加工四穴。

图 6-49 所示的打印机支架，使用 MuCell 后，零件变形减少

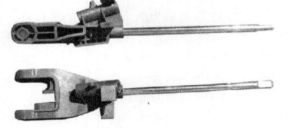

图 6-48　汽车档拨

50％，锁模力由 420t 减小为 220t。

图 6-50 所示的工业用托盘，使用 MuCell 后，零件变形减小，注射成型周期缩短，没有缩水，冲击强度提高，成型机由 2700t 减小为 1700t。

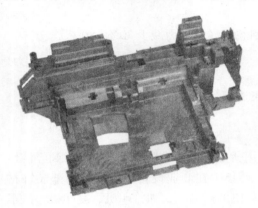 

图 6-49　打印机支架　　　　　　　　　　图 6-50　工业用托盘

6.6　多组分注射成型

1. 多组分注射成型的概念和工艺过程

多组分注射成型（Multi-component Injection Molding）是通过专门的注射成型设备将不同品种或不同色泽的聚合物材料混合成型以获得所需产品的一种新型注射成型工艺。与传统注射成型过程不同，多组分注射成型根据聚合物的不同特质，需要两套或多套注射装置共同工作。

多组分注射成型涵盖多个独立过程，这些过程的共同点是用两个或更多注射装置将相应数目的不同材料同时注入模具，通过一系列步骤生产出最终零件，零件不需要后续处理即可直接使用。实现多组分注射成型的方式很多，包括三明治式、交替式、旋转式、移位式和滑动式等，其中三明治式和交替式使用同一浇口系统，其余的使用多浇口系统。

下面以三明治式注射成型为例来说明多组分注射成型的工艺过程。

三明治注射成型（也称表层-核芯工艺）是将一种材料完全注射到表层材料中，其工艺过程可分为两个或三个阶段进行。首先，在型腔中注射一部分表层材料，如图 6-51a 所示；然后，将第二组分材料注射到第一种材料的塑料核芯中，如图 6-51b 所示；最后，用第一种组分材料在浇口的位置注射材料以把第二种材料完全密封，如图 6-51c 所示。

三明治注射成型的常见应用是零件需要一个靓丽的色彩，或者表面需要较软的材料来改善抓握时的手感（内部可以使用回料，或者使用较硬的材料）。它也可以用来加工具有特殊风格的零件。

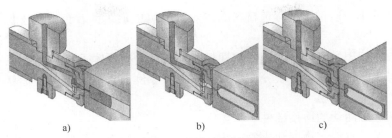

图 6-51 三明治注射成型

a) 在型腔中注射一部分表层材料 b) 注射第二组分材料 c) 密封第二种材料

2. 多组分注射成型的优缺点

多组分注射成型的优点包括：

1) 提高产品的外观和功能。多组分注射成型的产品具有多彩的外观，对消费者更具有吸引力；同时可以把具有不同功能的材料集成为一体，使得产品具有多重功能，包括密封、减振和降噪等。例如把液态硅胶 LSR 和热塑性塑料进行多组分注射成型，可使零件具有密封功能，以替代传统的密封圈进行密封。

2) 降低产品成本。多组分注射成型一次加工即可获得由多种色彩或多种材料组成的零件；而原来传统的加工方法则由多个零件、经过多个工序，例如喷漆、电镀和组装才能完成，多组分注射成型明显减少了零件数量及其相关的工序，从而降低了产品成本。

3) 更多的设计自由度。多组分注射成型加工的零件在不同区域可以具有不同的色彩或者不同的材料，于是产品设计具有更多的设计自由度，更容易去满足产品的外观和功能等需求，或者去实现以往单一材料所无法实现的需求。

多组分注射成型的缺点包括：

1) 模具和注射设备较复杂，初始固定资产投资较高；只有在大批量生产时，才具有经济价值。

2) 相对于传统注射成型，多组分注射成型是一个崭新的、不成熟的和正在发展中的工艺；在选择多组分注射成型时，容易使得决策者犹豫。同时，正确的引入该工艺需要多产品开发工程师、注射工程师、操作人员和质量人员等相关人士进行相应的培训。

3) 多组分注射设备的专用性较高，例如三明治注射成型的设备仅可用于具有表层-核芯结构的产品，这限制了其在企业不同产品线之间的共用。

3. 多组分注射的应用

通过将创造性的解决方案应用在各种生产过程中，多组分注射成型正在进入一个极具吸引力并迅速成长的市场。虽然这些方式，基于不同的应用，尚具有各自不同的优点和不足，但同时相互间也在互补和协调。总的来说，因所成型的零件兼有不同的特性，可以预计多组分注射成型的应用极具实用性。与其他加工方式相比，多组分注射成型的零件更关注零件的质量和可行性，其应用领域包括：

1）多色化。通过多种颜色材料的注射成型实现永久性着色，用于标识、色彩设计和装饰效果。

2）通过使用适宜人手抓握的软性材料，改进产品整体或局部的手感。

3）集成密封功能。多组分注射允许在主体零件上直接成型各种形状和尺寸的密封件。

4）制造可活动的连接部件。

5）获得具有特定物理和化学特性的表面，例如防腐、导电、电磁屏蔽、气体阻隔（隔氧）、防潮和防紫外线。

6）功能性零件可以减振和降噪。

7）获得稳定可靠的机械结构。

多组分注射成型的典型应用案例包括车灯、牙刷、电动螺丝刀、连接器接头、带转轴的支架和带防水功能的塑胶件，如图 6-52 所示。

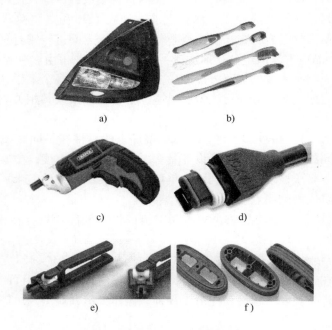

图 6-52   多组分注射成型的典型应用

a）车灯   b）牙刷   c）电动螺丝刀   d）连接器接头

e）带转轴的支架   f）带防水功能的塑胶件

6.7   低压注射成型

1. 低压注射成型的概念

低压注射成型工艺是一种以很低的注射压力（0.15~4MPa）将热熔胶材料注

入模具并快速固化成型（5～50s）的封装工艺，以热熔胶材料卓越的密封性和优秀的物理、化学性能，从而使产品达到绝缘、耐高温、抗冲击、减振、防潮、防水、防尘和耐化学腐蚀等功效。与传统灌封工艺（如双组分环氧/聚氨酯灌封）相比，低压注射成型不仅环保，同时可大幅度提高生产效率，降低产品总成本。

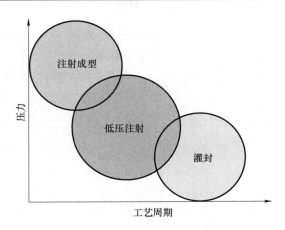

图 6-53　低压注射与注射成型及灌封的
压力和工艺周期对比

低压注射是一种介于注射成型和灌封之间的工艺，如图 6-53 所示。

低压注射成型的工艺过程很简单，如图 6-54 所示，主要包括三步：

1）把需要封装的零件放入模具的型腔中。

2）把熔融的热熔胶注入模具的型腔中。

3）从模具中取出成型的产品。

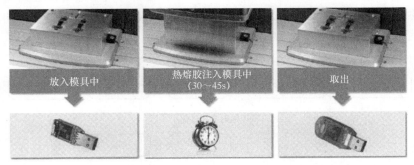

图 6-54　低压注射成型的工艺过程

2. 低压注射成型的特点

（1）注射压力极低、保护元器件、次品率极低　针对传统注射工艺压力过高的缺陷，低压注射成型只需要很小的压力就可以使熔融的热熔胶材料流淌到很小的模具空间中；同时低压注射成型的温度也低于传统注射，因而更有利于保护封装的脆弱元器件，极大程度地降低了废品率。低压注射成型与传统注射成型的对比见表 6-6。

表 6-6　低压注射成型与传统注射成型的对比

	低压注射成型工艺	传统注射成型
材料	热熔胶材料	ABS、PBT、PP 等
注射压力	0.15～4MPa	35～130MPa

（续）

	低压注射成型工艺	传统注射成型
注射温度	190～230℃	230～300℃
合模压力	1t	超过50t
模具材料	铝	钢
对模具的损坏性	无磨损	有磨损

（2）优异的保护效果　低压注射成型对所封装的元器件具有优异的保护效果，包括：

1）密封性好：某些胶料熔化后具有良好的粘接性能，可有效地对所封装的元器件起到密封、防潮、防水、防尘、耐化学腐蚀的作用。

2）耐高低温：耐环境温度范围为 – 40～150℃，可以适用于各种恶劣的生产环境和使用环境。

3）抗冲击性：成型后可达硬度 40HSD，具有良好的韧性，可减缓来自外界的冲击力。

4）电绝缘性：体积电阻率在 1011～1014Ω·m 之间，可作为绝缘材料。

5）阻燃性：某些热熔胶还具有优良的阻燃性能，符合 UL94V0 标准。

（3）可大幅度提升生产效率　低压注射成型已成为大多数传统灌封工艺日益流行的替代工艺。相比工序复杂的传统双组分灌封工艺，低压注射成型的工艺简单，二者的工艺过程对比如图 6-55 所示。

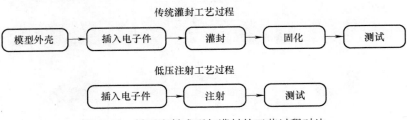

图 6-55　低压注射成型与灌封的工艺过程对比

由于低压注射成型的工艺简单，其生产周期可以缩减到几秒至几十秒，极大地提高了生产效率。低压注射成型与传统灌封工艺的详细相关属性对比见表 6-7。

表 6-7　低压注射成型与传统灌封工艺的详细相关属性对比

项　　目	低压注射成型	传统灌封工艺
材　　料	热熔胶（单组分热熔注射）	双组分聚氨酯、环氧树脂等（主剂和固化剂按比例混用）
材料粘接性	对多数基材可获得良好的粘接性、更好的防水性	对特定材料可获得粘接性
工艺周期/生产效率	常态成型，无化学反应，5～50s	抽真空热固成型，化学反应，需要数小时甚至数天以上

（续）

项　目	低压注射成型	传统灌封工艺
设备维护频率	每周一次	每日维护
胶粘剂成本	$2X$	X
胶粘剂使用量	$Y/4$	Y
生产空间	占用空间大大减少，没有半成品和固化过程	需占用半成品存储和固化空间

（4）降低产品成本　相对于传统双组分灌封工艺，低压注射成型能够帮助降低产品成本，这主要体现在：

1）淘汰了灌封工艺所需使用的外壳，减少了零件数量，并降低了相应的材料费用、制造费用、装配费用和库存费用等。

2）低压注射成型不需要加热固化，生产周期短，装配成本低。

3）尽管低压注射成型目前使用的热熔胶材料价格相对灌封材料价格高，但低压注射所使用的材料少，依然有可能降低材料成本。

3. 低压注射成型的应用

低压注射成型最初被用于改善汽车工业中某些电子元器件的整体灌封工艺，目前的应用已经越来越广，已经扩展到医疗、军事、照明、工业和消费行业等领域，用于精密、敏感的电子元器件的封装与保护，包括线缆、手机电池、传感器、通信连接器、电器连接器、汽车连接器、微动开关、印制电路板和电子芯片等，可在大部分场合替代采用传统双组分灌封的应用。

低压注射成型的典型应用如图6-56所示。

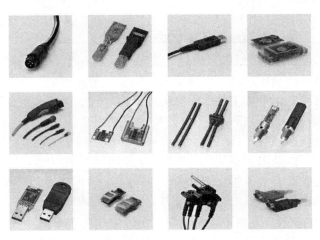

图6-56　低压注射成型的典型应用

第7章 小时费率

费率（又称工资率）是指单位时间内的劳动价格，即单位时间内的劳动报酬。根据单位时间的不同，可以分为小时费率和日费率等。

直接人工小时费率是每小时内所需支付的人工劳动报酬。机器小时费率是每小时内所需支付的机器使用报酬，不包括操作机器的直接人工报酬。

直接人工小时费率和机器小时费率是产品制造成本和装配成本计算的两个关键参数，用于第8~10章中直接人工成本和产品制造成本（除材料成本外）的计算。通过计算出直接人工小时费率和机器小时费率，再计算出人工数和每小时产能，即可计算出零部件制造和装配过程中的产品制造成本（除材料成本外）。

7.1 直接人工小时费率

7.1.1 直接人工成本的构成

直接人工成本是指企业在一定时期内生产经营和提供劳务活动中因使用劳动力所发生的各项直接和间接人工费用的总和。

直接人工成本由以下部分构成：

1）工资：是指企业在一定时期内直接支付给工人的报酬，一般包括基本工资、技能工资和加班工资等。

2）奖金：是指企业用于奖励员工努力工作、为企业创造效益的资金，包括月绩效奖、全勤奖、十三薪和年度绩效奖等。

3）社会保险费用：是指国家通过立法对劳动者在生、老、病、死、伤残、失业时给予物质帮助的费用。社会保险费用由国家、企业和个人三方面分担。目前实施的社会保险有养老保险、工伤保险、失业保险、医疗保险和生育保险等。

4）职工福利费用：是指在工资以外按照国家规定开支的职工福利费用。主要用于职工的医药费，医护人员工资，医务经费，职工因工负伤赴外地就医路费，职工生活困难补助，以及国家规定的其他职工福利支出，如丧葬抚恤费、集体福利事业补贴、工会文教费、集体福利设施费、探亲路费、上下班交通补贴、洗理费和解除劳动合同的费用等。

5）劳动保护费用：是指企业购买职工实际使用的劳动防护用品的费用，包括企业为劳动者免费提供的符合国家规定的劳动防护用品，如工作服、手套等劳保用品，以及解毒剂、清凉饮料及规定工种所享受的保健食品待遇。

6）人力资源成本：指涉及人力资源的取得、开发、使用、保障和离职所发生的投资或支出，包括：①取得成本，指招募、选拔、定岗过程中发生的支出，如招聘广告费、人才中介代理费、招聘会场费、招聘过程差旅费、招聘到的新员工安置费等；②开发成本，指岗前培训、在岗培训、脱产培训等的支出；③使用成本，指对人力资源的维持（如工资、福利费）、奖励、调剂所发生的支出；④保障成本，指建立人力资源的更新换代、工伤等基金的支出；⑤离职成本，指离职低效成本（离职前工作效率较低）、遣散成本、离职后的补偿支出（如退休金）、空职成本、重新招聘的取得开发成本和超额成本（高薪重聘成本）。

7.1.2　直接人工小时费率的计算

直接人工小时费率是单位小时内的直接人工成本总和。在计算直接人工小时费率时，需要对企业每年或每月实际发生的各种人工成本支出（如 7.1.1 节所述）进行统计，再分摊到每小时，即可获得企业直接人工小时费率。

并不是企业所有的人工都具有相同的直接人工小时费率，直接人工小时费率是针对具体某一个工种而言的。根据零部件的加工制造和装配方式，直接人工可以分为很多个工种，例如车工、磨工、钳工、钻工、加工中心操作工、铸造工、冲压工和装配工等，不同工种对工人的技能要求不同以及市场供需环境不同，因此不同工种的直接人工小时费率存在差异。另外，即使同一工种在不同地区、不同行业和不同公司，直接人工小时费率也存在差异。

表 7-1 显示了深圳某企业普通装配工种在某年的所有人力成本支出，并通过计算转化为直接人工小时费率。

表 7-1　深圳某企业普通装配工种在某年的直接人工小时费率

类别	序号	项目	说　　明	每月实际/元	每小时实际/元
工资	1	基本工资	按照劳动法规定的深圳市最低工资标准计算	2030	7.99
	2	技能工资	技能工资是鼓励员工提供工作技能而设的工资项目，视员工技能熟练程度调薪晋级，计算时取平均值	160	0.63
	3	加班工资	以基本工资加技能工资作为工资基数核算加班工资，平时加班按照 1.5 倍计算；周末加班按照 2 倍计算，节日按 3 倍计算，每月按平时加班 40h，周末加班 40h 计算	1774.1	6.98
奖金	4	月绩效奖	企业实现以目标为导向的绩效管理制度，对工作表现及工作结果良好的员工给予评级奖励，测算时取平均值	160	0.63
	5	全勤奖	鼓励员工努力工作，弘扬爱岗敬业的企业文化，对当月出全勤的员工给予奖励	50	0.20

（续）

类别	序号	项目	说　明	每月实际/元	每小时实际/元
奖金	6	十三薪	一般为满一年的员工发放 1 个月的基本工资和技能工资作为年终奖	182.5	0.72
	7	年度绩效奖	在企业正常盈利的情况下，根据员工的工作表现发放，一般为满一年的员工发放 1 个月的基本工资和技能工资作为年终奖	182.5	0.72
社会保险	8	社会保险	以基本工资和技能工资之和为基数，养老：13%，工伤：0.8%，医疗：0.6%，失业：0.7%；住房公积金：6.5%，合计21.6%	473.0	1.86
福利费用	9	住房补贴	外宿的员工给予 100 元/月的补贴，住公司的员工免费	100	0.39
	10	餐费补贴	给予员工 4 元/天的餐费补贴	120	0.47
	11	节日福利	元旦、春节、三八妇女节、清明节、五一劳动节、端午节、中秋节、国庆节等节日礼品	100	0.39
	12	年休假	在企业服务满一年以上的员工，可带薪休假 5 天，工资按基本工资和技能工资之和标准计算	41.5	0.16
劳保费用	13	职业体检	按照国家规定每年对员工进行健康体检，对涉及职业病的工种，进行职业健康体检，费用为 100 元/人/年	8.3	0.03
	14	劳保用品	按照国家规定发放劳保用品，进行工作环境检测，发放冬夏工衣、劳保鞋、口罩、手套，配备常用医疗用品	45	0.18
	15	高温补贴	按照国家相关规定给予高温补贴，6～10 月份，120 元/人/月	50	0.20
	16	夜班补贴	按照国家规定给予夜班补贴，10 元/人/晚	130	0.51
人力资源费用	17	按照 1～16 项费用之和的 15% 进行计算		841.04	3.31
装配工每月人力成本总支出				6447.94	
装配工小时费率					25.39

注：工作时间按照每周工作六天，工作时间 60h 进行计算；其中正班工时 40h，平时加班 10h，周末加班 10h。该年每月工作实际工时为 254h。

7.1.3　直接人工小时费率的增长趋势

2009～2015 年深圳某企业装配工人的直接人工小时费率见表7-2。

表7-2　**2009～2015 年深圳某企业装配工人的直接人工小时费率**　（单位：元）

类别	项目	2009 年	2010 年	2011 年	2012 年	2013 年	2014 年	2015 年
工资	基本工资	900	1100	1320	1500	1600	1808	2030
	技能工资	100	100	120	120	120	160	160
	加班工资	804.6	981.6	1158.6	1303.5	1416.1	1583.5	1774.1
奖金	月绩效奖	100	120	120	120	160	160	160
	全勤奖	50	50	50	50	50	50	50
	十三薪	83.3	100.0	120.0	135.0	143.3	164.0	182.5
	年度绩效奖	83.3	100.0	120.0	135.0	143.3	164.0	182.5
社会保险	社会保险	216	258.2	311.0	348.9	371.5	425.1	473.0
福利费用	住房补贴	50	50	80	100	100	100	100
	餐费补贴	60	80	80	100	100	120	120
	节日福利	80	80	90	90	100	100	100
	年休假	18.9	22.7	27.3	30.7	32.6	37.3	41.5
劳保费用	职业体检	6	7	7	8.3	8.3	8.3	8.3
	劳保用品	30	40	40	45	45	45	45
	高温补贴	30	40	40	50	50	50	50
	夜班补贴	60	65	70	75	80	130	130
人力资源费用		400.83	478.33	563.09	631.86	678.02	765.77	841.04
装配工每月人力成本总支出		3072.93	3672.83	4316.99	4843.26	5198.12	5870.97	6447.94
装配工小时费率		12.10	14.46	17.00	19.07	20.47	23.11	25.39

2009～2015 年深圳某企业的装配工小时费率曲线如图 7-1 所示，可以看出人工成本呈显著增长趋势，相对于 2009 年的人工成本，2015 年的人工成本已经翻倍。

这无疑说明了中国企业以低人工成本来获取利润的时代已经一去不复返。为了在激烈的市场竞争中存活下来，除了把工厂内迁或者转移到东南亚劳动力成本低的区域，企业必须找到获取利润的其他方式，面向成本的产品设计正是这样一种有效的方式，这也是本书的价值和意义所在。

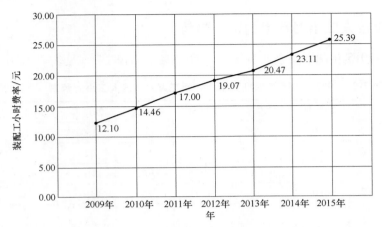

图 7-1　2009～2015 年深圳某企业的装配工小时费率增长曲线

7.2　机器小时费率

7.2.1　机器小时费率的概念

通过计算机器小时费率，并计算对应的每小时产能，即可计算出单个零件除材料成本之外的制造成本。

零件不同的制造工艺会使用不同的机器，例如注射时会使用注射成型机、冲压时会用到压力机、压铸时会使用压铸机，以及机械加工时会使用车床、铣床、加工中心等机器。由于不同类型机器的购买成本、占用厂房空间大小、水电消耗，以及劳动力及管理成本等存在差异，因此不同机器的小时费率也不同。

在计算机器小时费率之前，需要计算机器每年或每月的所有成本支出，再转化为机器小时费率。一般来说，机器每年或每月的所有成本支出可以分为固定成本和可变成本两大类，而固定成本包括机器折旧、资金利息和厂房建造或租用成本，可变成本包括消耗的能源成本、耗材成本、维修成本和管理成本等，如图 7-2 所示（在本书中，机器所有成本支出不包括操作机器的人工成本。人工成本是以人工小时费率的形式体现，具体见 7.1 节）。

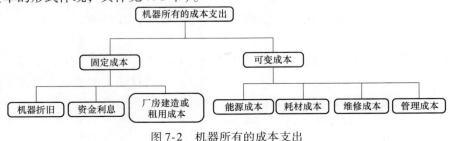

图 7-2　机器所有的成本支出

7.2.2 名词定义

1. 机器购买价格

机器购买价格是指购买机器及其零配件所花费的设备价格、税收价格、运输价格及安装调试价格等。

2. 经济寿命

经济寿命是指机器按照可接受的零件质量、生产效率和成本加工制造零件的寿命。换句话说，经济寿命是指机器的使用成本处于合理界限之内的机器寿命。影响机器经济寿命的因素大致可以分为两种，包括物理老化和无形老化。

物理老化是指机器在长期的使用、保管和闲置中，因摩擦磨损、变形、冲击、振动、疲劳、断裂和腐蚀等使其实物形态变化、精度降低和性能变坏的现象。

无形老化是指机器在使用或闲置过程中，由于科学技术进步而发生使用价值或再生产价格降低的现象。无形老化包括两种，第一种是机器的技术结构和经济性能并未改变，但因技术进步、生产工艺改进、劳动生产率提高、生产规模增大，再生产该种机器的价格降低；第二种无形老化是指因出现了结构更巧、技术性能更佳、生产效率更高、经济效益更好的新型机器，使原机器显得技术陈旧、功能落后、加工制造成本高和经济效益降低的现象。

3. 残值

残值是指机器达到经济寿命之后，报废或者二次出售可获得的残余价值。残值决定于很多因素，包括机器的使用时间、工作环境以及机器本身的物理状况等。然而，无论何种情形，机器价值在第一年的损失高于第二年，第二年高于第三年，以此类推。机器的经济寿命越短，机器在每一年损失的价值越高。一般来说，机器的价值在四分之一的经济寿命时间内会损失 40%～50% 的价值，在一半的经济寿命之内则损失 70%～75% 的价值。当达到经济寿命之后，机器的残值一般评估为机器购买成本的 10%～20%。

4. 资金利息

购买机器的资金来自于银行贷款、自有资金。如果是银行贷款，则需要支付相关的利息。如果是自有资金，则意味着其他投资机会的损失，即机会成本，因为即使银行存款也有利息收入。也就是说，购买机器的资金本身是具有使用成本的。

7.2.3 固定成本

1. 机器折旧

机器折旧是指机器在经济寿命内，按照确定的方法对应折旧额进行的系统分摊。应计折旧额，是指应当计提折旧的机器的原价扣除其预计净值后的金额。

折旧的方法包括两大类，第一大类是平均折旧法，其中包括年限平均法和工作量法；第二大类是加速折旧法，其中包括双倍余额递减法和年数总和法。年限平均法又称直线法，是最简单并且最常用的一种方法，本书采用的是年限平均法。年限平均法是以机器的购买价格减去预计残值除以预计经济寿命，即得到每年的折旧费用，见公式（7-1）。将每年的折旧费用除以每年机器的工作时长，即得到每小时折旧费用。

$$D_\mathrm{m} = \frac{P - S}{N} \tag{7-1}$$

式中，D_m 为机器每小时折旧（元/h）；P 为机器购买价格（元）；S 为机器残值（元）；N 为经济寿命（h）。

对于机器折旧，需明确机器成本是专属成本还是共同成本。

专属成本是指可以明确归属于企业生产的某种产品的成本。例如零件的模具成本、产品的研发成本均属于专属成本；仅仅某产品会使用、其他产品不会使用的机器成本属于专属成本；在很多时候，生产线上的设备也属于专属成本。共同成本是指为多种产品的生产或为多个部门的设置而发生的，例如企业广泛使用的注射机器和压力机等。

在进行机器折旧时，共同成本是通过加工机器经济寿命年限内的所有加工工时进行折旧；而专属成本则不能通过此方法进行折旧，这是因为属于专属成本的机器仅仅适用于某种产品，也许该产品的生命周期远小于机器的经济寿命周期，产品停止生产后，机器则空置废弃；或者产品的销量不足以支撑机器全天候生产，存在空置现象。因此，专属成本是作为固定资产投资，分摊到产品生命周期内可生产的所有产品之上。

【例 7.1】 某企业购买了价格为 50 万元的某知名品牌注射机，注射机的经济寿命年限为 10 年，残值为 5 万元。求该注射机的每小时折旧费用。

解：假设注射机每年工作 255 天，每天工作 20h，通过公式（7-1）可以算出

$$D_\mathrm{m} = \frac{P - S}{N} = \frac{500000 - 50000}{10 \times 255 \times 20}\text{元/h} = 8.82 \text{ 元/h}$$

2. 资金利息

资金利息的计算方式主要有两种。第一种是以机器的残值除以资金利率的比值，由于机器的残值是逐年递减的，因此每年的资金利息不相等，这种方式计算较复杂；第二种简易的方法是用机器的年平均投资额（Average Annual Investment，AAI）除以资金利率，每年的资金利息相等，本书采用第二种方法。

年平均投资额的计算见公式（7-2）。

$$\text{AAI} = \frac{P(N+1) + S(N-1)}{2N} \tag{7-2}$$

式中，AAI 为机器的年平均投资额（元）；P 为机器的购买价格（元）；S 为机器的残值（元）；N 为经济寿命年限（年）。

公式（7-2）可粗略简化为公式（7-3）进行计算。

$$\text{AAI} = 0.6P \qquad (7\text{-}3)$$

资金利息 I_c（每年）的计算公式为

$$I_c = \text{AAI} \times R \qquad (7\text{-}4)$$

式中，I_c 为每年资金利息（元/h）；AAI 为机器的年平均投资额（元）；R 为资金利率。

【例 7.2】　【例 7.1】中注射机的资金利息为 8%，求每小时的资金利息。

解：通过公式（7-2）计算年平均投资额为

$$\text{AAI} = \frac{P(N+1) + S(N-1)}{2N}$$

$$= \frac{500000 \times (10+1) + 50000 \times (10-1)}{2 \times 10} 元$$

$$= 297500 \ 元$$

通过公式（7-4）计算每年的资金利息 I_c 为

$$I_c = \text{AAI} \times R$$

$$= 297500 \times 0.08 \ 元$$

$$= 23800 \ 元$$

转化为每小时的资金利息为

$$23800 \div 255 \div 20 \ 元/\text{h} = 4.67 \ 元/\text{h}$$

3. 厂房建造或租用成本

机器需要占用一定的厂房空间，而厂房可能是企业出资建造或者租用，于是产生厂房建造成本或租用成本。在土地成本日益上升的今天，这部分成本不可忽略。一个厂房通常会放置不同类型和不同数量的机器，厂房建造或租用成本分摊是指将厂房建造成本或租用成本分摊到具体的一台机器上。下面以厂房租用成本来说明该部分成本的计算。

机器厂房租用成本的计算见公式（7-5）。

$$M_r = \frac{R_y S_m}{W_h} \qquad (7\text{-}5)$$

式中，M_r 为机器厂房租用成本（元/h）；R_y 为厂房每年每平方米租金（元）；S_m 为机器占用面积（m^2）；W_h 为机器年工作时间（h）。

【例 7.3】　求【例 7.1】中注射机的厂房租用成本。

解：注射机的占地面积约为 5m^2（包括公摊面积），厂房每平方米每天租金 1.2 元。注射机每年工作 255 天，每天工作 20h。可计算出该注射机的厂房租用

成本

$$M_r = \frac{R_y S_m}{W_h} = \frac{1.2 \times 365 \times 5}{255 \times 20} 元/h = 0.43\ 元/h$$

7.2.4 可变成本

1. 能源成本

能源成本是指机器在生产过程中耗费的各种能源，如水、电和气等。由于不同机器耗费的能源不同，所以能源成本的计算没有通用的公式，需针对具体的情况采用不同的计算方法。

【例7.4】 求【例7.1】中注射机的每小时能源成本。

解： 对于注射机来说，电能是其运行中耗费的主要能源，水和气的耗费可忽略。该品牌注射机的总功率为16kW，工作时以总功率的66%运行，电费约每千瓦时0.62元。该注射机的每小时能源成本为

$$16 \times 66\% \times 0.62\ 元/h = 6.55\ 元/h$$

2. 耗材成本

耗材成本是机器运行时所耗费的消耗品成本。不同的制造与装配工艺、不同的机器，耗材成本不同。例如，铣床的主要耗材为刀具和切削油，耗材成本占总成本的17%左右。金属抛光加工主要为机械金属抛光，设备主要为电动打磨机、气动打磨机、立柱式抛光机和研磨机等，主要耗材为砂纸、打磨片和抛光轮等；金属抛光加工最大的成本为耗材成本，占到总成本的36%左右；而抛光后耗材因为含有金属粉尘，所以必须当作危险废物处理，产生占比2.5%左右的环境保护费。

3. 维修成本

机器维修成本是指为保持或恢复机器技术性能所支付的费用，它主要包括机器的维护费和修理费两大部分。

机器维护费主要是指机器日常保养费用、机器检查和检验费用。机器日常保养费用是指为了防止机器劣化、保持机器正常技术状态和安全运行而进行的日常清洁、润滑、紧固、调整、防腐等日常保养工作所支付的费用。而机器检查和检验费用是指为了了解机器有无异常或是否良好而进行的点检、诊断、监测、检验等所发生的费用。如果机器的维护不到位，就会造成机器工作过程中出现各种质量和成本问题。例如，注射机的维护工作如果做不到位，就会出现机铰磨损、断螺杆头、断格林柱、喷嘴漏胶、液压油污染、油管漏油、液压系统故障、电子元件烧坏（或寿命减短）、料筒内壁/螺杆损伤、过胶圈（止逆环）损坏、机械零件损坏、停产修机频繁、机器利用率低、维修/更换零件费用昂贵、工艺条件不稳定、生产中不良率高（报废量大）、生产效率低及注射机使用寿命缩短（约1~2年）等，造成浪费大，产品成本增加。

机器修理费是指为恢复机器的性能而进行修理所发生的费用，主要包括备件费、材料费、人工费、检验费、技术咨询费等，其中备件费、材料费和人工费构成了机器修理费的主体。

机器维修成本具有以下特点：

1）不同机器的维修成本存在很大的差异和不可预测性。

2）机器使用时间越长，维修成本越高。

3）机器越复杂，维修成本有可能越高。

机器维修成本难以预测和估计，这是因为影响因素非常多，包括：

1）机器运行的强度。

2）机器本身的质量。

3）机器的使用年限。

4）机器的工作环境。

5）操作机器的员工的技能水平。

因此，机器维修成本的计算主要是基于相似机器的历史经验和统计数据，或者向机器生产商寻求建议。每年机器维修成本计算时按机器购买价格的一定百分比分摊到每小时。不同机器由于结构、功能和使用环境与条件不同，维护费和修理费也存在差异，因此百分比数值存在差异。

【例 7.5】 求【例 7.1】中注射机的每小时机器维修成本。

解： 注射机的每年维修成本一般按照购买价格的 3% 进行分摊。注射机每年工作 255 天，每天工作 20h。可计算出该注射机的每小时维修成本为

$$500000 \times 3\% \div 255 \div 20 \, 元/h = 2.94 \, 元/h$$

4. 管理成本

管理成本是指企业行政管理部门为组织和管理生产经营活动而产生的各项支出，包括行政管理人员的工资、招待费、差旅费、交通费和证书费等。管理成本一般需要核算一段时间内整个工厂的开支，然后再分摊到每一台机器上。管理成本的一个简易计算方法是用固定成本与可变成本的所有项目之和再乘以一定的百分比。

【例 7.6】 求【例 7.1】中注射机的每小时机器管理成本。

解： 管理成本一般需要核算一段时间内整个工厂的开支。注射机的管理成本以上述各项成本总和的 15% 简化计算

$$(8.82 + 4.67 + 0.43 + 6.55 + 2.94) \times 15\% \, 元/h = 3.51 \, 元/h$$

7.2.5 机器小时费率的计算

机器小时费率为 7.2.3 节和 7.2.4 节中的所有成本之和。【例 7.1】~【例 7.5】中的某品牌注射机小时费率的计算见表 7-3。

表 7-3 某品牌注射机小时费率的计算

序号	成本类型	描述	定义	计算结果/（元/h）
1	固定成本	机器折旧	注射机采购价格分摊，以元/h 为单位进行分摊	8.82
2		资金利息	购买注射机的利息成本，以元/h 为单位进行分摊	4.67
3		厂房建造或租用成本	注射机占用厂房的建造或租用成本，以元/h 为单位进行分摊	0.43
4	可变成本	能源成本	注射机的能源成本主要是电。注射机正常运转所耗费的电费，以元/h 为单位进行计算	6.55
5		耗材成本	无	0
6		维修成本	注射机维修维护成本，以元/h 为单位进行分摊	2.94
7		管理成本	行政管理人员工资、招待费、差旅费、交通费、证书费等，以元/h 为单位进行计算	3.51
8		其他	无	0
9	总和			26.92

注：1. 以注射机每年工作 255 天、每天工作 20h 进行计算。

2. 如果注射机使用了模温机、机械手等辅助设备，需要使用相同的方法计算辅助设备的小时费率。

3. 表中数据仅供参考，请勿生搬硬套。

第 8 章　面向成本的装配件设计

8.1　装配介绍

8.1.1　装配的概念

装配是把许多零件或部件按照技术要求组装在一起，以保持正确的相对位置和相互关系，成为具有一定性能的半成品或成品。从字面上来说，装配包含两层含义：

1）装即组装，把多个零件通过各种紧固工艺，例如螺纹紧固、卡扣紧固和焊接紧固等组装在一起，形成一个整体。

2）配即配合，零件之间并不是简单地组装在一起即可，需要具有一定的配合关系，相互之间需要保持正确的相对位置和相互关系，以保证一定的性能要求。

装配可以分为两大部分：主装配和辅助装配。主装配是指零件直接的紧固动作；辅助装配是指紧固的辅助动作，包括上料、传送、移动和调整等，辅助装配还包括检测、测试、打标和包装等。

各种零部件（包括自制的、外购的和外协的）需经过正确的装配，才能形成最终的半成品或成品。一个典型实例就是苹果公司的 iPhone 手机。如图 8-1 所示，一部 iPhone 手机的零部件包括显示屏、中央处理器、内存、显卡、存储卡、摄像头、电池、电路板、传感器、线缆和射频芯片等，这些零部件来自 200 多个供应商，需要经过 400 道装配工序才能完成手机的最终装配。数据显示，全球一半的 iPhone 手机由富士康郑州工厂装配，大约每分钟可以装配 350 部 iPhone 手机，每天的产量达到 50 万部。为完成这样的产量，富士康郑州工厂开发了 94 条手机生产线，雇用了数十万名工人；这意味着巨大的固定资产投资以及直接人工成本，印证了装配在产品生产过程中的重要地位，以及装配成本在产品成本中不可忽视的地位。

8.1.2　装配工艺过程的设计

装配工艺过程对装配的质量和成本具有很大的影响，其设计是由装配工程师主导，并与整个产品开发团队特别是产品设计工程师团队紧密配合，不断调整和优化产品设计，最终设计出装配效率高和质量高的装配工艺过程。装配工艺过程的具体设计分以下几步进行：

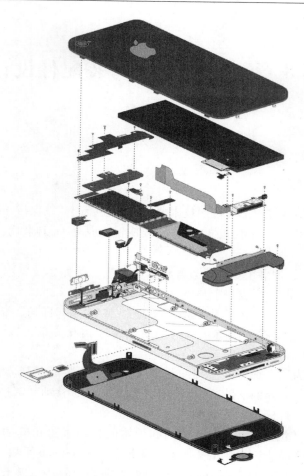

图 8-1　iPhone 由多种零部件装配而成

1）装配生产线的确定。通过对产品批量以及产品种类的分析，选择出最合适的装配生产线，包括手工装配生产线、柔性装配生产线和专用装配生产线，具体请参考 5.1 节。

2）装配流程的确定。一个半成品或成品的装配可能包括多个装配工序，这意味着在装配时会存在着多个装配工站，将装配工站按照一定的顺序排列在一起，即形成半成品或成品的装配流程，可以通过装配流程图来表示。图 8-2 显示了某品牌手机的部分装配流程图。

3）装配动作的分解。从所要求的功能出发，把装配工艺过程分解到各个实际的组成部分，可以把装配划分为以下 4 个功能范围：

① 前装配辅助功能：属于这一功能范围的有整理、上料和检验，为真正的装配工作准备基础件和配合件。这项工作也包括更换料仓或者把零部件从传送带或胶粘带上分离出来。

文件名称		××手机装配流程图		编号		版本	A1
				日期	2019-3-16	页码	1/2
所需物料及数量	流程图	作业名称	标准工时/s	人力配置/人	设备仪器及治工具/站	辅料/站	SOP编号
	开始	主板检查		1			
摄像头×1	①	焊摄像头			静电手环×1 烙铁×1	静电手套×1 锡线	
喇叭×1 振动喇叭×1	②	焊喇叭、振动喇叭		1	静电手环×1 烙铁×1	静电手套×1 锡线	
天线支架×1	③	装天线支架、固定摄像头、固定喇叭			静电手环×1	静电手套×1	
马达×1	④	焊马达、焊天线		1	静电手环×1 烙铁×1	静电手套×1 锡线	
咪头×1 听筒×1	⑤	焊咪头、焊听筒		1	静电手环×1 烙铁×1	静电手套×1 锡线	
按键板×1	⑥	焊按键板		1	静电手环×1 烙铁×1	静电手套×1 锡线	
按键板支架×1	⑦	装按键板支架、固定按键板		1	静电手环×1	静电手套×1	
LCD×1	⑧	焊LCD		2	静电手环×1 烙铁×1	静电手套×1 锡线	

图 8-2 某品牌手机的部分装配流程图

② 装配功能:装配功能涉及以下几个具体的功能,例如抓取、移动、紧固(螺纹、卡扣和焊接等),其作用是把两个或多个零部件先定位配合然后紧固到一起。

③ 后装配功能:已经完成装配的半成品或成品必须从装配设备或传送带上取走或移走,空的料仓也必须更换,在开始新的装配动作之前往往还要做功能检查。

④ 监控功能:此项功能包括整个装配生产线的监测、坐标控制、装配过程控制,以及与前仓库和后仓库的信息交换。

8.1.3 生产线的结构

产品装配是在生产线上完成的。根据装配生产线自动化程度的不同,其生产线配备的设备也不同。一般来说,手工装配生产线仅仅需要配备简单的生产设备,固定资产投资低;而自动化装配生产线则需要配备复杂的生产设备,固定资产投资高。除此之外,经常还可能有部分手工操作的工序,用于代替技术上极难实现自动化或在成本上并不经济的装配工序,组成同时包括机器自动操作与手工操作的混合型自动化装配生产线。

下面以自动化装配生产线为例来说明生产线的结构。自动化装配生产线的结构主要包括:

1)自动上下料装置。

2)分料、挡停及换向机构。

3）输送系统。

4）自动化装配机器。

5）传感器与控制系统。

1. 自动上下料装置

由于主要的装配工序都是由各种自动化装配机器完成的，各种自动化装配机器自然也相应需要各自的自动上下料装置，应用最多的就是振动盘及机械手，如图 8-3 所示。振动盘用于自动输送小型零件，如螺钉、螺母、铆钉、小型冲压件、小型注塑件和小型压铸件等；机械手抓取的对象更广，既可以抓取很微小的零件，也可以抓取具有一定尺寸和重量的零件。

a)　　　　　　　　　　　　　　　　　　　　b)

图 8-3　自动上下料装置

a）振动盘送料机构　b）机械手上下料机构

为了简化结构，在自动化装配机器的设计中，通常将自动上下料机械手直接设计成装配机器的一部分，而且通常的上下料操作只需要两个方向的运动即可实现。所以这种机械手采用配套的直线导轨机构与气缸组成上下、水平两个方向的直线运动系统，在上下运动手臂的末端架设吸盘或气动手指即可。

对于某些简单的工艺操作，装配机器不需要将工件从输送线上移出，可以在工件的输送过程中直接进行，例如喷码打标、条码贴标操作，这就使装配机器的结构大大简化；有些工艺需要使工件在静止状态下进行，这时就需要通过挡停机构使工件停留在输送线上，然后直接进行；而有些工序不仅需要工件在静止状态下进行，而且还需要一定的精度，例如激光打标操作，这时如果仅仅将工件挡停在输送线上还不够，因为输送线通常是连续运行的，在输送线的作用下工件仍然会产生轻微的抖动，需要设计气动机构将工件向上顶升一定距离，使工件脱离输送带或输送链板后再进行工序操作，完成工序操作后再将工件放下到输送带或输送链板上继续输送。

2. 分料、挡停及换向机构

由于工件是按工站排列次序经过各台装配机器的装配直至最后完成全部装配工序的，通常在输送线上每一台装配机器的前方都设计有分料机构，将连续排列的工件分隔开，然后再设置各种挡停机构，组成各装配机器所需要的工件暂存位置。工件到达该挡停暂存位置后，经过传感器确认，装配机器上的机械手从该位置抓取工件放入定位夹具，然后进行装配工艺操作，最后由换向机构上的机械手从该位置抓取工件再送回输送线继续向下一台装配机器输送。

在需要改变工件的姿态时，就需要设置合适的换向机构，改变工件的姿态方向后再进行工序操作。

3. 输送系统

输送系统通常采用各种输送线，包括带输送线、动力辊筒输送线和倍速链输送线等，如图 8-4 所示。输送线的作用一方面为自动输送工件，另一方面为将各种自动化装配机器连接成一个协调运行的系统。输送系统通常都采用连续运行的方式。

a)　　　　　　　　　　　b)　　　　　　　　　　　c)

图 8-4　输送线

a）带输送线　b）动力辊筒输送线　c）倍速链输送线

通常将输送线设计为直行形式，各种自动化装配机器直接放置在输送线的上方。自动化装配机器及输送线都是在各种铝型材的基础上设计制造出来的，经过调试后，通过专用的连接件将自动化装配机器与输送线连接固定，使它们成为一个整体。

4. 自动化装配机器

通常在自动化装配机器上完成的工序有自动粘接、零件的插入、半导体表面贴装、各种螺栓与螺母紧固、铆接、焊接、调整、检测、标示和包装等。除装配工序外，在自动化装配生产线上也可以采用部分简单的机械加工工序和冲压加工工序等。图 8-5 所示为电阻焊机器，用于完成两个零件的电阻焊紧固工序。

5. 传感器与控制系统

每台自动化装配机器若要完成各自的装配操作循环，必须具有相应的控制系统，如图 8-6 所示。除此之外，为了使各台装配机器的装配循环组成一个协调的系统，在输送线上还必须设置各种对工件位置进行检测确认的传感器。例如工件确认存在而且控制系统需要放行工件时，分料机构才开始动作；工件暂存位置确认有工件而且控制系统需要机械手抓取工件进行上料时，机械手才开始取料等。

通常采用顺序控制系统协调控制各装配机器的工序操作，前一台装配机器的工序完成后才进行下一装配机器的工序操作，当前一台装配机器尚未完成工艺操作时，相邻的下一台装配机器就必须处于等待状态，直到工件经过最后一台装配机器后完成生产线上全部的工艺操作，这与手工装配流水线的过程非常相似。

图 8-5　电阻焊机器

图 8-6　流水线控制柜

8.2　生产节拍与标准工时

8.2.1　生产节拍

1. 生产节拍的定义

生产节拍（Takt Time，TT），又称客户需求周期、客户同步时间，是指为了满足市场需求而连续完成相同的两个产品所需要的时间间隔，如图 8-7 所示。生产节拍是控制生产速度的指标。明确生产节拍就可以指挥整个工厂的各个生产工序，保证各个工序按统一的速度生产加工出零件、半成品和成品，从而达到生产的平衡与同步化。按生产节拍生产，意味着生产速度与销售速度保持一致，生产节拍是精益生产的关键理念。

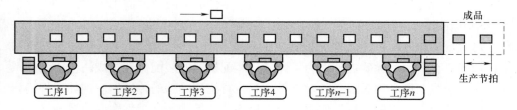

图 8-7　生产节拍

生产节拍具有以下特点：

1）生产节拍是为了满足客户需求而生产一个产品所需的理想时间；生产节拍

时间为 10s，意味着每隔 10s 就有一个新的客户需求。

2）生产节拍是决定生产线速度的一个要素。

3）生产节拍是通过客户需求计算出来的，而不是测出来的。

4）生产节拍是固定的，除非客户需求、生产基地分配要求或者可行的生产时间的变化导致生产速度发生变化。

5）生产节拍是一种目标时间。

2. 客户需求决定生产节拍

为了在竞争日益激烈的国际市场中胜出，交货准时性、客户满意度必须做到出类拔萃；但是，企业也不能片面地为了按时交货而制造大规模的库存，因为这会带来大量的成本浪费。为了解决这样的窘境，企业必须按订单生产，这其中最为重要的一点就是按照客户需求来决定生产节拍。

3. 设备综合稼动率

设备综合稼动率（Overall Equipment Effectiveness，OEE）是指设备实际的生产能力相对于理论产能的比率。一般来说，每一台生产设备都有自己的理论产能，要实现这一理论产能必须没有任何干扰和损耗。而在实际生产中，损耗是不可避免的，主要有六大损耗，包括故障损耗、换装和调试损耗、空闲和暂停损耗、减速损耗、质量缺陷和返工，以及开工损耗等。设备综合稼动率由时间稼动率、性能稼动率和合格品率构成，其计算方法为三者的乘积。

时间稼动率是指设备，实际生产物品的时间（稼动时间）相对于生产时间（负荷时间）的比率。设备时间稼动率是衡量设备开停机情况的标准，在负荷时间一定的情况下，影响设备时间稼动率的因素就是停机时间。

性能稼动率是以设备的性能和速度反映设备运行状况的一个参数。性能稼动率低，说明设备小故障停机时间多，设备可靠性差；或操作工水平差，没能全面掌握设备的性能，发挥设备的潜力；或是设备经过较长时间的运行，性能劣化，不能满负荷工作。

合格品率是用设备的生产精度反映设备运行状况的一个参数。合格品率低的原因可能是该设备不适合于该工序的生产，或是设备经过较长时间的运行后精度劣化。

4. 生产节拍的计算

生产节拍的计算见公式（8-1）。

$$TT = \frac{周期内有效工作时间}{周期内客户需求量 \times 设备综合稼动率} \tag{8-1}$$

周期可以是天、周和月等，在该周期内，客户的需求量保持大致恒定。

【例 8.1】　A 企业是一家手机零配件制造商，该企业生产线的运作模式为每天2 班，每班工作 8h，计划内的工人每班工作中有一次休息时间，为 0.5h；经过对顾客需求量进行分析，相对稳定的客户需求周期为 3 天，在这个需求周期内客户稳定的需求总量为60000件。通过对过往设备开动时间的统计，计算出设备综合稼动率为95%。请计算A企业该生产线的生产节拍。

解：第1步，计算3天的需求周期内的总有效工作时间：

$$有效工作时间 = 需求周期 \times 运作模式 - 休息时间$$
$$= 3 天 \times 2 班/天 \times 8h/班 - 3 天 \times 2 班/天 \times 0.5h/班$$
$$= 45h$$
$$= 162000s$$

第2步，通过公式（8-1）可计算出生产节拍为

$$TT = \frac{162000}{60000 \times 95\%} s/件 = 2.84 s/件 \approx 3 s/件$$

经上面的计算可知，A企业生产线的生产节拍为3s/件，也就是说该企业要实现生产线物流在宏观和微观上的绝对连续、均衡，最大限度地降低生产浪费，尽可能地消除生产中一切不增值活动，实现精益化生产，必须把生产线线速设定在3s/件。

8.2.2 标准工时

1. 标准工时的定义

标准工时（Standard Time，ST）是在机器设备、物料和加工工艺等完全正常的操作条件下，以标准的作业方法及合理的劳动强度和速度完成符合质量要求的一个工序、一个组件或一个产品所需的作业时间。从宏观上来说，一个产品在生产线上的全部装配过程可以当作一个标准工时。从微观上来说，一个装配工序可以当作一个标准工时。如图8-8所示，某生产线包含六个装配工序，每个装配工序的标准工时分别为20s、15s、22s、25s、18s和20s。

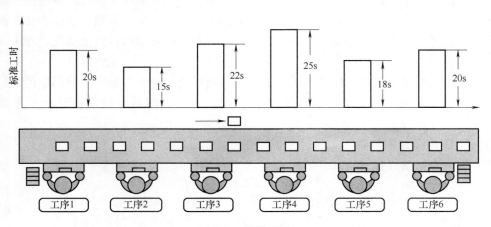

图8-8　标准工时

标准工时具有以下五项主要影响因素：

1）正常的操作条件：外部的作业环境要是正常的，而不是极端的，如温度、

光线和声音的影响要在正常条件下。

2）熟练程度：要求具有大多数中等偏上水平作业者的熟练度，作业员要熟悉流程，懂得机器和工具的正常操作与使用。

3）标准的作业方法：操作动作是标准的，使用的工具或者机器也是标准的。

4）劳动强度与速度：劳动的强度要适合多数劳动者，速度要正常，不能故意放快或放慢。

5）质量标准：完成符合质量要求的工作的工时才是标准工时，经过几次返工才完成的工作耗费的工时不是标准的。

由上述的定义可知，标准工时是衡量一切工作的标准，它具有相当高的客观性与公平性。工业工程的全部方法与手段都是为了保证所制定的标准工时公平合理，因为它是衡量效率的基准，同时也是科学的效率管理的基础，并最终被应用到销售、设备、采购和成本管理等相关领域。

2. 标准工时的意义和用途

制定合理的标准工时是科学管理最基本的工作，也是最重要的工作，无标准工时就无管理的第一步。标准工时的应用使参与工作的全部人员都可以客观准确地计划、实施并评价工作结果。标准工时的应用非常广泛，是制造业必不可少的作业管理基准。标准工时的应用具体有以下几个方面：

1）生产线产能计算。依照生产线的标准工时，通过每天的工作时间来计算各生产线标准产能。

2）制定生产计划的基础。利用标准工时，生产管理部门可以更精确地做生产计划，如在进度控制上出现问题，也可依标准工时来进行人力调整。

3）人工工时计划及人员计划。生产计划拟定后，可依据标准工时计算所需的人工小时及所需人员。

4）设备能力。机器设备具有多少能力，必须依据标准工时进行计算分析，以作为设备购置的依据，以及采取适当的应变措施。

5）日程管理。生产管理部门依据标准工时计算出应生产的产品数量，安排人员及设备的配置、日程计划、生产管制等工作，以达到要求的数量。

6）保证生产线平衡。一条流水生产线有很多装配工序，可依各装配工序的标准工时来配置人力，使生产线平衡、流畅。

7）工作方法改善。将各单元的标准工时计算出来，作为改善的参考依据，同时可作为改善前后的比较。

8）新产品的开发。可依据旧有产品标准工艺来预估新产品所需要的装配成本。

9）装配成本计算。标准工时是装配成本计算的关键数据之一，这体现在两方面，一方面是在新产品开发之初，依据产品成本数据库中的标准工时来预估新产品所需的装配成本；另一方面是在产品量产后，利用标准工时来核算装配成本。

特别要强调的是，标准工时不是一成不变的，随着作业方法及产品工艺的改进，标准工时也是在不断更新与提高的。

3. 标准工时的构成和计算

大多数的标准工时由标准作业时间和宽放时间构成，如图 8-9 所示，宽放包括作业宽放、疲劳宽放、生理宽放和管理宽放。

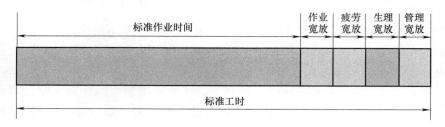

图 8-9　标准工时的构成

宽放时间普遍以相对于正常时间的比率，即宽放率的形式表示。作业宽放、疲劳宽放、生理宽放和管理宽放的宽放率不同，见表 8-1。

表 8-1　宽放率

宽放种类	宽放率		说　明
作业宽放	3%~5%（普通3%）		由于材料、零件、机械、工具等生产相关物品造成的非周期性、不规则的准备或是清洁等类似作业，时间在 15min 以内
疲劳宽放	轻作业	3.6%	对于操作者因疲劳（包括生理疲劳和心理疲劳）而使作业时间拖延，以及恢复疲劳所需的休息的宽放
	中作业	5.4%	
	重作业	7.2%	
	特重作业	9%以上	
生理宽放	3%~5%（普通3%）		操作者生理需要所需的时间，如喝水、上厕所、擦汗和更衣等的宽放
管理宽放	3%~5%（普通3%）		由管理制度造成的管理时间的占用，如班前会、交班会等

标准工时的计算见公式（8-2）。

$$标准工时 = 标准作业时间 \times (1 + 宽放率) \tag{8-2}$$

【例 8.2】　用秒表测得一个工人完成一套螺栓螺母的装配工序的时间为 10s，宽放率为 12.6%（四种宽放率之和），计算该工序的标准工时。

解：通过公式（8-2）可计算标准工时为

标准工时 = 标准作业时间 × (1 + 宽放率) = 10 × (1 + 12.6%)s = 11.26s

4. 标准工时的制定方法

标准工时的制定方法主要包括以下三种：

1）历史记录法：根据过去生产的原始记录和统计数据，来推断同等内容工作的时间标准。这要求企业形成自己的标准工时数据库，以供未来产品开发时选取。表 8-2 是某企业使用电批拧紧螺钉工序的标准工时数据库。

表 8-2　某企业使用电批拧紧螺钉工序的标准工时数据库

代　　号	螺 钉 规 格			工　具	标准工时/s
1001	M4.0	自攻牙	L18	电批	1.5
1002			L11	电批	1.69
1003	M4.0	机械牙	L22	电批	2.6
1004			L24.7	电批	2.87
1005			L14	电批	1.25
1006	M3.5	自攻牙	L6	电批	0.69
1007			L8	电批	0.8
1008			L5	电批	0.6
1009			L25	电批	2.85
1010	M3.5	自攻牙	L12	电批	1.74
1011			L12.7	电批	1.78
1012			L18	电批	1.18
1013	M3.5	机械牙	L19	电批	1.91
1014			L6	电批	0.67
1015			L5.5	电批	0.59
1016	M3.0	自攻牙	L7	电批	0.75
1017			L12	电批	1.16
1018			L40	电批	6.63
1019			L35	电批	5.79
1020	M3.0	自攻牙	L10	电批	1.66
1021			L5	电批	0.55
1022			L12	电批	1.82
1023	M3.0	机械牙	L6	电批	0.8
1024			L8	电批	1.43

2）作业测定法：模拟产品大规模量产时的生产条件，直接或间接观测工作者的操作和记录工时，并加上宽放，利用事先分析好的时间标准加以合成而得到标准工时。

3）经验判断法：凭生产实践经验估算出工时消耗进而制定定额。

5. 瓶颈工序和瓶颈工时

瓶颈工序是指生产线所有工序中所用标准工时最长的工序，通常指一道工序，有时也可以是几道工序。瓶颈工序的标准工时即是瓶颈工时。如图 8-10 所示，瓶颈工序是第 4 工序，瓶颈工时是 25s。

瓶颈工时是生产线的实际生产节拍（Actual Takt Time，ATT），是生产线实际流动的速度。

8.2.3 标准工时、瓶颈工时与生产节拍

标准工时、瓶颈工时与生产节拍的关系如图 8-10 所示。

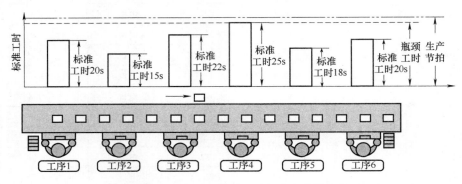

图 8-10　标准工时、瓶颈工时与生产节拍的关系

在设计和开发新的生产线时，应当尽量使得生产线上的各装配工序的标准工时与生产节拍接近，从而使得生产线的产能能够与市场需求保持一致。这是精益生产的精髓，即只在需要的时候，按需要的量，生产所需的产品；做到零库存和快速应对市场变化，以最小的投资换取最大的收益。

瓶颈工时＜生产节拍，则生产能力过剩，引起设备和劳动力闲置、生产能力浪费、大量产品积压、库存成本上升和场地使用紧张等问题。

瓶颈工时＞生产节拍，则生产能力不足，不能满足客户需求，需要加班、提前安排生产等问题，或者产品不能准时交付，造成客户埋怨，降低客户满意度，造成进一步的信誉损失，存在失去客户的风险，从而最终直接影响整个企业的运作和进一步的发展。

从产品成本角度来说，生产能力过剩和不足都是一种浪费，应用实际生产节拍就要改变生产越多越好的观念，建立起适量生产的观念。

8.3　装配成本计算

8.3.1　装配成本的计算公式

产品在生产线上装配成本的计算公式为

$$C_{a} = \frac{(HR_{a} + HR_{1}N)\,\text{ATT}}{3600\,\text{OEE}}(1 + \sigma) \tag{8-3}$$

式中，C_a 为产品装配成本（元）；HR_a 为生产线的小时费率（元/h）；HR_1 为生产线的直接人工小时费率（元/h）；N 为生产线上的人工数；ATT 为生产线的实际生产节拍（s）；OEE 为设备综合稼动率；σ 为生产线的不良率。

生产线小时费率的计算方法与第 7 章的注射机小时费率的计算方法大致相同，主要有两点差别：

1）生产线的小时费率是生产线上所有生产设备（如 8.1.3 节所述）的小时费率之和，而不仅仅是一台设备的小时费率。

2）在多数情况下，生产线的设备仅仅是为单一产品服务，因此属于专属成本。一旦该产品生命周期停止，生产线的设备很难为其他产品所用，只能报废处理，尽管其有可能依然处在经济寿命年限内。因此，生产线设备的固定资产投资不适用于在其经济寿命年限内进行折旧和分摊。对此，有两种处理方法，一种方法是将其分摊到产品生命周期内预计将生产的所有产品之上；另一种方法是不进行分摊，而是作为固定资产投资，类似于研发成本和模具成本，最终的判断标准以财务指标为准。本书采用第二种方法。

8.3.2 装配成本的计算步骤

如第 2 章所述，产品装配成本的计算主要是在产品开发阶段进行，装配成本的计算主要有两个目的：

1）通过对产品不同设计方案的制造成本、装配成本和固定资产投资等的计算，从而得到设计不同方案的产品成本和固定资产投资，在满足产品功能、外观和可靠性等的前提下，选择出投资回报最优的设计方案。

2）针对最优的设计方案，分析其投资回报等财务指标，从而做出产品开发是否继续、停止或调整方向的决定。

产品的装配成本计算分为三步：

1）规划生产线，找出瓶颈工时（即实际生产节拍）。针对产品规格，可能会出现多种设计方案。针对不同的设计方案，进行详细的生产线规划，包括生产线的布置、工站的数量、设备的类型和选择、直接人工的数量、每一个装配工序的标准工时，找出瓶颈工时。例如，某产品设计方案的生产线规划如图 8-10 所示，该生产线采用直线方式，总共六个工站，使用直接人工数为 6 人，瓶颈工时为 25s，即该生产线的实际生产节拍为 25s。

2）计算生产线的机器小时费率。针对规划的生产线，计算该生产线的小时费率，见表 8-3。

表8-3 某生产线的小时费率的计算

序号	成本类型	定　义	计算方法	结　果
1	固定成本	生产线占用厂房的建造或租用成本，以"元/h"为单位进行分摊	可参考7.2.3节注射机的厂房建造或租用成本计算	以厂房租用为例，厂房每平方米每天租金1.2元，该生产线占地面积为50m^2，厂房租用成本为4.29元/h
2	能源成本	生产线上所耗费的水、电和气等能源成本，以"元/h"为单位进行计算	针对所有生产线设备进行具体计算	该生产线上所有设备的能源成本预估为10元/h
3	耗材成本	生产线运行时所耗费的消耗品成本	针对所有生产线设备进行具体计算	该生产线上所有设备的消耗品成本预估为5元/h
4	维修成本	生产线上年修理、维护成本的分摊，以"元/h"为单位进行分摊	针对所有生产线设备进行具体计算	该生产线上所有设备的修理、维护成本为500000×3%÷255÷20元/h=2.94元/h
5	管理成本	行政管理人员工资、招待费、差旅费、交通费、证书费等，以"元/h"为单位进行计算	管理成本一般需要核算一段时间内整个工厂的开支；以上述1~4各项成本总和的25%简化计入成本	22.23×25%元/h=5.56元/h
6	其他	无		
总和	注射机小时费率	以上各项总和		27.79元/h

注：以工厂每年工作255天，每天工作20h进行计算。

3）计算装配成本。OEE以95%进行预估，不良率以0.1%预估，通过公式（8-3），即可计算装配成本

$$C_a = \frac{(27.79 + 25.37 \times 6) \times 25}{3600 \times 95\%} \times (1 + 0.1\%) 元 = 1.32 元$$

8.4　降低产品装配成本

降低产品装配成本主要从四方面着手：
1）去除紧固工艺。
2）选择合适的紧固工艺。
3）面向装配的设计。

4）从产品设计阶段改善生产线平衡。

8.4.1　去除紧固工艺

产品装配的核心就是紧固。在设计和选择零部件的紧固工艺时，首先需要思考的问题是：紧固工艺是必需的吗？原有的紧固工艺方案可以去除吗？这是因为任何紧固工艺必然会带来材料成本、设备投资成本以及装配成本等。一般来说，一个产品中如果能节省一个紧固工艺，在生产线上就可以至少节省一个工站、一台设备及一个直接人工（如果需要人工操作的话）。如果紧固工艺不是必需的，自然就去除了相应成本，从而降低产品装配成本。这一理念同 8.4.3 节中面向装配的产品设计指南中的"减少零件数量"的思想一致。

图 8-11 所示的汽车减振塔，原始的设计是由 10 个冲压件通过多个焊接紧固成一体。改进的设计采用铝或镁合金通过压铸加工而成，把原来的 10 个冲压件合并为一个零件，不但节省冲压模具成本，还去除了冲压件之间的复杂焊接紧固工艺，继而去除了装配成本。

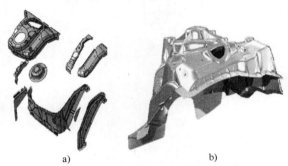

a)　　　　　　　　　　b)

图 8-11　汽车减振塔

a）原始的设计　b）改进的设计

8.4.2　选择合适的紧固工艺

如果紧固工艺必不可少，那么就必须选择一种合适的紧固工艺。本书的第 5 章介绍了常见的各种紧固工艺，这些不同的紧固工艺具有不同的设备投资成本、不同的装配效率、不同的耗材成本及不同的产品质量等，因此其装配成本不同。在满足功能、质量和外观的前提下，在材料成本和固定资产投资接近的情况下，应当选择装配成本最低的紧固工艺。

例如，在产品设计时，需要解决薄壁型、板条型或管型可拆卸工件的紧固问题。传统薄壁型零件的三种紧固工艺如图 8-12 所示。

1）图 8-12a 所示是在薄壁通孔中直接攻螺纹，通过螺栓（螺钉）实现薄壁工件的螺纹紧固。由于薄壁工件壁厚不足，螺纹牙数少，造成螺纹紧固的强度、自锁性和可靠性较差。

2）图 8-12b 所示是在连接孔处焊接或铆接一个螺母，以增加连接螺纹长度，提高紧固强度。但是，薄板焊接或铆接操作繁琐，技术要求较高，很容易烧穿板件，点焊强度也不高。

3）图 8-12c 所示是使用螺栓（螺钉）与螺母进行紧固。这种方法会增加工序，降低效率，加大生产成本；此外，额外增加外部元件还会对装配操作带来不便，影响产品质量等。

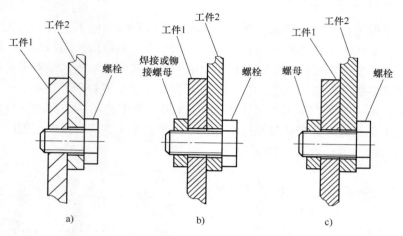

图 8-12　传统薄壁型零件的紧固工艺

a）使用螺栓　b）使用螺栓和焊接或铆接螺母　c）使用螺母

本章将介绍第 4 种方式：通过热熔钻技术在工件上加工出衬套，然后挤压攻螺纹，通过螺栓（螺钉）把两个工件紧固在一起。热熔钻技术也称为高温无屑成型或摩擦热熔钻孔加工技术，是一种新型的薄板钻孔加工方法，如图 8-13 所示。它利用摩擦生热的基本物理原理，在板条型或管型金属工件上钻出带有衬套的孔，一次成型并且无钻屑产生。热熔钻采用的是特殊耐磨耐高温的碳化钨硬质合金（所以也称为钨钢热熔钻或硬质合金热熔钻）。当高速旋转的钻头接触工件表面，并施以向下的轴向压力时，热熔钻头部与金属摩擦并产生 650 ~ 750℃ 的高温，使其附近区域金属迅速软化，热熔钻挤压穿透的同时，把软化的金属部分拉伸成一个原来

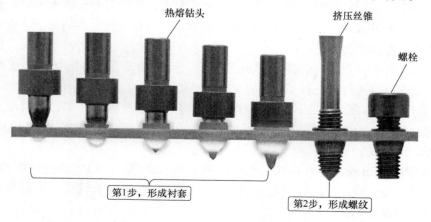

图 8-13　热熔钻钻孔工艺

厚度 3~4 倍的金属批锋（衬套），全过程只需 2~6s。此衬套可以进行挤压攻螺纹，以供螺纹连接。因热熔钻孔加工工艺加工全过程无切屑，所以加工出来的螺纹能承受高强的拉力和扭力，完全可以取代先钻孔后焊接或压铆螺母的工艺。

在进行 4 种紧固工艺的选择时，第 1 种工艺的成本最低，但仅适用于对紧固强度要求不高的场合。当紧固强度要求较高时，需要从后面 3 种中选择最合适的紧固工艺，这 3 种紧固工艺的装配工序如图 8-14 所示，相应的零部件材料成本和装配成本见表 8-4（以使用 M8 螺栓、5000 个产品批量为例）。

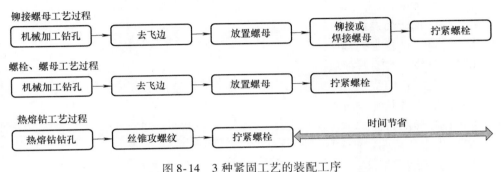

图 8-14 3 种紧固工艺的装配工序

表 8-4 3 种紧固工艺的成本

方 案	螺栓螺母	焊接或铆接、螺母	热 熔 钻
材料成本	10000 元（一套螺栓螺母价格约 2 元）	5000 元（一个焊接或铆接螺母价格约 1 元）	1000 元（一套 M8 热熔钻和丝锥成本）
直接人工成本（以小时费率 30 元/h 进行计算）	24s × 30 元/h × 5000/3600 = 1000 元	16s × 30 元/h × 5000/3600 = 667 元	8s × 30 元/h × 5000/3600 = 334 元
总成本	11000 元	5667 元	1334 元

从表 8-4 可以看出，热熔钻技术的材料成本和直接人工成本均小于其他两种方式。

1）热熔钻去除了螺栓螺母，节省了 90% 以上的材料成本。

2）通过快速的加工过程和更少的刀具替换，热熔钻技术节省了 50% 以上的直接人工成本。

3）不需要额外的钻床设备的投资，热熔钻刀具适用于几乎所有的通用钻床。

4）不良品率降低；没有螺栓松动、晃动、滑牙等缺陷。

5）没有因不良而产生的返工费用。

因此，在紧固强度要求较高的场合，应当选择热熔钻工艺进行紧固。

8.4.3　面向装配的设计

面向装配的设计（Design For Assembly，DFA）是指在产品设计阶段设计产品使得产品具有良好的可装配性，确保装配工序简单、装配效率高、装配质量高、装配不良率低和装配成本低。

针对每一个装配工序，DFA 的详细设计指南包括：

1）减少零件数量。

2）减少紧固件的数量和类型。

3）零件标准化。

4）模块化产品设计。

5）设计一个稳定的基座。

6）设计零件容易被抓取。

7）避免零件缠绕。

8）减少零件装配方向。

9）设计导向特征。

10）先定位后固定。

11）避免装配干涉。

12）为辅助工具提供空间。

13）为重要零部件设计装配止位特征。

14）防止零件欠约束和过约束。

15）宽松的零件公差要求。

16）防错的设计。

17）装配中的人机工程学。

18）线缆的布局。

每一个具体的 DFA 设计指南请参考《面向制造和装配的产品设计指南》（第 2版）。DFA 的每一个设计指南主要通过三个路径来降低产品装配成本，如图 8-15所示。

1）减少装配工站数，从而减少设备和减少直接人工数。

2）缩短装配标准工时，从而缩短实际生产节拍。

3）减少产品装配不良率。

如图 8-16 所示，印制电路板通过四颗螺钉固定于塑胶外壳中，图 8-16a、b 所示为没有遵循"先定位后固定"的设计，图 8-16c 所示通过在电路板上设置定位孔、在外壳上设置定位柱的方式确保二者在螺钉紧固之前的相对位置已经确定。

如图 8-16a 所示，如果操作人员没有经验，在对齐第 1 颗螺钉时，直接把螺钉紧固到位，在紧固其他螺钉时发现其他螺钉和螺孔没有对齐，不得不将第一颗螺钉

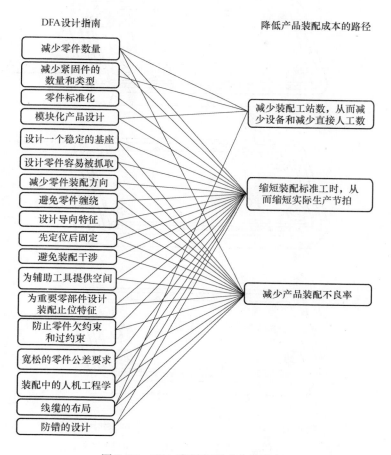

图 8-15　DFA 降低装配成本的路径

稍微拧松，再对齐其他螺孔，待其他螺钉紧固后再来拧紧第一颗螺钉，整个过程将花费大量的时间。

如图 8-16b 所示，如果操作人员有经验，在对齐第 1 颗螺钉时，不把螺钉拧紧到位，先调整其他螺钉和螺孔对齐，待其他螺钉紧固后再来拧紧第一颗螺钉，相对没有经验的操作人员，整个过程的时间相对较短。

如图 8-16c 所示，产品设计通过 DFA 设计指南中的"先定位后固定"进行优化。在组装时，只需将电路板的定位孔与定位柱对齐插入，在拧紧螺钉之前，定位柱与定位孔使得电路板和外壳的相对位置确定下来，于是四个螺钉和螺孔自动对齐，不需人工调整，操作人员只需依次拧紧四个螺钉即可，整个过程一气呵成，装配标准工时大幅缩短。同时，整个组装过程的速度和质量并不依赖于操作人员的技能和经验。显然，装配成本也大幅降低。

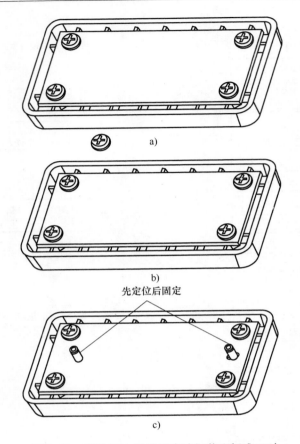

图 8-16　利用 DFA 设计指南缩短装配标准工时

a）未遵循"先定位后固定"、操作人员没经验　b）未遵循"先定位后固定"、
操作人员有经验　c）遵循"先定位后固定"

8.4.4　从产品设计阶段改善生产线平衡

在产品设计阶段，而不是在产品制造阶段，改善生产线平衡，缩短产品在生产线上的实际生产节拍，从而降低产品装配成本。

1. 木桶理论

一个木桶盛水多少，并不取决于桶壁上最高的那块木板，而恰恰取决于桶壁上最短的那块木板，这一规律我们称之为"木桶定律"，如图 8-17 所示。

木桶定律有三个推论：

1）只有桶壁上所有木板都足够高，木桶才能盛满水。

图 8-17　木桶定律

2）所有木板高出最低木板的部分是没有意义的，而且高出越多，浪费就越大；为减少木板材料的浪费，最好的办法是所有木板的高度一致。

3）提高木桶容量最有效的办法就是设法加高最低木板的高度。

2. 生产线平衡的定义

生产线平衡与"木桶定律"非常相似：生产线的最大产能不是取决于作业速度最快的工序，而恰恰取决于作业速度最慢的工序（即瓶颈工序），最快与最慢的差距越大，产能损失就越大。产品在生产线上的装配成本也是如此，取决于瓶颈工序，最快与最慢的差距越大，成本损失也就越大。

生产线平衡是对生产线上的全部工序进行平均化、均衡化，调整各工序或工站的作业负荷或工作量，使各工序的作业时间尽可能相近或相等，最终消除各种等待浪费现象，达到生产效率最大化。生产线各工序作业的不平衡，除了会造成无谓的损失外，还会造成大量半成品的堆积，严重时甚至会造成装配线的中止。通过平衡生产，可以加深理解"一个流"生产模式及熟悉"单元生产"的编制方法，它是一切新理论与新方法的基础。

例如，某生产线上的 6 道工序，工序 1 的标准工时（作业时间）为 20s、工序 2 为 15s、工序 3 为 22s、工序 4 为 25s、工序 5 为 18s、工序 6 为 20s，如图 8-18 所示，该生产线的实际生产节拍为 25s；很显然，该生产线的平衡率很低，损失或浪费的时间很多，工序 1 损失时间为 5s、工序 2 为 10s、工序 3 为 3s、工序 5 为 7s、工序 6 为 5s。该生产线的理想平衡是把工序 3 和 4 的作业分配到工序 2 和 5，或者想办法降低工序 3 和 4 的作业时间。

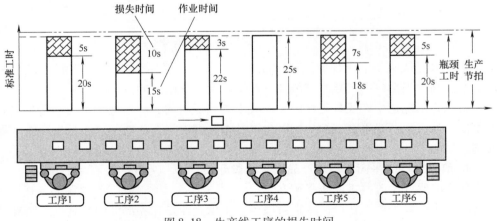

图 8-18　生产线工序的损失时间

改善生产线平衡的意义包括：

1）缩短每一工序标准工时，增加单位时间的生产量，降低装配成本。

2）减少工序间在制品，减少现场场地的占用。

3）减少工程之间的预备时间，缩短生产周期。

4）消除人员等待现象，提升员工士气。

5）改变传统小批量作业模式，使其达到一个流生产。

6）可以稳定和提升产品品质。

7）提升整体生产线效率和降低生产现场的各种浪费。

3. 生产线平衡是一种手段

生产线上各工序的工时平衡并不是生产线平衡的根本目的，而是一个手段。试想，针对同一个产品装配，如果存在两条生产线，其中第一条生产线每个装配工序的标准工时都相等，但标准工时都很长，即实际生产节拍长，如图 8-19 所示；而第二条的生产线不平衡，存在着瓶颈工时，但瓶颈工时相较第一条生产线的工时短，即实际生产节拍短，如图 8-18 所示。两条生产线的设备和人工配置等均相同，请问应该选择哪一条生产线？

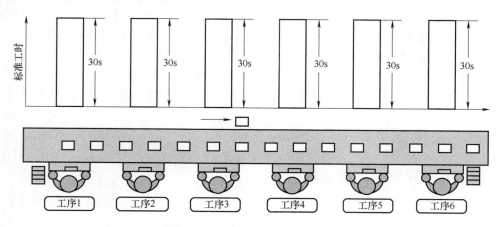

图 8-19　生产线平衡是一种手段

如果只能从两条生产线中选择，那么第二条生产线最好，因为实际生产节拍短，产能高。当然，第二条生产线还存在着较大优化的空间。

所以，不能把生产线各工序的生产线平衡当成目的，而是把生产线平衡当成一个手段。通过生产线平衡来缩短实际生产节拍，继而提高产能，这才是生产线平衡的真正目的。

4. 改善生产线平衡应当从产品设计阶段开始

什么时候开始改善生产线平衡？

改善生产线平衡是在产品制造阶段吗？不少企业是在零部件的模具、工装夹具和生产线等加工完毕，在小批量试生产时通过对生产线上各个工序的标准工时进行测量，发现生产线各工序存在不平衡，才加以改善。还有不少企业是在生产线设计之初开始进行生产线平衡的改善。

显然，不论在产品制造阶段的初期还是中期进行生产线平衡的改善都已经太晚了，因为这个阶段的各种解决方法均会增加产品成本。

1）可能会增加设备，从而增加固定资产投资。

2）调整各工序作业内容有可能会造成零部件模具、工装夹具的变更，以及生产线结构的变更，这也会增加固定资产投资。

3）通过在某工序增加人力，继而会增加人力成本，使得产品装配成本增加。

正确的做法是在产品概念设计阶段，就应当开始生产线平衡的改善，通过从标准工时数据库中获取数据，分析判断各装配工序的工时情况，找出瓶颈工时，并通过产品设计修改和优化的办法来改善生产线平衡。

图 8-18 所示的生产线中的工序 4 是瓶颈工时，其作业内容是拧紧四个螺钉，如图 8-20a 所示。如果在产品设计阶段通过设计优化，如图 8-20b 所示，把四个螺钉改为两个螺钉加折边的设计，标准工时从 25s 降低到 15s，生产线的实际生产节拍从 25s 降低到 22s，生产线平衡得到改善，瓶颈工时变成工序 3，工程师可以继续优化工序 3 的设计从而继续改善生产线平衡。

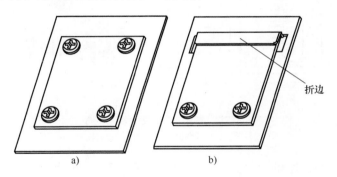

折边

图 8-20 通过设计改善生产线平衡

a）原始的设计 b）改进的设计

在产品设计阶段仅仅通过设计修改和优化就可以改善生产线平衡，既不会增加固定资产投资，又不会增加人力投资，对产品装配成本的影响最小。因此，应当在产品设计阶段就开始进行生产线平衡的改善。

5. 从产品设计着手改善生产线平衡

在传统观念中，生产线平衡是制造部门的职责，是装配工程师的职责，与开发部门没有关系。但事实上生产线平衡与产品开发有着莫大的关系，因为生产线各个装配工序的排列和工时的长短等在很大程度上是由产品内部结构决定的。如果产品没有很好的可装配性设计，那么零部件之间的装配会很复杂，每个装配工序的工时会很长，就很难做到生产线平衡或者说很难做到缩短瓶颈工时以降低装配成本、提高产能。当然，装配工程师可以通过制程优化来做到生产线平衡或缩短生产节拍，但是这可能会带来更高的代价，例如增加设备或增加工人。而通过产品设计的优化，仅仅是修改产品零部件设计，使得产品结构具有很好的可装配性，就可以较容易地做到生产线平衡或者缩短生产节拍。

从产品设计着手，生产线平衡的改善主要从三个方面着手。

1）通过面向装配的设计，简化产品结构、减少零件数量，从而减少生产线上的工序数量。减少工序数量不仅有利于减少固定资产投资，还使得生产线平衡变得更为简单和容易。如图 8-21 所示，原始的设计为第一代指甲刀，产品结构复杂，包含十几个零件，其生产线上的工序也比较多，至少需要十几个工序；而在改进的设计中，指甲刀只有四个零件，产品结构简单，在生产线上仅仅需要几个工序。

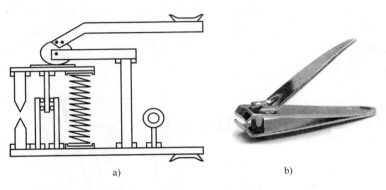

a)   b)

图 8-21　利用 DFA 减少装配工序

a）原始的设计　b）改进的设计

2）通过面向装配的设计，使得生产线上的每一个工序都具有很好的可装配性，装配效率高、装配不良率低，从而使得每一个工序的标准工时都缩短到极致。

3）合理选择零件的紧固工艺，可降低瓶颈工序的工时。例如，某生产线上的瓶颈工序是拧紧四套螺栓螺母，工时为 30s；而使用电阻焊紧固，工时为 10s。

6. 在产品制造阶段改善生产线平衡

生产线平衡改善的大部分动作都应当在产品设计阶段完成。当然，进入产品制造阶段后，总是会由于各种各样的原因，例如产品设计阶段对标准工时的评估与实际存在偏差等，导致生产线平衡需要继续改善。

在产品制造阶段继续改善生产线平衡的基本原则和方法是 ECRS 法则，即取消、合并、重排和简化，见表 8-5。采用 ECRS 法则进行改善时的优先顺序为："取消"不必要的动作或工序（第一选择）；"合并"微小动作（第二选择）；"重排"作业工序或动作（第三选择）；"简化"复杂动作或工序（最后选择）。

表 8-5　ECRS 法则

名　称	说　　明	具体操作	示　　例
取消 （Elinimate）	对于不合理、多余的动作或工序给予取消	1）取消所有多余的步骤或动作（包括身体、四肢、手和眼的动作） 2）减少工作中的不规则性，比如将工具存放地点固定，形成习惯性的机械动作等 3）尽量取消或减少手的使用，如抓握、搬运等 4）取消笨拙的或不自然、不流畅的动作 5）尽量减少一切肌肉力量的使用 6）减少对惯性和动量的克服 7）杜绝一切危险动作和隐患 8）除必要的休息外，取消工作中的一切人员和设备的闲置时间	1）合理布置，减少搬运 2）取消没有必要的外观检查
合并 （Combine）	将两个或两个以上的对象变成一个，如工序或作业的合并、工具的合并等，合并后可以有效地消除重复现象	1）合并多个方向突变的动作，形成单一方向的连续动作 2）把几种工具合并为一种多功能的工具 3）把几道分散的工序合并为一道工序 4）合并可能同时进行的作业	1）一边加工一边检查 2）将由多人在不同地点从事的作业，合并为一个人或一台设备完成
重排 （Rearrange）	通过改变作业程序，使作业的先后顺序重新组合，以达到改善工作的目的	1）重新排列工序流程，使流程优化 2）重新布置工作场所，使物流线缩短；重排流水线工序，消除薄弱环节 3）重新安排作业组的返工，使工作量均衡	1）把检查作业移到前面 2）用台车搬运代替手工搬运
简化 （Simplify）	对每个工序的作业进行更深入的分析研究，使现行方法尽量简化，以最大限度地缩短作业时间，提高作业效率	1）在能够完成工作的基础上使用最小的肌肉群，且注意有间歇、有节奏地使用 2）减少目光搜索的范围与变焦次数 3）使工作能在正常区域内完成而不必移动身体 4）使动作幅度减小 5）使手柄、杠杆、踏板、按钮等控制器适合人的尺寸与肌体性能 6）在需要高强度肌肉力量处，借助惯性来获得能量帮助 7）使用尽可能简单的动作组合 8）减少每一个动作的复杂程度，尤其是在一个位置上的多个动作	1）改变布置，使作业更顺畅、使其操作更简单 2）使用标准化零件，减少零件种类 3）使用新的工具或设备，使作业更简单、省力、省时

ECRS 法则的具体应用示例如图 8-22 所示。

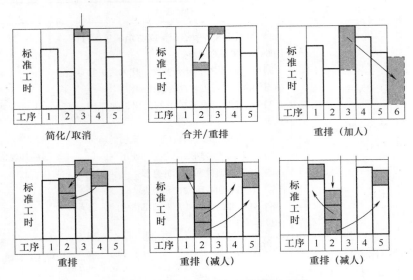

图 8-22　ECRS 法则的具体应用示例

第 9 章　面向成本的塑胶件设计

9.1　注射成型工艺

9.1.1　注射成型工艺简介

注射成型（Injection Molding）是最常用的塑胶件制造方法，用注射成型方法加工的塑胶件，不仅可以形成复杂的结构，而且零件精度高、质量好，生产效率也高。

注射成型是一种适合高速、大批量生产精密组件的加工制造方法，它将粒状塑胶料在料筒内融化、混合、移动，再于模穴内流动、充填、凝固，其动作可分为塑胶粒的塑化、充填、保压、冷却、顶出等。

塑胶件的加工制造方法除了注射成型，还包括挤出成型、吹塑成型、吸塑成型以及压缩成型等，本书主要讨论的是通过注射成型加工的塑胶件。

9.1.2　注射成型机

注射成型机，简称注射机，是将热塑性塑料或热固性塑料利用塑料成型模具制成各种形状塑胶件的主要成型设备。注射机通过加热塑料，对熔融塑料施加高压，使其射出而充满模具型腔。

注射机分为立式和卧式。常见注射机的吨位包括 30t、40t、50t、60t、80t、100t、120t、150t、200t 和 300t等，吨位越高，注射机价格越高，用电量也越高，机器小时费率越高。另外，不同品牌注射机的稳定性、加工寿命及加工零件的精度也存在着差异，品质越高的注射机价格越高。一台典型的卧式注射机如图 9-1 所示。

图 9-1　卧式注射机

9.1.3　注射模具

1. 注射模具结构

塑胶件注射成型时所用到的模具称为注射模具，如图 9-2 所示。注射模具是一种生产塑胶件的工具，也是赋予塑胶件完整结构和精确尺寸的工具。注射模具能够一次成型外形复杂、尺寸精度高或带有镶件的塑胶件。

图 9-2　注射模具

注射成型时，定模部分和随液压驱动的动模部分经导柱导向而闭合，熔融塑料从注射机喷嘴经模具浇注系统进入型腔；注射成型冷却后开模，即定模和动模分开，一般情况下塑胶件留在动模上，模具顶出机构将塑胶件推出模外。

注射模具的典型结构如图 9-3 所示。

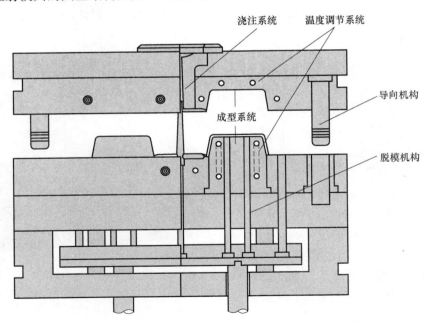

图 9-3　注射模具的典型结构

注射模具结构可能由于塑料种类和性能、塑胶件形状和结构及注射机的类型等不同而千变万化，但其基本结构是一致的，注射模具通常由以下系统组成：

（1）成型系统　成型系统是指定、动模部分中组成型腔的零件。通常由凸模

（或型芯）、凹模、镶件等组成，合模时构成型腔，用于充填熔融塑料，它决定塑胶件的形状和尺寸，在图 9-3 所示的模具中，动模板和凸模成型塑胶件的内部形状，定模板成型塑胶件的外部形状。

（2）浇注系统　浇注系统将熔融塑料由注射机喷嘴引向闭合模腔，通常由主流道、分流道、浇口和冷料井组成。主流道可分为热流道和冷流道两种类型。

（3）导向机构　导向机构是为了保证定模和动模闭合时能够精确对准而设置的导向系统，起着导向和定位作用，以保证塑胶件形状和尺寸的精确度。它由导柱和导套组成，有的模具还在顶出板上设置了导向部件，保证脱模机构运动平稳可靠。

（4）脱模系统　脱模系统是实现塑胶件和浇注系统脱模的装置，其结构形式很多，一般由顶杆、复位杆、弹弓、顶杆固定板、顶板（顶环）及顶板导柱、导套等组成。

（5）抽芯机构　对于有侧孔或侧凹的塑胶件，在被顶出脱模之前，必须先进行侧向抽芯才能顺利脱模，使塑胶件侧向脱模或侧向型芯移动的机构称为侧向抽芯机构，常见的侧向抽芯机构包括斜销和滑块等，图 9-4 所示为一套滑块抽芯机构。

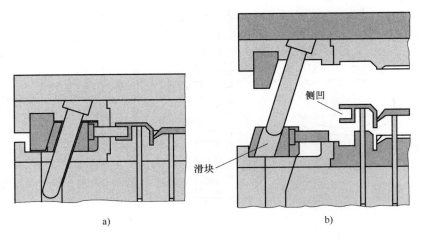

图 9-4　滑块抽芯机构

a）合模时　b）开模时

（6）模具温度调节系统　为了满足注射工艺对模具的温度要求，必须对模具温度进行控制，所以模具常常设有加热系统并在模具内部或四周安装有加热元件。大部分的热塑性塑料都需要在一定模具温度下进行，以确保塑胶件的外观质量、强度和尺寸精度等。

另一方面，为了使高温熔融塑料在模具型腔内尽快固化成型，提高生产效率，成型时必须对模具进行冷却，通常是在模具上开设冷却水道，当塑料充满型腔并经一定的保压时间后，水道通以循环冷水对模具进行冷却。

（7）排气系统　在注射成型过程中，为了将型腔内的空气排出，需要开设排气系统，通常是在分型面上有目地开设若干条沟槽，或利用模具的推杆或型芯与模板之间的配合间隙进行排气。小型塑胶件的排气量不大，因此可直接利用分型面排气，而不必另设排气槽。

（8）其他结构零件　其他结构零件指为满足结构上的要求而设置的零件，如固定板、动/定模板、撑头、支承板及连接螺钉等。

2. 注射模具浇注系统

注射模具浇注系统又称流道系统，它是将熔融塑料由注射机喷嘴引向型腔的一组进料通道，通常由主流道、分流道、浇口和冷料井等组成，它直接关系到塑胶件的成型质量和生产效率。在面向成本的塑胶件设计中，浇注系统是塑胶件成本的重要组成部分，它一方面是塑胶件材料成本的组成部分，另一方面对注射成型冷却时间有重大影响，继而会对加工成本产生重大影响。

一模四穴模具的浇注系统如图9-5所示。

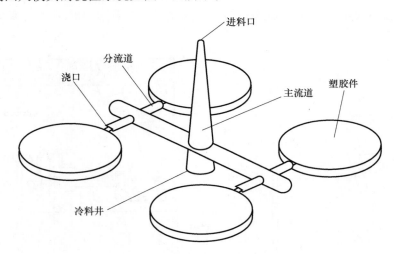

图9-5　一模四穴模具的浇注系统

（1）主流道　主流道是模具中连接注射机喷嘴至分流道或型腔的一段通道。主流道顶部呈凹形以便与喷嘴衔接。主流道进口直径应略大于喷嘴直径（如0.8mm）以避免溢料，并可防止两者因衔接不准而发生堵截。进口直径根据塑胶件大小而定，一般为4~8mm。主流道直径应向内扩大呈3°~5°的角度，以便流道赘物的脱模。

（2）分流道　分流道是多穴模中连接主流道和各个型腔的通道。为使熔料以等速度充满各型腔，分流道在注射模具上的排列应成对称和等距离分布。分流道截面的形状和尺寸对熔融塑料的流动、零件脱模和模具制造的难易都有影响。对于相等料量的流动来说，以圆形截面的流道阻力最小，但因圆形流道的比表面积小，对分流道赘物的冷却不利，而且这种分流道必须开设在两半模上，既费工又不易对准。因此，经常采用的是梯形或半圆形截面的分流道，且开设在带有脱模杆的一半模具上。流道表面必须抛光以减少流动阻力提供较快的充模速度。流道尺寸决定于塑料品种、零件尺寸和厚度。对大多数热塑性塑料来说，分流道截面宽度均不超过8mm。在满足需要的前提下应尽量减小截面积，以避免增加分流道赘物和延长冷却时间。

（3）浇口　浇口是接通主流道（或分流道）与型腔的通道。通道的截面积可以与主流道（或分流道）相等，但通常都是缩小的。所以它是整个流道系统中截面积最小的部分。浇口的形状和尺寸对零件质量影响很大。

（4）冷料井　冷料井是设在主流道末端的一个空穴，用以捕集喷嘴端部两次注射之间所产生的冷料，从而防止分流道或浇口的堵塞。如果冷料一旦混入型腔，则所制零件中就容易产生内应力。冷料井的直径约为 8～10mm，深度为 6mm。为了便于脱模，其底部常由脱模杆承担。脱模杆的顶部宜设计成曲折钩形或设下陷沟槽，以便脱模时能顺利拉出主流道赘物。

3. 模穴数

模穴数是在一个注射模具里布置的塑胶件成品的个数，即一次注射成型可获得的零件个数。

图 9-6 分别显示了一模四穴、一模八穴和一模十六穴。

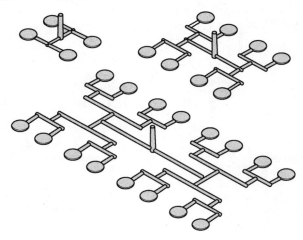

图 9-6　模穴数

4. 热流道模具

注射模具按浇注系统的类型，可分为冷流道注射模具和热流道注射模具。

冷流道注射模具是指模具内的主流道与分流道部位没有安装加热装置，塑料在流道内靠注射压力和其本身的热量保持流动状态，流道作为塑胶件的一部分，但并不属于塑胶件，在塑胶件被顶出后流道被切除，与塑胶件分离。传统的注射模具大多是冷流道注射模具。

热流道注射模具的工作原理是在传统的二板模模具或三板模模具内的主流道与分流道部位安装加热装置，在注射过程中不断加热，使流道内的塑料始终处于高温熔融状态，塑料不会冷却凝固，也不会形成流道与产品一起脱模，从而达到无流道凝料或者少流道凝料的目的。

一个典型的热流道模具的整体结构如图9-7所示。

一个典型的热流道模具流道部分结构如图9-8所示。

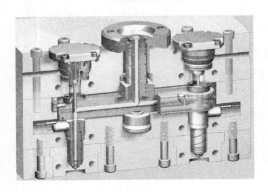 

图9-7　热流道模具的整体结构　　　　　图9-8　热流道模具流道部分结构

相对于冷流道模具，热流道模具具有以下优点：

1）节省塑胶原料。使用热流道模具可以减少和节省流道塑胶原料，如图9-9所示。

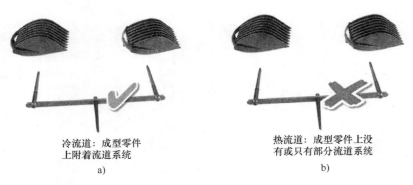

冷流道：成型零件　　　　　　　　　　热流道：成型零件上没
上附着流道系统　　　　　　　　　　　有或只有部分流道系统
　　　a)　　　　　　　　　　　　　　　　　b)

图9-9　热流道模具节省流道塑胶原料
a）冷流道　b）热流道

2）缩短成型周期。热流道模具少流道或无流道，因此零件不必等到流道冷却才顶出，零件冷却完毕即可顶出，节省冷却时间，缩短注射成型周期。

3）提高产品质量和尺寸精度。流道内压力损耗小，塑料流动性好，温度均匀，则塑胶件内应力、变形就会减小，产品表面质量、尺寸精度和力学性能就会大大提高，常见的缩水、充填不足、熔接痕、颜色不均、飞边和翘曲等现象也可减少。

4）消除后续工序，利于自动化。不需要修剪浇口及回收加工冷流道工序，利于自动化，可大幅提高生产效率。

5）降低注射压力，利于提高模具寿命。

6）多模腔可保证均匀充填，质量一致。

7）可以成型薄壁零件。

不过，热流道模具也有一些缺点：

1）热流道模具成本高。如果零件产量小，模具成本高，经济上不划算。

2）热流道模具加工精度要求高。热流道模具需要精密加工来保证。热流道系统与模具的集成与配合要求极为严格，否则模具在生产过程中会出现很多严重问题，如配合不好导致塑料溢出，损坏热流道元件，中断生产；喷嘴镶件与浇口相对位置不好导致零件质量严重下降等。

3）操作维修复杂。热流道模具操作和维修复杂，如果操作不当极易损坏热流道零部件，使得生产无法进行。对于热流道模具的新用户，需要较长时间的经验积累。

9.2 注射成型周期

9.2.1 注射成型工艺过程

塑胶件的注射成型工艺过程主要包括充填阶段、保压阶段、冷却阶段、开合模阶段 4 个阶段。

1. 充填阶段

充填是整个注射循环过程中的第一步，时间从模具闭合开始注射算起，到模具型腔充填到大约 95% 为止。在充填阶段，模具闭合，螺杆快速向前移动，把熔融塑料挤入模穴内，如图 9-10 所示。

图 9-10 充填阶段

充填时间有一个理论上的最优区间，充填时间过长或过短都会带来零件质量问题。

充填时间过长（即充填速度慢）有以下影响：

1）热量损失大，熔流温度下降，黏度增加，模具型腔壁上凝固层的厚度增加，熔融塑料的有效通道变窄，阻碍熔料的通过，流动阻力大，注射压力增加。

2）容易产生密度不均。

3）内应力大。

4）产生短射等成型缺陷。

但是，充填时间过短（即充填速度快）也会带来以下问题：

1）熔流温度上升，黏度减小，凝固层厚度减小，但凝固层和流动层的摩擦阻力增加，反而会使注射压力增大。

2）容易产生过多的剪切热，使得塑料烧焦。

3）不能顺利排除模具内的空气。

4）产生残余应力。

因此，充填时间必须处在一个合理的范围内，从而优化注射压力，提高零件质量，如图 9-11 所示。

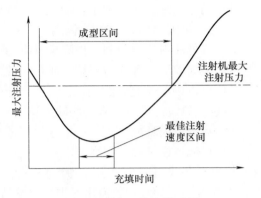

图 9-11　合理的充填时间

2. 保压阶段

保压阶段是指熔融塑料充填到设定体积，控制器切换到压力控制，保压开始，同时冷却开始，如图 9-12 所示。

保压阶段的作用是持续施加压力，压实熔料，增加塑料密度，以补偿塑料的收缩行为。在保压过程中，由于模腔中已经填满塑料，背压较高。在保压压实过程中，注射机螺杆仅能慢慢地向前微小移动，塑料的流动速度也较为缓慢，这时

图 9-12　保压阶段

的流动称作保压流动。由于在保压阶段，塑料受模壁冷却固化加快，熔料黏度增加也很快，因此模具型腔内的阻力很大。在保压的后期，材料密度持续增大，塑胶件也逐渐成型，保压阶段要一直持续到浇口固化封口为止，此时保压阶段的模腔压力达到最高值。

在保压阶段，由于压力相当高，塑料呈现部分可压缩特性。在压力较高区域，塑料较为密实，密度较高；在压力较低区域，塑料较为疏松，密度较低，因此造成密度分布随位置及时间发生变化。保压过程中塑料流速极低，流动不再起主导作用；压力为影响保压过程的主要因素。保压过程中塑料已经充满模腔，此时逐渐固化的熔料作为传递压力的介质，模腔中的压力借助塑料传递至模壁表面，有撑开模具的趋势，因此需要适当的锁模力进行锁模。胀模力在正常情形下会微微将模具撑开，对于模具的排气具有帮助作用；但若胀模力过大，易造成零件产生飞边、溢料，甚至撑开模具。因此在选择注射机时，应选择具有足够大锁模力的注射机，以防止胀模现象并能有效进行保压。

3. 冷却阶段

保压开始时熔融塑料即开始冷却，当浇口凝固关闭，保压完成，冷却继续；同时螺杆快速后移，为下一次注射熔融塑料做准备，如图 9-13 所示。

在注射成型模具中，冷却系统的设计非常重要。这是因为成型塑胶件只有冷却固化到一定刚性，脱模后才能避免塑胶件因受到外力而产生变形。同时由于冷却时间占整个成型周期的比例较大，因此设计良好的冷却系统可以大幅缩短成型周期，提高注射生产率，降低成本。设计不当的冷却系统会使成型周期拉长，增加成本；同时冷却不均匀更会进一步造成塑胶件的翘曲变形。

4. 开合模阶段

冷却完成，模具打开，零件被顶出，然后合模，完成循环，如图 9-14 所示。开合模阶段是一个注射成型循环中的最后一个环节。虽然零件已经冷固成型，但零件脱模顶出对零件质量有很重要的影响，脱模方式不当，可能会导致零件在脱模时受力不均，顶出时造成产品变形等缺陷。设计模具时要根据产品的结构特点选择合适的脱模方式，以保证产品质量。

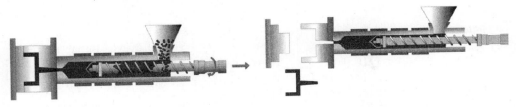

图 9-13 冷却阶段   图 9-14 开合模阶段

以上四个阶段组成了一个完整的注射成型周期，如图 9-15 所示。了解和掌握注射成型周期非常重要，一方面成型周期决定了零件的加工成本，另一方面决定了

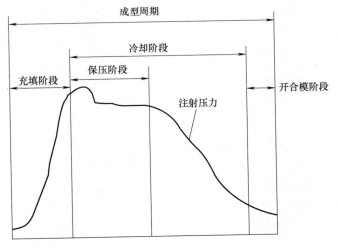

图 9-15 注射成型周期

零件的产能。注射成型周期可以从几秒钟到几分钟。一旦注射工艺参数，如充填速度、模具温度、熔融温度和注射压力等确定下来，注射成型周期将会一直保持稳定。

9.2.2　充填时间

注射成型充填时间受以下因素影响：

1）塑料的特性，主要是其黏度。

2）塑胶件壁厚和形状。

3）浇口大小和形状。

4）充填速度。

5）注射成型条件，包括塑料熔融温度、模具温度和注射压力等。

表 9-1 为常见塑料在不同体积下的推荐充填时间。

表 9-1　常见塑料在不同体积下的推荐充填时间

充填体积/cm³	充填时间		
	低黏度塑料	中等黏度塑料	高黏度塑料
	软 PE、PA4.6、PA6、PA66、PA6.10、PA11、POM、PET、PBT、PPS、TPE	PS、SB、SAN、ABS、PPO、软 PVC、CA、CAB、CP、硬 PE、PP、PA12、无定型 PA	硬 PVC、PMMA、PC、PSU、PES、PAI、PVDF、FEP、ETFE
1 ~ 8	0.2 ~ 0.4	0.25 ~ 0.5	0.3 ~ 0.6
8 ~ 15	0.4 ~ 0.5	0.5 ~ 0.6	0.6 ~ 0.75
15 ~ 30	0.5 ~ 0.6	0.6 ~ 0.75	0.75 ~ 0.9
30 ~ 50	0.6 ~ 0.8	0.75 ~ 1.0	0.9 ~ 1.2
50 ~ 80	0.8 ~ 1.2	1.0 ~ 1.5	1.2 ~ 1.8
80 ~ 120	1.2 ~ 1.8	1.5 ~ 2.2	1.8 ~ 2.7
120 ~ 180	1.8 ~ 2.6	2.2 ~ 3.2	2.7 ~ 4.0
180 ~ 250	2.6 ~ 3.5	3.2 ~ 4.4	4.0 ~ 5.4
250 ~ 350	3.5 ~ 4.6	4.4 ~ 6.0	5.4 ~ 7.2
350 ~ 550	4.6 ~ 6.5	6.0 ~ 8.0	7.2 ~ 9.5

【例 9.1】　图 9-16a 所示的塑胶件材料为 ABS，尺寸为 45mm × 30mm × 2.5mm，体积为 3cm³。图 9-16b 所示为该零件的一模四穴的流道系统，流道体积为 10.65cm³，四个塑胶件与流道的总体积为 22.65cm³。请估算注射时的充填时间。

解：ABS 具有中等黏度，充填体积为 22.65cm³，通过表 9-1 可估算出充填时间 T_f 为 0.68s。

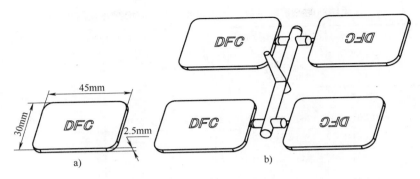

图 9-16　零件及其流道系统

a）塑胶件　b）流道系统

9.2.3　冷却时间

1. 冷却时间的计算

由于塑胶件零件本身和流道的冷却边界条件不一致，因此二者的冷却速度不一致；在相同厚度情况下，流道的冷却速度较快。但通常情况下，流道比零件厚，因此需要分别计算二者的冷却时间，计算出的最大值即为注射成型的最短冷却时间，因为必须都等到零件和流道完全冷却后才能顶出，否则会造成零件或流道粘模，带来质量问题。

塑胶件零件本身的理论最短冷却时间可以通过公式（9-1）计算

$$T_c^p = \frac{H_{max}^2}{\pi^2 \alpha} \ln\left(\frac{4}{\pi} \times \frac{T_m - T_w}{T_e - T_w}\right) \tag{9-1}$$

流道的理论最短冷却时间可以通过公式（9-2）计算

$$T_c^r = \frac{D^2}{23.1\alpha} \ln\left(0.692 \times \frac{T_m - T_w}{T_e - T_w}\right) \tag{9-2}$$

式中，T_c^p 为零件的理论最短冷却时间（s）；T_c^r 为流道的理论最短冷却时间（s）；α 为塑料的热扩散系数（mm^2/s）；H_{max} 为零件最大壁厚（mm）；D 为流道的直径（mm）；T_m 为塑料的熔化温度（℃）；T_w 为模具温度，即模温（℃）；T_e 为塑料的顶出温度（℃）。

零件从模具中顶出的温度会受很多因素的影响。零件必须冷却固化到足够强度，以抵抗由于体积收缩变化和残余应力而产生的翘曲，以及顶出系统对产品施加的局部应力；而顶出力受零件几何形状、模具表面粗糙度和在充填与保压过程中模穴填充度的影响。一般地，顶出温度设定为塑料的热变形温度。

常见塑料的热扩散系数、熔化温度、模具温度推荐范围和顶出温度见表 9-2。

表 9-2 常见塑料的热扩散系数、熔化温度、模具温度推荐范围和顶出温度

塑料	热扩散系数/(mm^2/s)	熔化温度/℃		模具温度/℃		顶出温度/℃
		范围	建议值	范围	建议值	建议值
ABS	0.083	200～280	230	25～80	50	88
PA6	0.087	230～300	255	70～110	85	133
PA66	0.085	260～320	280	70～110	80	158
PBT	0.087	220～280	250	15～80	60	125
PC	0.105	260～340	305	70～120	95	127
PC/ABS	0.095	230～300	265	50～100	75	117
PC/PBT	0.097	250～280	265	40～85	60	125
PE-HD	0.09	180～280	220	20～95	40	100
PE-LD	0.09	180～280	220	20～70	40	80
PEI	0.12	340～440	400	70～175	140	191
PET	0.09	265～290	270	80～120	100	150
PMMA	0.075	240～280	250	35～80	60	85
POM	0.06	180～235	225	50～105	70	118
PP	0.065	200～280	230	20～80	50	93
PPO	0.12	240～320	280	60～110	80	128
PS	0.08	180～280	230	20～70	50	80
PVC	0.08	160～220	190	20～70	40	75
SAN	0.085	200～270	230	40～80	60	85

在不需要精确的场合，当零件最大壁厚处于中等壁厚（0.5～6.5mm）、模具温度低于60℃时，冷却时间可近似计算为

$$T_c = H_{max}(1 + 2H_{max}) \tag{9-3}$$

式中，T_c 为理论最短冷却时间（s）；H_{max} 为零件包括流道的最大壁厚（mm）。

当模具温度大于60℃时，冷却时间需要在公式（9-3）的基础上再增加30%，见公式（9-4）。

$$T_c = 1.3H_{max}(1 + 2H_{max}) \tag{9-4}$$

【例9.2】 在【例9.1】中，塑胶件的最大壁厚为2.5mm，流道的直径为5mm，计算塑胶件注射成型时的理论最短冷却时间。

解：通过公式（9-1）和公式（9-2）可分别计算出塑胶件零件和流道的理论最短冷却时间：

$$T_c^p = \frac{H_{max}^2}{\pi^2 \alpha}\ln\left(\frac{4}{\pi} \times \frac{T_m - T_w}{T_e - T_w}\right) = \frac{2.5^2}{\pi^2 \times 0.083}\ln\left(\frac{4}{\pi} \times \frac{230 - 50}{88 - 50}\right)s = 13.73s$$

$$T_c^r = \frac{D^2}{23.1\alpha}\ln\left(0.692\frac{T_m - T_w}{T_e - T_w}\right) = \frac{5^2}{23.1 \times 0.083}\ln\left(0.692 \times \frac{230-50}{88-50}\right)s = 15.48s$$

答：流道冷却时间长于零件冷却时间，注射成型时的理论最短冷却时间为 15.48s。

如果在实际的零件注射生产中，发现零件的冷却时间大于公式（9-1）和（9-2）计算的理论最短冷却时间，则说明模具冷却系统设计或者注射成型工艺参数存在优化的空间。

2. 冷却时间与最大壁厚的关系

通过公式（9-1）可以绘制出注射成型冷却时间和塑胶件最大壁厚的关系曲线，图 9-17 所示为塑料 ABS 在相同注射条件下（热扩散系数 $\alpha = 0.083\ \text{mm}^2/\text{s}$、熔化温度 $T_m = 230℃$、模具温度 $T_w = 50℃$、顶出温度 $T_e = 88℃$）的冷却时间和最大壁厚的关系曲线。

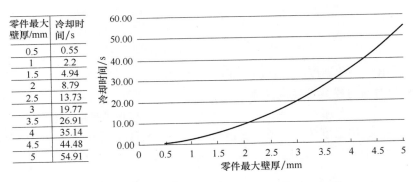

零件最大壁厚/mm	冷却时间/s
0.5	0.55
1	2.2
1.5	4.94
2	8.79
2.5	13.73
3	19.77
3.5	26.91
4	35.14
4.5	44.48
5	54.91

图 9-17 注射成型冷却时间和塑胶件最大壁厚的关系曲线

通过公式（9-1）和图 9-17 可以看出，冷却时间与零件最大壁厚的平方呈正比关系，这意味着零件的最大壁厚增加到 2 倍，冷却时间则会增加 4 倍。从另外一个角度来说，如果需要将零件的冷却时间缩短一半，则只需把零件的最大壁厚减小 30%。

需要特别注意的是，冷却时间是与零件最大壁厚的平方呈正比关系，与零件的基本壁厚毫无关系，这是因为壁厚最大的地方热传导最慢，总是最后冷却。如图 9-18 所示，该零件的基本壁厚为 2.5mm，但壁与壁连接处的壁厚为 3mm，冷却时间取决于 3mm，而不是 2.5mm。

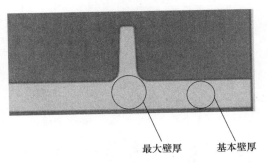

图 9-18 冷却时间与零件最大壁厚而不是基本壁厚存在关系

3. 冷却时间与熔化温度的关系

图 9-19 所示为厚度 2.5mm 的 ABS 塑胶件在相同注射条件下（热扩散系数 α = 0.083 mm^2/s、模具温度 T_w = 50℃、顶出温度 T_e = 88℃），不同熔化温度 T_m 对应不同的冷却时间。

熔化温度 /℃	冷却时间/s
200	12.3
210	12.83
220	13.29
230	13.73
240	14.14
250	14.53
260	14.9
270	15.26
280	15.6

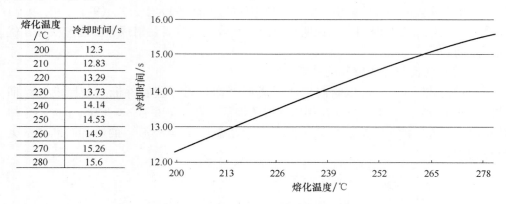

图 9-19　冷却时间与熔化温度的关系

可以看出，熔化温度对冷却时间的影响相对较小。

4. 冷却时间与模具温度的关系

图 9-20 所示为厚度 2.5mm 的 ABS 塑胶件在相同条件（热扩散系数 α = 0.083mm^2/s、熔化温度 T_m = 230℃、顶出温度 T_e = 88℃）下，不同模具温度 T_w 对应不同的冷却时间。

模具温度 /℃	冷却时间 /s
10	9.8
20	10.46
30	11.3
40	12.36
50	13.73
60	15.62
70	18.53
80	24.24

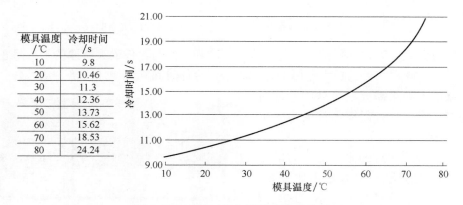

图 9-20　冷却时间与模具温度的关系

可以看出，模具温度对冷却时间有着较大的影响，模具温度越高，模具热传导效果越差，冷却时间越长。有些时候，为了降低零件内应力，改善零件外观质量和降低零件翘曲变形等，在注射生产时选择较高的模具温度，但这会增加冷却时间，从而会影响零件的生产效率和增加零件的加工成本。

9.2.4　开合模时间

1. 注射机台的选择

注射模具开合模时间与注射机台吨位大小有关，在计算开合模时间之前，需明确零件注射时所使用的机台。

注射机的机台吨位大小是以其所能提供的锁模力大小来定义的。锁模力是指在注射成型充填、保压和冷却过程中，注射机作用于模具之上的锁紧力以保证模具一直处于安全的闭合状态。熔融的塑胶原料以高压充填模具型腔，以及保压时会对模具产生一个胀模的力量，在选择注射机机台吨位时，锁模力一般为胀模力的 1.1 ~ 1.2 倍。锁模力不足，塑胶件容易产生飞边或不能成型；而如果锁模力过大，选择较大机台，会造成资源的浪费，导致零件加工成本上升（因为机台吨位越高，机器小时费率就越高）；并且会使液压系统元件长时间在高压下工作，可能会造成过早老化，机械结构过快磨损。

锁模力的计算见公式（9-5）。

$$F_c = \frac{PSVK}{1000} \tag{9-5}$$

式中，F_c 为锁模力（t）；P 为型腔压力（kg/cm^2）；S 为总投影面积（cm^2），图 9-21 所示为一模两穴零件在模具开模方向上的投影面积，包括零件投影面积与流道投影面积之和；V 为塑胶原料的黏度等级系数，用于衡量熔融塑料在模具中的流动能力，值越大，说明流动能力越差，对模具型腔产生的压力就越大，表 9-3 为热塑性塑料流动特性的分组及黏度等级系数；K 为安全系数，值介于 1.1 ~ 1.2，一般取 1.2。

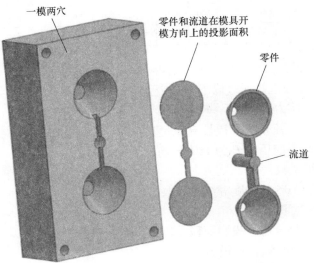

图 9-21　零件和流道在模具开模方向上的投影面积

表9-3 热塑性塑料流动特性的分组及黏度等级系数

组别	塑　料	黏度等级系数 V
第一组	GPPS、HIPS、TPS 、PE-LD、PE-LLD、PE-MD、PE-HD、PP-H、PP-CO、PP-EPDM	1.0
第二组	PA6、PA66 、PA11/12、PBT 、PETP	1.3~1.5
第三组	CA、CAB、CAP、CP、EVA 、PEEL、PUR/TPU、PPVC	1.35~1.45
第四组	ABS 、AAS/ASA、SAN 、MBS 、PPS 、PPO-M、BDS 、POM	1.45~1.55
第五组	PMMA 、PC/ABS、PC/PBT	1.55~1.75
第六组	PC、PES 、PSU、PEI 、PEEK、UPVC	1.7~2.0

型腔压力与注射压力、塑料的黏度、原料塑化工艺条件、零件形状与壁厚、浇口位置与数量、浇口尺寸及冷却温度等有关。在这里取模具型腔内的平均压力（这个平均压力是个试验数据，即模具型腔内的总压力与零件总投影面积的比值），表9-4为不同基本壁厚对应不同流长比下的型腔压力，其中基本壁厚是指零件中大部分区域的壁厚，流长比是指熔融塑料的最长流程与基本壁厚的比值。

表9-4 型腔压力 （单位：kg/cm²）

基本壁厚/mm 流长比	0.4	0.6	0.8	1.0	1.2	1.5	2.0	2.5	3.0	3.5	4.0	4.5
≤75:1	400	320	270	220	180	180	180	180	180	180	180	180
≤100:1	480	400	340	280	250	190	180	180	180	180	180	180
≤150:1	720	570	470	420	370	320	220	180	180	180	180	180
≤200:1	900	750	700	570	500	410	320	250	220	180	180	180
≥250:1	1000	900	800	650	550	480	350	300	250	220	200	180

【例9.3】 计算【例9.1】中一模四穴塑胶件注射时所需的注射机吨位。

解： 注射机吨位选择通过以下四个步骤进行计算：

1）确定型腔压力：

$$流长比 = 最长流程/基本壁厚 = 90/2.5 = 36$$

根据表9-4，型腔压力 P 为 180kg/cm²

2）黏度等级系数：

根据表9-3，ABS 的黏度等级系数取 1.5。

3）计算投影面积：

$$S = 零件投影面积 + 流道投影面积 = 67.2\ cm^2$$

4）通过公式（9-5），锁模力为

$$F_c = \frac{180 \times 1.5 \times 67.2 \times 1.2}{1000}t = 21.8t$$

选择吨位为 25t 的注射机。

2. 开合模时间

注射模具开合模时间的计算见公式（9-6）。

$$T_o = 0.013X + 3.6 \tag{9-6}$$

式中，T_o 为开合模时间（s）；X 为机台吨位（t）。

需要注意的是，这里的开合模时间是指模具开模、产品顶出、合模等非常顺利的情况下的理论最短时间，不适用于零件需要人工从模具中取出以及嵌入注射（Insert Molding）等情况，嵌入注射需要额外加上人工或机械放置嵌入件的时间。

开合模时间与机台吨位呈线性关系，机台吨位越大，开合模时间越长，开合模时间与机台吨位的关系如图 9-22 所示。

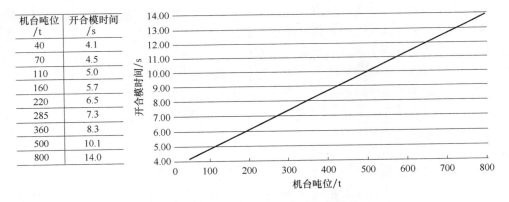

机台吨位/t	开合模时间/s
40	4.1
70	4.5
110	5.0
160	5.7
220	6.5
285	7.3
360	8.3
500	10.1
800	14.0

图 9-22 开合模时间与机台吨位的关系

【例 9.4】 求【例 9.3】中使用 25t 注射机的开合模时间。

解： 通过公式（9-6）可计算出开合模时间为：

$$T_o = 0.013X + 3.6 = (0.013 \times 25 + 3.6)s = 3.925s$$

9.2.5 注射成型周期计算

注射成型周期由充填时间、冷却时间和开合模时间组成，可通过公式（9-7）进行计算。

$$CT = T_f + T_c + T_o \tag{9-7}$$

【例 9.5】 【例 9.1】中一模四穴塑胶件的注射成型周期为 0.68s + 15.48s + 3.925s = 20.085s。

9.3　塑胶件成本计算

9.3.1　塑胶件成本构成

通过注射加工的塑胶件成本包括以下五大部分：

1）材料成本：包括零件材料（扣除回料）、流道材料、每次生产调机报废材料和不良品等。

2）注射加工成本：包括注射机成本分摊、注射机使用成本、注射机维修成本、电费、调机成本、操作员成本（如果有）和模具维护成本等。

3）模具成本：包括模具设计成本、模具材料和加工成本等。

4）二次加工成本（如果有）：包括电镀、喷漆和丝印等。

5）包材成本。

模具成本属于固定资产投资，在计算塑胶件成本时，可以把模具成本分摊到塑胶件上；也可选择将其同固定资产投资，如研发成本、治具和设备成本等，一起分摊到每个产品上，本书选择的是后一种方法。

以上成本均不包括间接成本，如厂房建造与使用成本，以及工厂管理成本等，一般来说，这些成本可以通过转化为注射机小时费率的方式进行附加。

本书不讨论模具成本、二次加工成本和包材成本等。

9.3.2　材料成本

1. 材料成本计算

注射成本中的材料成本指生产单位塑胶件成品所耗费的原材料（即塑胶粒，见图 9-23）成本，包括零件本身使用的材料、流道使用的材料，以及材料耗损等，其计算见公式（9-8）。

$$C_{mat} = WP_{mat}(1+R_s) \div 1000$$
$$= \left(W_p + \frac{W_r}{N_c} \right)(1-r)P_{mat}(1+R_s) \div 1000 \qquad (9\text{-}8)$$

式中，C_{mat} 为塑胶件的材料成本（元）；W 为生产一个塑胶件所花费的材料总重量（g），包括塑胶件的净重与流道系统的重量；W_p 为塑胶件的净重（g）；W_r 为流道的总重量（g）；N_c 为模穴数；r 为允许使用的二次料的百分比；P_{mat} 为塑料单价（元/kg）；R_s 为塑胶件的耗损率，包括注射调机时的耗损以及因为质

图 9-23　原材料

量不良产生的损耗等。

【例9.6】　在【例9.1】中，该塑胶件净重为3.5g，流道重量为2g，四个塑胶件与流道的总重量为16g，ABS塑料的价格假设为13.8元/kg，允许使用10%的二次料，塑胶件的耗损率为0.5%。计算单个塑胶件的材料成本。

注：塑胶件和流道重量可以在三维CAD软件（如Creo）中，输入材料密度直接获得。

解：通过公式（9-8）可计算材料成本为

$$C_{mat} = \left(3.5 + \frac{2}{4}\right) \times (1 - 10\%) \times 13.8 \times (1 + 0.5\%) \div 1000\ 元 = 0.05\ 元$$

2. 塑料价格

从公式（9-8）可以看出，塑料的价格是零件材料成本的一个关键因素，但可惜的是，我们很难准确给出每一种塑料的价格。这是因为即使对于同一种塑料，不同原材料供应商的价格不一样，国产和进口的价格不一样，甚至同一原材料供应商的同一种塑料也存在着不同型号和级别（如阻燃等级和非阻燃等级等），其价格也存在差异；另外塑料的价格与用量也有关系，用量越多，越有可能获得优惠的价格。

表9-5为https://www.plasticsnews.com网站统计的2019年1月国际市场常见塑料价格，仅供参考。

表9-5　2019年1月国际市场常见塑料价格

材　　料		价　　格					
		美元/lb			元/kg		
		最低	最高	中值	最低	最高	中值
通用塑料	HDPE	0.62	0.67	0.645	9.40	10.16	9.78
	LDPE	0.74	0.8	0.77	11.22	12.13	11.67
	PS	1.03	1.11	1.07	15.61	16.82	16.22
	PS 阻燃	1.43	1.53	1.48	21.68	23.19	22.43
	PVC	0.86	0.91	0.885	13.04	13.79	13.41
	PP	0.78	0.84	0.81	11.82	12.73	12.28
	ABS	1.27	1.32	1.295	19.25	20.01	19.63
	ABS 阻燃	1.58	1.82	1.7	23.95	27.59	25.77
	PC/ABS	1.61	1.66	1.635	24.40	25.16	24.78
	ABS/PA	1.66	1.76	1.71	25.16	26.68	25.92
	PMMA	1.25	1.3	1.275	18.95	19.70	19.33
	PET	0.78	0.83	0.805	11.82	12.58	12.20

（续）

材　料		价　格					
		美元/lb			元/kg		
		最低	最高	中值	最低	最高	中值
工程塑料	POM	1.37	1.54	1.455	20.77	23.34	22.05
	POM/25% 玻璃纤维	1.6	1.75	1.675	24.25	26.53	25.39
	PA6	1.53	1.7	1.615	23.19	25.77	24.48
	PA66	1.85	2.08	1.965	28.04	31.53	29.78
	PBT	1.19	1.34	1.265	18.04	20.31	19.17
	PBT/30% 玻璃纤维	1.54	1.74	1.64	23.34	26.37	24.86
	PET	1.18	1.38	1.28	17.89	20.92	19.40
	PET/30% 玻璃纤维	1.55	1.75	1.65	23.49	26.53	25.01
	PC	1.77	2.06	1.915	26.83	31.22	29.03
	PC/20% 玻璃纤维	1.93	2.4	2.165	29.25	36.38	32.82
	PU	1.89	2.22	2.055	28.65	33.65	31.15
	PPO	1.23	1.87	1.55	18.64	28.34	23.49
	PPO 20% 玻璃纤维	1.79	2.72	2.255	27.13	41.23	34.18
	SAN	1.28	1.64	1.46	19.40	24.86	22.13
高性能塑料	PTFE	6.7	7.65	7.175	101.56	115.96	108.76
	LCP	6.1	9.8	7.95	92.46	148.54	120.50
	PAI 30% 玻璃纤维	18	26	22	272.84	394.10	333.47
	PAR	1.76	2.1	1.93	26.68	31.83	29.25
	PEEK	45	45	45	682.09	682.09	682.09
	PEI	8	8.8	8.4	121.26	133.39	127.32
	PEI 30% 玻璃纤维	6.6	7.2	6.9	100.04	109.13	104.59
	PPS 40% 玻璃纤维	5.95	7.65	6.8	90.19	115.96	103.07
	PSF	4.5	6.5	5.5	68.21	98.52	83.37
	PSF 30% 玻璃纤维	3.86	6.34	5.1	58.51	96.10	77.30

注：所有材料均是自然色、非填充，价格均为出厂价。

　　需要特别注意的是，在考虑原材料成本时，不仅仅需要考虑塑料的价格，同时还需要考虑塑料的密度。

　　例如，某零件体积为100cm³，有两种材料均符合其应用需求，一种是PC，供应商报价为30元/kg，密度为1.09g/cm³，另一种是PBT，供应商报价为25元/kg，密度为1.45g/cm³。仅仅从原材料成本角度看，应该选择哪一种材料？

　　使用PC材料的成本为100×1.09×30/1000元=3.27元，使用PBT材料的成

本为 $100 \times 1.45 \times 25/1000$ 元 $= 3.63$ 元。显然，使用 PC 材料的零件原材料成本更低，应当选择 PC 材料。

9.3.3　注射加工成本

注射加工成本计算见公式（9-9）。

$$C_i = (HR_i + HR_l N_l) \frac{CT}{3600 N_c \, \mathrm{OEE}} (1 + R_s) \tag{9-9}$$

式中，C_i 为塑胶件的注射加工成本（元）；HR_i 为注射机的小时费率（元/h）；HR_l 为工人的小时费率（元/h）；N_l 为注射机加工过程中的人工数；CT 为塑胶件的注射成型周期（s），其计算方法来自于 9.2 节；N_c 为模穴数；OEE 为注射机的设备综合稼动率，一般要求 OEE 至少为 85% 以上；R_s 为塑胶件的耗损率，包括注射调机时的耗损及因为质量不良产生的损耗等。

【例9.7】　在【例9.1】中，25t 注射机的小时费率为 26.94 元/h，需要使用 1 个工人去除流道和修剪飞边，工人的小时费率为 25.39 元。计算该塑胶件的加工成本。

解：通过公式（9-9）可计算出该塑胶件的注射加工成本为

$$C_i = (26.94 + 25.39 \times 1) \times \frac{20.085}{3600 \times 4 \times 85\%} \times (1 + 0.5\%)\text{元} = 0.09 \text{元}$$

9.3.4　塑胶件成本

塑胶件成本为塑胶的材料成本和加工成本之和，见公式（9-10）。

$$C_p = C_{mat} + C_i \tag{9-10}$$

式中，C_p 为塑胶件成本（元）；C_{mat} 为塑胶件的材料成本（元）；C_i 为塑胶件的注射加工成本（元）。

【例9.8】　计算上述例子中的塑胶件成本。

解：通过公式（9-10），可计算该塑胶件的成本为

$$C_p = (0.05 + 0.09)\text{元} = 0.14 \text{元}$$

9.4　降低塑胶件成本

降低塑胶件成本是从三个角度进行：一是从 DFA 的角度，即从整个产品结构高度，跳出零件本身，利用塑胶件的优点来简化整个产品结构；二是从 DFM 的角度，针对塑胶件本身，从影响塑胶件成本的每一个因素入手，来降低塑胶件成本；三是从 DFC 的角度，通过实施面向成本的塑胶件开发流程，通过团队合作来降低塑胶件成本。降低塑胶件成本的方法总览如图 9-24 所示。

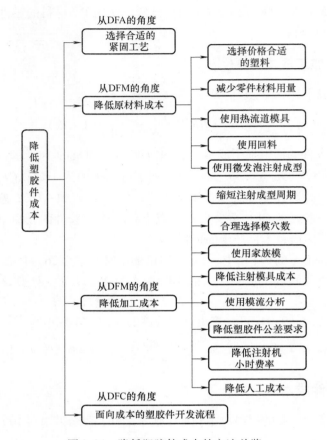

图 9-24   降低塑胶件成本的方法总览

9.4.1   选择合适的紧固工艺

适用于塑胶件的紧固工艺很多，图 9-25 为部分常见的塑胶件紧固工艺。

1. 卡扣紧固

卡扣紧固是利用塑胶材料的弹性把两个零件紧固在一起，其紧固的过程如图 9-26 所示。

卡扣紧固是塑胶件紧固工艺中最简单、最快速、成本最低以及最环保的紧固工艺，卡扣紧固时不需要使用螺丝刀、电批等辅助工具，不需要额外的设备投入，装配过程简单快速，只需一个简单的插入动作即可完成两个或多个零件的紧固。当然，卡扣紧固也有缺点：

1）连接强度不够高，不能承受较大载荷。

2）卡扣容易在冲击载荷作用下发生断裂。

3）可反复拆卸，但拆卸次数有限。

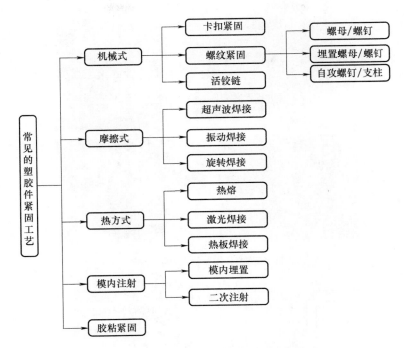

图 9-25　常见的塑胶件紧固工艺

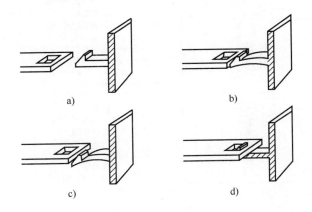

图 9-26　卡扣紧固的过程
a）紧固前的悬臂梁式卡扣与配合件　b）卡扣初始接触配合件时开始局部变形
c）卡扣达到其最大变形量　d）卡扣锁入孔中，恢复到变形前

卡扣紧固的应用实例如图 9-27 所示。

2. 螺纹紧固

螺纹紧固是指塑胶件通过机械螺钉与螺母、机械螺钉与埋置螺母，以及自攻螺钉与支柱等紧固在一起，如图 9-28 所示。

图 9-27　卡扣紧固的应用实例

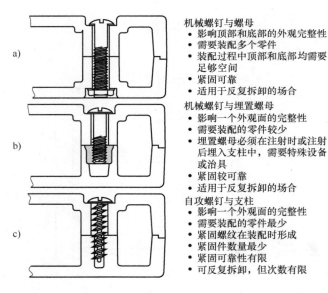

图 9-28　螺纹紧固

a）机械螺钉与螺母　b）机械螺钉与埋置螺母　c）自攻螺钉与支柱

螺纹紧固的优点是：

1）强度好，可靠性高。

2）适用面很广，适用于同种或不同种塑胶材料的零件直接紧固，以及塑胶件与其他材料的零件，如金属或印制电路板等的紧固。

3）可以多次反复拆卸（自攻螺钉与支柱的方式拆卸次数有限）。

螺纹紧固的缺点是：

需要使用额外的紧固件，不但会产生紧固件的零件成本，同时紧固件的拧紧工序效率低、时间长、装配成本高。

3. 活铰链

活铰链是塑胶件上较薄较有弹性的一部分，用于把一个塑胶件的两部分较硬实体连接为一个整体，并允许两部分实体绕着活铰链旋转一定角度甚至 180° 以上，其目的是使两部分实体可以做相对运动但同时又不分离。活铰链常常与卡扣配合，用于盒子类产品中，一个产品仅有一个零件，盒子的打开和关闭非常快捷方便，如图 9-29 所示。

活铰链具有成本较低的优点，这是因为：

1）避免了装配工序，产品成本低。传统金属铰链至少需要两个零件，并通过后续的装配工序把零件紧固在一起；而活铰链仅仅只有一个零件，不但省去了其他零件，还节省了装配成本。

2）节省了模具成本。活铰链只需要一套模具。

活铰链的不足之处是能够适用于活铰链的塑胶原料较少，最优的材料是 PP 和 PE，工程塑料例如 PC 和 ABS 等均不适合，这就决定了其所能承受的载荷较小。

活铰链的应用实例如图 9-30 所示。

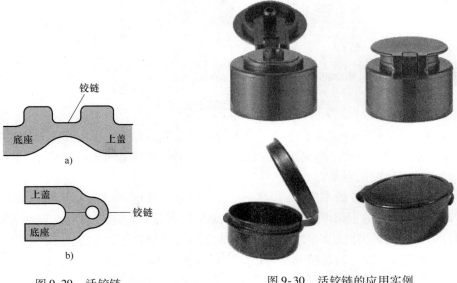

图 9-29　活铰链

a）打开　b）关闭

图 9-30　活铰链的应用实例

另外一种特殊的活铰链由两个塑胶件组成，如图 9-31 所示，在其中一个零件上设计转轴特征，在对应的零件上设计轴套。在装配时，利用塑胶的弹性把转轴压入轴套中。相对于传统的由金属转轴组成的铰链结构，这样的设计不但节省了紧固件成本，也节省了装配成本。

图 9-31　两个零件组成的活铰链

4. 超声波焊接

超声波焊接是应用较广的一种塑胶件紧固工艺。超声波焊接是利用超声波振动频率，使两个塑胶件的焊接界面接触摩擦产生热能而熔融固定在一起。超声波焊接通过焊头将接收到的振动能量传导到待焊接塑胶件的界面，在该区域，振动能量通过摩擦方式被转换成热能，将塑料熔化，振动停止后维持在塑胶件上的短暂压力使两塑胶件以分子连接方式凝固为一体，如图 9-32 所示。

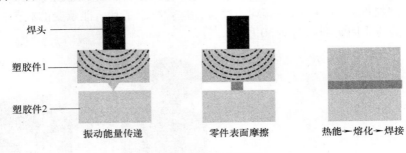

图 9-32　超声波焊接

超声波焊接是一种快捷、干净、有效的装配工艺，用于满足塑胶件的高强度装配要求，是一种广泛使用的先进装配技术，适用于多种类型的塑胶件装配。

超声波焊接的优点是：

1）焊接速度快，效率高。绝大部分超声波焊接可以在 0.1～0.5s 内完成。

2）成本低。由于超声波焊接效率高，加工成本低，同时省去胶粘剂或者机械紧固件等的费用，因此超声波焊接是一种非常经济的塑胶件装配方式。

3）强度高。超声波焊接几乎可以达到塑胶件本体强度的 80% 以上。

4）合理的塑胶件设计可以使得超声波焊接达到防水效果。

5）表面质量好，焊点美观，可以实现无缝焊接。

6）工序简洁，操作简单，可以实现自动化焊接。

7）品质稳定，产品质量稳定可靠，适宜大批量生产。

8）超声波焊接过程清洁、稳定、可靠，而且能量消耗低。

超声波焊接的缺点是：

1）材料的限制性。超声波焊接并不能够焊接所有的塑料，这是超声波焊接最大的局限性。有的塑料焊接性能好，有的塑料焊接性能差；而且超声波焊接一般仅适合于同一种或者类似塑料之间的焊接。如果两种塑胶件材料相差太大，多数时候超声波焊接无能为力。

2）不可拆卸性。超声波焊接是不可拆卸性连接，无法进行返工；一旦两个零件通过超声波焊接紧固成一体，如果发现产品出现质量问题，则无法进行返工。

3）零件大小和形状的限制。超声波焊接适用于中小型塑胶件，尺寸一般小于254mm×254mm，较大的零件可能需要多个焊接工序；而且超声波焊接一般适用于形状比较单一的塑胶件，很难焊接形状复杂的塑胶件。

4）超声波的能量很大，在焊接过程中有可能因塑胶件本身强度不够而造成损坏，同时也可能造成产品内部其他零部件损坏。

5）超声波对于人的听力有伤害，应准备好劳保用品。

超声波焊接的应用实例如图 9-33 所示。

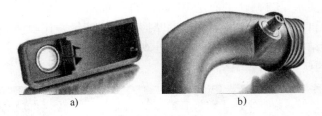

图 9-33　超声波焊接的应用实例
a）焊接透气膜到塑胶件上　b）焊接接头到管道上

5. 振动焊接

振动焊接是基于摩擦焊接的原理，两个塑胶件被压紧，其中一个塑胶件以一定的频率和振幅振动，使其相对于另一个塑胶件做往复位移，从而产生摩擦热和剪切热使得焊接面达到充分的熔融状态，在保压下冷却并固化，其连接处强度相当于本体强度，如图 9-34 所示。振动焊接后的产品剖面如图 9-35 所示。

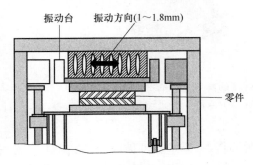

图 9-34　振动焊接

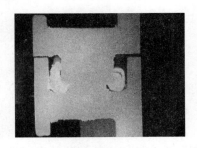

图 9-35　振动焊接后的产品剖面

振动焊接的优点是：

1）适用几乎所有的热塑性塑料。

2）可焊接不规则、形状复杂的零件。

3）可焊接大型零件。

4）焊接强度高，连接可靠。

5）能一次焊接多个零件。

6）不需要借助其他结合物质。

7）无臭味，不会造成环保问题。

8）对于受潮（需干燥处理）与添加物含量高（高达 45%）的塑料有良好的焊接效果；对于焊接表面的污染和杂质具有很高的容忍度。

9）耗电量低。

10）容易实现自动化生产。

振动焊接的缺点是：

1）熔接面要求是与振动平面呈 10°以内的平面。

2）塑胶件自身要坚固，能承受振动摩擦产生的能量，比较薄的壁容易破裂。

3）若焊接结构的设计不合理，有时外观会有溢料产生。

振动焊接的典型应用如图 9-36 所示。

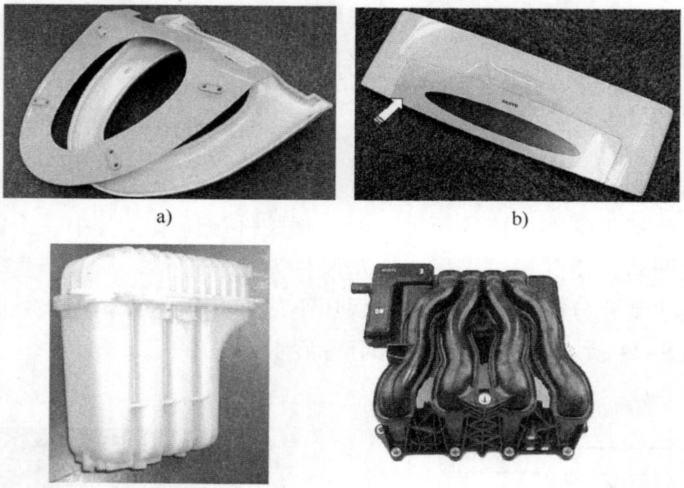

a)   b)

c)   d)

图 9-36　振动焊接的典型应用

a）马桶座圈　b）洗衣机盖　c）水箱　d）进气歧管

6. 旋转焊接

旋转焊接也是基于摩擦焊接原理。焊接时，一个塑胶件被固定在底模上，另一个塑胶件在被固定的塑胶件表面进行自转运动，并施以一定的压力，二者摩擦产生的热量使得两个塑胶件的接触面熔化并冷却凝固，如图 9-37 所示。

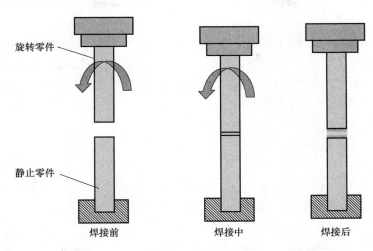

旋转零件

静止零件

焊接前　　　　　焊接中　　　　　焊接后

图 9-37　旋转焊接

旋转焊接用来紧固具有旋转对称接合表面的塑胶件，是紧固可大可小的圆柱形热塑性塑胶件最有效的工艺。旋转焊接的强度高，焊接工艺简单，重复性强。

旋转焊接的优点是：

1）可以焊接超声波焊接不能焊接的圆柱形零件。

2）焊接周期相对较短，大约为 5～7s。

3）适用于大多数的热塑性塑料。

4）是 PP 和 PE 材料最理想的焊接方式。

5）能够焊接一些相似的塑胶材料。

6）焊接强度高，能够达到气密性要求。

7）没有消耗品、烟气及其他排放物。

8）很容易进行自动化生产。

9）耗电小。

10）维护费用低。

旋转焊接的缺点是：仅适合于至少有一个部件是圆形且不需要角度对齐的应用场合。

旋转焊接的应用实例如图 9-38 所示。

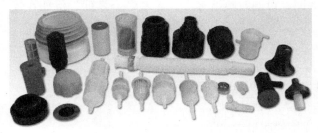

图 9-38　旋转焊接的应用实例

7. 热熔

热熔是塑胶件与塑胶件，或是塑胶件与其他零件例如金属件、印制电路板等紧固成一体的一种方法。热熔的原理是在塑胶件上设置有局部凸起称为热熔柱，在需装配的零件上设置有对应的孔，热熔柱穿过孔，通过加热使热熔柱熔化再成型，从而将另一个零件紧固，如图 9-39 所示。

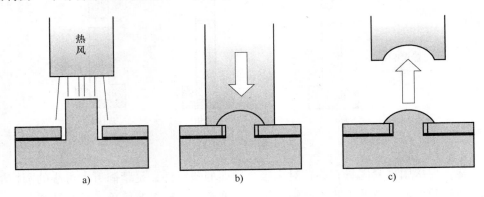

图 9-39   热熔

a) 热风加热热熔柱   b) 冷焊头对热熔柱施压成型   c) 冷焊头离开

热熔的优点是：

1) 结构简单，仅仅利用塑料自身特性即可实现装配。

2) 不需要添加任何粘接剂、溶剂、填料，不需要额外的紧固件。

3) 适用于塑胶件与其他不同材质之间的固定与装配。

4) 通过使塑料加热软化的方式避免应力的产生。

5) 大多数的热塑性塑料，包括 PC、ABS、PPO、PBT，以及玻璃纤维增强塑料，如 PA66 + 30% 玻璃纤维均可热熔。超声波热熔不能热熔玻璃纤维增强塑料。

6) 玻璃纤维增强塑料热熔时不会发生脆化。

7) 由于是局部加热，不会对产品中的其他电子元器件造成损坏。

8) 适用于长期振动工作环境下零部件的固定与装配。

9) 生产效率高，可同时热熔多个点或者多个零件，例如在通信行业最多可一次性热熔 200 个点，适合大批量、低成本生产。

10) 热熔加工过程无振动、无污染、无噪声，环保、节能、快速、高效。

热熔的缺点是：连接的强度相对较低。

热熔的应用实例如图 9-40 所示。

8. 激光焊接

激光焊接的详细说明请参考第 5 章。

激光焊接在塑胶件上的应用实例如图 9-41 所示。

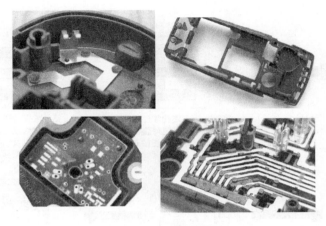

图 9-40　热熔的应用实例

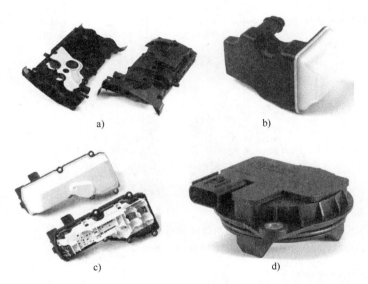

图 9-41　激光焊接的应用实例
a）电子产品外壳　b）液体存储器外壳　c）控制器外壳　d）传感器外壳

9. 热板焊接

热板焊接是指由热板产生热量对两个塑胶件进行加热，使其达到熔化状态，再施加一定的压力使得两个塑胶件融合为一体。热板焊接的具体步骤如图 9-42 所示，塑胶件热板焊接前后对比如图 9-43 所示。

热板焊接的优点是：

1）焊接强度高。

2）适用于大多数的热塑性塑料。

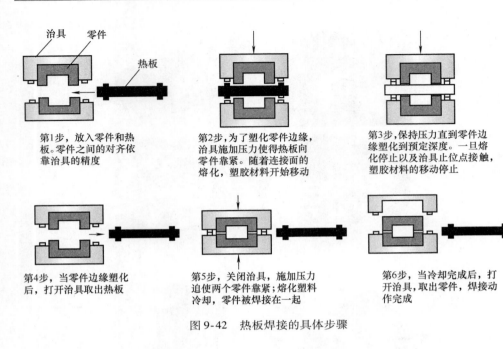

第1步,放入零件和热板。零件之间的对齐依靠治具的精度

第2步,为了塑化零件边缘,治具施加压力使得热板向零件靠紧。随着连接面的熔化,塑胶材料开始移动

第3步,保持压力直到零件边缘塑化到预定深度。一旦熔化停止以及治具止位点接触,塑胶材料的移动停止

第4步,当零件边缘塑化后,打开治具取出热板

第5步,关闭治具,施加压力迫使两个零件靠紧;熔化塑料冷却,零件被焊接在一起

第6步,当冷却完成后,打开治具,取出零件,焊接动作完成

图9-42　热板焊接的具体步骤

图9-43　塑胶件热板焊接前后对比
a)焊接前 b)焊接后

3)可以达到气密的要求,可靠性好。

4)几乎适用于所有或大或小的塑胶件。

5)可以焊接形状复杂的塑胶件。

热板焊接的缺点是:

1)由热板产生的热量使塑胶件软化,生产周期较长。小的塑胶件约需要十几秒,而大的塑胶件甚至需要几分钟。

2)在焊接区域容易产生飞边。

3)耗电量大。

4)塑料残质易附着在热板上。

5)当不同种类的塑胶材料互相焊接时,会出现强度不足。

热板焊接的应用实例包括车灯、汽车水箱、洗衣机出水栓、汽车车门、仪表台、风道、塑料水箱、油壶、灯具、容器、蓄电池、蒸汽熨斗、车尾灯、进气歧管、碳罐、仪表盘、洗衣机平衡器、座椅头枕、扶手面板和安全气囊等。热板焊接的应用实例如图9-44所示。

图9-44　热板焊接的应用实例

10. 模内注射

模内注射是指预先将非塑胶件，包括金属、木质、皮料和塑料薄膜等放置于注射模具型腔内，待注射机合模后与注射件一体成型，成为不会分离的整体。

模内注射可以把塑胶件和非塑胶件有机地结合在一起，而不需占用多余的空间。其缺点是将非塑胶件放置于模具中需要花费一定的时间，造成注射成型周期加长，零件加工成本增加；同时注射模具的结构较复杂，成本较高。

模内注射的应用实例如图9-45所示。

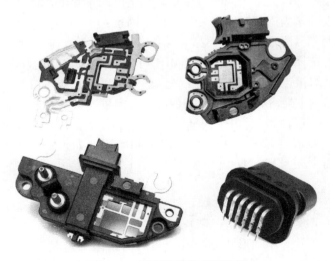

图9-45　模内注射的应用实例

11. 胶粘紧固

胶粘紧固的详细说明请参考第 5 章。

胶粘紧固的过程和应用实例如图 9-46 所示。

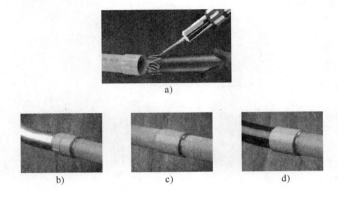

图 9-46　胶粘紧固的过程与应用实例

a）胶粘紧固　b）胶粘紧固用于 PE 与金属

c）胶粘紧固用于 PE 与 PE　d）胶粘紧固用于 PE 与玻璃纤维

12. 选择装配成本较低的紧固工艺

塑胶件的紧固工艺众多，每一种都有优点和缺点，每一种对塑胶材料和零件设计等都有完全不同的要求，同时每一种的装配成本都有差异。因此，在产品设计之初，就必须选定塑胶件的紧固工艺。当然，从产品成本的角度来说，在满足应用需求的前提下，应尽量选择装配成本较低的紧固工艺。选择趋势是放弃传统的螺纹紧固工艺，而使用零部件数量少同时可以自动化生产的紧固工艺，如卡扣紧固等。

在选择塑胶件紧固工艺时，需要考虑以下因素：

（1）塑胶材料　塑胶材料的类型和等级，以及是否有添加剂和改性剂等都会影响紧固工艺的选择，有些材料仅仅适用于特定的紧固工艺。例如 TPR/TPE 材料不适用于超声波焊接，建议使用其他工艺。热紧固工艺，如热熔，要求两种塑胶材料能够在化学结构上兼容，同时具有相似的熔化温度和玻璃态转移温度。另外，对于 PC、PPO 和 ABS 等材料，由于其延展性较好，适合使用卡扣紧固；而对于 PBT 和 PET 等材料，延展性较差，不适合使用卡扣紧固，如果一定要使用卡扣紧固，则卡扣的长度需要足够长，防止在装配时超过材料所能承受的最大应力而发生断裂。

添加剂或改性剂也会影响某些焊接性能，例如普通 PC 材料非常适用于超声波焊接，但是添加了改性剂（如阻燃剂）的 PC 就很难焊接。

（2）零件的尺寸大小和形状复杂度　不同的紧固工艺对零件的尺寸大小和形状复杂度有不同的要求。例如超声波焊接的一个缺陷是焊头的尺寸：频率越低（15kHz），焊头越大（最大大约能做到 254mm×254mm）；频率越高（40 kHz），焊头越小（最小大约能做到 63.5mm×63.5mm）。如果塑胶件尺寸不在上述尺寸范围内，那么就不得不考虑多次的超声波焊接工序或者使用其他紧固工艺。激光焊接对零件尺寸没有限制，从几毫米的零件，如传感器到几百毫米的零件，如汽车门支柱和进气管均可焊接。

对于零件的尺寸大小和形状复杂度，可参考下面的标准：

1）小件多采用超声波焊接，效率高，也能保证焊接质量。

2）圆柱形塑胶件多采用旋转焊接，效率高、节能、环保、废品少、质量可靠。

3）方形和不规则形状的塑胶件，既可采用热板焊接也可采用振动焊接，为了节能高效，应尽量采用振动焊接。

4）不规则形状的大件，无法选用振动焊接时，可采用热板焊接，焊接质量较好，但效率较低。

（3）产品的应用需求　产品的密封性要求、外观要求，以及拆卸和维修等要求也对紧固工艺选择有影响。例如，如果产品有气密甚至水密的要求，可以考虑超声波焊接；如果产品需要拆卸，则可考虑卡扣紧固和螺纹紧固；产品拆卸次数有限，可以考虑卡扣紧固；如果产品需要多次反复拆洗，则需要考虑螺纹紧固；超声波焊接是不可拆卸式焊接，不适用于需要拆卸的场合。

（4）装配成本　装配成本是非常重要的考虑因素。一些紧固工艺，例如超声波焊接、旋转焊接和激光焊接可以在几秒钟之内完成装配，而热板焊接一般需要40~50s。周期越长，加工成本就越高。另外，不同的紧固工艺要求不同的设备，例如超声波焊接需要使用超声波焊接机器，并制作与塑胶件结构吻合的焊头，这些都是固定资产投资，需要耗费一定的成本；而卡扣紧固，则不需额外的固定资产投资。最后，在进行成本考虑时，还需要考虑每一种紧固工艺的不良率、设备维护成本、消耗品成本，以及能源成本，例如水、电和气等。在满足塑胶材料、塑胶件尺寸大小以及产品应用需求等的前提下，可能会存在多种候选紧固工艺，此时需要进行具体的装配成本计算，以选择成本最低的紧固工艺。

9.4.2　降低原材料成本

1. 使用价格合适的塑料

在满足产品功能、外观和可靠性等前提下，选择原材料价格较低的塑胶材料有助于降低产品成本。但是，由于塑胶材料众多，原材料厂商众多，而且厂商对于不同的用量需求采用不同的价格体系，因此很难对某一种类型的塑胶材料价格进行准确的定义。不过，一般来说，塑胶的性能越高，其价格就越高。

塑胶件所耗费的原材料成本是零件重量与材料价格之积，而零件重量是零件体积与原材料密度之积。也即是说，原材料成本不但与原材料价格有关，还与原材料密度有关。在选择原材料时，不仅仅要考虑原材料价格，还需要考虑原材料密度。

2. 减少零件材料用量

（1）合适的零件壁厚　由于塑胶材料的特性和注射工艺的特殊性，塑胶件壁厚必须在一个合适的范围内，不能太薄，也不能太厚。壁厚太薄，零件注射时流动阻力大，塑胶熔料很难充满整个型腔，注射时不得不通过性能更高的注射设备来获得更高的充填速度和注射压力。壁厚太厚，零件冷却时间增加（零件壁厚增加一倍，冷却时间增加四倍），注射成型周期增加，零件生产效率低；同时过厚的壁厚很容易造成零件产生缩水、气孔、翘曲等质量问题。

不同的塑胶材料对塑胶件的合适壁厚有不同的要求，甚至不同塑胶材料生产商生产的同一种塑胶材料也可能存在不同合适壁厚要求，常用塑胶材料的合适零件壁厚范围见表9-6，当塑胶件壁厚值接近表中合适壁厚值的上下限时，产品设计工程师应当向塑胶材料生产商征求意见。

表9-6　常用塑胶材料的合适零件壁厚范围　　　　　　　　（单位：mm）

	PE	PP	Nylon	PS	AS	PMMA	PVC	PC	ABS	POM
最小	0.9	0.6	0.6	1.0	1.0	1.5	1.5	1.5	1.5	1.5
最大	4.0	3.5	3.0	4.0	4.0	5.0	5.0	5.0	4.5	5.0

（2）尽量减小零件壁厚　决定塑胶件壁厚的关键因素包括：

1）零件的结构强度是否足够。一般来说，壁厚越厚，零件强度越高；但零件壁厚超过一定范围时，由于缩水和气孔等质量问题的产生，零件强度反而会降低。

2）零件成型时能否抵抗脱模力。零件太薄，容易因顶出而变形。

3）能否抵抗装配时的紧固力。

4）有金属埋入件时，埋入件周围强度是否足够。一般金属埋入件与周围塑胶材料收缩不均匀，容易产生应力集中，强度低。

5）零件能否均匀分散所承受的冲击力。

6）孔的强度是否足够，孔的强度容易受熔接痕影响而降低。

在满足以上要求，而且注射成型不会产生质量问题的前提下，塑胶件零件壁厚应尽量做到最小，因为较厚的零件壁厚不但增加材料成本、增加零件重量，同时在成型时会延长零件成型的周期，从而增加生产成本。

（3）通过添加加强筋而不是增加壁厚来提高零件强度　零件设计时可以通过增加壁厚的方法来提高零件强度，但这往往是不合理的，增加零件壁厚不仅会增加塑胶件重量，而且容易使零件产生缩水、气泡等缺陷，同时增加注射生产时间，降低生产效率。为提高零件的强度，正确的方法是添加加强筋，而不是增加零件壁厚。添加加强筋既能提高零件强度，又可以避免零件发生缩水、气泡等缺陷以及生产效率较低等问题。当然，加强筋设计时相关尺寸必须遵循加强筋的设计原则，过厚的加强筋也会造成零件缩水、气泡等缺陷的产生。

两种零件强度增加 2 倍的方法，如图 9-47 所示。一种方法是增加壁厚，另一种方法是保持壁厚不变、添加加强筋。为达到零件强度增加 2 倍的目的，增加零件壁厚的方法需要增加 25% 的零件体积，而通过添加加强筋的方法仅仅需要增加 7% 的零件体积，塑胶原材料使用少，成本低。同时，相对于增加零件壁厚的方法，添加加强筋的方法冷却时间短，注射成型周期短，加工成本也低。

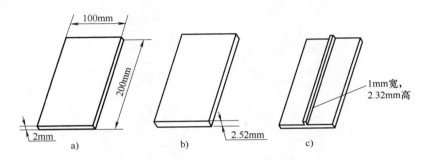

图 9-47　零件强度增加 2 倍的方法对比

a) 零件尺寸　b) 增加壁厚　c) 添加加强筋

如图 9-48 所示，汽车手刹支架上布置了很多加强筋，以提高零件机械强度，使得在制动时手刹能够承受更大的作用力。

如图 9-49 所示，当使用塑胶 PA66 代替铝合金时，在支架上布置了大量的加强筋以提高零件强度。

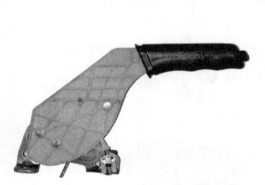

图 9-48　汽车手刹支架上的加强筋布置

图 9-49　当支架使用塑胶 PA66 代替铝合金时的加强筋布置

（4）过厚的地方去除材料　塑胶件过厚的地方需要使用掏空的设计去除材料，如图 9-50 所示。一方面是减少材料的使用，减少原材料成本；另一方面是壁厚过厚会增加冷却时间，增加注射成型周期，增加加工成本。掏空的设计会缩短成型周期，降低加工成本。

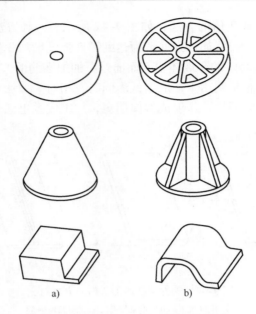

图 9-50　过厚的地方使用掏空的设计

a）原始的设计　b）改进的设计

3. 使用热流道模具

使用热流道模具可以减少和节省流道重量，如图 9-51 所示。热流道可分为局部热流道或全部热流道，局部热流道可节省部分热流道原料，全部热流道可节省全部热流道原料，没有废料。热流道技术是降低塑胶原材料费用的有效途径之一。

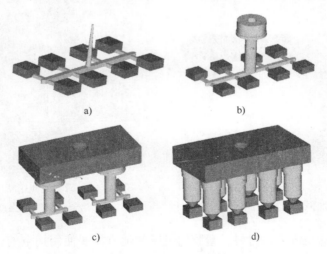

图 9-51　使用热流道模具节省塑胶原料

a）传统的冷流道　b）热流道喷嘴代替主流道　c）热流道板加两个热喷嘴

d）每腔均用热喷嘴，去除了冷流道，无流道凝料

用热流道喷嘴代替主流道，可以省去主流道凝料，减少流道废料约40%，缩短成型周期10%。热流道板加两个热喷嘴，可以缩小主流道体积，减少流道凝料60%～70%。每腔均用热喷嘴，去除了冷流道，无流道凝料。

4. 使用回料

在不影响塑胶件强度、性能、外观和可靠性等的前提下，使用回料可以降低塑胶件材料成本。

（1）回料的再生利用　在注射成型过程中，可能会产生不是成品的部分，例如浇口和流道、调机品和不良品等，利用热塑性塑料温度升高时熔化、温度降低时固化的特性，可将这部分材料经过粉碎或再挤出与新料按照一定比例重新进行注射成型，以节省原材料的使用，达到降低零件成本的目的，同时也是一种对环境友好的行为。这部分可重复使用的材料称为回料。

根据回料的再利用过程，回料可分为粉碎料和再生料两种，如图9-52所示。粉碎料是将浇口和流道、调机品和不良品等经物理粉碎而形成的材料；而再生料是将粉碎料再次挤出而制成的颗粒。再生料的形状虽然不比新料逊色，但是它的受热过程比粉碎料要多（经过再加工），相应的，其相对分子质量的下降和填充材料的后续断裂风险也相应增加。

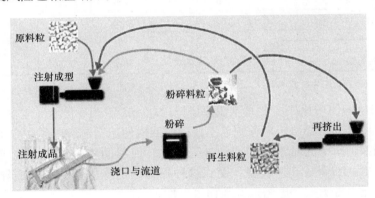

图9-52　回料的再利用过程

回料按使用次数和被污染程度不同，可以分为以下几个级别：

一级料：指塑料原材料经过一次注射成型后的回收料，且不得被油污、灰尘、金属切屑等杂质污染。

二级料：指经过二次、三次注射后所得的回收料，以及被油污、灰尘等杂质（不包括金属切屑）轻微污染的回收料。

杂色料：指性质相同、颜色不同的二次料混合在一起形成的回收料。

机头料：包括注射机更换材料时用来清洗注射机炮筒的材料，在注射机炮筒停留时间过长的过烧材料，注射之前的冷料等，是注射机机头对空排出的无用材料，一般为块状。机头料数量较少，品质最差，不允许再回收使用。

（2）回料对外观和性能的影响　回料会降低零件外观的质量。如果在注射过程中因为温度过高发生降解，回料颜色会发生变化，同时在回收过程中容易接触杂质，因此用回料生产的零件外观质量较差，其颜色、光泽、透明度较低，光泽度比较差。回料的比例越大，零件的外观质量越差。一般来说，对外观要求比较高的重要零件应尽量避免使用回料。

回料对零件的力学性能也会有影响，其冲击强度、抗拉强度、抗压强度、抗弯强度和抗剪强度等，以及耐老化性能随着回料含量的增加而降低。这是由于回料至少已经通过了一次注射成型机的机筒，经历过"加热-熔融"工序，与新料相比，有可能因加热已使树脂相对分子质量降低或添加剂减少；而且，螺杆的转动给注射机筒内树脂施加了很大的外力，使得固体填充材料因折断或残缺而变小，特别是玻璃纤维和碳纤维等纤维状填充料一折就断。表9-7显示了某品牌玻璃纤维增强PBT材料的某些力学性能随着再生次数逐步降低。

表9-7　100％回料的力学性能与再生次数的关系

品　　级	某品牌玻璃纤维增强 PBT 材料					
再生次数	0	1	2	3	4	5
抗拉强度保持率（％）	100	86	81	75	70	68
弯曲弹性保持率（％）	100	94	86	85	81	79
带缺口 Izod 冲击强度保持率（％）	100	92	91	88	86	84
玻璃纤维长度[①]/mm	0.38	0.30	0.29	0.27	0.23	0.21

① 在新料内平均长度为 0.52mm。

（3）回料的使用原则　尽管使用回料可减少浪费、降低零件成本并且环保，但是回料使用必须遵循一定的原则，不正确的回料使用会造成产品在应用过程中发生失效。例如，对于起着绝缘功能的外壳零件，回料的不当使用会造成其强度降低，严重时更会断裂或产生裂缝。受到这种损害的绝缘零件，会造成导体暴露在外，进而可能引发火灾、电击或其他伤害事件。

回料的使用原则包括：

1）热固性塑料、热塑性弹性聚合物不可使用回料。

2）热塑性塑料的回料比例最多不超过25％，一般在15％以下。

3）添加回料的塑胶件必须通过一系列与产品应用相关的验证测试，如强度测试、阻抗测试及环境测试等后，才允许使用。

4）回料不包括经过化学再制造或化学再聚合的材料。

5）不同品牌、不同材料、不同防火等级、不同颜色的回料不可混用。

6）运动件、需电镀的、高强度的、韧性的、透明的、阻燃的零部件不得使用回料。

7）产品的外观件和承受载荷的功能零件只能使用一级料，二级料只适用于对外观要求不高的零件，杂色料只能用于对外观颜色无具体要求的非外观件。

8）回料在使用时，不得混进产生质变（如烧焦、分解变质）的塑料和非原材料成分的其他杂质（如油污、尘土、金属切屑等）。

5. 使用微发泡注射成型

微发泡注射成型能够在保证产品结构强度不发生很大变化的前提下，通过壁厚的优化设计及密度的降低，可将其重量减少 $11\% \sim 20\%$。具体请参考 6.5 节。

9.4.3　降低加工成本

1. 缩短注射成型周期

缩短零件注射成型周期有两个方面的价值：

1）降低零件成本。从公式（9-9）可以看出，零件成本的重要组成部分之一是加工成本，而加工成本的关键决定因素是注射成型周期，成型周期越短，加工成本就越低，零件成本就越低。

【例 9.9】　在【例 9.7】中，如果因为模具冷却系统设计不合理，零件的实际成型周期是 30s，则零件加工成本为 0.13 元。通过优化模具冷却系统，把实际成型周期缩短到理论的最短成型周期 20.085s，则加工成本降低到 0.09 元。

$$C_i = (26.94 + 25.39 \times 1) \times \frac{30}{3600 \times 4 \times 85\%} \times (1 + 0.5\%) 元 = 0.13 元$$

2）提高零件生产效率，从而提高产能和降低固定资产投资。注射成型周期缩短，零件生产效率提高，产能提高。在【例 9.9】中，成型周期分别为 30s 和 20.085s 时零件每小时、每天、每月、每年的产能见表 9-8。假设产品年需求量为 300 万个。30s 的注射成型周期需要 1.5 台注射机台同时生产才能满足需求；成型周期缩短为 20.085s 后，产能提高，仅需 1 台注射机台即可满足需求，可帮助企业减少注射机台和注射模具的固定资产投资。

表 9-8　成型周期与产能

成型周期	模具产能/个			
	每小时	每天	每月	每年
30s	408	8160	173400	2080800
20.085s	616	12329	261999	3143994

注：该生产采用一模四穴，设备综合稼动率为 85%。

（1）缩短冷却时间

1）冷却理论。

根据实验，高温熔融塑料产生的热量大致分两部分散发，一部分约有 5% 经辐射、对流传递到大气中；其余 95% 从熔融塑料传导到模具，其传导路线如图 9-53 所示，热量由模腔中的塑料通过热传导经模具传至冷却水路，再通过热对流被冷却液带走。少数未被冷却液带走的热量则继续在模具中传导，至接触外界后散逸于空气中。

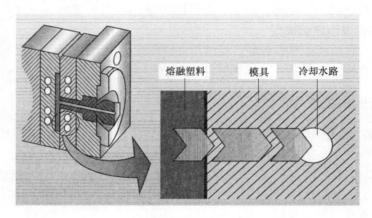

图9-53　热量传导路线

影响零件冷却速率的因素有：

① 零件壁厚。零件壁厚越大，冷却时间越长。一般而言，冷却时间约与零件壁厚的平方成正比，或是与最大流道直径的1.6次方成正比。

② 模具材料及其冷却方式。模具材料，包括模具型芯、型腔材料及模架材料对冷却速度的影响很大。模具材料热导率越高，单位时间内将热量从熔融塑料传递出的效果越佳，冷却时间也越短。常见模具材料的热导率见表9-9，在这些材料中，碳和铬元素含量越高，导热性越差。普通模具钢的热导率小，导热效果差，而且热稳定性不好；不锈钢的热导率最差，只有钢的1/2左右，可被视作绝热材料；铜铝锌合金的热导率为普通钢的2倍以上，但其材料成本、加工成本更高。因此，在保证模具刚度和强度的前提下，可在适当部位选择热导率较大的材料，以提高冷却效率，缩短冷却时间。

表9-9　常见模具材料的热导率

模 具 材 料	热导率/[W/(m·K)]
纯铜	386
纯铝	221
硬铝（94%～96% Al，3.5% Cu，0.5% Mg）	164
铸铝（87% Al，13% Cu）	164
铍青铜20℃	121
铍青铜275℃	109
锌合金（ZAS 4% Al，3% Cu）	109
铝青铜	81

（续）

模 具 材 料	热导率/[W/(m·K)]
铬钢（1% Cr）	60
碳素钢（S50C，0.5% C）	53
铸铁（4% C）	52
碳素铜（1% C）	43
碳素铜（1.5% C）	36
SKD 61	34
不锈钢（12% Cr）	26
不锈钢（SUS304）	16

③ 塑料的热扩散系数。塑料的热扩散系数是对熔融塑料将热量从热的地方向冷的地方进行传导的速度的量度。塑料热扩散系数越高，温度越容易发生变化，因此热量越容易散逸，热传导效果越佳，所需冷却时间越短。

④ 冷却水路配置方式。冷却水路越靠近模腔，管径越大，数目越多，冷却效果越佳，冷却时间越短。

⑤ 冷却液流量。冷却液流量越大（一般以达到紊流为佳），冷却水以热对流方式带走热量的效果也越好。

⑥ 冷却液的性质。冷却液的黏度及热导率也会影响模具的热传导效果。冷却液黏度越低，热导率越高，温度越低，冷却效果越佳。

⑦ 加工参数设定。熔料温度越高，模具温度越高，零件冷却到顶出温度所需要的时间就越长，因此，提高冷却效率必须合理设定熔料温度和模具温度。另外，模具温度高于 90℃ 时需要使用油作为加热介质，而油作为冷却介质传热效率却小于水。提高模具温度有助于降低零件内应力、减小变形和提高零件表面质量等，但是不能因此而不考虑冷却效率。

2）减小零件最大壁厚。

零件的冷却时间与零件的最大壁厚的平方成正比，降低零件最大壁厚，零件冷却时间缩短，产品成型周期缩短，加工成本降低。

如图 9-47 所示，两种可以把零件强度增加 2 倍的方法，第一种方法是将零件厚度提高到 2.52mm，第二种是添加加强筋，加强筋厚度为 1mm，最大壁厚为 2mm。通过公式（9-3）可以简单计算出二者的冷却时间对比，见表 9-10，添加加强筋的方法比增加壁厚的方法会缩短 33% 的冷却时间。

表 9-10　强度增加 2 倍的两种方法冷却时间对比

	增加壁厚	添加加强筋
最大壁厚	2.52mm	2mm
冷却时间	15s	10s

在零件最大壁厚的地方去除材料，使得零件壁厚均匀，零件各个部位同时冷却，可缩短产品成型周期。

如图 9-54 所示，原始的设计中壁厚不均匀，在改进的设计中，将壁厚的地方去除材料，使得壁厚均匀，二者的冷却时间对比见表 9-11，壁厚均匀会缩短 40% 的冷却时间。

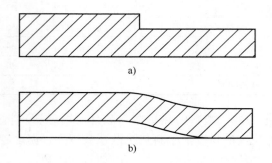

图 9-54　壁厚最大的地方去除材料

a）原始的设计　b）改进的设计

表 9-11　壁厚均匀与不均匀情形下的冷却时间对比

	壁厚不均匀	壁厚均匀
最大壁厚	2mm	1.5mm
冷却时间	10s	6s

3）使用热流道或减小流道尺寸。

零件冷却时间不仅与零件最大壁厚的平方成正比，还需要考虑到流道最大壁厚。如果流道最大壁厚太厚，零件冷却后不得不等到流道冷却后才能顶出，冷却时间增加，成型周期加长。因此，缩短冷却时间也需要考虑到流道。这主要通过以下几个方面来实现：

① 使用热流道代替冷流道。对于冷流道模具，壁厚最厚处一般处于流道上，如图 9-55 所示，这意味着零件已经冷却完毕，却不得不等到流道冷却完毕之后才能开模顶出。对于热流道模具来说，由于没有流道，不必等待流道冷却，零件冷却成型后即可马上顶出，可缩短注射成型周期，如图 9-56 所示。

② 使用六角菱形流道代替圆柱形流道，如图 9-57 所示。流道的最大厚度由 ϕ5mm 减小到 ϕ3mm，同时六角菱形流道散热面积大，散热效果好，可降低冷却时间。

③ 对于 30t（含 30t）以下的两板模不用灌嘴，灌嘴直接加工在模仁上，模仁用 M6 以上螺钉，如图 9-58 所示，这样可以有效较低主流道长度和厚度，缩短冷却时间。

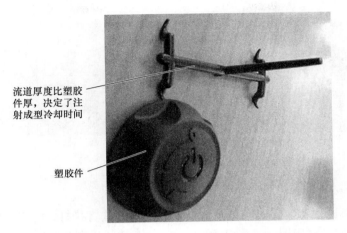

流道厚度比塑胶件厚，决定了注射成型冷却时间

塑胶件

图 9-55　冷流道厚度决定注射成型周期

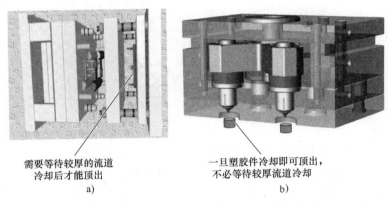

需要等待较厚的流道冷却后才能顶出
a)

一旦塑胶件冷却即可顶出，不必等待较厚流道冷却
b)

图 9-56　热流道可缩短成型周期

a) 冷流道　b) 热流道

圆柱形流道

六角菱形流道

a)

b)

图 9-57　六角菱形流道代替圆柱形流道

a) 原始的设计　b) 改进的设计

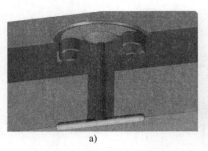

a)　　　　　　　　　　　　b)

图 9-58　改善主流道

a）原始的设计　b）改进的设计

④ 避免料头过大，冷却时间过长。当点浇口不是直接打在零件上时，采用30°标准设计，而不是60°时，如图 9-59 所示，可有效减小料头厚度，缩短冷却时间。

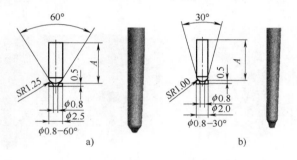

a)　　　　　　　　　　　　b)

图 9-59　改善点浇口

a）原始的设计　b）改进的设计

4）合理的冷却系统设计。

合理的注射模具冷却系统设计不但可以缩短成型周期，降低零件加工成本，还可以减小零件变形、减小内应力以及降低表面粗糙度等。注射模具冷却系统设计三大原则是：

① 快速冷却。快速冷却使得熔融塑料的热量能通过冷却系统快速带走，缩短零件冷却时间，缩短成型周期。

② 均匀冷却。均匀冷却可减小零件变形，同时因为零件各部位同时冷却，可避免某些局部区域冷却时间过长，缩短成型周期。冷却水路的布局应当靠近热量聚集处，远离热量较小处，以保证均匀冷却。

③ 加工简单。在满足快速冷却和均匀冷却的前提下，冷却系统的加工应当简单，从而降低加工成本。在很多场合，为了满足快速冷却和均匀冷却的原则，模具的冷却系统可能会设计得比较复杂，加工复杂，模具加工成本就高；但是，如果这能够大幅缩短零件冷却时间和成型周期，从而降低零件加工成本，复杂的冷却系统设计往往是有必要的。

合理的冷却系数设计包括：

① 冷却水路尽可能多、孔径尽量大。在满足冷却所需的传热面积和模具结构允许的前提下，冷却水路数量应尽量多，冷却水路孔径要尽量大。如图 9-60 所示，优化的设计的冷却效果明显优于原始的设计。

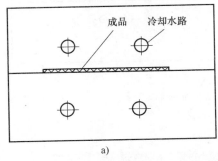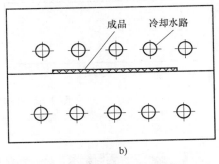

图 9-60　冷却水路尽可能多、孔径尽量大

a）原始的设计　b）改进的设计

② 水路布局吻合型腔轮廓。当塑胶件厚度基本均匀时，冷却水路离塑胶件表面距离最好相等，分布与型腔轮廓吻合，如图 9-61 所示。

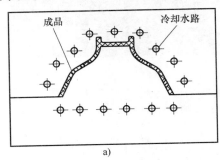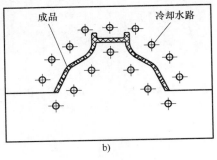

图 9-61　冷却水路布局吻合型腔轮廓

a）原始的设计　b）改进的设计

③ 壁厚处应加强冷却。塑胶件壁厚的地方应当加强冷却，以避免壁厚处最后冷却而造成冷却时间的增加，如图 9-62 所示。

④ 热量聚集处应加强冷却。对于腔体形零件，热量常常聚集在角落处，如图 9-63a 所示；这不但会造成冷却时间增加，还会造成零件发生翘曲变形。冷却水路的布局应靠近角落热量聚集处，如图 9-63b 所示，从而改善冷却效果。

⑤ 流道浇口处应加强冷却。模具主流道部位与注射机喷嘴接触，是模具上温度最高的部位；同时主流道一般厚度较厚，冷却较慢，因此流道浇口附近应加强冷却，冷却液应从浇口附近开始向其他地方流动，即从模具温度高的区域流向模具温度低的区域流动，如图 9-64 所示。

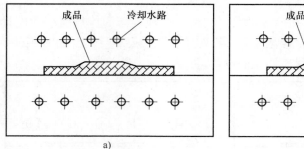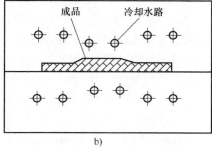

图 9-62　壁厚处应加强冷却

a）原始的设计　b）改进的设计

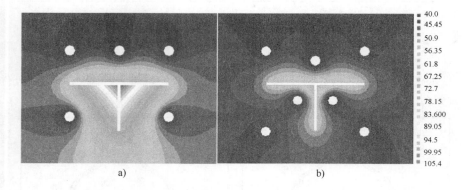

图 9-63　热量聚集处应加强冷却

a）原始的设计　b）改进的设计

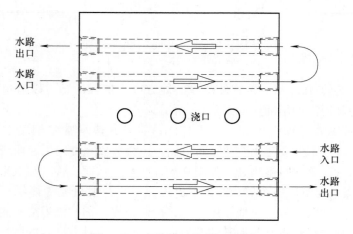

图 9-64　流道浇口处应加强冷却

对于母模顶出结构的模具，由于流道比较长而大，流道的冷却时间大幅增加。在设计时，可考虑将主流道改为六角菱形，浇口套采用铍铜并且表面加工沟纹以加大散热面积，缩短冷却时间，如图 9-65 所示。

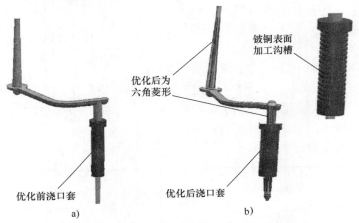

图 9-65　母模顶出结构模具的流道设计

a）原始的设计　b）改进的设计

对于热流道模具，在注射成型时，热流道板要加热，温度更高，需要将喷嘴头部的温度迅速降低到与型腔温度相当，可以对喷嘴进行冷却或者采用热传导方式使喷嘴头部降温。

图 9-66 所示为喷嘴在浇口区常见的冷却方式。

图 9-66a 所示是在模板上直接钻冷却液孔；图 9-66b 所示是在浇口处设置可替换的嵌件，此嵌件能提供较好的冷却，在浇口磨损时也能替换；图 9-66c 所示是喷嘴头部采用了导热性好的铜嵌件，冷却效果更好。

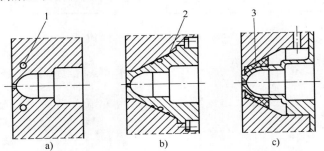

图 9-66　浇口常见冷却方式

a）直接冷却　b）嵌件冷却　c）铜嵌件冷却

1—冷却水路　2—普通嵌件　3—铜嵌件

⑥ 公母模应分别冷却。公母模应分别冷却，保证冷却均匀和平衡，如图 9-67 所示。

⑦ 局部采用导热性好的铍铜。对于细长的入子，在无法排布冷却水路的情况下，可以用导热性能比较好的铍铜材料。入子大头端与冷却液连接，热量通过铍铜接触冷却液而达到冷却效果，这是一种间接冷却的情形，如图 9-68 所示。

对于较深的肋条、深腔类零件的模仁可由原来的单一材料改为上、下两层镶拼式，如图 9-69 所示，上层用硬度更好的模具钢材，下层采用导热效果更好的铍铜，可提高冷却效率，缩短成型周期。

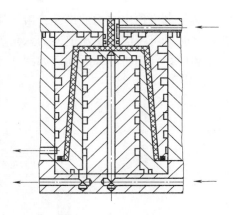

图 9-67　公母模应分别冷却

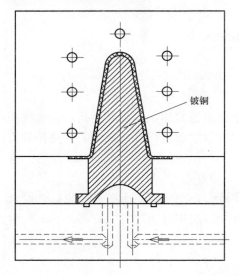

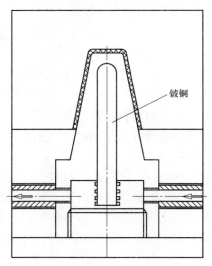

图 9-68　局部采用导热性好的铍铜

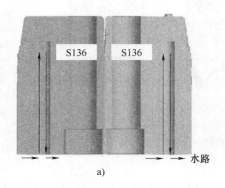

a)

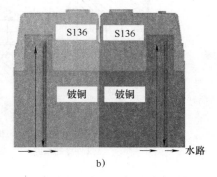

b)

图 9-69　改善模仁

a）原始的设计　b）优化的设计

⑧ 使用冷却棒。冷却棒又名导热管，如图 9-70 所示，是内部充满制冷液的密闭圆柱体，制冷液从模具吸热而蒸发，然后将热释放给冷却液而再凝结。冷却棒适合于细长型芯和普通冷却液无法到达的狭窄位置，它有很好的热传递性能，可以将一端的热量迅速传递到另一端。安装冷却棒后接通冷却液，就实现了热转换过程，这个转换过程不仅仅是通过金属传递热量，还利用铜管内的制冷液作为热交换媒介，热传导效率是铜的 200 倍左右。

图 9-70　使用冷却棒

⑨ 随形冷却。注射模具的冷却系统可分为两种，一种是传统的冷却方式，一种是随形冷却方式，两种冷却方式的结构剖面如图 9-71 所示，三维结构如图 9-72 所示。

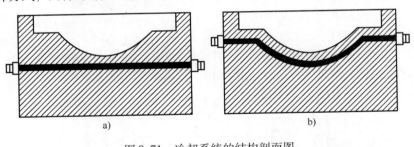

图 9-71　冷却系统的结构剖面图
a）传统水路　b）随形水路

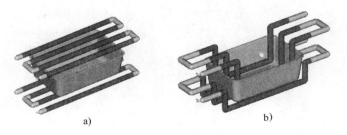

图 9-72　冷却系统的三维结构
a）传统水路　b）随形水路

在传统的冷却方式中，冷却水路是通过机械加工及焊接等方式来实现的。通过交叉钻孔，产生直线管的内部网络，通过内置流体插头来调整流速和方向，但这种方法有多种局限性：

a）由于加工方式的限制，冷却水路网络的形状简单；当零件形状较复杂时，冷却水路不能与零件表面轮廓完全吻合，常常使得冷却水路远离模具最热点，冷却效率低，冷却时间长。

b）冷却水路需要额外的加工和装配时间，盲点的渠道网络可能存在被堵塞的风险。

c）在结构复杂的情况下，为了冷却通道的加工，模具还需要被切分成几个部分来制造，然后再拼接成一整块模具，这导致了额外的制造环节，并且还会缩短模具的寿命。

与传统冷却方式不同，随形冷却方式的冷却水路是通过 3D 打印来实现的，最常用的方法是直接金属激光烧结（Direct Metal Laser Sintering，DMLS）技术。DMLS 通过使用高能量的激光束由 3D 模型数据控制来局部熔化金属基体，同时烧结固化粉末金属材料并自动地层层堆叠，以生成致密的实体零件。

DMLS 这种添加材料的加工方式决定了其能加工制造形状复杂的冷却水路，于是使得随形冷却水路的形状可以随着零件外形轮廓变化，不再是直线状的，而是复杂的任意形状。随形冷却水路很好地解决了传统冷却水路与模具型腔表面距离不一致的问题，可以使得零件得到快速、均匀的冷却，冷却效率更高，冷却时间更短。

图 9-73 所示是一个具有复杂外形和内部结构的腔体形零件，图 9-74 所示是传统冷却水路和随形冷却水路的设计。通过图 9-75 所示的模流分析可以看出，传统冷却方式的冷却时间为 46.5s，随形冷却方式的冷却时间为 18.1s，冷却时间大幅缩短。

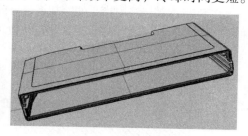

图 9-73　腔体形零件

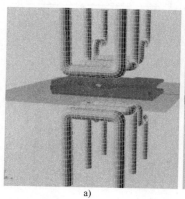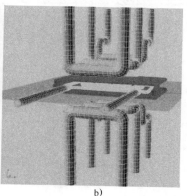

a）　　　　　　　　　　b）

图 9-74　腔体形零件的水路设计

a）传统水路　b）随形水路

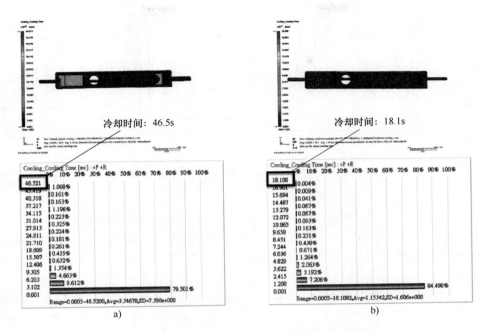

图 9-75　传统水路和随形水路的冷却时间对比

a) 传统水路　b) 随形水路

⑩ 使用隔板式或水管喷流式冷却装置。在一个冷却管道内任何冷却液的方向改变都会增加紊乱度，因此在转弯后热传导的能力会增加。隔板式或水管喷流式冷却装置都会增大紊乱度，因此可加强冷却效果，如图 9-76 所示。

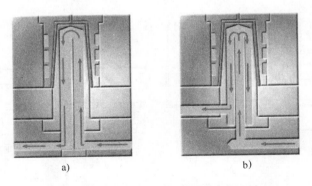

图 9-76　隔板式或水管喷流式冷却装置

a) 隔板式冷却装置　b) 水管喷流式冷却装置

⑪ 多型芯时采用并联水管喷流式水路。在多型芯中采用串联隔板式水路时，散热不佳；应当采用并联水管喷流式水路，以助于提高散热效果，如图 9-77 所示。

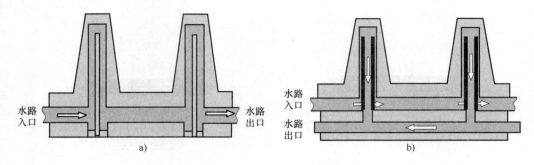

图9-77　多型芯时采用并联水管喷流式水路

a）串联水路　b）并联水路

⑫ 滑块和入子的冷却。滑块和入子都会使该区域的热传导变差，因为无论是滑块还是入子，其接触面一定会有间隙，而间隙内的空气是热的不良导体，会使成型时的热量无法顺利排出模具。因此，在尺寸允许下，滑块和入子内部应尽量设计冷却系统。

⑬ 进出水温差相差不宜太大。对于中大型模具，进出水口的温差很大会影响冷却效果。从冷却均匀性考虑，进出口温差一般控制在5℃以下；对于精密成型模具，则要控制在3℃以下，每条水路长度在1.5m以下。

（2）缩短开合模时间

1）缩短顶出行程。

对于大型模具或者下固定板较厚的模具，注射机台顶杆运动行程长，可设计顶出块，如图9-78所示。可使机台顶出行程缩短至少30mm以上，从而缩短零件顶出时间。

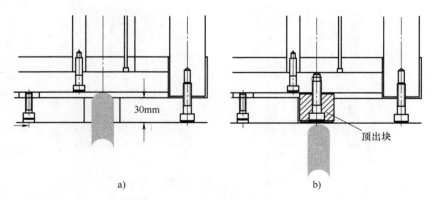

图9-78　缩短顶出行程

a）原始的设计　b）改进的设计

2）嵌件使用机械手安装。

对于嵌入成型，在模仁上设计嵌件的安装定位孔，如图9-79所示，嵌件采用机械手快速安装，可自动化生产，从而避免人工手动安装导致的周期过长。

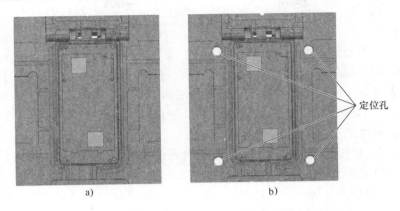

图 9-79 嵌件使用机械手安装

a）原始的设计 b）改进的设计

3）避免二次顶出。

一般情况下，从模具中取出零件，无论是采用单一或者是多组件的顶出机构，其顶出动作都是一次完成。但是，如果由于零件的形状特殊，在一次顶出后，零件仍然在模穴中，或者无法自动脱落时，会导致不能全自动生产，影响成型周期，这就需要再增加一次顶出动作，这样的顶出动作设计，称为二次顶出，如图 9-80 所示。二次顶出会增加顶出时间，在产品设计时如果能够避免则应尽量避免。

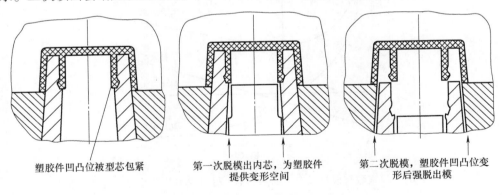

塑胶件凹凸位被型芯包紧　　第一次脱模出内芯，为塑胶件　　第二次脱模，塑胶件凹凸位变
　　　　　　　　　　　　　　提供变形空间　　　　　　　　形后强脱出模

图 9-80 二次顶出会增加顶出时间

2. 合理选择模穴数

模穴数的选择对塑胶件的质量、成本、外观和尺寸精度等有着非常大的影响。单从塑胶件成本来说，模穴数对于降低塑胶件成本有着正面和负面的影响，合理选择模穴数是降低塑胶件成本的一个重要途径。

模穴数对塑胶件成本的正面影响包括：

1）在一定模穴数量范围内，模穴数越多，在单位时间内能够生产更多的塑胶件，生产效率越高，加工成本越低。

2）模穴数越多，分摊到一个塑胶件上的流道重量越少，可降低单一塑胶件的原材料成本。

模穴数对塑胶件成本的负面影响包括：

1）模穴数越多，模具越复杂，尺寸越大，模具成本增加；同时，零件设计变更则意味着每一个模穴都需要改模，变更费用高。

2）超过一定模穴数之后，模穴数越多，流道越厚，冷却时间增加，注射成型周期加长，有可能反而降低生产效率。

3）模穴数越多，需要使用更大吨位的机台，更大吨位的机台意味着机器小时费率增加，单位时间内的加工成本增加。

4）模穴数越多，塑胶件出现充填不足、充填不平衡以及尺寸不稳定等缺陷的可能性越高，零件不良率增加。

综上所述，模穴数与模具成本、加工成本、材料成本及最终的注射总成本关系如图 9-81 所示。另外在确定模穴数时还需要考虑产品的批量，产品的批量较大时选择较多的模穴数，产品的批量较小时选择较小的模穴数，这要求企业销售团队能够对未来产品的市场空间做出准确的预测。在平衡模具成本、加工成本及产品批量要求的基础上，可以确定出最优的零件模穴数。

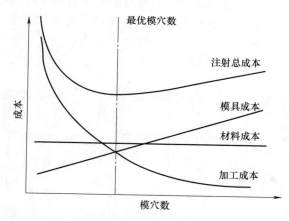

图 9-81　模穴数与模具成本、加工成本、材料成本及最终的注射总成本

一旦选定一模多穴的设计，则模具设计需要满足以下要求以满足零件的质量、尺寸精度和外观等要求：

1）所有模穴必须同时充填完成。

2）所有模穴充填时熔料温度必须一致。

3）流长比不能太大以降低不良率。

4）模穴之间的间隙必须充足，为冷却水路和顶出机构提供足够的空间，以及承受注射压力。

5）模穴要平衡，使注射压力均匀分配在每一个模穴上。

3. 使用家族模

家族模是指一个模具有多个模穴，而不同模穴对应不同的零件，也就是说家族模在一次注射过程中可同时生产多个零件，如图9-82所示。家族模的好处是仅仅一套模具就可以生产多个零件，可大幅节省模具费用和缩短多套模具的开模时间。不过家族模对模具设计要求极高，要求合理布局各个模穴位置及合理设计浇注系统的大小与形状，以确保熔融塑料能够同时充填各个型腔。家族模如果设计不当，会对各零件的尺寸精度和质量带来影响；另外家族模一般不适用于大批量生产，因为多个零件同时生产，零件的分拆和包装会带来成本的增加。

经验显示，家族模非常适用于小批量生产，或者产品中的零件具有相似性或对称性。在选择使用家族模时，必须满足以下标准：

1）零件使有相同的材料。

2）零件具有相同的颜色。

3）零件的数量一致。

4）零件的尺寸和用量大致相同。

图9-82 家族模的应用案例

4. 降低注射模具成本

在本书的塑胶件成本计算中，注射模具的成本并不会直接分摊到单个的塑胶件中，而是作为固定资产投资在进行投资回报时进行评估。从表面上看，降低注射模具成本对降低零件成本没有影响，但是这会提高投资回报率，因此降低注射模具成本也非常有必要。

（1）简化模具设计 塑胶件的设计需要遵循 KISS（Keep It Simple，Stupid）原则，越简单越好。塑胶件越简单，注射模具也越简单，模具成本也越低。复杂的塑胶件形状和结构不但会增加模具结构的复杂性，增加模具的加工成本，同时还容易产生注射缺陷而带来模具维修成本的增加。

塑胶件可以具有复杂的结构，从 DFA 的角度应尽可能地设计成多功能的零件，但如果塑胶件多功能的设计反而造成了产品整体成本的上升，这恰恰违反了塑胶件多功能的目的，因为塑胶件多功能的目的之一就是降低产品成本。

因此，对于塑胶件上的每一个特征，例如加强筋、支柱和孔洞等，必须具有其存在的价值，否则是可以去除的，以简化模具设计，降低模具成本。

（2）避免倒扣　倒扣是指使零件无法正常脱模的特征，例如位于模具开模方向上垂直的开口和凸台等。在模具中，倒扣是通过侧向分型与抽芯机构来实现的，而侧向分型与抽芯机构是模具中比较复杂的结构之一，同时也是增加模具成本的一个重要因素，常用的侧向分型与抽芯机构包括斜销和滑块。

为降低模具成本，零件设计避免倒扣是一个重要的手段。

1）有些外侧倒扣可以通过重新设计开模线而避免。如图 9-83 所示，重新设计开模线可避免零件外侧倒扣而不能顺利脱模。

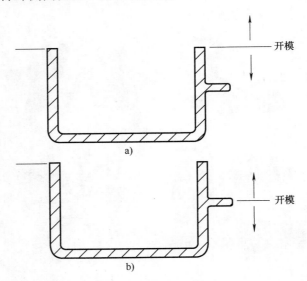

图 9-83　重新设计开模线可避免零件倒扣
a）零件不能脱模　b）零件顺利脱模

2）重新设计零件特征避免零件倒扣。很多零件倒扣特征可以通过特征的优化设计而去除，从而避免侧向抽芯机构的使用，降低零件模具成本，如图 9-84 所示。

如图 9-85a 所示，原始的设计中，零件存在倒扣，需要通过斜销或者滑块等侧向抽芯机构来脱模；通过零件特征的重新设计，可以避免侧向抽芯机构的使用，在改进的设计中提供了四种方法，如图 9-85b ~ e 所示。

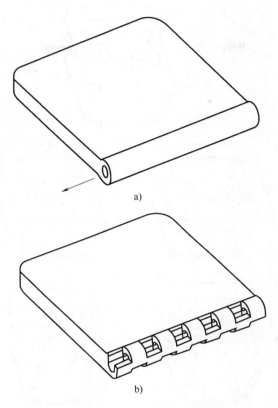

图 9-84　重新设计零件特征避免零件倒扣

a）铰链口倒扣，需要侧向抽芯机构　b）铰链口可以顺利脱模

3）不合理的卡扣设计很容易增加注射模具的复杂度。图 9-86a 所示的卡扣，在顶出时无法顺利脱模，如图 9-86b 所示，模具需要抽芯机构，增加模具成本。适当的卡扣设计优化就能简化模具结构，如图 9-86c 和图 9-86d 所示，把卡扣的朝向改为向外或在卡扣根部开孔就可避免倒扣，注射模具不需要侧向抽芯机构，简化了模具结构。

（3）降低模具修改的成本　当一副塑胶件注射模具制造完成后，再进行模具修改的成本非常高，不正确的塑胶件设计往往会增加模具修改次数，提高模具成本，从而增加零件和产品的成本。因此，塑胶件的设计需要尽量减少甚至避免模具的修改。

1）零件的可注射性设计。塑胶件设计的时候应当充分考虑零件的可注射性。零件可注射性好，零件注射成型后质量高，模具修改次数就少，模具修改费用低。如果塑胶件设计不考虑零件的可注射性，零件可注射性差，零件注射成型后质量低，模具修改次数多，模具修改费用就高。

因此，塑胶件设计必须遵循本章所涉及的塑胶件设计指南。

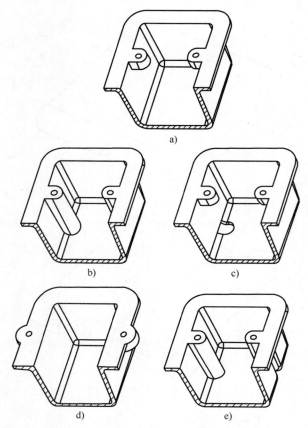

图 9-85 重新设计零件特征避免零件倒扣

a）原始的设计 b）~e）改进的设计

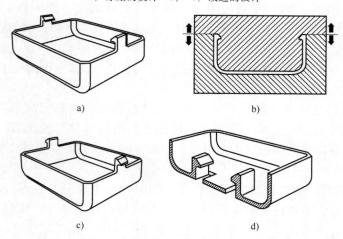

图 9-86 卡扣设计避免增加模具复杂度

a）不合理的卡扣设计 b）无法顺利脱模 c）、d）合理的卡扣设计

2）减少产品设计修改次数。当然，模具还可能是因为塑胶件在整个产品中不能实现其应有的功能而导致设计修改，因此在模具开发之前，产品设计工程师需要通过CAE分析、模流分析和运动仿真、样品制作等手段来完善和优化零件的设计，确保零件设计万无一失后，再进行模具的设计和开发，从而可以减少模具制造完成后的产品设计修改。

3）避免添加材料的模具修改。模具去除材料比较容易，修改费用低；模具添加材料比较复杂，修改费用高。因此，塑胶件的设计修改最好是使得模具去除材料而不是添加材料，那么塑胶件的设计修改就应当是添加材料，而不是去除材料。在零件设计时，如果对零件的设计没有把握，则可以对零件尺寸保留一定的余量，通过之后的模具去除材料来验证零件的设计。

5. 使用模流分析

模流分析是指运用数据模拟分析软件，对注射成型整个过程进行模拟仿真，并得出一些数据结果，完成对塑胶件设计、模具设计和注射成型工艺参数等的可行性评估，从而做出最优规划，达到塑胶件成本最低的目的。

（1）塑胶件设计　通过模流分析可以判断现有塑胶件设计是否符合注射成型制造工艺的要求，从而提高零件的可制造性。通过模流分析可以对现有设计方案进行模拟仿真，并得到零件质量缺陷的结果，包括缩水的大小和位置、熔接痕的大小和位置、短射、困气，以及零件变形与翘曲大小等。针对这些缺陷，产品设计工程师可以提前优化塑胶件的设计，包括材料选择、壁厚和加强筋的设计等，而不是等到真正的注射成型时发现产品质量存在缺陷再来修改设计，零件的可制造性大幅度提高。

图9-87所示是冰箱温控板，其高度方向上所允许的最大变形量为1mm。在原始的设计中，中间壁厚1.7mm，侧壁厚3.0mm，通过模流分析发现产品在高度方向的变形为1.83mm，不满足设计要求。在改进的设计中，把侧壁厚改为2.5mm，变形量由1.83mm减小为0.67mm，符合要求。

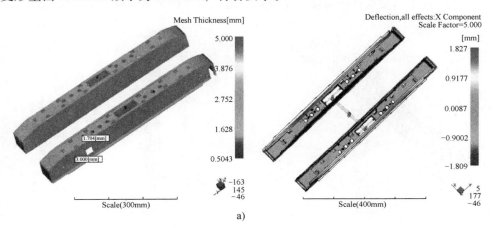

图9-87　通过模流分析优化塑胶件设计

a）原始的设计

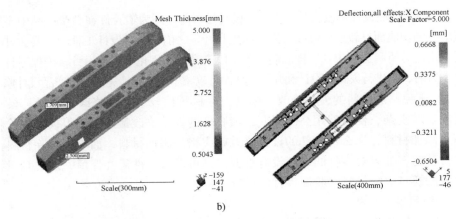

图 9-87　通过模流分析优化塑胶件设计（续）
b）改进的设计

（2）模具设计　模流分析可以对模具设计，包括浇口位置和数量、浇注系统设计和冷却系统设计等进行模拟仿真，判断现有模具设计的可行性，从而帮助模具工程师提前发现模具设计中的问题，并及时修改和优化模具设计。

如图 9-88 所示，在原始的设计中，模具的浇口设置于连接器外壳的一端，通过模流分析发现，零件的最大变形量达到 0.156mm，不符合装配要求。在改进的设计中，把模具浇口设置在连接器外壳的中部，零件的最大变形量降低为 0.097mm，符合装配要求。

模流分析可以准确预测出注射成型的充填时间、保压时间和冷却时间，再加上开合模的时间，即可以得到注射成型周期。当发现注射成型周期过长从而造成加工成本过高时，产品设计工程师可以从产品设计的角度，包括降低零件壁厚和避免局部壁厚过厚等方法，以及从优化模具结构设计的角度，包括优化浇口和流道的设计、优化冷却系统的设计等方法，来降低注射成型周期，从而降低加工成本。

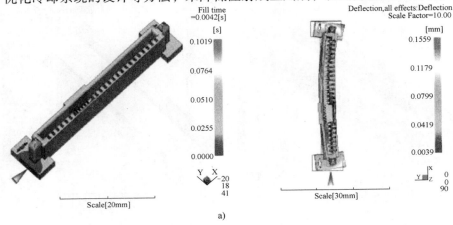

图 9-88　通过模流分析优化模具设计
a）原始的设计

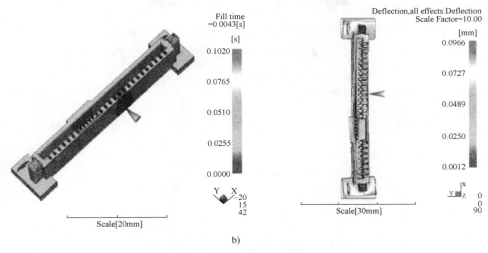

b)

图 9-88　通过模流分析优化模具设计（续）

b）改进的设计

如图 9-89 所示，原始的设计采用一模一穴、半热流道三点进浇，其中冷流道直径为 12mm，其冷却时间为 48.55s；在改进的设计中，把冷流道直径减小为 7mm，冷却时间缩短为 23.9s。

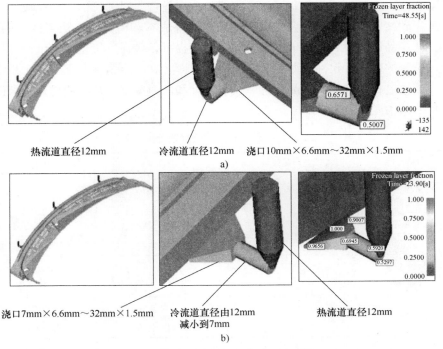

图 9-89　通过模流分析缩短注射成型周期

a）原始的设计　b）改进的设计

6. 降低塑胶件公差要求

塑胶件注射加工的尺寸公差精度可分为三种等级：普通级注射、技术级注射和高精级注射，表 9-12 显示了三种等级的成本指数及其对注射加工的要求。

表 9-12　塑胶件尺寸公差精度的三种等级

注射加工尺寸公差精度等级		普通级注射	技术级注射	高精级注射
成本指数		100	170	300
注射加工要求	模具精度要求	普通模具加工技术	模具加工尺寸公差较精密	高精模具加工
	模穴数要求	一模多穴	有些情况可以一模多穴	一模一穴
	注射成型工艺参数要求	注射成型工艺参数要求不严格	注射成型工艺参数要求较严格	注射成型工艺参数需严密监控
	废料使用	废料可再次使用	废料在一定范围内可再次使用	不可使用废料
	检验	偶尔检验	统计质量管控	统计工艺控制

可以看出，塑胶件尺寸公差越精密，对模具精度、模穴数、成型工艺、检验等要求就越高，塑胶件成本就越高；高精级的成本是普通级的三倍。产品设计工程师应当意识到精密塑胶件尺寸公差会对塑胶件零件成本和模具成本产生巨大的影响。因此，在产品设计时，在保证零件功能等的前提下，应通过优化产品设计，尽量避免使用精密的塑胶件尺寸公差。而在另外一方面，在给定精度要求下，产品设计工程师应当通过材料选择、产品设计、模具设计和注射成型工艺参数优化等来提高塑胶件尺寸的精度，见表 9-13。

表 9-13　影响塑胶件尺寸精度的因素

塑料特性	产品设计	模具设计	注射工艺
收缩率（各向同性和各向异性）	产品结构	模具精度	注射机性能
尺寸稳定性	壁厚	模穴数	注射压力/速度
黏度	脱模斜度	流道系统	保持压力/速度
是否添加增强纤维	对称性	顶出系统	熔化温度和模具温度
—	表面处理	冷却系统	夹紧力
—	尺寸大小	模具设计/布局	重复生产能力

常见提高塑胶件尺寸精度的措施包括：

1）在尺寸精度要求较高的应用场合，选择收缩率低的塑料。

2）模具型腔与入子、斜销和滑块等配合处存在额外的对齐误差，应避免在该区域提出精密的公差要求。

3）通过模流分析预测塑胶件翘曲变形区域，避免在该区域提出精密的公差要求；并可通过优化的产品设计、模具设计及调整注射成型工艺参数等来降低翘曲变形。

7. 降低注射机小时费率

（1）降低注射机吨位 通过第 7 章，我们可以计算出不同吨位注射机的小时费率。表 9-14 所示为 2016 年长三角地区某企业所使用的不同吨位注射机的小时费率范围，很显然，注射机吨位越高，其采购成本越高，消耗的电费越高，小时费率越高。因此，针对同一个塑胶件，应当选择合适的注射机吨位，避免选择更高吨位的注射机，从而降低注射机小时费率。

表 9-14 2016 年长三角地区某企业注射机的小时费率

注射机吨位/t	小时费率/（元/h）	注射机吨位/t	小时费率/（元/h）
80	35 ~ 45	200	110 ~ 160
100	45 ~ 60	250	150 ~ 200
120	65 ~ 85	300	180 ~ 220
150	80 ~ 110	350	200 ~ 250
180	95 ~ 140	400	250 ~ 300

微发泡注射成型主要靠气泡核的成长来填充产品，是在一个较低而平均的压力下进行的，可降低 57% 的模穴压力。使用微发泡注射成型，而不是传统的注射成型，就可能选择吨位更低的注射成型机，从而降低注射机小时费率。具体请参考 6.5 节。

（2）传统注射机节能改造 电费在注射机的小时费率中占有很大的比例，特别是对于传统的液压传动注射机。液压传动系统中的动力由电动机带动定量泵提供。在注射成型周期的不同阶段（合模、充填、保压、冷却和开模顶出），注射机需要的流量和压力不同，必须依靠流量阀和压力阀调节不同工序所需的流量和压力，但是定量泵不可调节输出功率，因此多余的能量只能在挡板、油路泄漏和油的温升中被消耗了，加剧了各种阀的磨损，又造成油温过高，电动机噪声过大，以及机械寿命缩短等现象。并且设计的电动机的容量比实际需要高出很多，存在"大马拉小车"的现象，造成电能的大量浪费。

注射机节能控制系统改造可彻底解决了上述问题。节能改造后，节电控制系统实时监测注射成型周期不同阶段的压力及流量信号，经内部处理后，输出不同的频率，调节马达转速，相当于把定量泵变成了节能型的变量泵，液压系统与整机运行所需功率匹配，消除了原系统高压溢流能量的损失。在储料、合模、充填等高流量工作阶段，电动机按照设定的转速工作，在保压、冷却等低流量工作阶段电动机转速降低，油泵电动机实际能耗降低了50%~80%，从而减少了电能的浪费，降低了电费的支出。

（3）中央干燥和送料系统　塑胶原料的存储、计量、混合、除湿、干燥和送料等是注射成型前必不可少的辅助工序。在传统的注射工厂中，每一台注射机的这些辅助工序都是通过人工进行单独操作的，这不但要求工厂配备更多的除湿机和干燥机等设备，占用更多的厂房空间，造成固定资产投资增加，带来更多厂房的租用或使用成本及电费消耗；同时需要更多的人工进行管理和操作，增加了人工成本；另外人工操作的方式效率低下，造成注射机的使用效率降低。总之，这会增加注射机的小时费率，增加塑胶件的加工成本。

在现代化的注射工厂中，中央干燥和送料系统可以解决传统注射工厂的上述问题。中央干燥和送料系统采用工业电脑对所有注射机进行统一控制，集中进行塑胶原料的存储、计量、混合、干燥和送料等辅助工序，实现无人化或少人化管理，图9-90所示是一个现代化注射工厂的布局。

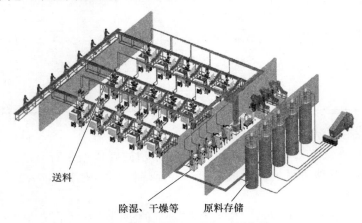

送料

除湿、干燥等　　原料存储

图9-90　现代化注射工厂的布局

中央干燥和送料系统由原料存储设备、除湿机和干燥机、中心过滤器、真空风机和管道等组合而成，采用真空变频输送方式，通过集中的管路输送系统将塑料原料从储料桶输送到集中干燥区，然后将干燥后的原料输送到注射机供料料斗。管路输送系统采用"一机一管"或"一料一管"两种设计方式，保证整个系统运行稳定。原料采用集中干燥和除湿方式，可使用干燥的空气对干燥好的原料进行输送，防止干燥后的原料在输送过程再次吸湿；原料输送完毕系统会对输送管路进行余料清理，确保管路内没有残留的粒料，确保加入注射机供料料斗的原料的一致性。在输送过程中，原料中原有的粉尘及输送过程中产生的微量粉尘会被过滤出来，有助于提高塑胶产品的质量。图9-91a、b分别是某现代注射工厂的干燥区域和注射机区域实景图。

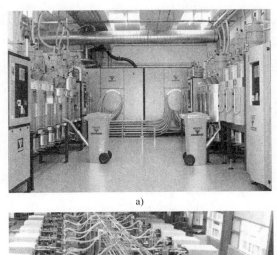

图 9-91 某现代注射工厂实景

a）干燥区域　b）注射机区域

中央干燥和送料系统具有以下优点：

1）避免塑胶材料的浪费。通过塑胶材料集中管理，可避免人工操作引起的材料浪费及污染。

2）减少人工成本。中央干燥和送料系统的操作非常简单，只要几个人就可以控制整个注射厂几十台注射机的干燥和供料等工作，这样就可以减少大量的人工成本。

3）节省电费和维护费用。中央干燥和送料系统可减少注射机旁边的原料带和相应的辅助设备，可以提高空间的利用率，由于采用了中央供料的方式，相应地减少了很多的单机设备，也就节省了电能及减少了维护费用。

4）提高注射机效率。中央干燥和送料系统可实现将多种塑胶材料自动供给任意的注射加工设备，可以完成多项辅助工序，如塑胶原料的存储、计量、混合、除湿、干燥和送料等，能够实现高度的自动化控制、监测等，并能满足 24h 不停机的生产需要，注射机生产效率高。

8. 降低人工成本

（1）使用注射机械手　直接人工成本在塑胶件加工成本中占有很大的比重，

降低加工成本有效的方法之一是降低人工成本，而注射机械手（见图9-92）可减少和避免直接人工的使用。注射机械手是为注射生产自动化专门配备的机械，模仿人体上肢部分功能和动作，可以将塑胶件从模具中自动取出并与流道系统分离，然后放置到包装箱或传送带等指定位置，具有以下好处：

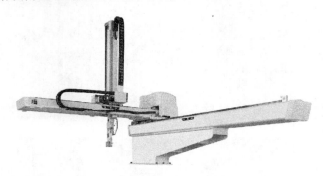

图9-92　注射机械手

1）减少和免除直接人工的使用。需要人工从模具中取件的注射机，一台注射机至少要配备一个人工。使用注射机械手之后，1 个人工可以管理 3~5 台注射机，可大幅降低直接人工成本。

2）注射成型周期稳定。由于人存在易疲劳、有惰性和情绪化等特点，同时加上喝水、接电话等事情，人工取件可能人为地加长零件脱模、开合模的时间，从而加长注射成型周期。而使用注射机械手时，零件脱模、开合模的时间固定，注射成型周期固定。相对于人工取件，注射机械手效率高，产能稳定，从而可降低加工成本。

3）零件质量高。人工取件，可能存在取出的时间不一致，导致零件质量不稳定，不良品增加；而注射机械手取制品，取出时间固定，零件质量稳定性好，质量更高，可减少因为不良品而带来的成本浪费。

4）使用注射机械手不会有员工意外受伤的风险，工人的工作安全性有了保障，不会出现由于工作疏忽或者疲劳造成的工伤事故。人手进入模内取产品时，如果注射机故障或按键造成合模，会有伤手危险，尤其是两班倒、三班倒的工作，晚上更容易出现生理性疲劳，更容易出安全事故，使用机械手则可确保安全生产，在大型注射机中作用尤其明显。

（2）自动化浇口切除　浇口是指熔融塑料填充进入模具型腔的位置，浇口是塑胶件注射成型过程中必不可少的一部分；但是浇口并不是产品，对于塑胶件成品来说，浇口是多余的一部分，在注射完毕后不得不通过额外的动作使得塑胶件成品与浇口分离。分离的方法主要有三种，包括二次加工、模内冷切和模内热切。浇口切除仅仅是针对冷流道模具而已，热流道模具注射成型后只有成品，不产生浇口和流道，自然不需要分离工序，这也是热流道模具的另外一个优势。

　　二次加工的分离方法是当塑胶件成品与浇口和流道从注射模具中脱出后，通过人工手工切除、治具切除或者 CNC 切除等二次加工的方法，将成品与浇口分离。这种分离方法需要额外的加工工序，不但会增加塑胶件的加工成本，同时有可能增加注射成型周期，降低生产效率。

　　模内冷切法是指当注射成型充填、保压、冷却完成后，顶针预顶，将成品与浇口和流道切断分离，然后再分别顶出成品和浇口和流道，如图 9-93 所示。模内冷切可避免二次加工，减少塑胶件的加工成本，其缺点是在切断处断面不规则，易发白，有内应力产生，可能会影响产品的外观和力学性能。模内冷切适用于对切断面外观要求不高的产品。

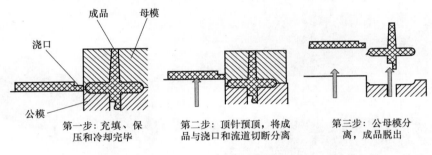

第一步：充填、保　　　第二步：顶针预顶，将成　　　第三步：公母模分
压和冷却完毕　　　　品与浇口和流道切断分离　　　离，成品脱出

图 9-93　模内冷切的原理

　　与模内冷切法不同，模内热切法是在注射成型充填之后，冷却之前即通过切刀将成品与浇口和流道剪切或挤断而分离，然后开模顶出，如图 9-94 所示。

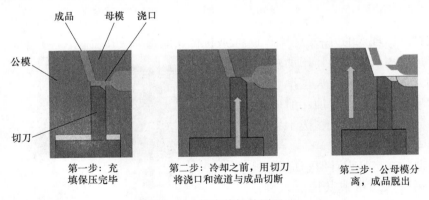

第一步：充　　　第二步：冷却之前，用切刀　　　第三步：公母模分
填保压完毕　　　将浇口和流道与成品切断　　　离，成品脱出

图 9-94　模内热切的原理

　　目前，模内热切已经成功应用到侧浇口、搭接浇口、宽浇口、环形浇口、潜伏浇口和牛角浇口等。

　　模内热切法具有以下优点：

1）浇口切除自动化，避免二次加工，减少加工成本。

2）由于是在注射成型冷却之前即切断，浇口切断处外观质量好，接近本体外观，适用于对产品外观要求比较高的场合，如图 9-95 所示。

3）不需要等待浇口和流道冷却固化之后即可顶出，可有效缩短冷却时间，从而缩短注射成型周期，降低加工成本。

不过，模内热切的模具结构复杂，模具成本较高，同时维修也比较复杂。

（3）避免模内埋入螺母或其他嵌入件　塑胶件中经常因为装配要求而需要埋入螺母或其他嵌入件，如图 9-96 所示，最常见的一种方法是通过模内埋入，即在注射成型之前，通过手工或机械把螺母或其他嵌入件放入模具中指定的位置，然后合模、充填塑胶熔料，通过把熔料填充入螺母或其他嵌入件的沟槽和缝隙中，使得二者形成一个整体。

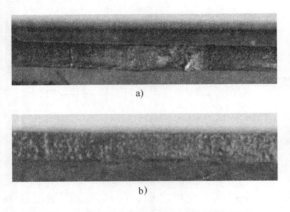

图 9-95　模内热切的浇口切断处质量好
a）模内冷切浇口切断处　b）模内热切浇口切断处

图 9-96　塑胶件中埋入
螺母或其他嵌入件

这种模内埋入的方法由于需要人工或机械摆放螺母或其他嵌入件，会人为地造成注射成型周期的加长，增加塑胶件的加工成本；特别是人工摆放的摆放效率低，会大幅增加注射成型周期，同时大幅增加人工成本，塑胶件成本大幅增加。

因此，在产品设计时，应尽量避免模内埋入螺母或其他嵌入件，使用其他方法来替代。例如，对于模内埋入螺母，在满足可靠性等的前提下可考虑使用支柱与自攻螺钉的装配方式来替代，如图 9-97 所示。

当然，如果因为产品需要经常

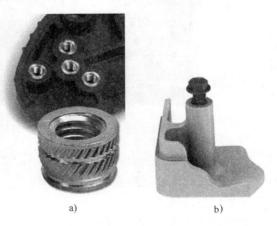

图 9-97　使用自攻螺钉代替埋入螺母
a）埋入螺母　b）自攻螺钉

安装与拆卸，或者满足可靠性要求等必须使用螺母嵌入件，则使用螺母嵌入件，但尽量使用机械手自动化摆放嵌入件，减少人工摆放；或者使用热熔埋入、超声波埋入等方法，以缩短注射成型周期，降低塑胶件的加工成本。

9.4.4　面向成本的塑胶件开发流程

　　降低塑胶件成本是一项团队工作，单靠产品设计工程师是无法完成的，需要通过整个产品开发团队，包括产品设计部门、市场部门、生产部门、采购部门甚至外部供应商等。面向成本的塑胶件开流程可以系统化、团队化地降低塑胶件成本。

　　面向成本的塑胶件开发流程如图 9-98 所示。

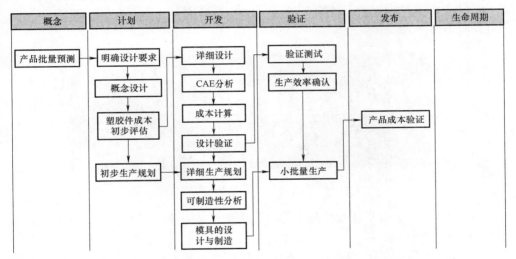

图 9-98　面向成本的塑胶件开发流程

　　（1）概念阶段　在产品开发的概念阶段，市场部应当提供产品批量的准确预测。

　　（2）计划阶段　在计划阶段，产品设计工程师的职责和任务包括：

　　1）明确设计要求：明确塑胶件所必须满足的功能、外观和可靠性等要求。

　　2）概念设计：根据产品设计要求，初步确定塑胶件的材料选择、壁厚、大致结构和紧固工艺等。

　　3）塑胶件成本初步评估：在计划阶段，塑胶件材料的类型及壁厚、零件的尺寸、浇口和流道尺寸等是一个大致的范围，据此可大致估算塑胶件成本；同时，根据产品的设计要求，可能会存在多个概念设计，可通过成本初步评估选出成本最低的概念设计。

　　在计划阶段，注射工程师的职责包括：

　　1）可制造性的建议：当产品设计工程师对塑胶件的加工有疑问时，提供建议和帮助。

2）初步生产规划：根据产品批量的大小要求，初步选择模穴数、流道类型（冷流道和热流道），以及所使用的注射机台。

（3）开发阶段 在开发阶段，产品设计工程师的职责和任务包括：

1）详细设计：针对选定的概念设计模型，进行详细的塑胶件设计，包括零件壁厚、圆角、脱模斜度、肋条的设计，以及支柱的设计等。详细设计时，主要需要考虑塑胶件的可制造性、可装配性，以及满足产品的各种设计要求等，同时与注射工程师合作，合理选择浇口和流道的类型及尺寸，降低塑胶件成本。

如图9-99所示，塑胶件的肋条壁厚太厚，没有考虑塑胶件的可制造性，结果零件注射成型后外观缩水很严重，零件不良率很高。如果在产品设计时考虑注射工艺，把肋条的壁厚修改为基本壁厚的1/2，最多至2/3，就可以避免缩水的产生，从而降低零件不良率。

图9-99 塑胶件设计需考虑其可制造性

2）CAE分析：分析塑胶件的结构是否满足产品力学方面的要求，这主要是通过Ansys软件进行。

3）成本计算：在这一阶段，塑胶件的材料类型和壁厚、浇口和流道的类型及尺寸等已经确定，可较准确地计算塑胶件成本；并可通过成本计算，优化以上各种成本相关因素，例如减少零件最大壁厚，从而降低塑胶件成本。

4）设计验证：通过使用数控加工等方法制造出实际的样品，进行组装以验证产品的可装配性，并进行相关的测试以验证产品设计是否满足各种设计要求。

在开发阶段，注射工程师的职责包括：

1）可制造性的建议：当产品设计工程师对塑胶件的加工有疑问时，提供建议和帮助。

2）详细生产规划：根据产品批量的大小要求，确定模穴数、流道类型（冷流道和热流道）以及所使用的注射机台。

3）可制造性分析：通过Moldflow等软件进行模流分析，分析和判断塑胶件是否适合制造，制造缺陷（如缩水、翘曲变形、熔接痕等）和不良率如何，并进行相应的优化。

4）模具的设计和制造：进行塑胶模具的设计和制造，在模具设计时需考虑降低塑胶件成本，例如合理设计冷却系统等。

（4）验证阶段 在验证阶段，产品设计工程师的职责和任务包括：

1）验证测试：对通过使用注射加工制造出的实际样品，进行组装以验证产品的可装配性，并进行相关的测试以验证产品设计。

2）生产效率确认：通过小批量试生产，收集塑胶件塑胶加工的相关数据，包括成型周期和零件耗损率等，同注射工程师进行团队合作，寻找缩短成型周期和降低零件耗损率的方法。

在验证阶段，注射工程师的职责：

小批量生产：当模具和生产线加工完成后，进行小批量生产，从质量和成本等角度发现问题，并进行改善。

（5）发布阶段 在发布阶段，产品设计工程师的职责和任务包括：

产品成本验证：在工业化阶段，决定塑胶成本的所有因素，包括材料、壁厚、成型周期和零件耗损率等已经确定，通过收集塑胶件实际大批量生产时的上述数据，可准确计算出塑胶件实际成本。计算塑胶件实际成本主要有两个目的，其一是与概念阶段和设计阶段的成本计算进行对比，找出与当初计算的偏差，进行经验和教训总结；其二是形成塑胶件成本数据库，为企业下一款产品的开发提供成本数据支持。

第10章 面向成本的冲压件设计

10.1 冲压工艺

10.1.1 冲压概述

冲压是利用安装在压力机等设备上的冲压模具,对板材、带材、管材和型材等施加外力,使之产生塑性变形或分离,从而获得所需形状和尺寸的冲压件的一种成形加工方法。图10-1显示了冲压工艺中的拉深工艺。

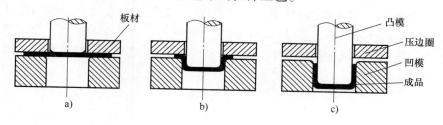

图 10-1 拉深
a) 拉深初始阶段 b) 拉深过程中 c) 拉深结束阶段

冲压的优点是:

1)冲压件有较高的尺寸精度和表面质量,互换性好,一般不需要二次加工,可直接装配使用,而且质量稳定。

2)可生产加工薄壁、形状复杂的零件。

3)材料利用率高,是一种无切削加工方法,只有少量的切边废料;因加工硬化的原因,冲压件虽然重量轻,但强度和刚度好,有利于减轻零件重量。

4)易于实现机械化和自动化,生产效率高,大批量生产时尤其显著,零件成本低。

5)可生产各种平板类和中空类零件,重量为几克至几十千克,尺寸为几毫米至几米。

冲压的缺点是:

1)冲压模具一般比较复杂,加工周期较长,成本较高。

2)模具加工要求较高。

冲压可分为分离工序及成形工序两大类。

分离工序是毛坯按一定的轮廓线分离而获得一定形状、尺寸和切断面质量的加工工序。分离工序主要包括落料、冲孔、切断、修边和剖切等,见表10-1。

表 10-1　冲压加工的分离工序

工序名称	工序简图	工序特点与应用范围
落料	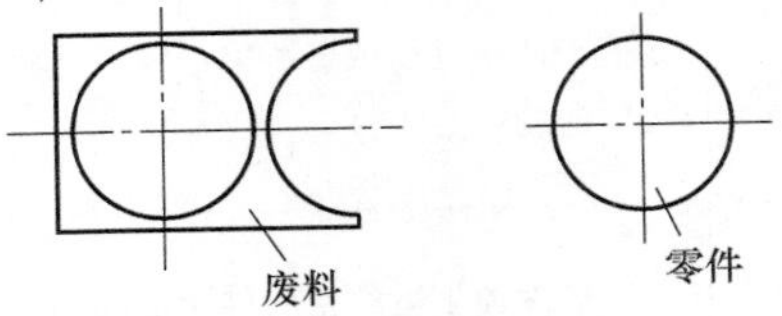	利用模具沿冲压件封闭轮廓曲线实施冲裁，把冲压件从毛坯上分离下来，冲裁下来的部分是各种形状的平板零件，或用作拉延件的毛坯
冲孔	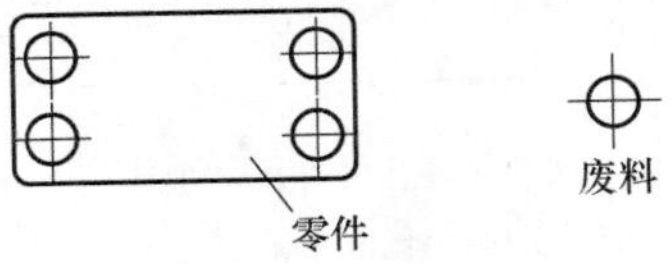	利用模具按封闭轮廓曲线冲裁，冲裁下来的部分为废料
切断	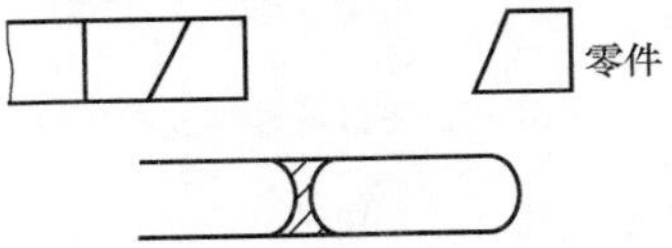	利用剪切模或冲裁模沿不封闭曲线切断，常用于加工形状较为简单的平板零件
修边	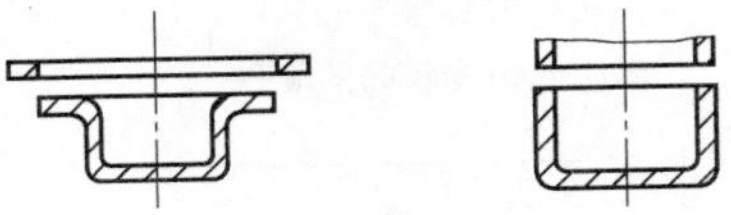	将成形零件的边缘修切整齐或修切成其他形状
剖切	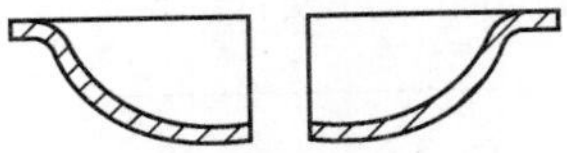	将冲压加工成的半成品零件剖切成两个或两个以上的零件，这种方法常用于对称零件或成组冲压的零件

　　成形工序是指毛坯在不破裂的条件下发生塑性变形而获得一定形状和尺寸的加工工序。成形工序主要包括折弯、拉深、翻孔、翻边和整形等，见表 10-2。

表 10-2　冲压加工的成形工序

工序名称	工序简图	工序特点与应用范围
折弯	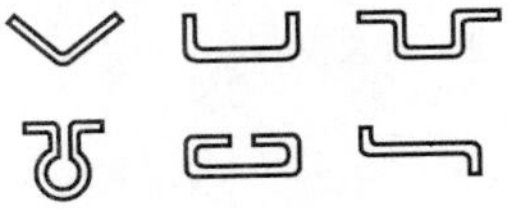	把冲压件按要求折弯成各种形状，利用该工艺可以制造出形状复杂的零件
卷圆	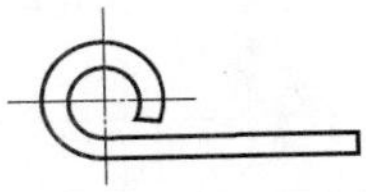	把冲压件端部卷成接近封闭的半圆头，常用于加工类似铰链的零件及日用品等零件
扭曲	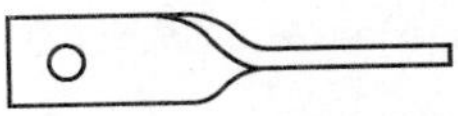	使平板的一部分相对于另一部分产生扭转而形成空间曲面的形状

（续）

工序名称	工 序 简 图	工序特点与应用范围
拉深		把平冲压件变成各种空心零件或将空心零件变成更深的空心零件
变薄拉深		把拉深加工后的空心件半成品用减小直径与壁厚的方式来改变空心零件的尺寸
翻孔		在预先冲孔的冲压件半成品上或未冲孔的冲压件上冲制出竖立的边缘
翻边		把半成品零件的外缘或内孔冲制成竖立的边缘
拉弯		在拉力与弯矩的共同作用下实现弯曲变形，可以制成精度较高的零件
胀形		在双向拉应力作用下实现的变形，可以成形各种空间曲面形状的零件
局部成形		在冲压件毛坯或零件的表面局部区域压制出各种突起或凹陷的形状
扩口		在空心毛坯或管状毛坯的某个部位使其径向尺寸扩大的变形方法
缩口		在空心毛坯或管状毛坯的某位置使其尺寸减小的变形方法
旋压		在旋转状态下利用辊轮使毛坯逐步成形的方法
整形		为了提高已成形零件的尺寸精度或获得较小的圆角半径而采用的成形方法

通过冲压加工获得的零件就是冲压件。冲压件具有重量轻、强度高、导电（能够用于电磁屏蔽）、成本低、大规模量产性能好等特点，目前在电子电器、通信、汽车工业和医疗器械等领域得到了广泛应用。例如在电脑机箱、手机和连接器中，冲压件是必不可少的组成部分，大型冲压件的应用实例如图 10-2 所示，小型冲压件的应用实例如图 10-3 所示。

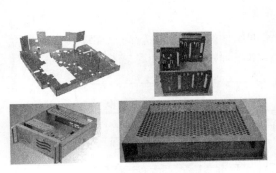

图 10-2　大型冲压件的应用实例

图 10-3　小型冲压件的应用实例

10.1.2　冲压模具

冲压模具按照加工要素可以分为冲孔模、落料模、折弯模、成形模和铆合模等。冲压模具按照工序组合程度可以分为工程模和连续模。

1. 工程模

工程模又称单工序模，是指压力机在一次冲压行程中，在一个工位上只能完成一道或两道工序的冲模，例如冲孔模、折弯模、成形模和冲孔落料模等。复杂的冲压件一般需要多套工程模完成冲压。零件越复杂，需要的工程模套数就越多。冲孔模如图 10-4 所示，冲孔落料模如图 10-5 所示。

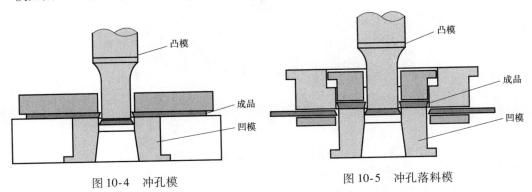

图 10-4　冲孔模　　　　　　　　　　　图 10-5　冲孔落料模

工程模的特点是：

1）模具较容易加工，成本低，加工周期短。

2）各道工序上没有冲压方向限制。

3）模具数量多，各工程间有半成品，生产效率低。

4）由于各工程模之间没有统一的定位，容易造成产品精度低。

2. 连续模

连续模又称级进模、多任务位级进模和跳步模，它是在一套模具中，按所加工的冲压件分为若干等距离的工位，在每个工位设置一个或几个基本冲压工序，来完成冲压件某部分或全部的加工，如图 10-6 所示。连续模可完成冲裁、折弯和拉深等冲压工序，直至完成一个冲压件。如果冲压件的复杂程度较高，连续模有时也可以只完成部分工序冲压，其他工序的冲压由工程模完成。

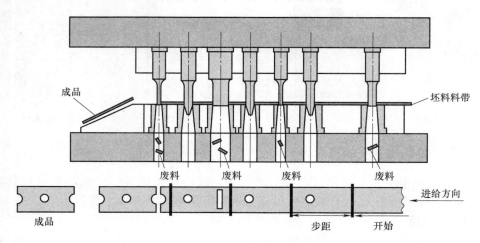

图 10-6　连续模

图 10-7 所示是冲压件及其连续模的料带图。

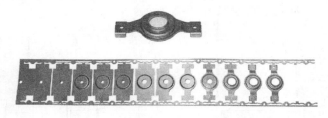

图 10-7　冲压件及其连续模的料带图

连续模具有以下特点：

1）冲压生产效率高。连续模可以完成复杂零件的冲裁、折弯、翻边、拉深和成形等工艺，减少了中间转运和重复定位等工作，一次行程即可完成一个零件的冲压，排样时采取多排，一次行程甚至可以生产多个零件，生产效率高；同时可采用卷料等方式自动进料，冲压完成的成品也可通过卷料等方式自动包装，更进一步提高了生产效率，而且工位数量的增加不影响生产效率；可以冲压尺寸很小、形状结构复杂的精密零件。

2）废料更少。连续模把所有的工序集中在一套模具上，可最大限度地利用材料，减少废料。

3）模具安装和拆卸时间更短。零件冲压如果采用连续模，仅需一套模具，模具安装和拆卸时间短；相反，采用工程模则需多套模具，模具安装和拆卸时间长。

4）产品质量高。连续模在一套模具内完成产品的全部成形工序，克服了用工程模时多次定位带来的操作不便和累积误差。

5）模具寿命长。零件复杂的内形和外形可分解为简单的凸模和凹模外形，分段逐次冲切，工序可以分散在若干个工位，在工序集中的区域还可以设置空位，从而避免了凸模、凹模壁厚过小的问题，改变凸模、凹模的受力状态，提高模具强度。此外，连续模还采用卸料板兼作凸模导向板，对提高模具寿命也非常有利。

6）操作安全简单。连续模冲压时操作者不必将手伸入模具的危险区域；对于大批量生产，可采用自动送料机构，模具内装有安全检测装置。

7）连续模适用于加工小型零件，不适用于加工大中型零件。

8）连续模模具复杂，成本高，加工周期长。

工程模和连续模的对比见表 10-3。

表 10-3　工程模与连续模的对比

	工　程　模	连　续　模
生产效率	较低，一次冲压只能完成一道或两道冲压工序。一个冲压件一般需要多套工程模	很高，一次冲压可完成多道冲压工序
自动化	较难，需要机械手等设备才能把多个压力机上的多套工程模组成自动化生产线	容易，一次冲压可以完成一个零件的加工
零件大小	中大型零件	小型零件
零件批量	中小批量	大批量
模具复杂度	简单、加工周期短	复杂、加工周期长
模具成本	单独的一套工程模成本较低，但如果一个冲压件包括多套工程模，总成本较高	单独的一套连续模成本较高，但一套连续模即可生产一个冲压件
精度	不同工程模之间的基准存在制造误差和装配误差，精度较低	多道冲压工序可共享同一个基准，精度高

10.1.3　压力机

压力机，如图 10-8 所示，可广泛应用于切断、冲裁、落料、折弯、铆合和成形等冲压工艺，通过对金属坯件施加强大的压力使金属发生断裂或塑性变形来加工零件，压力机是冲压模具的载体。

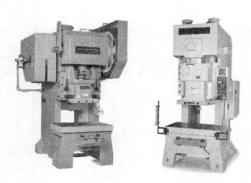

图 10-8　压力机

10.1.4　冲压生产线

在 10.1.2 节中介绍了冲压模具分为两种，其中一种为连续模，连续模适用于尺寸较小的冲压件，一个冲压件仅需一套模具，在一台压力机上即可完成冲压；另一种为工程模，适用于尺寸较大的零件，工程模包含多个工序或工位，一个工序或工位对应一套模具，因此一个冲压件具有多套模具，需要多台压力机才可同时进行冲压。

对连续模来说，冲压加工过程相对简单，一套连续模一次冲压即可完成一个零件，如图 10-9 所示。

图 10-9　连续模的生产线

工程模需要多台压力机进行冲压，多台压力机组成一条冲压生产线，常见的工程模冲压生产线如下：

1. 串联人工生产线

每一台压力机配有一套冲压模具，对应着一个冲压工序，将生产冲压件的多个压力机串联在一起，组成该零件的生产线，这样的生产线称为串联生产线。串联生产线可分为人工生产线和自动化生产线。

串联人工生产线是指压力机的上下料和半成品搬运是通过人工操作进行，上一个工序完成的半成品通过人工搬运到下一个工序，如图 10-10 所示。串联人工生产线需要较多的人工，生产效率低，滑块行程次数为每分钟 4~6 次，冲压件质量低，同时人身安全环境差。

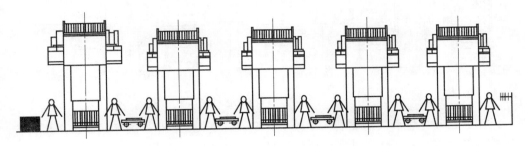

图 10-10 串联人工生产线

2. 串联自动化生产线

串联自动化生产线是指压力机的上下料和半成品搬运是通过自动化方式进行。串联自动化生产线的传输方式主要有以下三种方式。

1）上料机、下料机和穿梭机。上一个冲压工序完成后，下料机从模具中取料后将零件放置在穿梭机上，穿梭机移动到上料位置，上料机拾取零件放置到下一套模具中。

2）机械手或机器人。上一个冲压工序完成后，机械手或机器人从模具中取出零件并移动到以一个工序中，如图 10-11 所示。

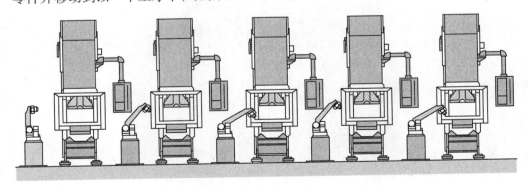

图 10-11 机器手或机器人串联自动化生产线

3）多轴伺服传送机构。压力机之间使用多轴伺服传送机构一次性在冲压机之间搬运零件，如图 10-12 所示。输送系统大体上可以分为两大类，一类是在压力机的纵轴线上安置多自由度搬运机械手，机械手可以沿压力机轴线纵向移动；另一类是在两台压力机的立柱前后两侧安置平行搬运机构，通过一根横杆形式的末端拾取器搬运零件。

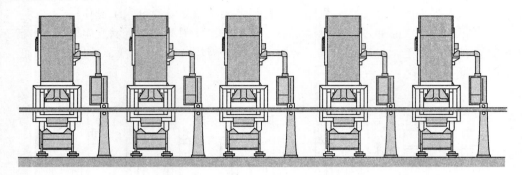

图 10-12 多轴伺服传送串联自动化生产线

串联自动化生产线需要的人工较少甚至不需要人工，生产效率较高，滑块行程次数为每分钟 6～15 次，冲压件质量较高，同时人身安全环境好。

3. 多工位压力机

多工位压力机（或多工序压力机）是先进的压力机设备，如图 10-13 所示，相当于是多台压力机及输送系统的集成，即一台多工位压力机相当于一条自动化压力机生产线，一般由线首单元、输送系统、压力机和线尾部分组成。在多工位压力机上，冲压件的多套工程模具从左至右依次排列、均匀分布，每套模具的通过高度一致，各工序节拍一致。压力机每动作一次，传送系统将压力机内的所有零件同时从上一套模具传送到下一套模具，滑块行程次数为每分钟 16～25 次。

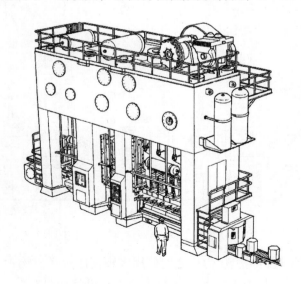

图 10-13 多工位压力机

以 4500t 生产线为例，上述三种冲压生产线的对比见表 10-4。

表 10-4　三种冲压生产线的对比

序号	项　目	串联人工生产线	串联自动化生产线 （以第一种方式为例）	多工位压力机
1	设备组成	压力机 5 台	压力机 5 台 上料机 5 台 下料机 5 台 拆垛机 1 台	多工位压力机 1 台 拆机 1 台 传动系统 1 台 码垛机 1 台
2	冲压总能力	（800＋500 双动）t＋ 800×4t＝4500t	（800＋500 双动）t＋ 800×4t＝4500t	3300t
3	设备总重	1400t	1500t	1100t
4	安装空间	90%	100%	50%
5	主电动机功率	500kW	600kW	400kW
6	换模时间	20～30min	15min	5～8min
7	全线人数	20～25 人	4～6 人	2～3 人
8	SPM	4～6 次/min	6～15 次/min	16～25 次/min
9	产品适用性	多品种、小批量	多品种、较大批量	少品种、大批量
10	生产灵活性	高	一般	低
11	模具价格比	100%	105%	110%
12	冲压件综合成本	110%	100%	50%

10.2　冲压件成本计算

10.2.1　冲压件成本构成

冲压件的成本构成包括以下五大部分：

（1）原材料成本　零件材料、料带和废料、紧固件、每次生产调机报废材料和不良品等。

（2）加工成本　包括压力机折旧、压力机使用成本、压力机维修成本、调机成本和人工成本等。

（3）二次处理成本　包括电镀、喷漆、阳极氧化和丝印等成本。

（4）包装成本

（5）模具成本　包括模具设计成本、模具材料成本、模具加工成本和模具维护成本等。

模具成本属于固定资产投资，在计算冲压成本时，可以把模具成本分摊到冲压件上；也可选择将其同固定资产投资，如研发成本、治具和设备成本等一起，分摊到每个产品上。本书选择的是后一种方法。另外，二次处理成本和包装成本本书不做介绍。

以上成本均不包括间接成本，例如厂房建造与使用成本及工厂管理成本等，一般来说，这些成本通过转化为压力机小时费率的方式进行计算。

10.2.2　材料成本

1. 原材料成本

冲压件的原材料包括冲压件成品所耗费的原材料，以及冲压过程中产生的废料。在计算冲压件原材料成本时，最常见的错误是把原材料成本简单计算为冲压件成品重量与材料单价的乘积。事实上，冲压件成品是由完整的坯料冲压而成的，常见的坯料形式包括卷料、板料、块料和棒材等。

在把坯料加工成冲压件成品的过程中，会产生图10-14所示的两种废料。一种是由于冲压件各种内孔而产生的废料，称为结构废料，它决定于冲压件的形状和内部结构；另一种是由于冲压件与冲压件之间、冲压件与坯料边缘之间有搭边存在（用于把冲压件定位和固定于模具中），以及不可避免的料头、料尾而产生的废料，统称为工艺废料。

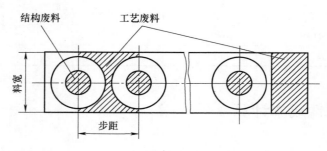

图10-14　冲压废料

因此，在进行冲压件的原材料成本计算时不能仅仅只计算冲压成品重量，还需要计算结构废料和工艺废料的重量。通过将冲压件展开，并加上搭边等特征，即可获得坯料的宽度和步距尺寸，继而可以计算出坯料的重量，从而计算出原材料成本。

第1步，计算冲压件坯料的宽度和步距。

在计算坯料的宽度和步距时，首先将冲压件展开，并加上搭边等特征进行排样，从而可以获得坯料的宽度和步距，如图10-15所示。

L_1和L_2是冲压件展开后的长度和宽度。

搭边值a_1和a_2取决于原材料的软硬度、冲压件厚度及形状复杂度等，对冲压过程、冲压模具寿命和冲压件质量都有决定性的影响，因此必须合理取值，具体的取值可向原材料供应商和模具供应商咨询。

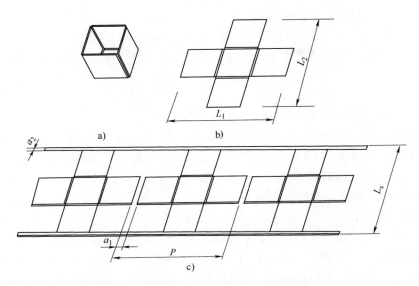

图 10-15　冲压件坯料的宽度和步距
a）冲压件　b）展开　c）排样

步距 P 是指模具每冲裁一次，坯料在模具上前进的距离，请计算方法见公式（10-1）。

$$P = L_1 + a_1 \tag{10-1}$$

坯料的宽度 L_s 的计算方法见公式（10-2）。

$$L_s = L_2 + 2a_2 \tag{10-2}$$

公式（10-1）和（10-2）的计算方法是针对图 10-15 所示直排的排样形式，对于其他的排样形式，如斜排、直对排、多排等，坯料的步距和宽度的计算方法存在不同。当然，最直接的方法是当冲压件设计时，产品设计工程师和冲压模具工程师合作，直接在 3D 软件中绘制出冲压件的排样图，这样就可以直接测量出坯料的步距和宽度。

第 2 步，计算一个冲压件的坯料成本。

一个冲压件所耗费的坯料的成本见公式（10-3）。

$$C_s = \frac{PL_s t\rho(1+\sigma)}{1000Q}P_s \tag{10-3}$$

式中，C_s 为冲压件坯料的成本（元）；P 为冲压件展开后的步距（mm）；L_s 为冲压件展开后坯料的宽度（mm）；t 为冲压件的厚度（mm）；ρ 为原材料的密度（g/mm³）；σ 为零件耗损率；Q 为一次模具冲程完成的成品个数；P_s 为原材料单价（元/kg）。

此处原材料单价是指到厂价，可以通过公司采购向供应商获取。如果是出厂价，需要再加上运输费用。考虑到原材料的重量，运输费用是一个不小的数目。

第 3 步，计算可回收的废料。

有些冲压原材料（如铜材）的废料可以回收，废料主要是指结构废料和工艺废料，耗损废料一般较少，可忽略。废料的回收价值可按公式（10-4）进行计算。

$$C_r = \frac{\left[\,(PL_s t\rho - QW_n)(1+\sigma)\,\right]}{1000Q}P_r \qquad (10\text{-}4)$$

式中，C_r 为废料回收的价值（元）；P 为冲压件展开后的步距（mm）；L_s 为冲压件展开后坯料的宽度（mm）；t 为冲压件的厚度（mm）；ρ 为原材料的密度（g/mm^3）；Q 为一次模具冲程完成的成品个数；W_n 为一个冲压件的净重（g）；σ 为零件耗损率；P_r 为废料回收的单价（元/kg）。

第 4 步，计算冲压件原材料成本

冲压件原材料成本等于坯料成本减去废料回收成本，计算方法见公式（10-5）。

$$C_{mat} = C_s - C_r \qquad (10\text{-}5)$$

【例 10.1】 计算图 10-15 所示冲压件的材料成本。该冲压件的原材料是 SECC 镀锌钢板，密度为 0.0078g/mm^3，材料价格为 4.8 元/kg，回收价值有限、可忽略。冲压件的长、宽均为 120mm，厚度为 1mm，搭边值 a_1 和 a_2 均为 4mm。耗损率为 3%。计算该冲压件的材料成本。

解： 通过公式（10-1）和公式（10-2）可计算出冲压件坯料的宽度 L_s 为 128mm，步距 P 为 124mm。

通过公式（10-3）可计算出冲压件坯料的成本为

$$C_s = \frac{124 \times 128 \times 1 \times 0.0078 \times (1+3\%)}{1000 \times 1} \times 4.8\ 元 = 0.61\ 元$$

由于镀锌钢板的回收价格可忽略，因此该冲压件的原材料成本为 0.61 元。

2. 五金件成本

由于功能、结构和装配等的要求，冲压件冲压时常常需要铆接图 10-16 所示的五金件，包括螺母、螺栓和螺钉等。五金件成本也是材料成本的一部分，在计算冲压件材料成本时需要在冲压件原材料成本的基础上再加上五金件成本。

图 10-16   冲压件上的五金件
a）五金件 b）五金件铆
接于冲压件上

10.2.3   冲压加工成本

1. 冲压力计算与压力机吨位选择

冲压力是选择压力机吨位和检验模具强度的重要依据之一。压力机的公称压力必须大于各种冲压工艺力的总和。冲压力包含冲裁力、推料力、顶件力、卸料力、折弯力和拉伸力等。下面以冲裁力的计算来说明。

冲裁力是冲裁过程中凸模对板料施加的压力，它是随凸模进入材料的深度（凸模行程）而变化的。用普通平刃口模具冲裁时，其冲裁力 F 一般按公式（10-6）进行计算。

$$F = kLt\tau_b \tag{10-6}$$

式中，F 为冲裁力（N）；k 为修正系数，它是考虑到实际生产中，模具间隙值的波动和不均匀、刃口的磨损、材料力学性能和厚度波动等因素的影响而给出的修正系数，k 一般取 1.3；L 为冲压件周边长度（mm），指任何形状的各个边长相加；t 为冲压件厚度（mm）；τ_b 为冲压件材料抗剪强度（MPa）。

【例 10.2】【例 10.1】中的冲压件使用连续模，计算其所需的冲压力，并选择压力机吨位。

解：冲压件的周边长度为 480mm，SECC 镀锌钢板的抗剪强度为 350MPa。通过公式（10-6）可计算冲裁力为

$$F = 1.3 \times 480 \times 1 \times 350N = 218400N$$

218400N 对应的是 22.28t，总的冲压力是在冲裁力的基础上再乘以 1.8 的系数，即 40.1t。

注意：1.8 是指连续模具设计时选择压力机必须在原有冲裁力的基础上加上的系数。因为连续模具是在一套模具内同时完成冲孔、折弯、成型、落料等工序，故还需在冲裁力基础上乘以 1.8 的系数。

根据以上计算结果选择 40t 的压力机即可。

2. 冲压加工生产节拍

冲压加工生产节拍的计算见公式（10-7）

$$T_s = \frac{60}{Q\mathrm{SPM}} \tag{10-7}$$

式中，T_s 为冲压加工生产节拍（s）；Q 为一次模具冲程完成的成品个数；SPM 为滑块行程次数（Strokes Per Minute），表示每分钟冲压次数或行程次数。例如，压力机说明书上标明该压力机的滑块行程次数为 120~150，即表示这台压力机的每分钟冲压次数为 120~150 次。

对于连续模的冲压加工来说，压力机的一次冲压即可完成一个冲压件的加工，公式（10-7）中的 SPM 的选取即为压力机的 SPM。连续模如果使用高速压力机，SPM 可以达到几百次甚至上千次。

对于工程模的冲压加工来说，公式（10-7）中的 SPM 是指整个冲压生产线的 SPM，即该生产线每分钟可完成的冲压次数，这取决于冲压生产线压力机的 SPM、每一个工序上下料的效率、半成品传输的效率，以及各工序的同步性等。

3. 冲压加工成本

冲压加工成本的计算见公式（10-8）。

$$C_{\mathrm{stamping}} = (HR_p + HR_l N)\frac{T_s}{3600 \times \mathrm{OEE}}(1 + \sigma) \tag{10-8}$$

式中，C_{stamping} 为冲压加工成本（元）；HR_{p} 为压力机（或冲压生产线）的小时费率，单位为元/h。一般来说，对于连续模，一台压力机即可完成一个冲压件的冲压加工；而对于工程模，一个冲压件的冲压加工由一条冲压生产线完成，一条冲压生产线由多个压力机组成，冲压生产线的小时费率计算方式与压力机的小时费率计算方式相同；HR_{l} 为直接人工小时费率成本（元/h）；N 为压力机（或冲压生产线）上的人工数；T_{s} 为冲压加工生产节拍（s）；OEE 为压力机的设备综合稼动率；σ 为零件耗损率。

【例 10.3】 计算【例 10.1】中冲压件的加工成本。选择使用 40t 的压力机，压力机的 SPM 为 80，压力机的小时费率可按照第 7 章的机器小时费率进行计算，为 18.79 元/h，设备综合稼动率为 85%，生产线直接人工小时费率为 25.39 元/h，人工数为 1 人。

解： 通过公式（10-7）可计算出冲压加工时的生产节拍为

$$T_{\text{s}} = \frac{60}{80 \times 1}\text{s} = 0.75\text{s}$$

通过公式（10-8）可计算出该冲压件的加工成本为

$$C_{\text{stamping}} = (18.79 + 25.39 \times 1) \times \frac{0.75}{3600 \times 85\%} \times (1 + 3\%)\text{元} = 0.01\text{ 元}$$

10.2.4 冲压件成本

冲压件成本为原材料成本和冲压加工成本之和，其计算公式为

$$C_{\text{sheetmetal}} = C_{\text{mat}} + C_{\text{stamping}} \tag{10-9}$$

10.3 降低冲压件成本

10.3.1 从 DFA 角度降低成本

1. 选择合适的紧固工艺

冲压件与冲压件、冲压件与其他零件的紧固存在着多种工艺，不同的紧固工艺具有不同优缺点和适应范围，使用设备不同、需要的装配时间不同、装配效率不同，以及人工数量和装配良率不同，这就造成了不同紧固工艺的装配成本不同。因此，在选择紧固工艺时，除了衡量可行性之外，还需要重点考虑装配成本，在满足可行性的前提下，尽量选择装配成本更低的紧固工艺。本节将介绍几种常见的冲压件与冲压件的紧固工艺。

（1）卡扣紧固　同塑胶件的卡扣紧固工艺不一样，因为大多数的冲压件没有弹性（不锈钢除外），冲压件紧固并不能完全依靠卡扣来完成。卡扣紧固常与其他紧固工艺（如螺纹紧固）配合使用，起着快速装配和减少装配成本的作用。

　　卡扣紧固的结构包括卡扣和卡槽，常用卡扣和卡槽的形状如图 10-17 所示，产品设计可以选择合适的卡扣和卡槽形状进行配对选用。根据面向装配的设计中的导向原则，卡扣或卡槽的前端最好增加一个 30° 的小折弯以保证装配顺利。

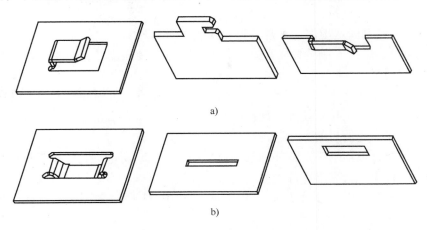

图 10-17　常用卡扣和卡槽

a）卡扣　b）卡槽

　　图 10-18 所示为常见台式机电脑机箱侧盖的紧固工艺设计，通过在机箱上设置卡槽，在侧盖上设置卡扣，组装侧盖时，将侧盖的卡扣与机箱的卡槽对齐插入，最后再通过弹簧锁扣进行锁紧，装配结构可靠，装配效率高。

　　图 10-19 所示为一个拴扣自锁结构，在一个冲压件上增加类似拴扣的特征，在另外一个冲压件上的对应位置增加相应的开口，二者配合在水平位置即可形成一个自锁结构，可防止两个冲压件在水平位置产生偏移。

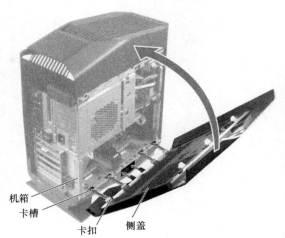

图 10-18　台式机电脑机箱侧盖的卡扣紧固　　　　图 10-19　拴扣自锁结构

卡扣紧固的优点是：

1）装配效率高，能够提供快速装配与拆卸。

2）不需要额外的紧固件，不需要投入昂贵的专业设备，装配成本低。

卡扣紧固的缺点是：

1）不能完全固定零件，常常需要和其他紧固工艺配合。

2）相对于焊接或螺栓螺母紧固，卡扣紧固的连接强度低，适用于对连接强度要求不高的场合。

（2）拉（铆）钉紧固　拉钉紧固是通过将拉钉插入两个零件的对应孔内，用拉钉枪拉动拉杆直至拉断使外包的拉钉套变形胀大，大于孔的直径，从而达到将两个零件紧固在一起的目的。

常用的拉钉包括平头拉钉和圆头拉钉，如图 10-20 所示。其中平头拉钉用于拉钉紧固后拉钉头不能突出零件表面的场合，此时在零件上需要增加沉头孔。冲压件通孔的尺寸一般大于拉钉尺寸 0.1~0.3mm。图 10-21 所示为圆头拉钉将两个冲压件紧固在一起。

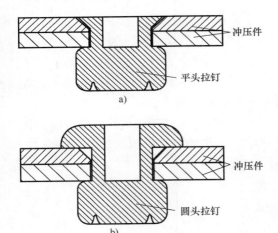

图 10-20　平头拉钉和圆头拉钉紧固

a）平头拉钉紧固　b）圆头拉钉紧固

图 10-21　圆头拉钉紧固实例

拉钉紧固的优点是：

1）操作方便，流动性好。

2）不需要定位，可以自动定位。

3）出现质量问题时，可以返工。

拉钉紧固的缺点是：

1）需要在产品上增加沉头孔，可能会增加冲模工序。

2）拉钉尾部会突出零件表面，干涉其他零件。

3）拉钉不能在有限的空间内使用，拉钉枪如果被其他特征阻挡，则可能使得拉钉拉偏。

（3）翻边自铆　翻边自铆的原理如图 10-22 所示，A 零件（带有沉头孔）和 B 零件（带有抽牙孔）配合，两个零件贴合在一起，然后通过模具冲头使得抽牙孔胀开，填充至沉头孔的角孔内，从而使两个零件紧固成一个整体。

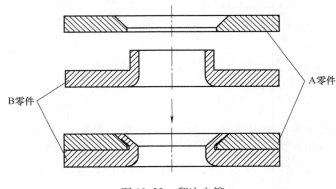

图 10-22　翻边自铆

翻边自铆的优点是：

1）不需要定位，可以自动定位。

2）小批量生产可以手工制作。

3）不需要紧固件。

翻边自铆的缺点是：

1）需在产品上加工沉头孔及抽牙孔，可能增加冲压模具工序。

2）不可拆卸，一旦失效，整个装配件报废，增加成本。

3）质量不易保证，不良率较高。

4）大批量生产时，需投入专用的自铆模具。

（4）螺纹紧固　冲压件的螺纹紧固包括四种方式：

1）抽牙孔＋自攻螺钉紧固。指在两个需要紧固的零件中，其中一个零件上抽牙孔，另一个零件上冲孔，然后通过螺钉把两个零件紧固。如图 10-23 所示，在 A 零件上抽牙孔，在 B 零件上冲孔，使用自攻螺钉，自攻螺钉在锁入的同时攻螺纹。

自攻螺钉紧固的优点是：可以拆卸、成本低。

自攻螺钉紧固的缺点是：拆卸次数有限；如果抽牙滑牙，则整个装配件报废。

2）抽牙孔＋攻螺纹＋螺钉紧固。同第一种情况比较类似，区别在于两点：其一是对 A 零件完成抽牙后增加额外的攻螺纹工序；其二是使用普通的机械螺钉而不是自攻螺钉可以完成两个零件的紧固。

这种方式相对于自攻螺钉紧固，连接较可靠，可反复拆卸，缺点是会增加攻螺纹工序，进而增加成本。

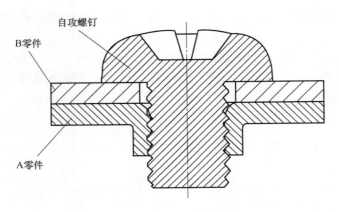

图 10-23　自攻螺钉紧固

3）铆合螺母 + 螺钉紧固。这种紧固方式需要在 A 零件上铆合螺母，替代抽牙孔及攻螺纹，如图 10-24 所示。

铆合螺母 + 螺钉紧固的优点是连接很可靠，可反复拆卸；缺点是增加了铆合工序，同时增加紧固件，成本较高。

4）螺栓螺母紧固。这种紧固方式是直接通过螺栓螺母紧固，如图 10-25 所示。

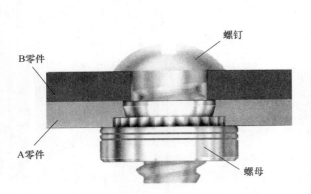

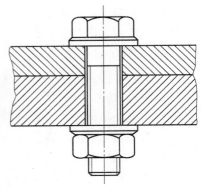

图 10-24　冲压件铆合螺母 + 螺钉紧固　　　　　图 10-25　螺栓螺母紧固

螺栓螺母紧固的优点是连接很可靠，可反复拆卸；缺点是需要额外的紧固件，零部件成本增加，同时螺栓螺母的锁紧需要花费较多的时间，装配效率低，从而造成装配成本高。

5）TOX 铆接。TOX 铆接也称无铆钉铆接，是在气液增力缸式冲压连接设备上，采用专用铆接模具对两个冲压件进行冷挤压，通过冲压件自身材料的塑性变形形成铆接圆点而实现，如图 10-26 所示。

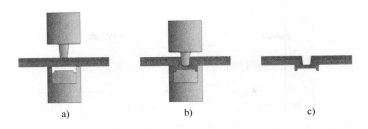

图 10-26　TOX 铆接

a）铆接前　b）铆接中　c）铆接成品

　　TOX 铆接的工艺过程如图 10-27 所示，在气液增力缸产生的特殊冲压力作用下，凸模一侧的冲压件材料被挤压到凹模侧的冲压件内，在进一步的挤压过程中，冲压件材料塑性"流动"，形成燕尾状镶嵌，如此即可形成一个既无棱边也无毛刺的铆接圆点。铆接圆点的形成不会影响此处冲压件的耐腐蚀性，因为在铆接圆点的形成过程中，冲压件的镀层或漆层也随之一起塑性变形"流动"而无撕裂损伤。

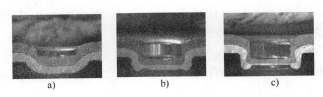

图 10-27　TOX 铆接的工艺过程

a）初始压入　b）凸模一侧的冲压件镶嵌挤压　c）形成铆接圆点

　　TOX 铆接的优点包括：

　　① 与点焊相比，费用可节省 30% ~60%，无零件变形。

　　② 单点铆接的静态连接强度为点焊的 70%，动态疲劳连接强度远远高于点焊。

　　③ 可多点同时连接，效率极高。

　　④ 不损伤连接点处工作的镀层或涂层，无连接变形。

　　⑤ 可简便地对连接强度进行无损伤检测。

　　⑥ 材料在连接点处被挤压而强化，无撕裂损伤。

　　⑦ 不损伤冲压件表面的镀层或漆层，连接点保持原有的耐蚀性。

　　⑧ 可以自动地监控和输出连接加工过程状态。

　　⑨ 即使在极狭窄的法兰边上或很小的安装空间内，也可以完美地进行无铆钉铆接。

　　⑩ 铆接点具有优良的导电性。

　　⑪ 圆点铆接的承载性与受载荷方向无关，即无论是受剪切载荷作用，还是受

顶拉载荷作用，其承载性都相同。

TOX 铆接的缺点包括：

① 需要专用的铆接设备。

② 无法自动定位，需要通过零件特征或者模具来定位。

③ 冲压件的最小宽度受模具直径的影响。

6）焊接。冲压件焊接是指通过加热、加压等工艺措施，使得两个冲压件表面产生原子间的结合与扩散作用，从而获得不可拆卸的永久连接。如图 10-28 所示，通过焊接将三个冲压件紧固在一起。

焊接的种类很多，包括：

① 熔化焊：电弧焊、电渣焊、电子束焊、激光焊和等离子弧焊等。

② 压力焊：电阻焊、摩擦焊、冷压焊、超声波焊、爆炸焊、高频焊和扩散焊等。

③ 钎焊：软钎焊和硬钎焊。

不同种类的焊接具有不同的优缺点，但是一般来说大多数的焊接具有以下优点：

① 连接强度较高，有的焊接可具有良好的密封性。

② 可实现不同种金属材料的连接，使不同材料的性能得到充分利用。

图 10-28　焊接

③ 以小拼大、化大为小，可将大型冲压件分解为几个小型冲压件，从而可以简化冲压件的冲压工艺和节省冲压件材料。

焊接的缺点是：

① 焊接使冲压件产生残余应力和变形，降低产品质量。

② 焊接往往导致连接处的组织和性能发生改变，如控制不当会严重影响质量。

③ 表面质量低，连接处容易产生裂纹、夹渣和气孔等缺陷。

④ 焊接需要投资专门的设备。

⑤ 大多数的焊接效率低，装配成本较高。

2. 使用冲压件代替机械加工件等

尽管冲压件结构相对简单，不能具有复杂的形状特征；但是在有些场合，通过合理设计，冲压件也可代替机械加工件、压铸件或者锻压件等，从而降低产品成本。如图 10-29 所示，一个冲压件代替一个冲压件与三个机械加工件的组合，不但减少了零部件的加工成本，同时还降低了零部件的装配成本，产品整体成本大幅下降。

3. 几个冲压件合并为一个冲压件

尽管冲压制造工艺不允许冲压件具有复杂的结构，但在冲压件结构所能达到的

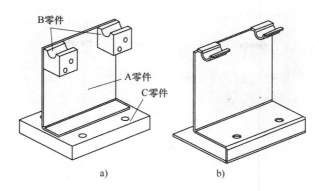

图 10-29　使用冲压件代替机械加工件

a）原始的设计　b）改进的设计

范围内，应当合理利用冲压件结构，合并冲压件周围的零件，减少零件的数量，从而降低产品成本。

如图 10-30 所示，在原始的设计中，整个装配件包括 3 个零件，A、B、C 零件之间通过焊接装配在一起，产品制造和装配费用高；在改进的设计中，合理利用冲压件折弯，使得 A 冲压件能够合并 B 和 C 零件的功能，产品成本降低。

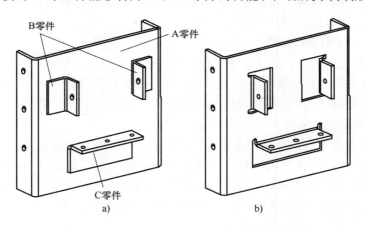

图 10-30　合理利用冲压件结构，减少零件数量

a）原始的设计　b）改进的设计

图 10-31 所示的六角形加热器外壳，原始的设计由 8 个冲压件通过多个焊点焊接拼接而成，8 个冲压件总共有 42 个折弯工序。在改进的设计中，将 8 个冲压件合并成 1 个冲压件，节省了 60 个焊点，折弯工序减少到 24 个；同时由于 1 个冲压件的设计强度较高，材料厚度可以由原来的 1.5mm 减少到 1.2mm。因此，改进的设计大幅降低了产品成本。

a)   b)

图 10-31   六角形加热器外壳的优化

a）原始的设计   b）改进的设计

10.3.2 降低材料成本

从公式（10-3）可以看出，材料成本主要与以下四个因素息息相关：

1）坯料的宽度。

2）坯料的步距。

3）坯料的厚度。

4）坯料的价格。

那么降低材料成本，就需要降低坯料的宽度、步距、厚度和价格，本节的降低材料成本的各种方法，均是从这四个因素入手的。

1. 选择合适的冲压材料

冲压件原材料众多，选择正确原材料需要遵循以下五大原则：

1）满足冲压件使用要求。在选择材料时，首要任务就是准确判断冲压件所要求的主要使用性能；冲压件材料应当满足产品应用时的强度、刚度、韧性、导电性、耐蚀性和耐热性等各方面的要求。

2）满足冲压工序的要求。见表 10-1 及表 10-2，冲压工序一般分为分离工序和成形工序；分离工序分为落料、冲孔、切断和修边等，成形工序分为折弯、拉深、翻孔、翻边和整形等。不同冲压工序对材料的力学性能要求不同，应根据冲压工序类型和使用特点选择具有不同力学性能的冲压件材料，使得冲压工序能够高质量完成。

3）交货周期。交货周期也是选择材料时需要考虑的一个因素。

4）尽量减少材料种类。对于企业来说，材料种类越少，库存管理越简单，采购批量越大，就越可能获得成本优势。因此，在可能的情况下，企业应当制定材料标准库，产品工程师在选择材料时尽量从标准库中选取材料。

5）经济原则。在满足上述条件的情况下，选择成本最低的原材料，既能保证产品质量，又能达到降低原材料成本的目的。

在选择材料时，同模具供应商和原材料供应商等进行积极有效的沟通，掌握每一种备选材料的性能、应用环境、冲压工艺性、价格和交货周期等，通过团队合作才能选择出正确的材料。

常见的冲压件材料主要包括以下五大类：

1）冷轧低碳钢。

2）电解镀锌钢。

3）不锈钢。

4）铜及铜合金。

5）铝及铝合金。

2. 考虑使用预镀而不是后镀

如果冲压件要求进行电镀处理，那么使用预镀比使用后镀更具有经济性。这是因为预镀是对坯料通过大批量的方式进行电镀，而后镀是对冲压加工完成后的冲压件以散装的方式进行电镀。坯料显然更方便进行电镀，并不需要复杂的治具以确保零件的每一个区域都完全电镀，效率更高，电镀成本更低。而冲压加工完成后的冲压件进行电镀时则需要复杂的治具，电镀成本高，同时容易造成冲压件变形或翘曲。

当然，使用预镀也是存在某些风险和缺陷的。冲压加工过程中的裁剪、折弯和成形等工序会造成预镀后的金属底材外露，在某些情况下这可能会存在质量问题。

3. 合理的坯料选择

冲压件坯料形式主要有两种，分别是板料和卷料，如图 10-32 所示。板料材料利用率比较低，同时不易于进行冲压自动化生产，生产效率低；卷料材料利用率比较高，同时很容易实现冲压自动化生产，生产效率高。板料适用于尺寸较大的冲压件，卷料适用于尺寸较小的冲压件。而对于不同的材料，在某些尺寸范围内，既可选择板料也可选择卷料，那么从产品成本的角度考虑，应当选择使用卷料而不是板料。

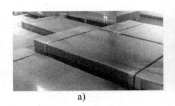
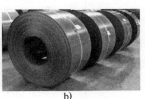

a)　　　　　　　　　　b)

图 10-32　冲压件坯料的形式

a）板料　b）卷料

在选定坯料的形式后，对于料厚及宽度等，需要遵循下述原则：

1）坯料厚度。尽量选择企业材料库中现有的料厚，避免使用特殊的料厚，为后续的采购、库存管理提供便利。

2）坯料宽度。在材料规格种类中，不管是板料还是卷料，同种材质、料厚的材料，宽度不同价格不同。所以，在保证材料利用率前提下尽量选取不加价的宽度区间。对于板料尽量选择合适的规格尺寸，从材料供应商处完成裁剪后，不必进行二次裁剪，降低裁剪费用；对于卷料尽量选择材料供应商现存的卷料规格，避免二次裁剪，提高生产效率。

4. 减小冲压件外形尺寸

冲压件外形尺寸越大，所使用坯料的宽度和步距也越大，材料成本就越高，因此在可能的情况下，需要尽量减少冲压件的外形尺寸。同时冲压件外形尺寸也是决定冲压模具成本的主要因素之一。冲压件外形尺寸越大，冲压模具尺寸就越大，模具成本就越高，这在冲压模具包含多套冲压工序模时变得更为明显。

（1）冲压件上避免狭长的特征　狭长的冲压件形状不但零件强度低，而且冲压件在排样时材料浪费严重；同时狭长特征使得冲压模具尺寸加大，增加模具成本。如图 10-33 所示，具有狭长特征的冲压件可以想办法把狭长特征去掉，或者分为两个冲压件进行冲压，再通过拉钉或焊接等方式装配在一起。

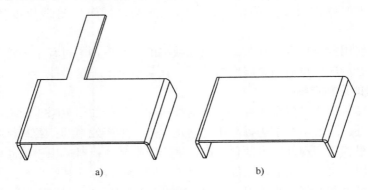

图 10-33　避免狭长的特征
a）原始的设计　b）改进的设计

（2）避免冲压件展开后呈"十"字形外形　展开后呈"十"字形外形的冲压件在排样时材料浪费严重，同时增加冲压模具的尺寸，增加模具成本。如图 10-34 所示，在原始的设计中，冲压件的四个折弯边均附着于冲压件底部的四个边缘，冲压件展开呈"十"字形，在排样时材料浪费严重，同时冲压件外形尺寸较大；改进的设计中冲压件的后两个折弯边附着于前两个折弯边，避免冲压件展开后呈"十"字形，从而使得冲压件可以合理排样，材料利用率提高 30% 以上，同时冲压件外形尺寸减小，模具费用降低。

5. 选择合理的排样方法和形式

冲压件的排样方法主要有三种：

1）有废料排样方法。排样时冲压件与冲压件之间，冲压件与坯料边缘之间都有搭边存在，如图 10-35a 所示，冲裁时刃口沿冲压件的封闭外形轮廓冲裁。冲压件尺寸完全由冲模来保证，因此精度高，模具寿命也高，但材料利用率低。

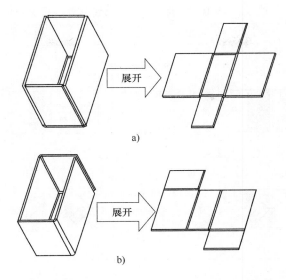

图 10-34　避免冲压件展开后呈"十"字形外形

a）原始的设计　b）改进的设计

2）少废料排样方法。排样时冲压件与冲压件之间有搭边，而冲压件与坯料边缘之间没有搭边存在，如图 10-35b 所示，冲裁时刃口只沿冲压件的部分轮廓冲裁。因受剪裁坯料质量和定位误差的影响，冲压件质量和精度较差，同时边缘毛刺被凸模带入间隙以及模具单面受力加剧模具磨损、影响模具寿命，但材料利用率稍高，冲模结构简单。

3）无废料排样方法。排样时冲压件与冲压件之间，冲压件与坯料边缘之间均无搭边存在，如图 10-35c 所示，冲裁时冲模刃口沿坯料顺次冲下，直接获得冲压件。冲压件质量、精度和模具寿命最差，但材料利用率最高。

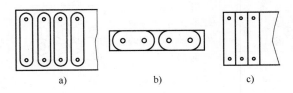

图 10-35　冲压件的排样方法

a）有废料排样　b）少废料排样　c）无废料排样

无论是有废料、少废料还是无废料排样方法，冲压件在坯料上的排样形式均可分为直排、斜排、直对排、斜对排、多排和混合排等，见表 10-5。根据冲压件的形状选择合理的排样方式，有利于减小步距，减少废料和提高材料利用率，从而降低材料成本。

表 10-5　冲压件排样形式分类

排样形式	有废料排样		少废料及无废料排样	
	简　图	应　用	简　图	应　用
直排	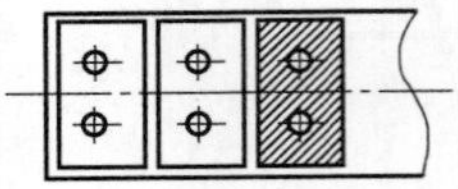	用于简单几何形状（方形、圆形和矩形）的冲压件	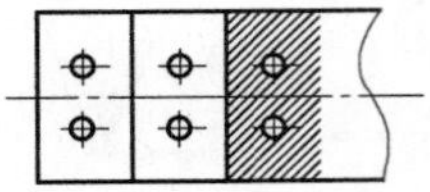	用于矩形和方形冲压件
斜排	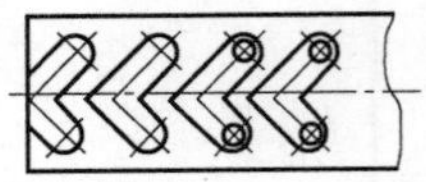	用于 T 形、L 形、"十"字形和椭圆形冲压件	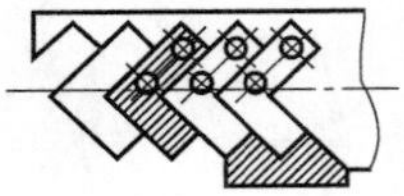	用于 L 形或其他形状的冲压件，在外形上允许有不大的缺陷
直对排	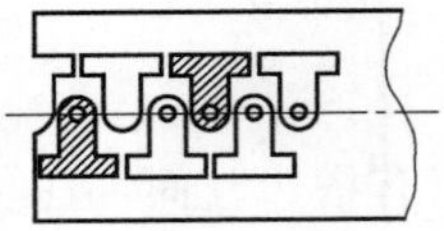	用于 T 形、L 形、山形、梯形、三角形和半圆形冲压件	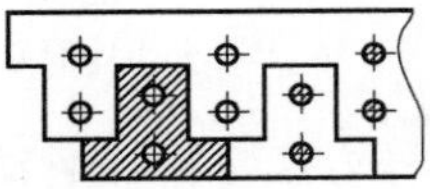	用于 T 形、L形、山形、梯形、三角形和半圆形的冲压件，在外形上允许有不大的缺陷
斜对排		用于材料利用率比直对排高的情形	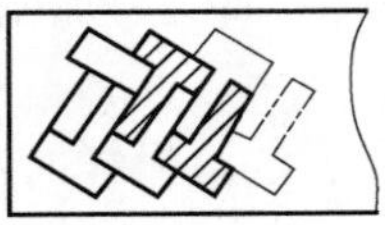	多用于 T 形
多排	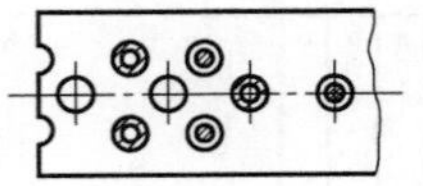	用于大批量生产较小尺寸的圆形、六角形、方形和矩形冲压件	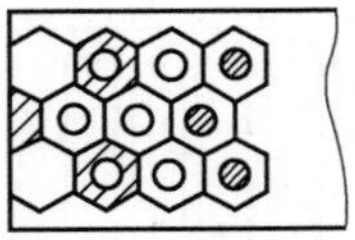	用于大批量生产较小尺寸的方形、矩形和六角形冲压件
混合排	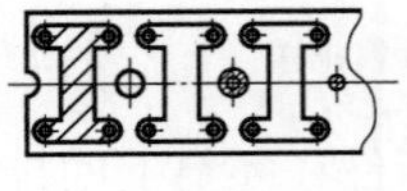	用于多个零件的冲压	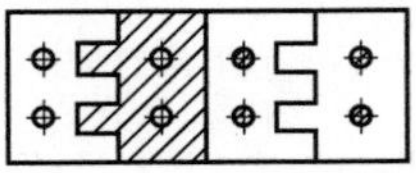	用于多个零件的冲压

　　例如图 10-36 所示的冲压件，通过排样方式的优化，材料利用率从 56.5% 提高到 73.5%，从而降低了零件材料成本。

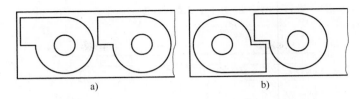

图 10-36 合理选择排样形式，提高材料利用率

a）原始的设计 b）改进的设计

6. 合理设计冲压件形状

冲压件形状应当利于排样，尽量减少结构废料和工艺废料，提高材料利用率。合理的冲压件形状设计可以使得冲压件在排样时提高材料利用率，减少废料，从而降低冲压件材料成本。

产品设计工程师的主要职责是设计冲压件使其满足产品的功能、外观和可靠性等要求，具体排样是属于冲压工程师的职责。但是，产品设计工程师也应当清楚冲压件是如何排样的，并在产品设计阶段就重点考虑冲压件排样，从而有可能进行优化设计来优化冲压件排样，提高材料利用率，降低材料成本。从产品成本角度来说，最错误的方式是产品设计工程师在设计阶段根本不考虑冲压件排样；而冲压工程师进行排样时，默认为零件设计已经定型、无法修改，仅仅从制程角度去考虑排样；这样的后果是冲压件排样没有优化，材料浪费严重，材料成本高。因此，产品设计工程师在进行产品设计时，不但需要在三维软件中绘制出冲压件的结构和外形，还需要绘制出冲压件的具体排样图，并根据排样图优化冲压件的结构和外形，从而最大限度地使用冲压件材料，降低材料成本。

如图 10-37 所示，稍微修改冲压件的外形，即可减小冲压件排样步距，减小废料，提高材料利用率，从而降低材料成本。

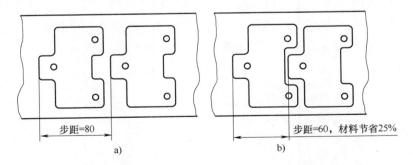

步距=80

步距=60，材料节省25%

a） b）

图 10-37 合理设计冲压件形状、提高冲压件材料利用率

a）原始的设计 b）改进的设计

7. 使用家族模

家族模是指在一副冲压模具上可同时冲压加工多个冲压件。如图 10-38 所示，

两个冲压件通过混合排样，通过一副冲压模具加工。

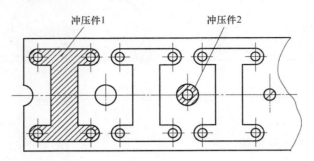

图 10-38　冲压家族模

家族模被广泛使用，其主要优点在于可以降低产品成本，体现在两个方面：

1）类似七巧板结构，不同的冲压件布局在同一个坯料上，可最大限度地利用材料，一个冲压件的废料恰恰作为另一个冲压件的材料，从而减少废料，降低原材料成本。

2）一副冲压模具即可加工多个冲压件，减少模具费用，同时减少加工时间和加工成本。

不过家族模也有缺点：

如果家族模中一个冲压件发生质量问题，由此而导致的成本不仅仅发生在出现质量问题的冲压件上，也会发生在家族模中的其他冲压件上造成产品成本增加。

如图 10-39 所示；掀背式汽车的整体后背门内存在大量的废料。传统的方式是将废料收集起来再利用在其他零件上，但是通过家族模的设计在废料处布置其他小零件，不仅可以充分利用废料，还可以减少模具数量，降低冲压成本。

另外，在很多产品中常常包含对称冲压件，在模具设计时也可考虑在对称冲压件的生产中使用家族模，左右件共模生产，不但因为材料应力、应变均匀对称，利于冲压成形，降低冲压难度；而且可提高材料利用率，提高冲压效率，降低冲压成本。图 10-40 所示的左右对称支架可通过一套冲压模具加工。

图 10-39　汽车后背门家族模

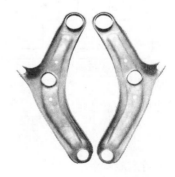

图 10-40　对称支架

8. 减小冲压件的壁厚

很多时候，为了提高冲压件强度，很多工程师首先想到的是把冲压件加厚，使用较厚的冲压件材料。但这不是一个最优的方法，因为壁厚增加，冲压件材料成本随之增加。可以通过很多方法提高冲压件强度，例如添加加强筋、增加折弯边、增加翻边、反折压平、添加三角加强筋和使用拉钉或自铆等方法将冲压件壁连接在一起，如图 10-41 所示。

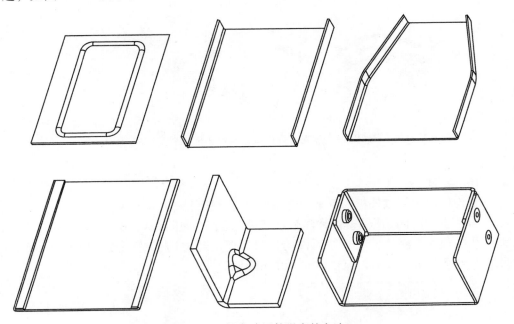

图 10-41　提高冲压件强度的方法

9. 使用焊接等方式降低材料成本

当冲压件的形状结构决定了无论何种排样方法和形式都会使得废料很多、材料成本增加时，可考虑把冲压件分成几个小的冲压件，再通过焊接等紧固工艺连接成一个整体，从而降低冲压件的材料成本。当然，这样的前提是焊接等紧固工艺的成本要小于废料的成本。

激光拼焊板技术正是这一理念的典型应用。激光拼焊板技术是基于成熟的激光焊接技术，将几块不同材质、不同厚度、不同涂层的钢材焊接成一块整体板，以满足零部件不同部位对材料不同性能的要求。激光拼焊板技术目前广泛应用于汽车行业，用于汽车轻量化、减少原材料废料、减少零部件数量和降低固定资产投资等。激光拼焊板的工艺过程如图 10-42 所示。

图 10-43 所示是激光拼焊板技术在汽车前纵梁的应用。使用了激光拼焊板技术后，零件不但重量减轻、数量减少，而且强度增加。

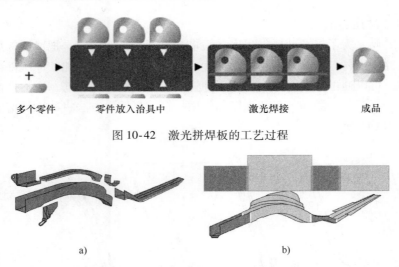

图 10-42　激光拼焊板的工艺过程

图 10-43　激光拼焊板技术在汽车前纵梁的应用
a）原始的设计　b）改进的设计

10. 实例

下面以汽车侧围外板为例来综合说明降低冲压件成本的方法。

第一步：1 个冲压件整体冲压修改为通过三个冲压件 A、B、C 分别冲压后再激光焊接成一个整体，三个冲压件的材料和厚度与之前保持一致，如图 10-44 所示，材料重量节省 8kG，但整体成本并未降低。

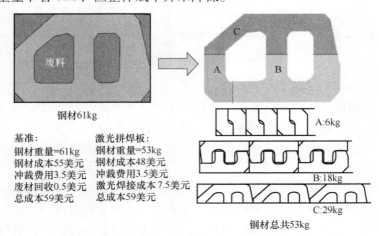

钢材61kg

基准：
钢材重量=61kg
钢材成本55美元
冲裁费用3.5美元
废料回收0.5美元
总成本59美元

激光拼焊板：
钢材重量=53kg
钢材成本48美元
冲裁费用3.5美元
激光焊接成本7.5美元
总成本59美元

A:6kg

B:18kg

C:29kg

钢材总共53kg

图 10-44　提高材料利用率、减少废料

第二步：通过分析发现，可以将 A 冲压件的厚度降低 15%、将 C 冲压件的材料由电镀钢板改为冷轧钢板，如图 10-45 所示，零件重量减小 1kG，成本节省 6.5 美元。

第三步：优化 C 冲压件的排样方式，从直排改为直对排，如图 10-46 所示，材料重量节省 4kG，成本节省 3.5 美元。

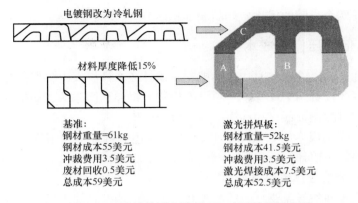

图 10-45 A 冲压件厚度降低、C 冲压件材料变更

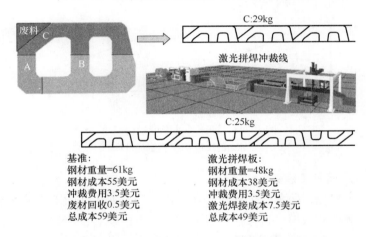

图 10-46 C 冲压件的排样方式优化

第四步：将 C 冲压件的废料通过激光焊接用在横梁上，如图 10-47 所示，节省 2 美元。

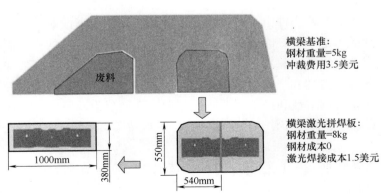

图 10-47 C 冲压件的废料用在横梁上

通过上述四个步骤的优化，产品成本总体节省 12 美元。

10.3.3　降低冲压模具成本

尽管在计算冲压件成本时，并不把冲压模具成本计算入内，但是冲压模具成本是作为固定资产投资用于计算整个项目的投资回报和利润率的，如果冲压模具成本降低，整个项目的投资回报和利润率也会得到改善。

降低冲压模具成本的方法除了 10.3.1 节所述的将多个冲压件合并成一个冲压件，以及使用家族模外，还包括：

1. 冲压件外形应尽量简单

复杂的冲压件外形需要复杂的凸模和凹模，增加模具加工成本，冲压件的外形应尽可能简单，如图 10-48 所示。

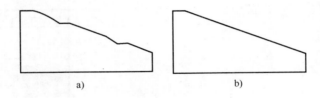

a)　　　　　　　　　　　　　b)

图 10-48　冲压件外形应尽量简单

a) 原始的设计　b) 改进的设计

2. 减少冲压模具工序数

冲压模具主要包括两种：工程模和连续模。一个冲压件的工程模可能包括多套工序模具，例如冲裁模、折弯模、成形模和压飞边模等，模具工序数越多，冲压件模的工序模套数就越多，冲压模具成本就越高，对于连续模也是如此；另外工序越多，也意味着冲压加工时需要使用更多的压力机，更多的传送装置数量、占地面积、人员及动能消耗等。因此，工序数不仅仅是模具成本的关键，还是制造成本的关键。

例如，如果汽车冲压件由于在产品开发设计时重视整车性能及效果，对可制造性和经济性的考虑不够，会导致冲压工序数较多。一些先进的汽车制造厂商都非常重视汽车车身设计，将冲压工序数作为降低汽车制造成本的重要途径。当产品结构要求与可制造性和经济性发生矛盾时，可通过优化产品设计，使其既满足结构要求又满足可制造性和经济性要求。目前，在载货汽车及普及型轿车车身覆盖件的先进设计中，冲压工序数不超过 4 道，一般轿车覆盖件的工序数略高于载货汽车。

因此，为降低冲压模具成本和冲压件制造成本，应当尽量减少模具的工序数，常见的一些方法如下。

1）合理定义折弯的附着边，不合理的折弯附着边容易增加折弯工序。例如，如图 10-49 所示，在原始的设计中，冲压件需要 2 个折弯工序；而在改进的设计中，通过更改折弯的附着边，冲压件仅仅只需要 1 个折弯工序就可以同时完成 2 个边的折弯，改进的设计可以节省一套折弯工序模，从而减少模具成本。

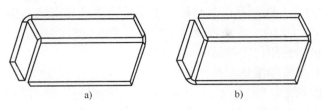

图 10-49　合理定义钣金折弯

a）原始的设计　b）改进的设计

2）产品设计需要尽量避免复杂折弯。复杂折弯需要 2 套甚至多套折弯模，复杂折弯是冲压模具工序数增加的主要原因。可以通过设计的优化来避免复杂折弯。如图 10-50 所示，复杂的折弯通过零件的拆分可减少冲压模具工序数，减少零件成本。

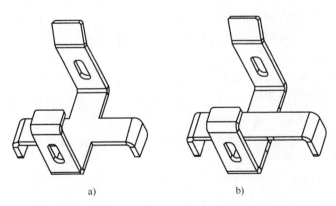

图 10-50　避免复杂的折弯

a）原始的设计　b）改进的设计

3）产品设计需要尽量避免反折压平。反折压平至少需要 2 个工序，也就是说需要两套工程模。

4）压飞边一般也需要单独的压飞边工序模，所以对于产品内部零件，如果可以不压飞边，则尽量不压飞边。

5）通过拼版焊接技术，可将一个复杂的具有多道工序的冲压件分成多个冲压件，从而降低复杂冲压件的工序数量。

3. 合理选择模具材料及表面处理工艺

模具无不足或过多的寿命储备，以最低的寿命周期成本可靠地实现模具的必要功能，包括模具材料、模具结构强度、热处理、模具加工精度等。例如，模具材料的选择要坚持在保证性能前提下的低价原则，以降低模具材料费用。在材料选择上，并非材料越高级越好。材料等级过高，意味着价格越高，模具价格也越高。模具的使用寿命要求直接影响到模具的结构设计及材料选择。例如某企业一般要求模具的使用寿命为 60 万次，但在多品种、中小批量生产的市场销售形势下，模具使用寿命继续按 60 万次的要求是否合理值得重新考虑，能否考虑降低为 50 万次甚至 40 万次？从而可以使用价格较低的模具材料。

4. 减少模具维修和维护

模具的维修和维护会增加相关的模具成本，同时还会使得加工停止。据统计，美国汽车工业每年会耗费 7 亿美元用于设计、测试和改模，其中一半的费用用于维修模具问题，例如开裂、折断、卡模、尺寸超差和表面缺陷等。

因此，在产品设计和模具设计时，应当简化模具结构和避免模具不必要的磨损，从而减少模具的维修和维护。

5. 其他

其他的降低模具成本的方法包括：

1）尽量减少毛坯尺寸，简化过渡件形状，尤其是拉伸件形状对零件各工序的冲模尺寸、结构和复杂程度等都有很大的关系。

2）优化冲压工序内容设计，这对模具的设计、制造、调试、保养、维修都有着直接的影响。

3）合理选择冲压方向，优化冲模结构。

4）提高冲模的标准化、系列化、参数化水平，以便缩短模具的设计制造周期和维修周期，而且有利于模具快速更换的实现。

5）在满足冲模本身强度功能要求和冲压操作要求的条件下，尽量减小冲模的外形尺寸。

6）降低冲压件的尺寸精度要求，从而避免对模具加工进行严格的尺寸精度要求以降低加工成本；同时还可以降低维修、维护和检验成本。

7）冲模设计应可靠实用、便于维修，以降低使用时的维修费用和时间。

8）在易损部位采用镶块结构，以降低模具材料费和维修费。

9）中小批量生产中可广泛采用简易模具。

10.3.4　利用连续模料带辅助后续装配工序

1. 连续模料带的种类

1）单侧料带。如图 10-51 所示，单侧料带广泛应用于连接器端子及较小的冲压零件等。

2）双侧料带。如图 10-52 所示，双侧料带主要适用于特征较为复杂、折弯高度较高、材料宽度较宽、容易在料带传送过程中变形的较大型冲压件等。无法靠单侧料带传送的，可选择双侧料带。

图 10-51　单侧料带

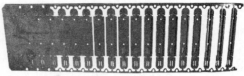

图 10-52　双侧料带

3）双料带。如图 10-53 所示，双料带主要由双侧料带演变而来，目的也是为了省料设计。当使用双侧料带料时，需有两侧料带进行带料，如再加上一条并排料带，则可节省一条料带的材料。

4）双独立料带。如图 10-54 所示，双独立料带一般是为了省料设计，将两个冲压件对插排列，以达到节省材料的目的。也可将两种不同的冲压件各排列一侧同时进行冲压，如应用于冲压不同的冲压件时，要求是冲压件的数量需求相同。

图 10-53　双料带

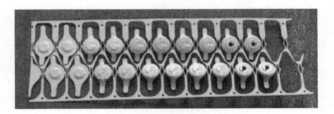

图 10-54　双独立料带

5）中间料带。如图 10-55 所示，中间料带主要适用于尺寸精度要求较低的产品，使用这种设计方式一般可提高材料利用率，但冲压精度、冲压速度较差，一般不建议使用这种形式。

图 10-55　中间料带

2. 利用料带包装辅助电镀或组装等后续工序

冲压件在冲压完毕后，由于产品功能、结构和外观等需要，常常还需要进行包装、表面处理和装配等后续工序，这些包括：

1）包装。

2）表面处理：抛光、阳极氧化、丝印、电镀、喷漆、热处理、雕刻、机械加工。

3）装配：电阻焊、点焊、激光焊接、SMT、人工组装、自动化组装。

在设计冲压件时，特别是使用连续模进行加工的冲压件，不能只考虑冲压件的冲压过程，还需要考虑冲压后的包装、表面处理和装配等后续工序，进行全局整体制程的考虑。合理的零件设计和料带设计，可使得后续工序容易加工和便于加工，从而提高加工效率和降低产品成本。

使用连续模的冲压件在冲压完成后，一种方式是在冲压模具末端将成品直接冲落下，成品与料带是分离的，然后将成品以散件的形式包装，进行后续的表面处理或装配等工序，料带进行报废处理，如图10-56所示。这种方式有以下几个缺点：

1）由于连续模冲压件尺寸一般较小，这会使得冲压件的包装比较复杂，增加包装成本，同时降低包装的效率。

2）如果包装设计没有使得冲压件之间进行隔离，冲压件与冲压件在搬运或运输过程中会因为互相摩擦而造成表面质量下降等缺陷。

3）在后续的表面处理或装配等工序时不方便加工，不容易进行自动化，生产效率低，产品成本较高。

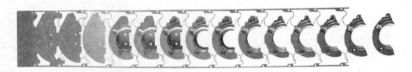

图 10-56　冲压件与料带脱离

另一种方式是冲压完成后，冲压件成品依然系于料带上，冲压件成品连接着料带一起离开冲压模具，然后可以进行卷盘包装，在后续的表面处理或装配等工序时，非常容易进行自动化生产，生产效率高、产品成本低。当后续工序完成后，再通过额外的切除工序将成品与料带分离。不过这种方式适用于尺寸较小的端子类零件，当零件尺寸较大时，很难进行卷盘包装。

图10-57所示的RJ45连接器，其端子在冲压完成后与料带一起进行卷盘包装。在连接器的装配线上，料带带动端子进行送料，与外壳等其他零部件最终装配成成品。这种方式相对于散件的装配与送料，生产效率大幅度提高。

当冲压件的结构不利于进行卷盘包装时，可以优化冲压件的结构，使得其可以进行卷盘包装。图10-58a所示的冲压件具有折弯特征，由于折弯的存在使得在包装时浪费包材空间严重，甚至在运输时容易造成变形。为了能够进行卷盘包装，冲压时取消折弯，如图10-58b所示，于是冲压件可以通过料带进行卷盘包装，在成品总装配时，当通过料带送料完毕后将料带切除，再增加折弯工序完成折弯。

图 10-57　RJ45 连接器及自动化装配线

a）RJ45 连接器　b）自动化装配线

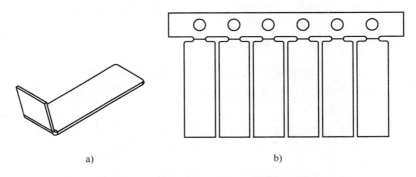

图 10-58　优化冲压件结构使其以料盘包装

a）原始的设计　b）改进的设计

10.3.5　选择合适的压力机

冲压设备的选择关系到冲压经济性（产品质量、生产效率、模具寿命和零件成本等）的高低，也关系到设备的安全性和使用的合理性。

设备类型选择的根据是工序的性质、生产批量的大小、冲压件的几何尺寸和精度要求等。要提高经济性，必须使设备类型恰如其分地适应冲压工序的性质、生产批量的大小、冲压件的几何尺寸和精度要求等。

1）生产小型冲裁件、弯曲件或拉深件时，主要采用开式单点机械压力机。这种压力机可提供方便的操作条件，且易于安装模具和安装机械化附属装置；但是这种压力机刚度差，床身的变化会破坏冲裁模的均匀间隙，同时会降低模具的使用寿命和冲裁件的断面质量。

2）生产大中型冲压件时，多采用双点、四点机械压力机，其中有普通压力机，也有专用压力机、精压机等。

3）大批量生产形状复杂的冲压件时，为提高生产率，应选用高速压力机或多工位自动压力机。

4）小批量生产以及生产大型厚板冲压件时，一般采用液压机。它没有固定行程，不会因板材厚度波动而超载，而且能提供很大的施力行程；缺点是滑块行程次数相对较低，生产效率低。

从机器小时费率来看，压力机吨位越大，小时费率就越高。这是因为，机床吨位越大，购买价格越高，占地面积越大，耗电量也越大，同时维修费用也越高。而从另外一方面看，压力机吨位越大，SPM 越小（见表 10-6），冲压速度越慢，单个零件的加工周期越长。

表 10-6　某品牌不同吨位压力机的 SPM 值

压力机吨位	16t	25t	45t	63t	80t	110t	180t
SPM	120 ~ 150	80 ~ 120	70 ~ 90	60 ~ 80	50 ~ 70	50 ~ 70	30 ~ 40

10.3.6　选择合适的生产方式

从冲压件产品成本构成和冲压工艺方案制定过程决定因素可以看出，生产批量对冲压成本的影响是直接的，因此，在不同生产批量下采取不同生产方式是降低冲压成本必须采取的对策。

一般情况下，冲压件批量是以年产冲压件的数量计算的，同时，冲压件批量的大小还与冲压件尺寸大小有关。表 10-7 提供的分类方法可供参考。

表 10-7　冲压件批量分类

冲压件尺寸/mm	小批	中批	大批	大量流水生产
	年产量（×1000）			
1000 以上	<1	1 ~ 10	10 ~ 50	>50
250 ~ 1000	<10	10 ~ 50	50 ~ 500	>500
50 ~ 250	<50	50 ~ 100	500 ~ 2000	>2000
10 ~ 50	<100	100 ~ 1000	1000 ~ 10000	>10000

随着冲压件生产批量的不同，从目前世界各国冲压技术的发展来看，大致可以认为：

1）在大批量生产中，冲压主要是提高模具寿命和单位时间内的生产率以降低冲压件成本，可以选择串联自动化生产线和多工位压力机。

2）在中小批量生产中，当前主要朝着简化模具工装，向着通用化方向发展，可以选择串联人工生产线。

10.3.7　冲压件公差

1. 冲压件的公差能力

冲压件的公差能力见表 10-8。

表 10-8　冲压件的公差能力

特征分类	尺寸分类	特征示意图	精密级/mm					普通级/mm				
			≤63	63~160	160~400	400~1000	>1000	≤63	63~160	160~400	400~1000	>1000
冲裁特征	圆孔直径		±0.10	±0.15	±0.20	—	—	±0.15	±0.20	±0.30	—	—
	孔间距		±0.10	±0.15	±0.20	±0.25	±0.30	±0.15	±0.20	±0.30	±0.40	±0.50
	孔边距		±0.10	±0.15	±0.20	±0.25	±0.30	±0.15	±0.20	±0.30	±0.40	±0.50
	直边距		±0.10	±0.15	±0.20	±0.25	±0.30	±0.15	±0.20	±0.30	±0.40	±0.50
	冲裁角度①		±0°30′	±0°30′	±0°30′	—	—	±1.0°	±0°30′	±0°30′	—	—
成形特征	孔到折弯边距离（1次折弯）		±0.15	±0.20	±0.20	±0.25	±0.30	±0.20	±0.30	±0.50	±0.50	±0.50
	直边到折弯边距离（1次折弯）		±0.15	±0.20	±0.20	±0.25	±0.30	±0.20	±0.30	±0.50	±0.50	±0.50
	孔间距（2次折弯）		±0.20②	±0.25②	±0.25②	±0.30②	±0.40②	±0.25	±0.30	±0.50	±0.50	±0.75
	折弯边到折弯边距离（2次折弯）		±0.15	±0.20	±0.20	±0.25	±0.30	±0.25	±0.30	±0.50	±0.50	±0.75

（续）

特征分类	尺寸分类	特征示意图	精密级/mm					普通级/mm				
			≤63	63~160	160~400	400~1000	>1000	≤63	63~160	160~400	400~1000	>1000
成形特征	直边到折弯边距离（3次折弯）		±0.20	±0.25	±0.25	±0.30	±0.40	±0.30	±0.40	±0.50	±0.75	±1.00
	折弯边到折弯边距离（4次折弯）		±0.25	±0.30	±0.30	±0.40	±0.50	±0.30	±0.40	±0.50	±0.75	±1.00
	孔间距（4次折弯）		±0.20②	±0.25②	±0.25②	±0.30②	±0.40②	±0.30	±0.40	±0.50	±0.75	±1.00
	直边到直边距离（4次折弯）		±0.20	±0.25	±0.25	±0.30	±0.40	±0.30	±0.40	±0.50	±0.75	±1.00
	局部成形形状尺寸		≤10	10~25	25~63	—	—	≤10	10~25	25~63	—	—
			±0.15	±0.20	±0.30	—	—	±0.20	±0.30	±0.50	—	—
	局部成形位置尺寸		±0.15	±0.20	±0.20	±0.25	±0.30	±0.20	±0.30	±0.50	±0.75	±1.00
	压死边长度		±0.15	±0.20	±0.20	±0.25	±0.30	±0.20	±0.30	±0.50	±0.75	±1.00
	压死边厚度（无间隙）		+0.2 / 0	—	—	—	—	+0.3 / 0	—	—	—	—
	压死边厚度（有间隙）		±0.20	—	—	—	—	±0.30	—	—	—	—
	折弯角度①		±0.5°	±0.5°	±0.5°	±0.5°	±0.5°	±1.0°	±1.0°	±1.0°	±1.0°	±1.0°

（续）

特征分类	尺寸分类	特征示意图	精密级/mm					普通级/mm				
			≤63	63～160	160～400	400～1000	>1000	≤63	63～160	160～400	400～1000	>1000
其他特征	喷涂保护尺寸		±1.0	±1.5	±1.5	±1.5	±2.0	±1.0	±1.5	±1.5	±1.5	±2.0
	丝印尺寸	ABC	±0.5	±0.5	±0.5	±0.5	—	±0.5	±0.5	±0.5	±0.5	—
	平面度③（平面内有少量冲裁特征）		0.3	0.5	0.8	1.5	3.0	0.5	0.8	1.5	3.0	5.0
	平面度③（平面内有成形、焊缝或密孔等特征）		0.5	0.8	1.5	3.0	5.0	0.8	1.5	3.0	5.0	7.0

注：1. 本表适用于厚度不大于 1.5mm 的板材，厚度大于 1.5mm 板材的公差可酌情相应增加 30% 左右。

2. 本表适用于冷轧板、镀锌板等常用板材，不锈钢等板材的公差可酌情相应增加。

3. 冲密孔（通风孔）尺寸公差可参照相应冲裁尺寸公差放大。

4. 压印、压字、加强筋、线桥、凸台、敲落孔、百叶窗等特征公差均可参照局部成形公差值。

5. 压铆螺母、螺柱、螺钉等位置尺寸公差值在其底孔的位置尺寸公差值基础上 ±0.05。

6. 直线度公差值可参照表中的平面度公差值执行。

7. 对于多于 4 折的折弯特征，其累积公差按每折 ±0.05 的精度来处理。

8. 对于多于 4 折的折弯特征，可以提高其中某一折的尺寸精度，提高的精度值可参照 1 次折弯精度。

① 冲裁角度、折弯角度的尺寸分段分别指相应特征冲裁短边尺寸、折弯短边尺寸数值分段。

② 如果工序调整为先折弯后冲孔，公差数值可按冲裁孔间距标注公差。

③ 平面度尺寸分段指平面内最大对角线长度尺寸分段。

2. 降低冲压件公差，降低制造成本

从产品制造的角度来看，冲压件的公差越精密，意味着：

1）更精密的冲压模具尺寸。

2）更复杂的冲压模具结构。

3）更精密的冲压机床。

4）更频繁的模具维修和维护。

5）更频繁的尺寸检验。

6）更多的不良品。

因此，冲压件公差越精密，制造成本就越高。很多产品开发工程师，从产品的功能、性能、可装配性和可靠性等角度，在产品设计时片面地把冲压件公差设计得非常精密以减少质量风险，但这导致冲压件制造成本增加。正确的做法是尽量避免对冲压件提出精密的尺寸公差要求，降低产品制造成本，同时冲压件的尺寸又符合产品功能、性能、可装配性和可靠性等要求。为达到这一目的，有以下两点建议：

1）通过合理设计，避免对冲压件尺寸提出精密的尺寸要求，具体实例可参考本书作者编著的《面向制造和装配的设计指南》（第 2 版）一书第 2 章和第 7 章。

2）产品设计工程师从产品功能、性能、可装配性和可靠性等角度，明确冲压件在冲压加工时的关键尺寸及其公差，并针对这些尺寸公差，与制造工程师或冲压件冲压模具供应商进行团队合作，评估其实现的可能性及制造成本，并在模具设计时通过相关的模具设计来保证其实现。

10.3.8 面向成本的冲压件开发流程

降低冲压件成本是一项团队工作，单靠产品设计工程师是无法完成的。通过面向成本的冲压件开发流程可以系统化、团队化地降低冲压件成本。

面向成本的冲压件开发流程如图 10-59 所示。

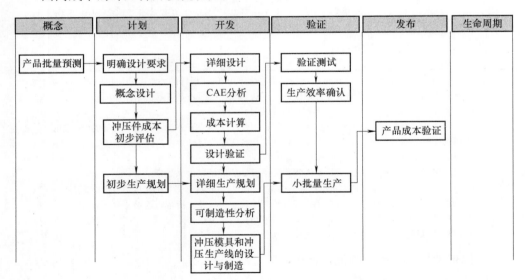

图 10-59　面向成本的冲压件开发流程

1. 概念阶段

在产品开发的概念阶段，市场部应当提供产品批量的准确预测。

2. 计划阶段

在计划阶段，产品设计工程师的职责和任务包括：

1）明确设计要求：明确冲压件所必须满足的功能、外观和可靠性等要求。

2）概念设计：根据产品的设计要求，初步确定冲压件的大致结构、紧固工艺、材料和壁厚、排样方式等，例如冲压件是通过一个零件冲压成形，还是通过几个零件拼版焊接而成。

3）冲压件成本初步评估：在概念设计阶段，冲压件材料的类型及壁厚、零件的长宽、排样方式及生产效率等只能是一个大致的范围，据此可大致估算冲压件成本；同时，根据产品的设计要求，可能会存在多个概念设计，可通过成本初步评估选出成本最低的概念设计。

在计划阶段，冲压模具工程师的职责包括：

1）可制造性的建议：当产品结构工程师对冲压件的加工有疑问时，提供建议和帮助。

2）初步生产规划：根据冲压件批量的大小，初步选择冲压模具的类型和冲压生产方式，提供冲压件的排样方式建议。

3. 开发阶段

在开发阶段，产品设计工程师的职责和任务包括：

1）详细设计：针对选定的概念设计模型，进行详细的冲压件设计。详细设计时，主要需要考虑冲压件的可制造性、可装配性，以及满足产品的各种设计要求等，同时还应与冲压模具工程师合作，详细设计出冲压件的排样方式和搭边值的大小，并考虑如何去降低冲压成本。

2）CAE 分析：分析冲压件的结构是否满足产品力学方面的要求，这主要是通过 Ansys 等分析软件进行。

3）成本计算：在这一阶段，冲压件的材料类型和厚度、长宽、排样方式及生产效率等已经大致确定，可较准确地计算冲压成本，并通过成本计算，优化以上因素，例如调整冲压件结构以利于排样，从而降低冲压成本。

4）设计验证：通过使用数控加工等方法制造出实际的样品，进行组装以验证产品的可装配性，并进行相关的测试以验证产品设计是否满足各种设计要求。

在开发阶段，冲压模具工程师的职责包括：

1）可制造性的建议：当产品结构工程师对冲压件的加工有疑问时，提供建议和帮助。

2）可制造性分析：通过 Autoform 等软件分析和判断冲压件是否适合制造，以及制造缺陷和不良率如何。

3）详细生产规划：根据冲压件批量的大小，选定冲压模具的类型和冲压生产方式，并确定冲压件的排样方式及相关尺寸。

4）冲压模具和冲压生产线的设计与制造：进行冲压模具和冲压生产线的设计与制造。

4. 验证阶段

在验证阶段，产品设计工程师的职责和任务包括：

　　1）验证测试：对通过使用冲压模具加工制造出的实际样品，进行组装以验证产品的可装配性，并进行相关的测试以验证产品设计。

　　2）生产效率确认：通过小批量生产，收集冲压件冲压加工的相关数据，包括生产效率和零件耗损率等，同冲压模具工程师进行团队合作，寻找提高生产效率和降低零件耗损率的方法。

　　在验证阶段，冲压模具工程师的职责如下：

　　小批量生产：当模具和生产线加工完成后，进行小批量生产，从质量和成本等角度发现问题，并进行改善。

5. 发布阶段

　　在工业化阶段，产品设计工程师的职责和任务包括：

　　产品成本验证：在工业化阶段，决定冲压成本的所有因素，包括材料、零件厚度、排样方式、生产效率和零件耗损率等已经确定，通过收集冲压件实际大批量生产时的上述数据，可准确计算出冲压件实际成本。计算冲压件实际成本主要有两个目的：其一是与概念设计和开发阶段的成本计算进行对比，找出与当初计算的偏差，进行经验和教训总结；其二是形成冲压件成本数据库，为企业的下一款产品开发提供成本数据支持。

第 11 章　DFC 成本计算软件

11.1　产品成本计算

11.1.1　产品成本计算的必要性

在面向成本的产品设计中，产品成本的计算是一个非常关键和必要的环节。在充满竞争的市场中，产品售价由市场来决定，企业并不能掌控市场售价，那么企业要盈利，在产品售价确定的情况下唯一能做的事情就是控制产品成本，整个产品开发阶段中的各项投资和设计决策从根本上来说都是以产品成本为主题。如果不对产品成本进行计算，就得不到准确的产品成本数据，显然就无法做出正确的投资和设计决策，这会导致企业做出错误的决策，包括错误地选择开发不可能盈利的产品，或者产品批量生产后通过核算发现产品成本高于预期，使得企业无法盈利甚至亏损等。

产品开发中的主要投资和设计决策包括项目投资选择决策、阶段关口投资决策、不同设计方案的选择决策、固定资产投资方案选择决策，以及自制或外购选择决策等。

（1）项目投资选择决策　在产品开发立项之前，企业往往面临着众多的产品开发机会，如何选出投资回报最大的产品进行开发关系到企业的生死存亡。对于企业来说，这不仅仅是投资决策，而且是最重要的投资决策，因为投入的不光是资金，最重要的还有资源。对于任何一家企业，资金和资源总是有限的，选择了 A 项目，往往意味着不能选择 B 项目或 C 项目，正确的选择会给企业带来利润；选择失误，造成的不仅是资源浪费，更可怕的是失去市场机会和企业发展的机会。

要做出最正确的投资选择决策，则必须对各个项目的投资回报进行准确计算。投资回报的计算依赖于两点，其一是对产品售价和销量进行预测，其二是对产品成本进行计算。当然，这一阶段的产品成本计算比较困难，因为产品相关信息较少，很多企业因此而放弃成本计算，依靠经验和直觉来进行选择，到后续产品开发阶段发现产品成本过高、投资回报过低时才投入大量时间和资源来降低产品成本，已经为时过晚。尽管产品相关信息较少，但是该阶段的成本计算比后续阶段的成本计算更为重要，因为项目投资选择决策是战略决策，后续阶段的设计决策是战术决策。企业反而应当投入最多的资金和资源在这一阶段，尽可能多地收集相关产品信息，进行概念设计并计算产品成本，开发产品的各个职能团队应紧密合作，最大限度地保证产品计算的准确性。

（2）阶段关口投资决策　产品开发是一项投资行为，整个产品开发的投资是分阶段进行的，在关键的几个阶段关口会进行投资决策，决策产品开发是否向前推进或者是否进行下一阶段的投资。例如，在产品进行大批量生产前，一般需要进行大量的固定资产投资，例如模具、治具和生产线等，此时就必须进行相关的投资决策。这些固定资产投资少则几万，多则上千万，如果投资失误，对企业是巨大的损失。要做出正确的投资决策，必须进行产品成本计算，在产品设计已经优化的情况下，如果产品成本不能达到最初设定的目标产品成本，则需取消项目，不进行下一阶段的投资；只有当满足目标产品成本时，才会进行下一阶段的投资。

（3）不同设计方案的设计决策　在满足产品功能、外观和可靠性等各种设计要求的前提下，存在着多种设计方案，这些不同设计方案的产品结构、零部件所使用的材料及其制造和装配工艺等可能存在差别。选出最优设计方案的关键标准之一是通过成本计算发现该方案的产品成本最低、带给企业的投资回报最高。

细节上的设计包括零件壁厚大小、圆角大小和加强筋大小等，也需要通过产品成本计算，才能选出最优的细节设计。

（4）固定资产投资方案选择决策　在进行固定资产投资（包括模具、治具、设备和生产线等）时，企业总是面临着多重选择。例如，注射模具是一模一穴还是一模多穴？注射模具是使用热流道还是冷流道？钣金件是使用数控加工（不需投资复杂冲压模具，但生产效率低、成本高）还是使用冲压加工（需投资复杂冲压模具，但生产效率高、零件成本低)？产品总装生产线是使用人工、半自动还是全自动？在进行固定资产投资方案决策时，必须通过产品成本计算获得各个方案的产品成本及投资总额，从而做出投资回报最高的投资方案决策。

（5）自制或外购选择决策　如第2章所述，零部件是自制还是外购的选择决策必须依赖于对自制和外购方案的产品成本对比。

除了对投资决策和设计决策提供决策依据，产品成本计算在产品开发中的必要性还体现在：

（1）有助于降低产品成本　当通过产品成本计算发现产品成本不能满足目标成本时，产品开发团队才有目标和动力去进行设计优化来降低产品成本。如果没有成本计算，产品开发团队并不清楚产品成本是多少，自然没有意愿和主动性去降低产品成本。当产品大批量生产后，通过成本核算发现产品成本过高，但是产品设计已经不能进行较大优化，因为这会导致非常大的模具、治具和生产线等的修改成本；只能进行局部的细微优化，对降低产品成本的帮助有限。

（2）有助于提高产品设计工程师的成本意识　在传统的产品开发过程中，并不进行产品成本计算，产品设计工程师不会意识到自己所进行的每一个设计决定，大到选择零部件的内部结构（是选择焊接紧固、螺纹紧固还是卡扣紧固）、小到零部件某区域的局部壁厚，会与产品成本存在直接的关系。

产品成本计算能够改变产品设计工程师的思维方式，使得工程师具有成本意识。通过对工程师的产品设计进行成本计算，工程师能够清晰地看到设计与成本的直接关联，原来自己的设计对产品成本具有如此大的影响，自己的工作对企业的盈利与否也非常重要，自己的工作并不仅仅是绘图。成本意识会驱使工程师在做每一个设计决定时，都去思考这个设计决定是否对产品成本是最有利的。

（3）有助于提高产品制造工程师的成本意识　产品成本计算也有助于产品制造工程师（包括注射模具工程师、冲压模具工程师和装配工程师等）的成本意识，这会让制造工程师意识到产品制造、装配过程中的决定也会对产品成本造成重大影响。

一个典型的例子是注射模具工程师在设计注射模具时，模具中的流道大小以及冷却系统设计等会影响塑胶件的冷却时间，继而影响注射成型周期，从而影响塑胶件加工成本。如果没有产品成本计算，制造工程师则没有成本意识，在进行生产设计时仅仅关心产品品质等是否满足要求，这将会对产品成本带来非常不利的影响。

（4）避免供应商获取超额利润　通过成本计算，继而清楚零部件的应该成本及组成成本的各项细节，避免供应商获取超额利润。在与供应商进行价格协商时，成本计算提供了真实的成本数据，在基于事实的情况下，容易谈判获得最低的采购价格。如果不知道零部件的应该成本，协商降低采购价格没有理论与事实支撑，很难获得供应商的妥协。

（5）指导生产时的产品成本　产品的成本计算可以为产品批量生产时的产品成本指明目标和方向。产品生产时，通过成本核算发现与产品开发过程中产品成本计算得到的产品成本存在偏差，则出现偏差的原因一般主要有：

1）产品成本计算过程存在错误，可能是计算方法出现错误，也可能是计算过程中的参数与实际生产时的不一致。

2）生产过程中的各项指标没有做到最优化。

不少工程师倾向于选择第一种原因，于是不作为，任由产品成本超过预期。这一方面是工程师成本意识的缺失，并没有意识到生产过程中的某些参数优化会降低产品成本；另一方面是对产品开发过程中的成本计算不信任，因为大多数企业的成本计算主要是基于企业工程师的经验，缺乏权威性，在过往的成本计算中曾经出现过多次错误，已经失去了对工程师的信任，本章介绍的 DFC 成本计算软件的出现将会解决该问题。

正确的做法是在准确的成本计算软件的帮助下进行计算，如果发现生产过程中的与产品相关的所有参数与计算中的不一致时，应对其进行优化，从而降低产品成本，实现与产品计算中得到的产品成本吻合。例如，在塑胶件成本计算中，通过 DFC 软件可计算获得塑胶件理论最短冷却时间为 15s，但实际注射生产过程中注射工程师在调机时把冷却时间参数设置为 25s，远远超过理论最短冷却时间，则需调机把参数设置为 15s，进行试生产看看是否满足零件的品质要求。如果不能则需做进一步的研究，分析判断零件壁厚、注射模具流道大小、浇口布局以及冷却系统等是否设计合理，并进行相应的优化，尽量把实际冷却时间向 15s 靠近，从而降低产品成本。

11.1.2　产品成本计算的关键

产品成本计算是产品开发过程中必不可少的环节，各个企业进行产品成本计算的工具也有多种，有的是通过简单的手工计算，有的是通过把公式集成在 Excel 表格中进行计算，有的是通过专业成本计算软件进行计算。不管使用哪一种工具，衡量产品成本计算成功与否的两个关键在于计算过程的快速性和计算结果的准确性。

1. 计算过程的快速性

在市场高度竞争化的今天，企业总是想方设法地缩短产品的上市时间，因此当企业在面临各种投资决策和设计决策时就必须能够快速响应，这就要求产品成本计算的过程必须快速，否则会延误决策过程，使得产品无法准时上市。而对于国内大量的原始设计制造商（Original Design Manufacturer，ODM）或原始设备生产商（Original Equipment Manufacturer，OEM）企业来说，客户总是希望企业能够在短时间内提供产品报价，如果企业的产品成本计算过程较长，则会错失商业机会。

2. 计算结果的准确性

产品成本计算的结果必须高度准确，否则会导致错误的投资和设计决策，企业会因此而蒙受巨大的财务损失。从某种意义上来说，错误的产品成本计算结果带来的后果甚至会超过不进行成本计算；这是因为错误的产品成本计算结果百分之百会导致错误决策，而不进行成本计算从概率上来说只有百分之五十的可能性导致错误决策。

11.1.3　产品成本计算的挑战

产品成本计算要满足快速性和准确性不是一件容易的事情，面临着诸多挑战，这些挑战包括：

1. 产品成本需要开发团队的密切合作

产品成本计算涉及多方面的专业知识，需要依靠整个产品开发团队的密切合作，包括：

1）市场部门：提供产品销量预测。

2）采购部门：提供零部件原材料报价和外购件报价。

3）设计部门：提供产品详细物料表及产品零部件设计的每一个细节。

4）制造部门：提供产品制造和装配过程中的设备与人工费率、人工数、工时和不良率等信息。

5）财务部门：提供产品开发和生产过程中的所有财务信息，包括产品开发团队工资费用、设备和工厂管理费用等。

显然，任意一个职能团队都无法掌握所有与成本计算相关的信息，继而做出准确的成本计算；任意一个职能团队的信息缺失都会造成无法进行成本计算，同时，一个职能团队的输出需依靠另一职能团队的输入。如何快速地收集信息，并在整个产品开发团队人员之间保证及时地沟通和信息分享，这是一个巨大的挑战。

2. 缺乏专业的计算方法

产品批量生产后的成本核算比较简单，因为此时成本核算所需的各种数据（如材料用量、工时和人工数等）都可以通过现场进行测量和统计，再进行相关的数学运算即可。

而产品成本计算则不同，在进行产品成本计算时，成本计算所需相关数据无法进行测量，需要使用专业的计算方法进行预估。但目前的挑战是没有一种唯一正确的计算方法，所有的计算方法都是基于历史数据的模拟，本书前面几章中提供的计算方法也是如此，不能保证百分之百的准确性。而对于那些依靠企业自身工程师过往经验所进行的预估，则更难保证其准确性。本书中提供的方法虽然不能保证百分之百的准确性，但至少是行业内广泛使用的标准。

3. 缺乏行业性的数据库

快速、准确的成本计算依赖于行业性的标准数据库，例如塑胶材料数据库（包括影响加工的关键参数及购买价格等）、金属材料数据库、人工小时费率数据库、注射机小时费率数据库和压力机小时费率数据库等。在成本计算时，可随时从数据库中获取数据，快速而准确。

很多企业都缺乏这样的数据库，在需要计算产品成本时，才去通过各种途径去寻找相关数据，不但浪费大量时间和精力，而且也很难保证短时间内搜寻到的数据的准确性。

11.1.4　成本计算不建议使用 Excel 表格

目前，大多数的企业是使用内部定制的 Excel 表格进行产品成本计算，其集成了相关计算公式，输入其他必要信息即可获得计算结果。Excel 表格具有很大的局限性，使得企业无法快速、准确地获得成本计算结果，其后果是企业无法获得期待的利润及丧失商业机会。

使用 Excel 表格进行成本计算的局限性包括：

1）Excel 表格集成的计算方法或公式大多是基于企业自身的经验，不具备行业的准确性。很多时候，受限于企业工程师的视野和专业知识，企业自身的经验有可能是错误的经验。

2）难以集成各类数据库。Excel 可以集成少量的数据库，但是一旦数据库的数量和类型变多，Excel 就会变得非常复杂，难以进行管控。

3）计算公式和数据库的可编辑性。尽管 Excel 表格可以锁定表格，阻止工程师对计算公式和数据库进行编辑，但是大多数企业的 Excel 表格均没有对表格进行锁定，这会造成工程师在进行计算时容易对计算公式和数据库产生误操作，从而使得计算结果错误，而且这种错误很难被发现。同时，错误的计算公式和数据库一直保存于 Excel 中，工程师把 Excel 表格分享给其他工程师后，在下一次进行成本计算时，依然会延续错误。

4）保密性差。产品成本数据可以说是企业的机密信息，Excel 一旦泄密意味着其中集成的计算公式和相关数据等完全泄密，这会对企业在财务上和商业机会上造成不可估量的损失。Excel 是一个通用性的软件，人人均可使用，使得其非常容易泄密。一个直接的证据是：通过互联网搜索引擎可以非常容易地搜索到各种企业的不同成本计算 Excel 表格。

5）界面复杂、不友好，难用，特别是当企业的成本计算涉及多种制造工艺时，基本上只有该表格的创建者才能容易地使用，第一次的使用者可能会花很多时间才能熟练掌握。

11.2 DFC 成本计算软件介绍

DFC 成本计算软件是由本书作者开发的一款计算产品制造成本和投资回报的软件。DFC 成本计算软件基于面向成本的产品设计理念，在材料、工艺、机器小时费率和人工小时费率等数据库的支持下，能够快速、准确地计算出产品制造成本和投资回报。这一方面有助于产品开发团队在产品开发的各个阶段能够做出正确的投资决策和设计决策；另一方面，掌握零部件的"应该成本"有助于企业在成本事实的基础上向供应商协商更低的采购价格，从而最终帮助企业达到降低产品成本、提高投资回报的目的。

DFC 成本计算软件的基本界面如图 11-1 所示，包括投资回报、产品制造成本、装配成本、注射成本、冲压成本和数据库等六大功能模块。更多的功能模块，例如压铸成本、挤出成本等正在开发中，即将推出。

1. 投资回报模块

DFC 成本计算软件通过从产品制造成本模块自动读取产品制造成本和固定资产投资总额，市场部门提供产品售价和销量预测，以及财务部门提供相关财务数据等，可计算出产品开发的投资回报，包括折现净现值、折现回收期以及内部收益率等。

DFC 成本计算软件的投资回报计算主要是用于企业在不同产品之间进行决策，在同一产品的不同设计方案之间进行决策，以及对同一产品的不同投资方案直接进行决策。

1）通过将不同产品之间的投资回报进行对比和分析有助于企业在立项之初选择正确的产品进行立项，确保企业开发盈利及具有较高投资回报的产品。

2）同一产品不同设计方案的成本可能不同，相应的固定资产投资总额等也不同，计算不同设计方案的投资回报可帮助企业选择投资回报最优的设计方案。

3）同一产品可能存在多种投资方案，例如塑胶件注射时可以选择一模一穴、也可选择一模多穴；注射模具可以选择热流道，还可以选择冷流道；生产线规划可

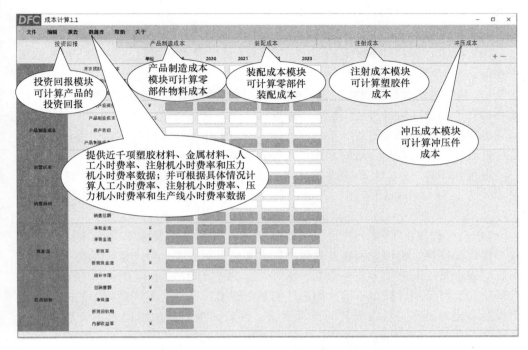

图 11-1 DFC 成本计算软件界面

以选择全自动，也可以选择半自动和人工等。这些不同投资方案的产品成本及其相应的固定资产投资存在差别，从财务的角度来看唯一的判断标准是投资回报的高低。

2. 产品制造成本模块

DFC 成本计算软件可通过从其他模块，包括装配成本模块、注射成本模块及冲压成本模块等自动提取零部件的制造和装配成本，在产品物料表的组织架构下计算出产品制造成本。

使用 DFC 成本计算软件进行产品制造成本的计算，可以达到以下两个目的：

1）确保产品成本满足目标产品成本。在产品开发各个阶段通过 DFC 成本计算软件进行产品制造成本计算，可衡量产品设计是否达到最初设定的目标产品成本；一旦达不到目标产品成本要求，产品开发团队需要优化产品设计直到满足目标产品成本要求。如果优化产品设计也满足不了目标产品成本要求，那么企业则需考虑取消该项目或者调整项目方向，避免开发注定不可能盈利的产品。

2）作为不同设计方案选择的判断依据。在很多时候，当不同设计方案的固定资产投资相差不大时，选择的判断依据是产品制造成本，产品制造成本最低的设计方案是最优方案。

3. 装配成本模块

通过输入每一个装配工序的标准工时、工人数量及其他相关信息，并从数据库中获取人工小时费率和生产线小时费率，DFC 成本计算软件可自动计算出产品的装配成本。

DFC 成本计算软件除了具有计算零部件的装配成本功能之外，还具有其他三个功能：

1）从产品设计端进行生产线平衡设计。DFC 成本计算软件可以辅助产品设计工程师在产品设计阶段进行生产线平衡设计，而不是像传统设计一样，只有到了产品制造阶段生产线完全建造完毕后才开始。这有助于从产品设计端通过零部件的可装配性设计，以及选择合适的紧固工艺等方法来保证生产线平衡。

在使用 DFC 成本计算软件输入各工序的标准工时时，可自动以图表形式显示出来，并标明瓶颈工序，产品设计工程师可以清晰地知道应该去优化哪个工序。

2）选择最优的紧固工艺。如第 5 章所述，零部件的紧固工艺众多，包括焊接、锡焊和钎焊、机械紧固和胶粘紧固四大类，每一大类又包含若干小类。如何选出装配成本最优的紧固工艺一直是一大难题。通过 DFC 成本计算软件的装配成本计算功能，可分别计算出不同紧固工艺的装配成本，并结合不同紧固工艺的固定资产投资，比较出不同紧固工艺的投资回报，投资回报较高的紧固工艺显然是最优选择。

3）选择最优的生产线规划。生产线是选择自动、半自动还是人工？DFC 成本计算软件通过计算和对比不同生产线规划所带来的产品成本及固定资产投资，继而可以计算出不同规划的投资回报，从而可以帮助产品制造团队选出最优的生产线规划。

4. 注射成本模块

通过输入塑胶件的壁厚、体积、塑胶材料，以及所选取的注射机等信息，DFC 成本计算软件可计算出该塑胶件的注射成本。

注射成本计算除了计算塑胶件成本本身之外，还可以从产品成本的角度指导模具设计、注射机吨位选择、注射加工生产，以及同供应商协商降低采购价格。

1）DFC 成本计算软件可分别自动计算出塑胶件的冷却时间和流道系统的冷却时间，如果后者超过前者，则说明流道系统的尺寸设计存在问题，需要减少流道系统厚度，从而避免塑胶件已经冷却之后还不得不等到流道系统冷却，造成注射成型周期加长，塑胶件成本增加。

2）DFC 成本计算软件可以根据塑胶件的尺寸大小及模穴设计等，自动计算出所需的注射机吨位，从而为注射机吨位的选择指明方向，避免使用超过预期的注射机吨位而造成注射成本增加。

3）如果实际注射加工生产发现注射成型周期超过计算的注射成型周期，特别是冷却时间，则说明模具冷却系统设计或者注射成型工艺参数存在优化空间，详情请参考本书第 9 章。在注射加工生产时，注射成型工艺参数，包括熔料温度、模具温度和冷却时间等，大多是依据注射工程师的经验。

4）通过 DFC 成本计算软件掌握了塑胶件成本的成本要素和构成后，采购工程师可以有理有据地同供应商协商以降低采购成本。

5. 冲压成本模块

通过输入冲压件的厚度、宽度、步距、冲压材料，以及所选取的压力机等信息，DFC 成本计算软件可计算出冲压件成本。

除了本身的成本计算功能之外，从产品成本的角度，冲压成本模块具有两大功能：

1）同一冲压件可能具有多种设计方案，通过 DFC 成本计算软件计算出不同设计方案的成本，从而可以选出成本最低的设计方案。

2）如第 10 章所述，同一冲压件具有多种排样方式可供选择，在设计产品时，产品设计工程师可计算出不同排样方式的冲压件成本及对应产能，于是可以从中选择出最合适的排样方式；同时，通过 DFC 成本计算软件成本计算，工程师可以随时随地掌握当前冲压件尺寸结构的材料利用率情况，当发现材料利用率低造成冲压件成本高时，可以立即优化设计。

3）通过 DFC 成本计算软件掌握了冲压件成本的成本要素和构成后，采购工程师可以有理有据地同供应商协商以降低采购成本。

6. 数据库模块

DFC 成本计算软件数据库模块主要包括两大功能：

1）提供近千项塑胶材料、金属材料、人工小时费率、注射机小时费率和压力机小时费率等行业数据。这些数据是整个行业的标杆数据，具有非常高的使用价值。第一，通过读取数据库中的数据，可以快速、准确地计算不同设计方案的产品成本，从而辅助产品开发团队选取最优的设计方案；第二，通过对比行业标杆数据，可以发现当前企业状况，发现其中的差距和不足，并加以改善；第三，当前在同供应商协商降低外购件成本时，供应商往往掌握主动，因为企业并不清楚供应商在加工产品时的人工小时费率或机器小时费率等数据，特别是当企业不精通该行业知识时。例如，供应商在进行塑胶件报价时，其中选择了某品牌 25t 注射机，该机器的小时费率为每小时 80 元。企业如果不清楚该注射机小时费率的行业小时费率标准，即使明知该项费用过高，也很难说服供应商降低成本。通过把 DFC 成本计算软件数据库中的数据展开，可以清楚地显示该注射机小时费率的每一项成本构成因素，包括购买成本、报废年限、使用功率和维修成本等，于是企业可以逐项同供应商协商，有更大的机会把采购成本降低。

2）提供人工小时费率、注射机小时费率、压力机小时费率和生产线小时费率的计算功能。企业可以根据自身状况，计算当前企业的人工和机器小时费率，也可以计算供应商的人工和机器小时费率。并可以把这些数据加入到数据库中，作为企业的标准数据库，供产品成本计算时使用。

11.3 DFC 成本计算软件应用案例

本章以注射成本模块为例来说明 DFC 成本计算软件的具体应用，包括注射成本的计算过程，使用注射成本模块来进行设计方案决策，以及使用注射成本模块降低塑胶件成本。

11.3.1 注射成本的计算过程

通过注射成本模块来计算塑胶件成本的过程非常简单快捷，只需输入相关的零件信息、材料信息、模具信息，以及注射机信息等，即可快速、准确地计算出塑胶件成本。而在 DFC 成本计算软件塑胶材料数据库、人工和注射机小时费率数据库的支持下，更可加快这一进程。

【例 11.1】 图 11-2a 所示是为某品牌数码相机外壳，基本壁厚为 1.5mm，最大壁厚为 2.5mm，外形尺寸为 100mm×60mm×15mm，年需求量为 200 万个，材料使用某品牌聚碳酸酯 PC，材料价格为 26 元/kg，注射模具采用一模四穴，如图 11-2b 所示，计算外壳的注射成本。

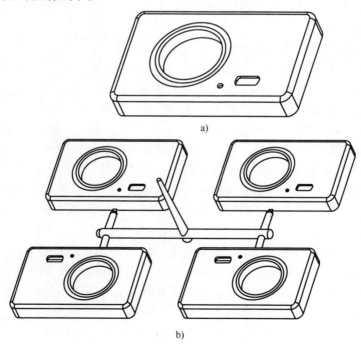

a)

b)

图 11-2 数码相机外壳及其一模四穴模具设计

a）数码相机外壳 b）一模四穴模具设计

通过 DFC 成本计算软件注射成本模块计算外壳注射成本的步骤如下：

1）通过三维软件，如 Creo 等获得塑胶件的最大壁厚、流长比、零件净重、零件体积、投影面积等，并设定允许的二次料比例和耗损率。

2）点击选择材料从数据库中选取材料信息，从数据库中选中该品牌 PC 材料后，材料相关信息包括密度、热扩散系数、黏度系数、材料价格、熔化温度、模具温度和顶出温度等，自动导入相应表格，免去查找材料信息并手动输入的复杂步骤。

3）输入模具信息，包括模穴数、流道壁厚、流道重量、流道体积和投影面积等；系统自动计算出零件与流道的总体积和投影面积。

4）选择注射成型时需要的工人数，从人工小时费率数据库中选取注射操作工，自动导入人工小时费率。

5）DFC 成本计算软件根据第 1）～3）步的输入信息，提供最小锁模力建议；根据该建议，从注射机小时费率数据库自动选取符合锁模力要求的注射机，自动导入机器小时费率和综合稼动率。

通过上述步骤，DFC 成本计算软件计算出该塑胶件的注射成型周期，以及相应的材料成本和加工成本，继而得到塑胶件成本。

注射成本的计算过程如图 11-3 所示。

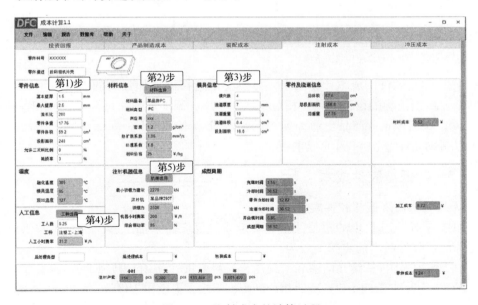

图 11-3　注射成本的计算过程

11.3.2　设计方案决策

在满足产品功能、外观和可靠性等要求的前提下，产品设计存在多个设计方案。通过 DFC 成本计算软件对各个方案进行成本计算，可以很容易地做出正确的设计方案决策。

【例 11.2】 以第 9 章中图 9-47 所示零件为例，塑胶件尺寸为 200mm × 100mm，厚度为 2mm，材料为 PC；增加强度至 2 倍的设计方案有两种，一种是增加零件壁厚，一种是添加加强筋。通过 DFC 成本计算软件可计算出二者的成型周期、材料成本、加工成本和总成本，见表 11-1。

表 11-1　增加塑胶件强度至 2 倍的设计方案成本对比

方案描述	增加塑胶件强度至 2 倍的两种设计方案	
	零件壁厚由 2mm 增加至 2.52mm	添加宽度为 1mm、高度为 2.32mm 的加强筋
图　形	强度增加2倍 体积增加25% 2.52mm	强度增加2倍 体积仅增加7% 1mm宽、 2.32mm高
材料成本/元	1.62	1.30
成型周期/s	19.13	14.05
加工成本/元	0.43	0.31
总成本/元	2.05	1.61

注：为对比方便，假设使用热流道模具，冷却时间仅考虑零件的冷却。

根据 DFC 软件的成本计算结果，显然应该选择添加加强筋的设计方案，从而帮助企业做出正确的设计决策。相对于增加壁厚，添加加强筋每个零件可节省成本 0.44 元；如果该企业产品生命周期内的需求量为 100 万个，那么在整个生命周期内可以帮助企业节省 44 万元成本。

11.3.3　降低塑胶件成本

1. 采购协商降低塑胶件成本

如果【例 11.1】中的塑胶件企业决定通过供应商来加工，那么企业与供应商合作降低塑胶件成本的步骤一般为：

1）企业把零件三维几何图和二维图、材料要求（使用某品牌 PC）以及年需求量（200 万个）发给四个供应商，供应商根据需求，提供初步报价，如表 11-2 所示。

表 11-2　供应商的初步报价

	供　应　商			
	A	B	C	D
报价/（元/PCS）	1.33	1.45	1.50	1.34

2）供应商的初步报价仅仅提供了总价，隐藏了成本要素与定价方法，采购工程师的一个基本任务就是揭开供应商定价方法及成本要素的面纱。于是，有经验的采购工程师会要求供应商提供更为详细的报价，包括零件的材料成本、成型周期及注射机小时费率等各项成本要素详细信息，得到供应商的二次报价，见表 11-3。

表 11-3　供应商的二次报价

成本要素	供　应　商				最佳成本
	A	B	C	D	
材料用量/g	20.92	20.73	21.06	21.2	20.73
材料价格/（元/kg）	28.2	26.5	27	27.5	26.5
材料成本/元	0.59	0.55	0.57	0.58	0.55
模穴数	4	4	4	4	4
成型周期/s	29.5	28.7	29.2	27.6	27.6
小时费率/（元/h）	252	298	304	266	252
加工成本/元	0.62	0.77	0.79	0.64	0.62
利润	10%	10%	10%	10%	10%
报价/（元/PCS）	1.33	1.45	1.50	1.34	1.14

注：为简化对比，该例不对比后处理成本、包材成本和模具成本。

通过拆解成本结构和要素，采购工程师将成本要素进行逐项对比，得到该项的最佳成本，继而得到该塑胶件的最佳成本为 1.14 元。采购工程师于是利用每一项成本要素的最佳成本同四个供应商进行协商，一般来说有很大几率将塑胶件的采购成本降低或接近最佳成本。

相对于供应商的初步报价，通过采购协商把采购价格降低 0.19 元，可为企业每年节省 38 万元成本。不得不说，这是一个通过采购协商降低成本的成功案例，采购工程师出色地完成了任务。

2. DFC 成本计算软件降低塑胶件成本

如果没有 DFC 成本计算软件，该塑胶件采购成本最终会确定为 1.14 元，降低成本的任务已经完成，没有下一步继续降低塑胶件成本的意愿、动作和方向。

但是，从 DFC 成本计算软件的角度，针对最佳成本，我们不禁要问：

1）最佳成本的成本要素展开到最底层了吗？能否继续展开？如果可以把成本要素继续展开，找到每一项成本要素中的子项成本要素的最佳成本，可以把最佳成本继续降低。当前采购往往是根据过往经验来划分成本要素的，显然很难继续展开。

2）每一项成本要素的最佳成本是真实的最佳成本吗？供应商会隐瞒真实的最佳成本吗？很显然，不是真实的最佳成本，供应商一定会隐瞒真实成本。采购工程师有采购的策略，但供应商有应对策略。在市场竞争非常激烈的今天，供应商清楚客户的采购策略，知道企业会向几个供应商询价并对比从而找出每一项成本要素的最佳成本。为避免这一种情况的发生，供应商往往会在每一项成本要素的真实成本上平均增加一定幅度，而不是某一项是真实成本，另一项增加很多。在这种情况下，采购工程师获得的最佳成本远远不是真实成本。

3）即使最佳成本是真实成本，但是真实成本还有降价的空间吗？采购工程师不具备相关专业知识，显然对此无能为力，更无法指导供应商降低某一项成本要素的成本。

对于 DFC 成本计算软件来说，降低成本的动作才刚刚开始。

第1步，"应该成本"计算和设计优化。通过 DFC 成本计算软件，计算出该塑胶件的"应该成本"，即制造该塑胶件应该耗费的真实成本。并在利用 DFC 成本计算软件计算成本的过程中，发现产品设计和模具设计等不合理的地方，结合第9章降低塑胶件成本的方法，首先优化设计把塑胶件成本降低。通过 DFC 成本计算软件计算出的每一项成本要素的值见表 11-4 中的 "DFC" 栏。

另外，在使用 DFC 成本计算软件计算相机外壳成本时，发现产品设计有一个可以优化的地方：相机外壳基本壁厚为 1.5mm，但最大壁厚为 2.5mm，通过设计把最大壁厚也优化为 1.5mm，如图 11-4 所示。

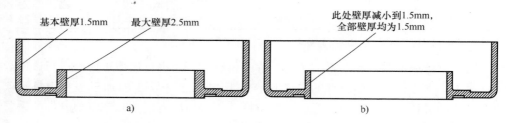

图 11-4　减小塑胶件最大壁厚

a）原始的设计　b）改进的设计

第2步，使用更细化的成本要素进行供应商报价。通过 DFC 成本计算软件注射成本模块可以看出，注射成本的成本要素不仅仅是表 11-3 中的几项，还可以按照注射成本模块中的细项继续展开，让供应商按照细项展开进行更为详细的报价。得到的新的报价见表 11-4。

表 11-4　供应商的三次报价

成本要素	供应商				最佳成本	DFC 应该成本
	A	B	C	D		
零件最大壁厚/mm	2.5	2.5	2.5	2.5	2.5	1.5
零件重量/g	17.76	17.76	17.76	17.76	17.76	16.80
流道壁厚/mm	7	6	6	7	6	4
流道重量/g	10.2	8.7	9.2	10.5	8.7	5.7
材料价格/（元/kg）	28.2	26.5	27	27.5	26.5	25

（续）

成本要素	供应商				最佳成本	DFC 应该成本
	A	B	C	D		
耗损率	3	4	5	4	3	3
材料成本/元	0.59	0.55	0.57	0.58	0.55	0.49
模穴数	4	4	4	4	4	4
成型周期/s	29.5	28.7	29.2	27.6	27.6	18.36
机器吨位/t	300	350	350	300	220	250
机器小时费率/(元/h)	220	260	270	230	220	200
人工数	1	1	1	1	1	0.25
综合稼动率	85%	80%	82%	83%	85%	85%
人工小时费率/(元/h)	32	38	34	36	32	28
加工成本/(元)	0.62	0.77	0.79	0.64	0.62	0.32
利润	10%	10%	10%	10%	10%	10%
报价/(元/PCS)	1.33	1.45	1.50	1.34	1.14	0.86

第 3 步，同供应商协作降低塑胶件成本。协作包含两方面的意思，一方面是基于有事实依据的真实成本数据，从价格上同供应商协商降低采购价格；另一方面是通过优化模具设计，以合作的方式来降低塑胶件真实成本。

从表 11-4 可以看出，供应商成本对比产生的最佳成本远远不是真实的最低产品成本，最佳成本和 DFC 应该成本在多项成本要素上存在差距，这主要是由于两方面的原因：

1）供应商隐瞒了真实成本，故意夸大了某些参数，目的是帮助本公司获得更多的利润。

2）供应商的模具设计存在不合理的选项，使得本身真实成本偏高。

针对这两种状况，采取不同的策略。

针对第一种状况的策略是提供有事实依据的真实成本数据，在理论和数据证据面前，供应商不得不妥协降价。在该例中，材料价格、耗损率、综合稼动率、人工数等均属于这种情况：

1）一般来说，注射机综合稼动率的行业标准是 85% 以上，低于 85% 要么是企业故意夸大参数，要么是企业的注射管理与行业标准有差距，存在改善空间。

2）该注射模具使用机械手抓取零件，浇口通过模内切的方式切除，显然并不需要 1 个人工。对于这种全自动注射，1 个人工基本上可以管理至少 4 台设备，包括检查注射质量、打包或更换包材等工作。

针对第二种状况的策略是分析供应商模具设计，找出不合理的设计并优化。该例中包括：

1）成型周期过长。通过 DFC 成本计算软件发现，流道冷却时间远远大于零件冷却时间，原来最佳成本中的流道采用的是圆柱形流道，壁厚直径为 7mm，造成零件冷却之后流道还未冷却，冷却时间增加，成型周期加长。于是同供应商协商把圆柱形流道改为半圆柱形流道，壁厚直径减小为 3.5mm，冷却时间降低，成型周期降低。当然，这里还有一个方案是使用热流道模具，其好处是没有流道，塑胶件不必等到流道冷却，同时还没有流道废料，减少塑胶原材料成本，这里不做阐述。

2）最佳成本中的机器小时费率过高。原因是注射机的吨位选择过大。DFC 成本计算软件注射成本模块在塑胶件材料、零件和流道尺寸等输入条件下，可自动计算所需的注射机吨位要求为 250t，而供应商均选择 300t 以上的注射机。通过 DFC 成本计算软件发现，最佳成本中的注射机吨位选择过大，于是可以同供应商协商把注射机吨位降低到 250t，注射机小时费率相应也就降低了。

第 4 步，更深层次的成本要素报价和协商。同供应商协商降价是一项非常困难的工作，因为降价对供应商来说就意味着利润在降低，很多时候甚至在基于事实基础上的沟通他们都很不愿意降价。例如，供应商总是会找到很多不降价的理由：注射机小时费率不能降低，因为这台注射机是进口设备，要七八十万，用电多、电费贵；人工小时费率不能降低，因为今年用工紧张，工人工资又上涨了很多，企业按照政府规定必须交社保等，这又是一笔不小的支出。

在这种状况下，必须把注射机小时费率的成本要素继续展开到底，才有机会说服供应商降价，借助 DFC 成本计算软件数据库功能模块的注射机小时费率计算工具，如图 11-5 所示，可以继续同供应商协商把注射机小时费率降低到最低。

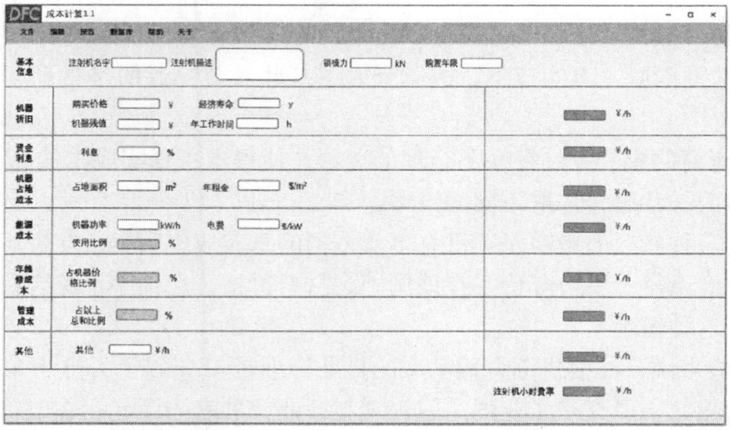

图 11-5　注射机小时费率计算

通过 DFC 成本计算软件的辅助，塑胶件采购成本从 1.14 元降低至 0.86 元，降低比例为 25%，每年可以为企业节省 56 万元人民币。

当然，通过 DFC 成本计算软件同供应商协商降价并不是压榨供应商利润，而是在保证供应商合理利润的情况下，避免供应商获取暴利、继而侵蚀企业利润。

参 考 文 献

［1］ 钟元. 面向制造和装配的产品设计指南［M］. 2 版. 北京：机械工业出版社，2016.

［2］ 刘德忠，费仁元，STEFAN HESSE. 装配自动化［M］. 2 版. 北京：机械工业出版社，2007.

［3］ 佃律志. 零浪费丰田生产方式：库存是一种罪恶［M］. 滕永红，译. 北京：东方出版社，2013.

［4］ 何用辉，等. 自动化生产线安装与调试［M］. 2 版. 北京：机械工业出版社，2015.

［5］ 詹姆斯 P 沃麦克，丹尼尔 T 琼斯，丹尼斯 鲁斯. 改变世界的机器：精益生产之道［M］. 余锋，张冬，陶建刚，译. 北京：机械工业出版社，2015.

［6］ 周锡冰. 丰田式成本管理［M］. 北京：中国铁道出版社，2007.

［7］ 陈学文. 热熔钻孔/攻丝技术原理及其应用［J］. 工具技术，2007，41（7）：101-102.

［8］ MCGRATH M E，ANTHONY M T，AMRAM R. Product development：success through product and cycle-time excellence［J］. Journal of Product Innovation Management，1993，10（3）：264-265.

［9］ CHANG K. Product manufacturing and cost estimating using CAD/CAE［M］. Salt Lake City：Academic Press，2013.

［10］ BOOTHROYD G. Assembly automation and product design［M］. 2nd ed. Abingdon：Taylor & Francis，2005.

［11］ MASCITELLI R. The lean design guidebook：everything your product development team needs to slash manufacturing cost［M］. Technology Perspectives，2004.

［12］ ULLMAN D G. The mechanical design process［M］. 4th ed. New York：The McGraw-Hill Education，2010.

［13］ ASHBY M. Engineering materials and processes desk reference［M］. Butterworth-Heinemann，2009.

［14］ ASHBY M F，JOHNSON K. The art and science of material selection in product design［M］. 3rd ed. Butterworth-Heinemann，2013.

［15］ SWIFT K G，BOOKER J D. Manufacturing process selection handbook［M］. Butterworth-Heinemann，2013.

［16］ GROOVER M P. Fundamentals of Modern Manufacturing：Materials，Processes，and Systems［M］. 5th ed. Hoboken：Wiley，2012.

［17］ TROUGHTON M J. Handbook of plastics joining：a practical guide［M］. 2nd ed. William Andrew，2008.

［18］ KAZMER D O. Injection mold design engineering［M］. 2nd ed. Hanser Publications，2016.

［19］ DYER J H，HATCH N W. Using supplier networks to learn faster［J］. MIT Sloan Management Review，2004，45（3）：57-63.